U0143426

習近平談治國理政

第四卷

習近平談治國理政

第四卷

 外文出版社

習近平談治國理政

第 四 卷

© 外文出版社有限責任公司

（中國北京百萬莊大街 24 號）

郵政編碼：100037

http://www.flp.com.cn

中國國際圖書貿易集團有限公司發行

（中國北京車公莊西路 35 號）

北京郵政信箱第 399 號　郵政編碼 100044

鴻博昊天科技有限公司印刷

2023 年 3 月（小 16 開）第 1 版

2023 年 3 月第 1 版第 1 次印刷

ISBN 978-7-119-13560-1

（平）

出 版 説 明

　　中共十八大以來，以習近平同志爲主要代表的中國共産黨人，堅持把馬克思主義基本原理同中國具體實際相結合、同中華優秀傳統文化相結合，創立了習近平新時代中國特色社會主義思想。習近平新時代中國特色社會主義思想是當代中國馬克思主義、二十一世紀馬克思主義，是中華文化和中國精神的時代精華，實現了馬克思主義中國化新的飛躍。中共十九屆六中全會指出，黨確立習近平同志黨中央的核心、全黨的核心地位，確立習近平新時代中國特色社會主義思想的指導地位，反映了全黨全軍全國各族人民共同心願，對新時代黨和國家事業發展、對推進中華民族偉大復興歷史進程具有決定性意義。

　　面對百年變局和世紀疫情相互疊加、世界進入新的動盪變革期的複雜局面，面對世所罕見、史所罕見的風險挑戰，以習近平同志爲核心的中共中央，統籌國內國際兩個大局，統籌疫情防控和經濟社會發展，統籌發展和安全，團結帶領全黨全國各族人民自信自強、迎難而上，如期打贏脱貧攻堅戰，如期全面建成小康社會、實現第一個百年奮鬥目標，隆重慶祝中國共產黨成立一百周年，開啟全面建設社會主義現代化國家、向第二個百年奮鬥目標進軍新征程，推動黨和國家各項事業取得新的重大成就，在中華民族偉大復興歷史進程中寫下了濃墨重彩的一筆。習近平在領導黨和人民應變局、開新局的偉大實踐中，堅持解放思想、實事求是、守正創新，對關係新時代黨和國家事業發展的一系列重大理論和實踐問題進行新的深邃思考和科學判斷，提出了一系列原創性的治國理政新理念新思想新戰略，進一步科學回答了中國之問、世界之問、人民之問、時代之問。

《習近平談治國理政》第一卷至第三卷出版以來，在宣傳黨的創新理論、激揚人民奮鬥實踐、展示中國良好形象方面發揮了重要作用，爲國際社會了解中國、讀懂中國打開了一扇"思想之窗"。爲了推動廣大幹部羣衆深入學習貫徹習近平新時代中國特色社會主義思想，深刻領會"兩個確立"的決定性意義，增強"四個意識"、堅定"四個自信"、做到"兩個維護"，在新時代新征程上團結奮鬥、勇毅前行，爲了幫助國際社會及時了解這一重要思想的最新發展，增進對中國共產黨和中國人民過去爲什麼能够成功、未來怎樣才能繼續成功的認識，加深對中國之路、中國之治、中國之理的理解，中共中央宣傳部（國務院新聞辦公室）會同中共中央黨史和文獻研究院、中國外文出版發行事業局，編輯了《習近平談治國理政》第四卷。

本書收入的是習近平在二○二○年二月三日至二○二二年五月十日期間的重要著作，共有講話、談話、演講、致辭、指示、賀信等一百零九篇。全書分爲二十一個專題，每個專題內容按時間順序編排。爲了便於讀者閱讀，編輯時作了必要的註釋，附在篇末。本書還收入習近平二○二○年一月以來的圖片四十五幅。

本書編輯組
二○二二年五月

目　録

一、掌握歷史主動，在新時代更好堅持和發展中國特色社會主義

二、堅持黨的全面領導

五、統籌疫情防控和經濟社會發展

六、全面建成小康社會，開啟全面建設 社會主義現代化國家新征程

七、把握新發展階段，貫徹新發展理念， 構建新發展格局

八、堅定不移走高質量發展之路

九、全面深化改革開放

十、積極發展全過程人民民主

十一、加快建設社會主義法治國家

十二、推進社會主義文化强國建設

十三、以保障和改善民生爲重點加强社會建設

十六、統籌發展和安全

十七、堅持"一國兩制"和推進祖國統一

十八、弘揚全人類共同價值，推動構建人類命運共同體

十九、完善全球治理，踐行真正的多邊主義

二十、推動“一帶一路”建設高質量發展

二十一、以偉大自我革命引領偉大社會革命

一、掌握歷史主動，在新時代更好堅持和發展中國特色社會主義

在慶祝中國共產黨
成立一百周年大會上的講話

（二〇二一年七月一日）

同志們，朋友們：

今天，在中國共產黨歷史上，在中華民族歷史上，都是一個十分重大而莊嚴的日子。我們在這裏隆重集會，同全黨全國各族人民一道，慶祝中國共產黨成立一百周年，回顧中國共產黨百年奮鬥的光輝歷程，展望中華民族偉大復興的光明前景。

首先，我代表黨中央，向全體中國共產黨員致以節日的熱烈祝賀！

在這裏，我代表黨和人民莊嚴宣告，經過全黨全國各族人民持續奮鬥，我們實現了第一個百年奮鬥目標，在中華大地上全面建成了小康社會，歷史性地解決了絕對貧困問題，正在意氣風發向着全面建成社會主義現代化強國的第二個百年奮鬥目標邁進。這是中華民族的偉大光榮！這是中國人民的偉大光榮！這是中國共產黨的偉大光榮！

同志們、朋友們！

中華民族是世界上偉大的民族，有着五千多年源遠流長的文明歷史，爲人類文明進步作出了不可磨滅的貢獻。一八四〇年鴉片戰爭以後，中國逐步成爲半殖民地半封建社會，國家蒙辱、人民蒙難、文明蒙塵，中華民族遭受了前所未有的劫難。從那時起，實現中華民族偉大復興，就成爲中國人民和中華民族最偉大的夢想。

爲了拯救民族危亡，中國人民奮起反抗，仁人志士奔走吶喊，太平天國運動、戊戌變法、義和團運動、辛亥革命接連而起，各種救國方案輪番出臺，但都以失敗而告終。中國迫切需要新的思想引領救亡運動，迫切需要新的組織凝聚革命力量。

十月革命一聲炮響，給中國送來了馬克思列寧主義。在中國人民和中華民族的偉大覺醒中，在馬克思列寧主義同中國工人運動的緊密結合中，中國共產黨應運而生。中國產生了共產黨，這是開天闢地的大事變，深刻改變了近代以後中華民族發展的方向和進程，深刻改變了中國人民和中華民族的前途和命運，深刻改變了世界發展的趨勢和格局。

中國共產黨一經誕生，就把爲中國人民謀幸福、爲中華民族謀復興確立爲自己的初心使命。一百年來，中國共產黨團結帶領中國人民進行的一切奮鬥、一切犧牲、一切創造，歸結起來就是一個主題：實現中華民族偉大復興。

——爲了實現中華民族偉大復興，中國共產黨團結帶領中國人民，浴血奮戰、百折不撓，創造了新民主主義革命的偉大成就。我們經過北伐戰爭、土地革命戰爭、抗日戰爭、解放戰爭，以武裝的革命反對武裝的反革命，推翻帝國主義、封建主義、官僚資本主義三座大山，建立了人民當家作主的中華人民共和國，實現了民族獨立、人民解放。新民主主義革命的勝利，徹底結束了舊中國半殖民地半封建社會的歷史，徹底結束了舊中國一盤散沙的局面，徹底廢除了列強強加給中國的不平等條約和帝國主義在中國的一切特權，爲實現中華民族偉大復興創造了根本社會條件。中國共產黨和中國人民以英勇頑強的奮鬥向世界莊嚴宣告，中國人民站起來了，中華民族任人宰割、飽受欺凌的時代一去不復返了！

——爲了實現中華民族偉大復興，中國共產黨團結帶領中國人民，自力更生、發憤圖強，創造了社會主義革命和建設的偉大成就。我們進行社會主義革命，消滅在中國延續幾千年的封建剝削壓迫制度，確立社會主義基本制度，推進社會主義建設，戰勝帝國主義、霸權主義的顛覆破壞和武裝挑釁，實現了中華民族有史以來最爲廣泛而深刻的社會變革，實現了一窮二白、人口衆多的東方大國大步邁進社會主義社會的偉大飛躍，爲實現中華民族偉大復興奠定了根本政治前提和制度基礎。中國共產黨和中國人民以英勇頑強的奮鬥向世界莊嚴宣告，中國人民不但善於破壞一個舊世界、也善於建設一個新世界，只有社會主義才能救中國，只有社會主義才能發展中國！

——爲了實現中華民族偉大復興，中國共產黨團結帶領中國人民，解放思想、銳意進取，創造了改革開放和社會主義現代化建設的偉大成就。我們實現新中國成立以來黨的歷史上具有深遠意義的偉大轉折，確立黨在社會主義初級階段的基本路綫，堅定不移推進改革開放，戰勝來自各方面的風險挑戰，開創、堅持、捍衛、發展中國特色社會主義，實現了從高度集中的計劃經濟體制到充滿活力的社會主義市場經濟體制、從封閉半封閉到全方位開放的歷史性轉變，實現了從生產力相對落後的狀況到經濟總量躍居世界第二的歷史性突破，實現了人民生活從温飽不足到總體小康、奔向全面小康的歷史性跨越，爲實現中華民族偉大復興提供了充滿新的活力的體制保證和快速發展的物質條件。中國共產黨和中國人民以英勇頑强的奮鬥向世界莊嚴宣告，改革開放是決定當代中國前途命運的關鍵一招，中國大踏步趕上了時代！

　　——爲了實現中華民族偉大復興，中國共產黨團結帶領中國人民，自信自强、守正創新，統攬偉大鬥爭、偉大工程、偉大事業、偉大夢想，創造了新時代中國特色社會主義的偉大成就。黨的十八大以來，中國特色社會主義進入新時代，我們堅持和加强黨的全面領導，統籌推進“五位一體”總體佈局[1]、協調推進“四個全面”戰略佈局[2]，堅持和完善中國特色社會主義制度、推進國家治理體系和治理能力現代化，堅持依規治黨、形成比較完善的黨内法規體系，戰勝一系列重大風險挑戰，實現第一個百年奮鬥目標，明確實現第二個百年奮鬥目標的戰略安排，黨和國家事業取得歷史性成就、發生歷史性變革，爲實現中華民族偉大復興提供了更爲完善的制度保證、更爲堅實的物質基礎、更爲主動的精神力量。中國共產黨和中國人民以英勇頑强的奮鬥向世界莊嚴宣告，中華民族迎來了從站起來、富起來到强起來的偉大飛躍，實現中華民族偉大復興進入了不可逆轉的歷史進程！

　　一百年來，中國共產黨團結帶領中國人民，以“爲有犧牲多壯志，敢教日月换新天”[3]的大無畏氣概，書寫了中華民族幾千年歷史上最恢宏的史詩。這一百年來開闢的偉大道路、創造的偉大事業、取得的偉大成就，必將載入中華民族發展史冊、人類文明發展史冊！

同志們、朋友們！

一百年前，中國共產黨的先驅們創建了中國共產黨，形成了堅持真理、堅守理想，踐行初心、擔當使命，不怕犧牲、英勇鬥爭，對黨忠誠、不負人民的偉大建黨精神，這是中國共產黨的精神之源。

一百年來，中國共產黨弘揚偉大建黨精神，在長期奮鬥中構建起中國共產黨人的精神譜系，錘鍊出鮮明的政治品格。歷史川流不息，精神代代相傳。我們要繼續弘揚光榮傳統、賡續紅色血脈，永遠把偉大建黨精神繼承下去、發揚光大！

同志們、朋友們！

一百年來，我們取得的一切成就，是中國共產黨人、中國人民、中華民族團結奮鬥的結果。以毛澤東同志、鄧小平同志、江澤民同志、胡錦濤同志爲主要代表的中國共產黨人，爲中華民族偉大復興建立了彪炳史冊的偉大功勛！我們向他們表示崇高的敬意！

此時此刻，我們深切懷念爲中國革命、建設、改革，爲中國共產黨建立、鞏固、發展作出重大貢獻的毛澤東、周恩來、劉少奇、朱德、鄧小平、陳雲同志等老一輩革命家，深切懷念爲建立、捍衛、建設新中國英勇犧牲的革命先烈，深切懷念爲改革開放和社會主義現代化建設英勇獻身的革命烈士，深切懷念近代以來爲民族獨立和人民解放頑強奮鬥的所有仁人志士。他們爲祖國和民族建立的豐功偉績永載史冊！他們的崇高精神永遠銘記在人民心中！

人民是歷史的創造者，是真正的英雄。我代表黨中央，向全國廣大工人、農民、知識分子，向各民主黨派和無黨派人士、各人民團體、各界愛國人士，向人民解放軍指戰員、武警部隊官兵、公安幹警和消防救援隊伍指戰員，向全體社會主義勞動者，向統一戰綫廣大成員，致以崇高的敬意！向香港特別行政區同胞、澳門特別行政區同胞和臺灣同胞以及廣大僑胞，致以誠摯的問候！向一切同中國人民友好相處，關心和支持中國革命、建設、改革事業的各國人民和朋友，致以衷心的謝意！

同志們、朋友們！

初心易得，始終難守。以史爲鑑，可以知興替。我們要用歷史映照現實、遠觀未來，從中國共產黨的百年奮鬥中看清楚過去我們爲什麽能够成功、弄明白未來我們怎樣才能繼續成功，從而在新的征程上更加堅定、更加自覺地牢記初心使命、開創美好未來。

——以史爲鑑、開創未來，必須堅持中國共產黨堅强領導。辦好中國的事情，關鍵在黨。中華民族近代以來一百八十多年的歷史、中國共產黨成立以來一百年的歷史、中華人民共和國成立以來七十多年的歷史都充分證明，没有中國共產黨，就没有新中國，就没有中華民族偉大復興。歷史和人民選擇了中國共產黨。中國共產黨領導是中國特色社會主義最本質的特徵，是中國特色社會主義制度的最大優勢，是黨和國家的根本所在、命脈所在，是全國各族人民的利益所繫、命運所繫。

新的征程上，我們必須堅持黨的全面領導，不斷完善黨的領導，增强"四個意識"[4]、堅定"四個自信"[5]、做到"兩個維護"[6]，牢記"國之大者"，不斷提高黨科學執政、民主執政、依法執政水平，充分發揮黨總攬全局、協調各方的領導核心作用！

——以史爲鑑、開創未來，必須團結帶領中國人民不斷爲美好生活而奮鬥。江山就是人民、人民就是江山，打江山、守江山，守的是人民的心。中國共產黨根基在人民、血脈在人民、力量在人民。中國共產黨始終代表最廣大人民根本利益，與人民休戚與共、生死相依，沒有任何自己特殊的利益，從來不代表任何利益集團、任何權勢團體、任何特權階層的利益。任何想把中國共產黨同中國人民分割開來、對立起來的企圖，都是絕不會得逞的！九千五百多萬中國共產黨人不答應！十四億多中國人民也不答應！

新的征程上，我們必須緊緊依靠人民創造歷史，堅持全心全意爲人民服務的根本宗旨，站穩人民立場，貫徹黨的羣衆路綫，尊重人民首創精神，踐行以人民爲中心的發展思想，發展全過程人民民主，維護社會公平正義，着力解決發展不平衡不充分問題和人民羣衆急難愁盼問題，推動人的全面發展、全體人民共同富裕取得更爲明顯的實質性進展！

——以史爲鑑、開創未來，必須繼續推進馬克思主義中國化。馬克思主義是我們立黨立國的根本指導思想，是我們黨的靈魂和旗幟。中國共產黨堅持馬克思主義基本原理，堅持實事求是，從中國實際出發，洞察時代大勢，把握歷史主動，進行艱辛探索，不斷推進馬克思主義中國化時代化，指導中國人民不斷推進偉大社會革命。中國共產黨爲什麼能，中國特色社會主義爲什麼好，歸根到底是因爲馬克思主義行！

新的征程上，我們必須堅持馬克思列寧主義、毛澤東思想、鄧小平理論、"三個代表"重要思想、科學發展觀，全面貫徹新時代中國特色社會主義思想，堅持把馬克思主義基本原理同中國具體實際相結合、同中華優秀傳統文化相結合，用馬克思主義觀察時代、把握時代、引領時代，繼續發展當代中國馬克思主義、二十一世紀馬克思主義！

——以史爲鑑、開創未來，必須堅持和發展中國特色社會主義。走自己的路，是黨的全部理論和實踐立足點，更是黨百年奮鬥得出的歷史結論。中國特色社會主義是黨和人民歷經千辛萬苦、付出巨大代價取得的根本成就，是實現中華民族偉大復興的正確道路。我們堅持和發展中國特色社會主義，推動物質文明、政治文明、精神文明、社會文明、生態文明協調發展，創造了中國式現代化新道路，創造了人類文明新形態。

新的征程上，我們必須堅持黨的基本理論、基本路綫、基本方略，統籌推進"五位一體"總體佈局、協調推進"四個全面"戰略佈局，全面深化改革開放，立足新發展階段，完整、準確、全面貫徹新發展理念，構建新發展格局，推動高質量發展，推進科技自立自強，保證人民當家作主，堅持依法治國，堅持社會主義核心價值體系，堅持在發展中保障和改善民生，堅持人與自然和諧共生，協同推進人民富裕、國家強盛、中國美麗。

中華民族擁有在五千多年歷史演進中形成的燦爛文明，中國共產黨擁有百年奮鬥實踐和七十多年執政興國經驗，我們積極學習借鑑人類文明的一切有益成果，歡迎一切有益的建議和善意的批評，但我們絕不接受"教師爺"般頤指氣使的説教！中國共產黨和中國人民將在自己選擇的道路上昂首闊步走下去，把中國發展進步的命運牢牢掌握在自己手中！

——以史爲鑑、開創未來，必須加快國防和軍隊現代化。強國必須強軍，軍強才能國安。堅持黨指揮槍、建設自己的人民軍隊，是黨在血與火的鬥爭中得出的顛撲不破的真理。人民軍隊爲黨和人民建立了不朽功勛，是保衛紅色江山、維護民族尊嚴的堅强柱石，也是維護地區和世界和平的强大力量。

新的征程上，我們必須全面貫徹新時代黨的強軍思想，貫徹新時代軍事戰略方針，堅持黨對人民軍隊的絕對領導，堅持走中國特色強軍之路，全面推進政治建軍、改革強軍、科技強軍、人才強軍、依法治軍，把人民軍隊建設成爲世界一流軍隊，以更強大的能力、更可靠的手段捍衛國家主權、安全、發展利益！

——以史爲鑑、開創未來，必須不斷推動構建人類命運共同體。和平、和睦、和諧是中華民族五千多年來一直追求和傳承的理念，中華民族的血液中没有侵略他人、稱王稱霸的基因。中國共產黨關注人類前途命運，同世界上一切進步力量攜手前進，中國始終是世界和平的建設者、全球發展的貢獻者、國際秩序的維護者！

新的征程上，我們必須高舉和平、發展、合作、共贏旗幟，奉行獨立自主的和平外交政策，堅持走和平發展道路，推動建設新型國際關係，推動構建人類命運共同體，推動共建"一帶一路"高質量發展，以中國的新發展爲世界提供新機遇。中國共產黨將繼續同一切愛好和平的國家和人民一道，弘揚和平、發展、公平、正義、民主、自由的全人類共同價值，堅持合作、不搞對抗，堅持開放、不搞封閉，堅持互利共贏、不搞零和博弈，反對霸權主義和強權政治，推動歷史車輪向着光明的目標前進！

中國人民是崇尚正義、不畏強暴的人民，中華民族是具有強烈民族自豪感和自信心的民族。中國人民從來沒有欺負、壓迫、奴役過其他國家人民，過去沒有，現在沒有，將來也不會有。同時，中國人民也絕不允許任何外來勢力欺負、壓迫、奴役我們，誰妄想這樣幹，必將在十四億多中國人民用血肉築成的鋼鐵長城面前碰得頭破血流！

——以史爲鑑、開創未來，必須進行具有許多新的歷史特點的偉大鬥爭。敢於鬥爭、敢於勝利，是中國共產黨不可戰勝的強大精神力量。實現偉大夢想就要頑強拼搏、不懈奮鬥。今天，我們比歷史上任何時期都更接近、更有信心和能力實現中華民族偉大復興的目標，同時必須準備付出更爲艱巨、更爲艱苦的努力。

新的征程上，我們必須增強憂患意識、始終居安思危，貫徹總體國家安全觀，統籌發展和安全，統籌中華民族偉大復興戰略全局和世界百年未有之大變局，深刻認識我國社會主要矛盾變化帶來的新特徵新要求，深刻認識錯綜複雜的國際環境帶來的新矛盾新挑戰，敢於鬥爭，善於鬥爭，逢山開道、遇水架橋，勇於戰勝一切風險挑戰！

——以史爲鑑、開創未來，必須加強中華兒女大團結。在百年奮鬥歷程中，中國共產黨始終把統一戰綫擺在重要位置，不斷鞏固和發展最廣泛的統一戰綫，團結一切可以團結的力量、調動一切可以調動的積極因素，最大限度凝聚起共同奮鬥的力量。愛國統一戰綫是中國共產黨團結海内外全體中華兒女實現中華民族偉大復興的重要法寶。

新的征程上，我們必須堅持大團結大聯合，堅持一致性和多樣性統一，加強思想政治引領，廣泛凝聚共識，廣聚天下英才，努力尋求最大公約數、畫出最大同心圓，形成海内外全體中華兒女心往一處想、勁往一處使的生動局面，匯聚起實現民族復興的磅礴力量！

——以史爲鑑、開創未來，必須不斷推進黨的建設新的偉大工程。勇於自我革命是中國共產黨區別於其他政黨的顯著標誌。我們黨歷經千錘百鍊而朝氣蓬勃，一個很重要的原因就是我們始終堅持黨要管黨、全面從嚴治黨，不斷應對好自身在各個歷史時期面臨的風險考驗，確保我們黨在世界形勢深刻變化的歷史進程中始終走在時代前列，在應對國内外各種風險挑戰的歷史進程中始終成爲全國人民的主心骨！

新的征程上，我們要牢記打鐵必須自身硬的道理，增強全面從嚴治黨永遠在路上的政治自覺，以黨的政治建設爲統領，繼續推進新時代黨的建設新的偉大工程，不斷嚴密黨的組織體系，着力建設德才兼備的高素質幹部隊伍，堅定不移推進黨風廉政建設和反腐敗鬥爭，堅決清除一切損害黨的先進性和純潔性的因素，清除一切侵蝕黨的健康肌體的病毒，確保黨不變質、不變色、不變味，確保黨在新時代堅持和發展中國特色社會主義的歷史進程中始終成爲堅强領導核心！

同志們、朋友們！

我們要全面準確貫徹"一國兩制"、"港人治港"、"澳人治澳"、高度自治的方針，落實中央對香港、澳門特別行政區全面管治權，落實特別行政區維護國家安全的法律制度和執行機制，維護國家主權、安全、發展利益，維護特別行政區社會大局穩定，保持香港、澳門長期繁榮穩定。

解決臺灣問題、實現祖國完全統一，是中國共產黨矢志不渝的歷史任務，是全體中華兒女的共同願望。要堅持一個中國原則和"九二共識"[7]，推進祖國和平統一進程。包括兩岸同胞在內的所有中華兒女，要和衷共濟、團結向前，堅決粉碎任何"臺獨"圖謀，共創民族復興美好未來。任何人都不要低估中國人民捍衛國家主權和領土完整的堅强決心、堅定意志、强大能力！

同志們、朋友們！

未來屬於青年，希望寄予青年。一百年前，一羣新青年高舉馬克思主義思想火炬，在風雨如晦的中國苦苦探尋民族復興的前途。一百年來，在中國共產黨的旗幟下，一代代中國青年把青春奮鬥融入黨和人民事業，成爲實現中華民族偉大復興的先鋒力量。新時代的中國青年要以實現中華民族偉大復興爲己任，增强做中國人的志氣、骨氣、底氣，不負時代，不負韶華，不負黨和人民的殷切期望！

同志們、朋友們！

一百年前，中國共產黨成立時只有五十多名黨員，今天已經成爲擁有九千五百多萬名黨員、領導着十四億多人口大國、具有重大全球影響力的世界第一大執政黨。

一百年前，中華民族呈現在世界面前的是一派衰敗凋零的景象。今天，中華民族向世界展現的是一派欣欣向榮的氣象，正以不可阻擋的步伐邁向偉大復興。

過去一百年，中國共產黨向人民、向歷史交出了一份優異的答卷。現在，中國共產黨團結帶領中國人民又踏上了實現第二個百年奮鬥目標新的趕考之路。

全體中國共產黨員！黨中央號召你們，牢記初心使命，堅定理想信念，踐行黨的宗旨，永遠保持同人民羣衆的血肉聯繫，始終同人民想在一起、幹在一起，風雨同舟、同甘共苦，繼續爲實現人民對美好生活的嚮往不懈努力，努力爲黨和人民爭取更大光榮！

同志們、朋友們！

中國共產黨立志於中華民族千秋偉業，百年恰是風華正茂！回首過去，展望未來，有中國共產黨的堅強領導，有全國各族人民的緊密團結，全面建成社會主義現代化强國的目標一定能夠實現，中華民族偉大復興的中國夢一定能夠實現！

偉大、光榮、正確的中國共產黨萬歲！

偉大、光榮、英雄的中國人民萬歲！

註　釋

〔1〕"五位一體"總體佈局，指中國特色社會主義事業總體佈局，包括經濟建設、政治建設、文化建設、社會建設、生態文明建設。

〔2〕"四個全面"戰略佈局，指中國特色社會主義事業戰略佈局，包括全面建成小康社會、全面深化改革、全面依法治國、全面從嚴治黨。全面建成小康社會後，"四個全面"戰略佈局的内涵演化爲全面建設社會主義現代化國家、全面深化改革、全面依法治國、全面從嚴治黨。

〔3〕見毛澤東《七律·到韶山》（《毛澤東詩詞集》，中央文獻出版社一九九六年版，第110頁）。

〔4〕"四個意識"，指政治意識、大局意識、核心意識、看齊意識。

〔5〕"四個自信"，指中國特色社會主義道路自信、理論自信、制度自信、文化自信。

〔6〕"兩個維護"，指維護習近平總書記黨中央的核心、全黨的核心地位，維護黨中央權威和集中統一領導。

〔7〕"九二共識"，指一九九二年十一月海峽兩岸關係協會與臺灣海峽交流基金會，就解決兩岸事務性商談中如何表述堅持一個中國原則的問題，達成的各自以口頭方式表述"海峽兩岸同屬一個中國，共同努力謀求國家統一"的共識。

關於《中共中央關於黨的百年奮鬥重大成就和歷史經驗的決議》的說明[*]

（二〇二一年十一月八日）

受中央政治局委託，我就《中共中央關於黨的百年奮鬥重大成就和歷史經驗的決議》起草的有關情況向全會作說明。

一、關於黨的十九屆六中全會議題的考慮

我們黨歷來高度注重總結歷史經驗。早在延安時期，毛澤東同志就指出："如果不把黨的歷史搞清楚，不把黨在歷史上所走的路搞清楚，便不能把事情辦得更好。"[1] 在爭取抗日戰爭最後勝利的關頭，一九四五年，黨的六屆七中全會通過了《關於若干歷史問題的決議》，對建黨以後特別是黨的六屆四中全會至遵義會議前這一段黨的歷史及其經驗教訓進行了總結，對若干重大歷史問題作出了結論，使全黨特別是黨的高級幹部對中國革命基本問題的認識達到了一致，增強了

---

* 這是習近平在中共十九屆六中全會上所作的說明。

全黨團結，爲黨的七大勝利召開創造了充分條件，有力促進了中國革命事業發展。

進入改革開放新時期，鄧小平同志説："歷史上成功的經驗是寶貴財富，錯誤的經驗、失敗的經驗也是寶貴財富。這樣來制定方針政策，就能統一全黨思想，達到新的團結。這樣的基礎是最可靠的。"〔2〕一九八一年，黨的十一屆六中全會通過了《關於建國以來黨的若干歷史問題的決議》，回顧了新中國成立以前黨的歷史，總結了社會主義革命和建設的歷史經驗，對一些重大事件和重要人物作出了評價，特別是正確評價了毛澤東同志和毛澤東思想，分清了是非，糾正了"左"右兩方面的錯誤觀點，統一了全黨思想，對推動黨團結一致向前看、更好推進改革開放和社會主義現代化建設產生了重大影響。

現在，距離第一個歷史決議制定已經過去了七十六年，距離第二個歷史決議制定也過去了四十年。四十年來，黨和國家事業大大向前發展了，黨的理論和實踐也大大向前發展了。站在新的歷史起點上，回顧過去，展望未來，全面總結黨的百年奮鬥重大成就和歷史經驗特別是改革開放四十多年來的重大成就和歷史經驗，既有客觀需要，也具備主觀條件。

黨中央認爲，在黨成立一百周年的重要歷史時刻，在黨和人民勝利實現第一個百年奮鬥目標、全面建成小康社會，正在向着全面建成社會主義現代化強國的第二個百年奮鬥目標邁進的重大歷史關頭，全面總結黨的百年奮鬥重大成就和歷史經驗，對推動全黨進一步統一思想、統一意志、統一行動，團結帶領全國各族人民奪取新時代中國特色社會主義新的偉大勝利，具有重大現實意義和深遠歷史意義。

　　黨中央認為，黨的百年奮鬥歷程波瀾壯闊，時間跨度長，涉及範圍廣，需要研究的問題多。總的是要按照總結歷史、把握規律、堅定信心、走向未來的要求，把黨走過的光輝歷程總結好，把黨團結帶領人民取得的輝煌成就總結好，把黨推進革命、建設、改革的寶貴經驗總結好，把黨的十八大以來黨和國家事業砥礪奮進的理論和實踐總結好。具體來說，就是要深入研究黨領導人民進行革命、建設、改革的百年歷程，全面總結黨從勝利走向勝利的偉大歷史進程、為國家和民族建立的偉大歷史功績；深入研究黨堅持把馬克思主義基本原理同中國具體實際相結合、同中華優秀傳統文化相結合，不斷推進馬克思主義中國化的百年歷程，深化對新時代黨的創新理論的理解和掌握；深入研究黨不斷維護黨的團結、維護黨中央權威和集中統一領導的百年歷程，深刻領悟加強黨的政治建設這個馬克思主義政黨的鮮明特徵和政治優勢；深入研究黨為中國人民謀幸福、為中華民族謀復興的百年歷程，深刻認識黨同人民生死相依、休戚與共的血肉聯繫，更好為人民謀幸福、依靠人民創造歷史偉業；深入研究黨加強自身建設、推進自我革命的百年歷程，增強全面從嚴治黨永遠在路上的堅定和執着，確保黨在新時代堅持和發展中國特色社會主義的歷史進程中始終成為堅強領導核心；深入研究歷史發展規律和大勢，始終掌握新時代新征程黨和國家事業發展的歷史主動，增強錨定既定奮鬥目標、意氣風發走向未來的勇氣和力量。

　　黨中央認為，總結黨的百年奮鬥重大成就和歷史經驗，要堅持辯證唯物主義和歷史唯物主義的方法論，用具體歷史的、客觀全面的、聯繫發展的觀點來看待黨的歷史。要堅持正確黨史觀、樹立大歷史觀，準確把握黨的歷史發展的主題主綫、主流本質，正確對待黨在前進道路上經歷的失誤和曲折，從成功中吸取經驗，從失誤中吸取教訓，不斷開闢走向勝利的道路。要旗幟鮮明反對歷史虛無主義，加强思想引導和理論辨析，澄清對黨史上一些重大歷史問題的模糊認識和片面理解，更好正本清源。

對這次全會決議起草，黨中央明確要求着重把握好以下幾點。

第一，聚焦總結黨的百年奮鬥重大成就和歷史經驗。我們黨已先後制定了兩個歷史決議。從建黨到改革開放之初，黨的歷史上的重大是非問題，這兩個歷史決議基本都解決了，其基本論述和結論至今仍然適用。改革開放以來，儘管黨的工作中也出現過一些問題，但總體上講黨和國家事業發展是順利的，前進方向是正確的，取得的成就是舉世矚目的。基於此，這次全會決議要把着力點放在總結黨的百年奮鬥重大成就和歷史經驗上，以推動全黨增長智慧、增進團結、增加信心、增强鬥志。

第二，突出中國特色社會主義新時代這個重點。這次全會決議重點總結新時代黨和國家事業取得的歷史性成就、發生的歷史性變革和積累的新鮮經驗，主要考慮是，對黨在新民主主義革命時期、社會主義革命和建設時期、黨的十一屆三中全會到黨的十一屆六中全會期間的歷史，前兩個歷史決議已經作過系統總結；對改革開放和社會主義現代化建設新時期的成就和經驗，黨的十一屆三中全會召開二十周年、三十周年時黨中央都進行了認真總結，我在慶祝改革開放四十周年大會上發表講話，也作了系統總結。因此，對黨的十八大之前的歷史時期，這次全會決議要在已有總結和結論的基礎上進行概述。突出中國特色社會主義新時代這個重點，有利於引導全黨進一步堅定信心，聚焦我們正在做的事情，以更加昂揚的姿態邁進新征程、建功新時代。

第三，對重大事件、重要會議、重要人物的評價注重同黨中央已有結論相銜接。關於黨的十八大之前黨的歷史上的重大事件、重要會議、重要人物，前兩個歷史決議、黨的一系列重要文獻都有過大量論述，都鄭重作過結論。這次全會決議堅持這些基本論述和結論。黨的十八大以來，我在慶祝中國共產黨成立九十五周年大會、慶祝中國人民解放軍建軍九十周年大會、慶祝中華人民共和國成立七十周年大會特別是慶祝中國共產黨成立一百周年大會等重要會議上，對黨的歷史都作過總結和論述，體現了黨中央對黨的百年奮鬥的新認識。這次全會決議要體現這些新認識。

二、決議稿起草過程

今年三月，中央政治局決定，黨的十九屆六中全會重點研究全面總結黨的百年奮鬥重大成就和歷史經驗問題，成立文件起草組，由我擔任組長，王滬寧、趙樂際同志擔任副組長，黨和國家有關領導同志及有關中央部門和地方負責同志參加，在中央政治局常委會領導下承擔文件起草工作。

四月一日，黨中央發出《關於對黨的十九屆六中全會重點研究全面總結黨的重大成就和歷史經驗問題徵求意見的通知》，在黨內外一定範圍徵求意見。

從反饋意見看，各地區各部門各方面一致認為，黨中央決定通過召開十九屆六中全會，全面總結黨的百年奮鬥重大成就和歷史經驗，是鄭重的歷史性、戰略性決策，充分體現黨牢記初心使命、永葆生機活力的堅強意志和堅定決心，充分體現黨深刻把握歷史發展規律、始終掌握黨和國家事業發展的歷史主動和使命擔當，充分體現黨立足當下、着眼未來、注重總結和運用歷史經驗的高瞻遠矚和深謀遠慮。一致贊成這次全會着重總結黨的百年奮鬥重大成就和歷史經驗，並就決議需要研究解決的重大問題提出了許多好的意見和建議。

各地區各部門各方面普遍認為，一百年來，黨團結帶領人民在革命、建設、改革各個歷史時期持續奮鬥，創造了彪炳中華民族發展史、世界社會主義發展史、人類社會發展史的奇迹，徹底扭轉了近代以來中華民族的歷史進程，生動譜寫了世界社會主義歷史發展的壯麗篇章，成功開闢了馬克思主義新境界，為實現中華民族偉大復興建立了不朽功業，為促進人類進步作出了重大貢獻。在這一偉大征程中，黨和人民積累了極其豐富的寶貴歷史經驗。這些都值得系統總結。各地區各部門各方面建議，這次全會在全面總結黨的百年奮鬥重大成就和歷史經驗的基礎上，重點總結新時代黨和國家事業取得的歷史性成就、發生的歷史性變革及新鮮經驗。

按照黨中央部署，文件起草組認真學習黨的重要歷史文獻，充分吸納各地區各部門各方面意見和建議，深入研究重大問題，認真開展決議稿起草工作。

　　九月六日，根據中央政治局會議決定，決議徵求意見稿下發黨內一定範圍徵求意見，包括徵求黨内部分老同志意見，還專門聽取了各民主黨派中央、全國工商聯負責人和無黨派人士代表意見。

　　從反饋意見情況看，各地區各部門各方面對決議徵求意見稿給予充分肯定，一致贊成決議稿的框架結構和主要内容。一致認爲，決議稿最鮮明的特點是實事求是、尊重歷史，反映了黨的百年奮鬥的初心使命，符合歷史事實；決議稿對重大事件、重要會議、重要人物的論述和評價，同黨的歷史文獻既有論述和結論相銜接，體現了黨的十八大以來黨中央關於黨的歷史的新認識。決議稿總結概括的"中國共產黨百年奮鬥的歷史意義"，全面、深刻、系統反映了黨對中國、對人類作出的歷史性貢獻；總結概括的"中國共產黨百年奮鬥的歷史經驗"，貫通歷史、現在、未來，具有重大的歷史意義和現實指導意義。

　　各地區各部門各方面普遍認爲，決議稿是新時代中國共產黨人牢記初心使命、堅持和發展中國特色社會主義的政治宣言，是以史爲鑑、開創未來、實現中華民族偉大復興的行動指南，同黨的前兩個歷史決議既一脈相承又與時俱進，必將激勵全黨在新時代新征程上爭取更大榮光。

　　在徵求意見過程中，各地區各部門各方面提出許多好的意見和建議。文件起草組逐條分析這些意見和建議，做到能吸收的儘量吸收。經反復研究推敲，對決議稿作出五百四十七處修改，充分反映了各地區各部門各方面意見和建議。

　　在決議稿起草過程中，中央政治局常委會召開三次會議、中央政治局召開兩次會議進行審議，形成了提交這次全會審議的決議稿。

三、決議稿的基本框架和主要內容

決議稿除序言和結束語之外，共有七個部分。

第一部分"奪取新民主主義革命偉大勝利"。闡明這一時期黨面臨的主要任務是，反對帝國主義、封建主義、官僚資本主義，爭取民族獨立、人民解放，爲實現中華民族偉大復興創造根本社會條件。分析黨產生的歷史背景，總結黨領導人民在建黨之初和大革命時期、土地革命戰爭時期、抗日戰爭時期、解放戰爭時期進行革命鬥爭的歷史進程和創造的偉大成就，以及創立毛澤東思想、實施和推進黨的建設偉大工程的重大成就。強調成立中華人民共和國，實現民族獨立、人民解放，實現了中國從幾千年封建專制政治向人民民主的偉大飛躍；中國共產黨和中國人民以英勇頑強的奮鬥向世界莊嚴宣告，中國人民從此站起來了，中華民族任人宰割、飽受欺凌的時代一去不復返了，中國發展從此開啟了新紀元。

第二部分"完成社會主義革命和推進社會主義建設"。闡明這一時期黨面臨的主要任務是，實現從新民主主義到社會主義的轉變，進行社會主義革命，推進社會主義建設，爲實現中華民族偉大復興奠定根本政治前提和制度基礎。總結新中國成立後黨領導人民戰勝一系列嚴峻挑戰、鞏固新生政權，成功完成社會主義改造、建立社會主義制度，開展全面的大規模的社會主義建設，打開對外工作新局面的歷史進程和創造的偉大成就。總結黨加強執政黨建設所作的努力和積累的初步經驗，在闡述這一時期黨取得的獨創性理論成果的基礎上，對毛澤東思想進行科學評價。強調這一時期黨領導人民創造的偉大成就，實現了一窮二白、人口衆多的東方大國大步邁進社會主義社會的偉大飛躍；中國共產黨和中國人民以英勇頑强的奮鬥向世界莊嚴宣告，中國人民不但善於破壞一個舊世界、也善於建設一個新世界，只有社會主義才能救中國，只有社會主義才能發展中國。

第三部分"進行改革開放和社會主義現代化建設"。闡明這一時期黨面臨的主要任務是，繼續探索中國建設社會主義的正確道路，解放和發展社會生產力，使人民擺脱貧困、儘快富裕起來，爲實現中華民族偉大復興提供充滿新的活力的體制保證和快速發展的物質條件。强調黨的十一屆三中全會的歷史意義，總結以鄧小平同志爲主要代表的中國共產黨人、以江澤民同志爲主要代表的中國共產黨人、以胡錦濤同志爲主要代表的中國共產黨人作出的歷史貢獻，從黨領導全面開展撥亂反正、形成中國特色社會主義理論體系、推進改革開放和社會主義現代化建設、從容應對關係我國改革發展穩定全局的一系列風險考驗、推進祖國統一大業、維護世界和平與促進共同發展、開創和推進黨的建設新的偉大工程等方面，展現新時期波瀾壯闊的歷史畫卷和舉世矚目的偉大成就。强調這一時期黨領導人民創造的偉大成就，推進了中華民族從站起來到富起來的偉大飛躍；中國共產黨和中國人民以英勇頑强的奮鬥向世界莊嚴宣告，改革開放是決定當代中國前途命運的關鍵一招，中國特色社會主義道路是指引中國發展繁榮的正確道路，中國大踏步趕上了時代。

第四部分"開創中國特色社會主義新時代"。闡明這一時期黨面臨的主要任務是，實現全面建成小康社會的第一個百年奮鬥目標，開啟全面建成社會主義現代化強國的第二個百年奮鬥目標新征程，朝着實現中華民族偉大復興的宏偉目標繼續前進。闡述中國特色社會主義新時代這一我國發展新的歷史方位，概括黨的十八大以來黨的理論創新成果，深入分析新時代黨面臨的形勢、面對的風險挑戰，從堅持黨的全面領導、全面從嚴治黨、經濟建設、全面深化改革開放、政治建設、全面依法治國、文化建設、社會建設、生態文明建設、國防和軍隊建設、維護國家安全、堅持"一國兩制"和推進祖國統一、外交工作等十三個方面，分領域總結新時代黨和國家事業取得的歷史性成就、發生的歷史性變革，重點總結九年來的原創性思想、變革性實踐、突破性進展、標誌性成果。強調這一時期黨領導人民創造的偉大成就，爲實現中華民族偉大復興提供了更爲完善的制度保證、更爲堅實的物質基礎、更爲主動的精神力量；中國共產黨和中國人民以英勇頑强的奮鬥向世界莊嚴宣告，中華民族迎來了從站起來、富起來到強起來的偉大飛躍。

第五部分"中國共產黨百年奮鬥的歷史意義"。在全面回顧總結黨的百年奮鬥歷程和重大成就基礎上，以更宏闊的視角，總結黨的百年奮鬥的歷史意義，即黨的百年奮鬥從根本上改變了中國人民的前途命運、開闢了實現中華民族偉大復興的正確道路、展示了馬克思主義的強大生命力、深刻影響了世界歷史進程、鍛造了走在時代前列的中國共產黨，闡述黨對中國人民、對中華民族、對馬克思主義、對人類進步事業、對馬克思主義政黨建設所作的歷史性貢獻。這五條概括，既立足中華大地，又放眼人類未來，體現了中國共產黨和中國人民、中華民族的關係，體現了中國共產黨和馬克思主義、世界社會主義、人類社會發展的關係，貫通了中國共產黨百年奮鬥的歷史邏輯、理論邏輯、實踐邏輯。

第六部分"中國共產黨百年奮鬥的歷史經驗"。概括了具有根本性和長遠指導意義的十條歷史經驗，即堅持黨的領導、堅持人民至上、堅持理論創新、堅持獨立自主、堅持中國道路、堅持胸懷天下、堅持開拓創新、堅持敢於鬥爭、堅持統一戰綫、堅持自我革命。這十條歷史經驗是系統完整、相互貫通的有機整體，揭示了黨和人民事業不斷成功的根本保證，揭示了黨始終立於不敗之地的力量源泉，揭示了黨始終掌握歷史主動的根本原因，揭示了黨永葆先進性和純潔性、始終走在時代前列的根本途徑。強調這十條歷史經驗是經過長期實踐積累的寶貴經驗，是黨和人民共同創造的精神財富，必須倍加珍惜、長期堅持，並在新時代實踐中不斷豐富和發展。

第七部分"新時代的中國共產黨"。圍繞實現第二個百年奮鬥目標，強調全黨要以咬定青山不放鬆的執着奮力實現既定目標，以行百里者半九十的清醒不懈推進中華民族偉大復興；強調必須堅持黨的基本理論、基本路綫、基本方略，立足新發展階段、貫徹新發展理念、構建新發展格局、推動高質量發展，協同推進人民富裕、國家強盛、中國美麗；強調必須永遠保持同人民羣衆的血肉聯繫，不斷實現好、維護好、發展好最廣大人民根本利益；強調必須銘記生於憂患、死於安樂，常懷遠慮、居安思危，繼續推進新時代黨的建設新的偉大工程；強調必須抓好後繼有人這個根本大計。號召全黨全軍全國各族人民勿忘昨天的苦難輝煌，無愧今天的使命擔當，不負明天的偉大夢想，以史爲鑑、開創未來，埋頭苦幹、勇毅前行，爲實現第二個百年奮鬥目標、實現中華民族偉大復興的中國夢而不懈奮鬥。

同志們！審議通過這個決議，是這次全會的主要任務。大家要貫徹落實黨中央要求，貫通把握歷史、現在、未來，深入思考、深入研討、聚精會神、集思廣益，提出建設性意見和建議，共同把這次全會開好、把決議稿修改好。

註　釋

〔1〕見毛澤東《如何研究中共黨史》(《毛澤東文集》第二卷，人民出版社一九九三年版，第 399 頁)。

〔2〕見鄧小平《改革開放使中國真正活躍起來》(《鄧小平文選》第三卷，人民出版社一九九三年版，第 234—235 頁)。

續寫馬克思主義
中國化時代化新篇章*

（二〇二二年一月十一日）

黨中央舉辦這次專題研討班，目的是深入研讀和領會黨的十九屆六中全會決議，繼續把黨史總結、學習、教育、宣傳引向深入，更好把握和運用黨的百年奮鬥歷史經驗，弘揚偉大建黨精神，增加歷史自信、增進團結統一、增強鬥爭精神，動員全黨全國各族人民堅定信心、勇毅前行，爲實現第二個百年奮鬥目標而不懈努力。

一個民族要走在時代前列，就一刻不能沒有理論思維，一刻不能沒有正確思想指引。中國共産黨爲什麼能，中國特色社會主義爲什麼好，歸根到底是因爲馬克思主義行。馬克思主義之所以行，就在於黨不斷推進馬克思主義中國化時代化並用以指導實踐。這次全會決議對百年奮鬥歷程中黨不斷推進馬克思主義中國化時代化作了全面總結。注重分析研究和總結黨在百年奮鬥歷程中對馬克思主義的中國化時代化，是貫穿全會決議的一個重要内容，我們一定要深入學習、全面領會。馬克

---

* 這是習近平在省部級主要領導幹部學習貫徹黨的十九屆六中全會精神專題研討班開班式上的講話要點。

思主義爲人類社會發展進步指明了方向，是我們認識世界、把握規律、追求真理、改造世界的強大思想武器。同時，馬克思主義理論不是教條，而是行動指南，必須隨着實踐的變化而發展。馬克思主義能不能在實踐中發揮作用，關鍵在於能否把馬克思主義基本原理同中國實際和時代特徵結合起來。面對快速變化的世界和中國，如果墨守成規、思想僵化，沒有理論創新的勇氣，不能科學回答中國之問、世界之問、人民之問、時代之問，不僅黨和國家事業無法繼續前進，馬克思主義也會失去生命力、説服力。當代中國正在經歷人類歷史上最爲宏大而獨特的實踐創新，改革發展穩定任務之重、矛盾風險挑戰之多、治國理政考驗之大都前所未有，世界百年未有之大變局深刻變化前所未有，提出了大量亟待回答的理論和實踐課題。我們要準確把握時代大勢，勇於站在人類發展前沿，聆聽人民心聲，回應現實需要，堅持解放思想、實事求是、守正創新，更好把堅持馬克思主義和發展馬克思主義統一起來，堅持用馬克思主義之"矢"去射新時代中國之"的"，繼續推進馬克思主義基本原理同中國具體實際相結合、同中華優秀傳統文化相結合，續寫馬克思主義中國化時代化新篇章。

黨的百年奮鬥歷程告訴我們，黨和人民事業能不能沿着正確方向前進，取決於我們能否準確認識和把握社會主要矛盾、確定中心任務。什麼時候社會主要矛盾和中心任務判斷準確，黨和人民事業就順利發展，否則黨和人民事業就會遭受挫折。這次全會決議對黨善於抓住社會主要矛盾和中心任務帶動全局工作作了全面分析。注重分析和總結黨在百年奮鬥歷程中對我國社會主要矛盾和中心任務的研究和把握，是貫穿全會決議的一個重要內容，我們一定要深入學習、全面領會。面對複雜形勢、複雜矛盾、繁重任務，沒有主次，不加區別，眉毛鬍子一把抓，是做不好工作的。我們要有全局觀，對各種矛盾做到了然於胸，同時又要緊緊圍繞主要矛盾和中心任務，優先解決主要矛盾和矛盾的主要方面，以此帶動其他矛盾的解決，在整體推進中實現重點突破，以重點突破帶動經濟社會發展水平整體躍升，朝着全面建成社會主義現代化強國的奮鬥目標不斷前進。

戰略問題是一個政黨、一個國家的根本性問題。戰略上判斷得準確，戰略上謀劃得科學，戰略上贏得主動，黨和人民事業就大有希望。一百年來，黨總是能夠在重大歷史關頭從戰略上認識、分析、判斷面臨的重大歷史課題，制定正確的政治戰略策略，這是黨戰勝無數風險挑戰、不斷從勝利走向勝利的有力保證。這次全會決議對百年奮鬥歷程中黨高度重視戰略策略問題、不斷提出科學的戰略策略作了全面總結。注重分析和總結黨在百年奮鬥歷程中對戰略策略的研究和把握，是貫穿全會決議的一個重要內容，我們一定要深入學習、全面領會。戰略是從全局、長遠、大勢上作出判斷和決策。我們是一個大黨，領導的是一個大國，進行的是偉大的事業，要善於進行戰略思維，善於從戰略上看問題、想問題。正確的戰略需要正確的策略來落實。策略是在戰略指導下為戰略服務的。戰略和策略是辯證統一的關係，要把戰略的堅定性和策略的靈活性結合起來。各地區各部門確定工作思路、工作部署、政策措施，要自覺同黨的理論和路綫方針政策對標對表、及時校準偏差，黨中央作出的戰略決策必須無條件執行，確保不偏向、不變通、不走樣。

在百年奮鬥歷程中，黨領導人民取得一個又一個偉大成就、戰勝一個又一個艱難險阻，歷經千錘百鍊仍朝氣蓬勃，得到人民羣衆支持和擁護，原因就在於黨敢於直面自身存在的問題，勇於自我革命，始終保持先進性和純潔性，不斷增強創造力、凝聚力、戰鬥力，永葆馬克思主義政黨本色。這次全會決議對百年奮鬥歷程中黨高度重視管黨治黨、不斷推進自我革命作了全面總結。注重分析和總結黨在百年奮鬥歷程中對自我革命的研究和把握，是貫穿全會決議的一個重要內容，我們一定要深入學習、全面領會。在新的歷史條件下，要永葆黨的馬克思主義政黨本色，關鍵還得靠我們黨自己。在爲誰執政、爲誰用權、爲誰謀利這個根本問題上，我們的頭腦要特別清醒、立場要特別堅定。全黨同志都要明大德、守公德、嚴私德，清清白白做人、乾乾淨淨做事，做到克己奉公、以儉修身，永葆清正廉潔的政治本色。自我革命關鍵要有正視問題的自覺和刀刃向內的勇氣。現在，反腐敗鬥爭取得了壓倒性勝利並全面鞏固，但全黨同志要永葆自我革命精神，增強全面從嚴治黨永遠在路上的政治自覺，決不能滋生已經嚴到位的厭倦情緒。黨風廉政建設和反腐敗鬥爭永遠在路上，一刻也不能放鬆，要以抓鐵有痕、踏石留印的堅韌和執着，繼續打好黨風廉政建設和反腐敗鬥爭這場攻堅戰、持久戰。不論誰在黨紀國法上出問題，黨紀國法決不饒恕。

這次全會決議對百年奮鬥歷程中黨注重進行黨史學習教育作了全面總結，强調全黨要堅持唯物史觀和正確黨史觀，從黨的百年奮鬥中看清楚過去我們爲什麽能够成功、弄明白未來我們怎樣才能繼續成功，從而更加堅定、更加自覺地踐行初心使命，在新時代更好堅持和發展中國特色社會主義。這是六中全會提出的一項重要政治任務，我們要繼續抓好落實。黨的第三個歷史決議體現了我們對黨的百年奮鬥歷史的新認識，這方面更要深入學習領會，以利於更好認識和把握黨的百年奮鬥重大成就和歷史經驗。要認真總結這次黨史學習教育的成功經驗，建立常態化長效化制度機制，不斷鞏固拓展黨史學習教育成果。全黨要以學習貫徹黨的十九屆六中全會精神爲重點，深入推進黨史學習教育，進一步做到學史明理、學史增信、學史崇德、學史力行，教育引導全黨同志學黨史、悟思想、辦實事、開新局，更好用黨的創新理論把全黨武裝起來，把黨中央決策部署的各項任務落實下去。要原原本本學習全會決議，學懂弄通黨百年奮鬥的光輝歷程，學懂弄通黨堅守初心使命的執着奮鬥，學懂弄通黨百年奮鬥的歷史意義和歷史經驗，學懂弄通以史爲鑑、開創未來的重要要求。要用好黨委（黨組）理論學習中心組制度，推動領導班子、領導幹部帶頭學黨史、經常學黨史。要用好幹部教育培訓機制，繼續把黨史作爲黨校（行政學院）、幹部學院必修課、常修課。要用好學校思政課這個渠道，推動黨的歷史更好進教材、進課堂、進頭腦，發揮好黨史立德樹人的重要作用。要用好紅色資源，加強革命傳統教育、愛國主義教育、青少年思想道德教育，引導全社會更好知史愛黨、知史愛國。要用好"我爲羣衆辦實事"實踐活動形成的良好機制，推動各級黨組織和廣大黨員、幹部滿腔熱情爲羣衆辦實事、解難事，走好新時代黨的羣衆路綫。

新時代黨和人民奮進的必由之路[*]

（二〇二二年三月五日）

　　回顧新時代黨和人民奮進歷程，我們更加堅定了以下重要認識。一是堅持黨的全面領導是堅持和發展中國特色社會主義的必由之路。只要堅定不移堅持黨的全面領導、維護黨中央權威和集中統一領導，我們就一定能夠確保全黨全國擁有團結奮鬥的強大政治凝聚力、發展自信心，集聚起守正創新、共克時艱的強大力量，形成風雨來襲時全體人民最可靠的主心骨。二是中國特色社會主義是實現中華民族偉大復興的必由之路。只要始終不渝走中國特色社會主義道路，我們就一定能夠不斷實現人民對美好生活的嚮往，不斷推進全體人民共同富裕。三是團結奮鬥是中國人民創造歷史偉業的必由之路。只要在黨的領導下全國各族人民團結一心、衆志成城，敢於鬥爭、善於鬥爭，我們就一定能夠戰勝前進道路上的一切困難挑戰，繼續創造令人刮目相看的新的奇迹。四是貫徹新發展理念是新時代我國發展壯大的必由之路。只要完整、準確、全面貫徹新發展理念，加快構建新發展格局，推動高質量發展，加快實現科技自立自强，我們就一定能夠不

---

　　* 這是習近平在參加十三屆全國人大五次會議內蒙古代表團審議時的講話要點。

斷提高我國發展的競爭力和持續力，在日趨激烈的國際競爭中把握主動、贏得未來。五是全面從嚴治黨是黨永葆生機活力、走好新的趕考之路的必由之路。辦好中國的事情，關鍵在黨、關鍵在全面從嚴治黨。只要大力弘揚偉大建黨精神，不忘初心使命，勇於自我革命，不斷清除一切損害黨的先進性和純潔性的有害因素，不斷清除一切侵蝕黨的健康肌體的病原體，我們就一定能夠確保黨不變質、不變色、不變味。

二、堅持黨的全面領導

心懷"國之大者"，切實把增強 "四個意識"、堅定"四個自信"、 做到"兩個維護"落到行動上[*]

（二○二○年四月二十日—二○二二年三月一日）

一

要自覺講政治，對國之大者要心中有數，關注黨中央在關心什麼、強調什麼，深刻領會什麼是黨和國家最重要的利益、什麼是最需要堅定維護的立場，切實把增強"四個意識"、堅定"四個自信"、做到"兩個維護"落到行動上，不能只停留在口號上。

（二○二○年四月二十日—二十三日在陝西考察時的講話要點）

---

* 這是習近平二○二○年四月二十日至二○二二年三月一日期間有關心懷"國之大者"，切實把增強"四個意識"、堅定"四個自信"、做到"兩個維護"落到行動上論述的節錄。

二

　　領導幹部想問題、作決策，一定要對國之大者心中有數，多打大算盤、算大賬，少打小算盤、算小賬，善於把地區和部門的工作融入黨和國家事業大棋局，做到既爲一域爭光、更爲全局添彩。

（二〇二〇年十月十日在二〇二〇年秋季
學期中央黨校＜國家行政學院＞中青年幹部
培訓班開班式上的講話要點）

三

　　各級黨員、幹部特別是領導幹部都要堅定黨性立場，加強黨性修養，心懷"國之大者"，遇到問題、作出決策、處理工作首先要從政治上想一想，對照黨章、黨內政治生活準則、黨紀處分條例舉一反三，看準能不能幹、該不該做，在風浪考驗中立得住腳，在誘惑"圍獵"面前定得住神，始終做政治上的明白人。正所謂"德不優者，不能懷遠；才不大者，不能博見"[1]。

（二〇二一年一月二十二日在中共十九屆
中央紀委五次全會上的講話）

四

只有站在政治高度看，對黨中央的大政方針和決策部署才能領會更透徹，工作起來才能更有預見性和主動性。各級領導幹部特別是高級幹部要不斷提高政治判斷力、政治領悟力、政治執行力，對"國之大者"了然於胸，把貫徹黨中央精神體現到謀劃重大戰略、制定重大政策、部署重大任務、推進重大工作的實踐中去，經常對表對標，及時校準偏差。

（二〇二一年一月二十八日在主持中共十九屆中央政治局第二十七次集體學習時的講話）

五

今年是進入全面建設社會主義現代化國家、向第二個百年奮鬥目標進軍新征程的重要一年，我們黨將召開二十大。要全面貫徹黨的十九大和十九屆歷次全會精神，增強"四個意識"、堅定"四個自信"、做到"兩個維護"，對"國之大者"領悟到位，始終在思想上政治上行動上同黨中央保持高度一致。

（二〇二二年二月審閱有關同志述職報告時作出的指示要點）

六

要心懷"國之大者"，站在全局和戰略的高度想問題、辦事情，一切工作都要以貫徹落實黨中央決策部署爲前提，不能爲了局部利益損害全局利益、爲了暫時利益損害根本利益和長遠利益。

（二〇二二年三月一日在二〇二二年春季學期中央黨校＜國家行政學院＞中青年幹部培訓班開班式上的講話要點）

註　釋

〔1〕見東漢王充《論衡·別通》。

不斷提高政治判斷力、
政治領悟力、政治執行力[*]

（二○二○年十二月二十四日—二十五日）

　　我們黨即將迎來百年華誕。從建黨的開天闢地，到新中國成立的改天換地，到改革開放的翻天覆地，再到黨的十八大以來黨和國家事業取得歷史性成就、發生歷史性變革，根本原因就在於我們黨始終堅守了爲中國人民謀幸福、爲中華民族謀復興的初心和使命。我們黨要始終做到不忘初心、牢記使命，把黨和人民事業長長久久推進下去，必須增強政治意識，善於從政治上看問題，善於把握政治大局，不斷提高政治判斷力、政治領悟力、政治執行力。

　　旗幟鮮明講政治，既是馬克思主義政黨的鮮明特徵，也是我們黨一以貫之的政治優勢。黨領導人民治國理政，最重要的就是堅持正確政治方向，始終保持我們黨的政治本色，始終沿着中國特色社會主義道路前進。中央政治局的同志要找準坐標、選準方位、瞄準靶心，善於從政治上觀察和處理問題，使講政治的要求從外部要求轉化爲內在主動。

＊　這是習近平在主持中共中央政治局民主生活會時的講話要點。

　　講政治必須提高政治判斷力。我們黨領導人民進行革命、建設、改革的歷史進程反復證明了一個道理：政治上的主動是最有利的主動，政治上的被動是最危險的被動。增強政治判斷力，就要以國家政治安全爲大、以人民爲重、以堅持和發展中國特色社會主義爲本，增強科學把握形勢變化、精準識別現象本質、清醒明辨行爲是非、有效抵禦風險挑戰的能力。中央政治局的同志要善於思考涉及黨和國家工作大局的根本性、全局性、長遠性問題，加強戰略性、系統性、前瞻性研究謀劃，做到在重大問題和關鍵環節上頭腦特別清醒、眼睛特別明亮，善於從一般事務中發現政治問題，善於從傾向性、苗頭性問題中發現政治端倪，善於從錯綜複雜的矛盾關係中把握政治邏輯，堅持政治立場不移、政治方向不偏。

　　講政治必須提高政治領悟力。領導幹部特別是高級領導幹部擔的是政治責任，必須對黨中央精神深入學習、融會貫通，堅持用黨中央精神分析形勢、推動工作，始終同黨中央保持高度一致。中央政治局的同志是貫徹落實黨中央精神的重要組織者和推動者，更應該不斷提高政治領悟力，對"國之大者"了然於胸，明確自己的職責定位。

　　講政治必須提高政治執行力。領導幹部特別是高級幹部要經常同黨中央精神對表對標，切實做到黨中央提倡的堅決響應，黨中央決定的堅決執行，黨中央禁止的堅決不做，堅決維護黨中央權威和集中統一領導，做到不掉隊、不走偏，不折不扣抓好黨中央精神貫徹落實。要把堅持底綫思維、堅持問題導向貫穿工作始終，做到見微知著、防患於未然。要強化責任意識，知責於心、擔責於身、履責於行，敢於直面問題，不迴避矛盾，不掩蓋問題，出了問題要敢於承擔責任。

　　講政治必須嚴以律己。中央政治局的同志必須修身律己，慎終如始，時刻自重自省自警自勵，做到慎獨慎初慎微慎友。要像珍惜生命一樣珍惜自己的節操，做一個一塵不染的人。要帶頭廉潔治家，帶頭反對特權。

加强黨對社會主義現代化建設的全面領導*

（二〇二一年一月十一日）

中國特色社會主義，最本質的特徵是中國共産黨領導，最鮮明的特色是理論創新和實踐創新、制度自信和文化自信緊密結合，在推動發展上擁有强大的政治優勢、理論優勢、制度優勢、文化優勢。貫徹落實黨的十九屆五中全會精神要同貫徹落實黨的十九屆四中全會精神緊密結合起來，不斷推進國家治理體系和治理能力現代化，把堅持黨的全面領導的政治優勢、堅持中國特色社會主義制度的制度優勢同堅持新發展理念的理論優勢統一起來，推動黨對社會主義現代化建設的領導在職能配置上更加科學合理、在體制機制上更加完備完善、在運行管理上更加高效。

黨的十九屆五中全會精神能否貫徹落實好，事關未來五年、十五年乃至更長時期黨和國家事業發展大局。全會通過的"十四五"規劃《建議》內容十分豐富，既有宏觀思路、指導原則、戰略思想，又有具體要求，既有黨的十八大以來一以貫

＊ 這是習近平在省部級主要領導幹部學習貫徹黨的十九屆五中全會精神專題研討班上講話的一部分。

之的戰略部署，又有新的重大判斷、新的戰略舉措，不狠下一番功夫，是學不到手的。學不到手，貫徹全會精神就抓不住要害、踩不到點上、落不到實處。各級領導幹部特別是高級幹部要原原本本學習、逐條逐段領悟，在整體把握的前提下，突出領會好重點和創新點，發揚理論聯繫實際的優良學風，立足當前、着眼長遠，增強工作積極性、主動性、創造性。

我多次講，高級幹部要成爲馬克思主義政治家，各級領導幹部要成爲政治上的明白人。前不久，在中央政治局民主生活會上，我又突出講了這個問題。經濟工作從來都不是抽象的、孤立的，而是具體的、聯繫的。各級領導幹部特別是高級幹部必須立足中華民族偉大復興戰略全局和世界百年未有之大變局，不斷提高政治判斷力、政治領悟力、政治執行力，心懷"國之大者"，不斷提高把握新發展階段、貫徹新發展理念、構建新發展格局的政治能力、戰略眼光、專業水平，敢於擔當、善於作爲，把黨中央決策部署貫徹落實好。

我們黨要領導一個十幾億人口的東方大國實現社會主義現代化，必須堅持實事求是、穩中求進、協同推進，加強前瞻性思考、全局性謀劃、戰略性佈局、整體性推進，實現發展質量、結構、規模、速度、效益、安全相統一。全面建設社會主義現代化，一個地區、一個民族都不能落下，同時我國區域差異大、發展不平衡，現代化進程不可能齊步走，要鼓勵有條件的地區率先實現現代化，支持帶動其他地區實現現代化。

年關將至，地方黨政領導幹部要在防疫情、保供應、保民生、保安全、保穩定方面多上心、多用心，把化解風險的工作抓早、抓細、抓實，營造安定祥和的社會環境。要持之以恆抓好常態化疫情防控工作，全面細緻落實各項防控舉措，迅速有效管控散發病例。要全面排查各種社會矛盾，加強分析研判，把握各種潛在風險因素，主動進行防範化解。要做好春節期間能源和物資供應保障、交通安全等工作。要完善社會治安防控體系，嚴厲打擊破壞人民羣衆生命財産安全的違法犯罪行爲，確保社會安定。對拖欠工程款和農民工工資等容易引發羣體性事件的問題，要及時化解。

同志們！我常常想起鄧小平同志一九九二年講的一段話：“如果從建國起，用一百年時間把我國建設成中等水平的發達國家，那就很了不起！從現在起到下世紀中葉，將是很要緊的時期，我們要埋頭苦幹。我們肩膀上的擔子重，責任大啊！”[1] 現在，擔子壓在我們大家身上了，責任落在我們大家肩上了，我們大家一定要勇挑重擔、勇擔重責，團結帶領人民真抓實幹、埋頭苦幹，努力作出無愧於黨、無愧於人民、無愧於歷史的成績來！

註　釋

[1] 見鄧小平《在武昌、深圳、珠海、上海等地的談話要點》(《鄧小平文選》第三卷，人民出版社一九九三年版，第 383 頁）。

堅持黨的政治建設，
始終保持黨的團結統一*

（二〇二一年十一月十一日）

　　保證黨的團結統一是黨的生命，也是我們黨能成爲百年大黨、創造世紀偉業的關鍵所在。一百年來，我們黨始終重視黨的政治建設，教育引導廣大黨員、幹部增强政治意識、堅定政治方向、站穩政治立場，堅決貫徹執行黨的政治路綫，推動全黨始終保持統一的思想、堅定的意志、協調的行動、强大的戰鬥力。

　　從黨的歷史看，我們黨走過了從不够成熟到堅定成熟、從不够有力到堅强有力的成長歷程。遵義會議前，我們黨還不成熟，特別是沒有形成一個成熟的黨中央，沒有形成全黨的團結統一。這是黨和人民事業在革命早期屢遭挫折甚至面臨失敗危險的重要原因。遵義會議開始確立以毛澤東同志爲主要代表的馬克思主義正確路綫在黨中央的領導地位，開始形成以毛澤東同志爲核心的黨的第一代中央領導集體，此後黨才能不斷從勝利走向勝利。歷史和現實都證明，黨的團結

＊　這是習近平在中共十九屆六中全會第二次全體會議上講話的一部分。

統一是黨和人民前途和命運所繫，是全國各族人民根本利益所在，任何時候任何情況下都不能含糊、不能動搖。

治理好我們這個世界上最大的政黨和人口最多的國家，必須堅持黨的集中統一領導，維護黨中央權威，確保黨始終總攬全局、協調各方。黨的十八大以來，我們針對有一段時間落實黨的領導弱化、虛化、淡化、邊緣化問題，把加強黨的集中統一領導作為全黨共同的政治責任，不斷完善黨的領導制度體系，使全黨思想上更加統一、政治上更加團結、行動上更加一致。這次全會《決議》特別強調了加強黨的集中統一領導的重要性，就是要求全黨堅定不移向黨中央看齊，在黨的旗幟下團結成"一塊堅硬的鋼鐵"，步調一致向前進。

保持黨的團結統一，要求全黨必須做到對黨忠誠。對黨忠誠是共產黨人必須具備的政治品格，是純粹的、無條件的，不能打折扣、耍小聰明搞小動作。全黨同志特別是領導幹部要始終在政治立場、政治方向、政治原則、政治道路上同黨中央保持高度一致，真正做到忠誠黨和人民，忠誠黨的理想信念，忠誠黨的初心使命，忠誠黨的組織，忠誠黨的理論和路綫方針政策，嚴守黨的政治紀律和政治規矩，不斷增強維護黨中央集中統一領導的思想自覺、政治自覺、行動自覺。對黨忠誠是具體的、實踐的，不是空洞的口號，不能只停留在口頭表態上，要體現在貫徹黨中央決策部署的行動上，體現在履職盡責、做好本職工作的實效上，體現在日常言行上，自覺做到黨中央提倡的堅決響應、黨中央決定的堅決照辦、黨中央禁止的堅決不做，不講條件、不搞變通，不掉隊、不走偏，保證全黨上下擰成一股繩，心往一處想、勁往一處使。

三、始終堅持人民至上

堅持人民至上*

（二○二○年五月二十二日）

中國共產黨根基在人民、血脈在人民。堅持以人民爲中心的發展思想，體現了黨的理想信念、性質宗旨、初心使命，也是對黨的奮鬥歷程和實踐經驗的深刻總結。自成立以來，我們黨團結帶領人民進行革命、建設、改革，根本目的就是爲了讓人民過上好日子，無論面臨多大挑戰和壓力，無論付出多大犧牲和代價，這一點都始終不渝、毫不動搖。堅持以人民爲中心的發展思想，不是一句空洞口號，必須落實到各項決策部署和實際工作之中。

第一，堅持人民至上。古人講："與天下同利者，天下持之；擅天下之利者，天下謀之。"[1] 黨章明確規定，我們黨沒有自己特殊的利益，黨在任何時候都把羣衆利益放在第一位。這是我們黨作爲馬克思主義政黨區別於其他政黨的顯著標誌。在重大疫情面前，我們一開始就鮮明提出把人民生命安全和身體健康放在第一位。我們在全國範圍調集最優秀的醫生、最先進的設備、最急需的資源，全力以赴投入疫病救治，救

＊ 這是習近平在參加十三屆全國人大三次會議內蒙古代表團審議時講話的主要部分。

治費用全部由國家承擔。人民至上、生命至上，保護人民生命安全和身體健康可以不惜一切代價！

當前，我國外防輸入壓力持續加大，國內疫情反彈的風險始終存在。要繃緊疫情防控這根弦，完善常態化防控機制，確保疫情不出現反彈。

第二，緊緊依靠人民。人民是我們黨執政的最大底氣。在這次疫情防控鬥爭中，在黨中央統一領導下，全國動員、全民參與，聯防聯控、群防群治，構築起最嚴密的防控體系，凝聚起堅不可摧的強大力量。廣大人民群眾識大體、顧大局，自覺配合疫情防控鬥爭大局，形成了疫情防控的基礎性力量。古人說："能用眾力，則無敵於天下矣；能用眾智，則無畏於聖人矣。"[2] 我國社會主義民主是維護人民根本利益的最廣泛、最真實、最管用的民主。我們要堅持人民民主，更好把人民的智慧和力量凝聚到黨和人民事業中來。內蒙古自治區是我國最早成立的民族自治區。希望你們堅持和完善民族區域自治制度，加強各民族交往交流交融，加快民族地區經濟社會發展步伐，繼續在促進各民族團結進步上走在前列。

做好統籌疫情防控和經濟社會發展工作，要緊緊依靠人民。這次疫情給我國經濟社會發展造成了較大衝擊和影響，但我國經濟穩中向好、長期向好的基本面沒有改變。世界上任何事物都有其兩面性，這次疫情是一場危機，但某種程度上也孕育了新的契機。要積極主動作為，在推進重大項目建設、支持市場主體發展、加快產業結構調整、提升基層治理能力等方面推出一些管用舉措，有針對性地部署對高質量發展、高效能治理具有牽引性的重大規劃、重大改革、重大政策，在應對危機中掌握工作主動權、打好發展主動仗。

第三，不斷造福人民。我們推動經濟社會發展，歸根到底是爲了不斷滿足人民羣衆對美好生活的需要。要始終把人民安居樂業、安危冷暖放在心上，用心用情用力解決羣衆關心的就業、教育、社保、醫療、住房、養老、食品安全、社會治安等實際問題，一件一件抓落實，一年接着一年幹，努力讓羣衆看到變化、得到實惠。

內蒙古在今年三月已經宣佈所有貧困縣全部摘帽。要鞏固和拓展產業就業扶貧成果，做好易地扶貧搬遷後續扶持，推動脫貧攻堅和鄉村振興有機銜接。受疫情影響，今年穩就業任務十分繁重，要做好高校畢業生、農民工、退役軍人等重點羣體就業工作。這次疫情暴露出我們在公共衛生體系等方面還存在一些短板和不足，要抓緊完善重大疫情防控救治體系和公共衛生體系，加強城鄉社區等基層防控能力建設，廣泛開展愛國衛生運動，更好保障人民生命安全和身體健康。

要把爲民造福作爲最重要的政績。中國共產黨把爲民辦事、爲民造福作爲最重要的政績，把爲老百姓辦了多少好事實事作爲檢驗政績的重要標準。黨員、幹部特別是領導幹部要清醒認識到，自己手中的權力、所處的崗位，是黨和人民賦予的，是爲黨和人民做事用的，只能用來爲民謀利。各級領導幹部要樹立正確的權力觀、政績觀、事業觀，不慕虛榮，不務虛功，不圖虛名，切實做到爲官一任、造福一方。

比如說，生態環境保護就是爲民造福的百年大計。內蒙古生態狀況如何，不僅關係全區各族羣衆生存和發展，而且關係華北、東北、西北乃至全國生態安全。這些年，你們深入實施重點生態工程，深入開展污染防治攻堅戰，推動亮麗內蒙古建設邁出了重要步伐。內蒙古幹部羣衆六十多年來堅持不懈治理毛烏素沙地，現在治理率達到百分之七十，生態呈現整體改善態勢，是很了不起的成績！要保持加強生態文明建設的戰略定力，牢固樹立生態優先、綠色發展的導向，着力抓好黃河流域、"一湖兩海"〔3〕、烏海及周邊地區等重點區域生態環境綜合治理，持續打好藍天、碧水、淨土保衛戰，把祖國北疆這道萬里綠色長城構築得更加牢固。

　　第四，牢牢植根人民。我們黨要做到長期執政，就必須永遠保持同人民羣衆的血肉聯繫，始終同人民羣衆想在一起、幹在一起、風雨同舟、同甘共苦。黨的十八大以來，我們一以貫之全面從嚴治黨，堅定不移反對和懲治腐敗，堅持不懈整治"四風"〔4〕，進行黨的羣衆路綫教育實踐活動、"不忘初心、牢記使命"主題教育，就是要教育引導廣大黨員、幹部始終同人民羣衆同呼吸、共命運、心連心。要堅定不移反對腐敗，堅持不懈反對和克服形式主義、官僚主義，防止發生因脫離羣衆而最終失去羣衆的現象。

註　釋

〔1〕見《管子·版法解》。
〔2〕見西晉陳壽《三國志·吳書·吳主傳》裴松之註引《江表傳》。
〔3〕"一湖兩海"，這裏指內蒙古呼倫湖、烏梁素海、岱海。
〔4〕"四風"，指形式主義、官僚主義、享樂主義和奢靡之風。

民心是最大的政治[*]

（二○二○年九月十七日）

今年以來，突如其來的新冠肺炎疫情給我們完成"十三五"和今年年初既定的全年目標任務帶來挑戰。我們堅持把人民生命安全和身體健康放在第一位，全力以赴開展疫情防控工作，打響了疫情防控的人民戰爭、總體戰、阻擊戰。在初步控制住疫情蔓延勢頭後，我們及時統籌做好疫情防控和推動復工復產，加快恢復經濟社會秩序。九月八日，我們在北京隆重召開表彰大會，頒授共和國勛章和國家榮譽稱號獎章，表彰抗疫先進個人和先進集體。我在會上作了講話。今年入汛以來，長江流域、淮河流域發生較重汛情，主要江河湖泊一度處於超警戒水位，一些地方受災嚴重，黨中央及時作出防汛救災部署。在中央有關部門指導和協調下，有關省份包括湖南全力做好防汛救災工作，抓緊災後恢復重建。縱觀世界，我們在疫情防控和經濟恢復上都走在前列。取得這樣的成績，實屬來之不易！

讓我特別感動的是，在各種急難險重任務和風險挑戰面前，廣大人民羣衆總是同心同德、齊心協力、頑强奮戰，作

---

* 這是習近平在基層代表座談會上講話的主要部分。

出了重大貢獻。黨和國家事業取得勝利都是人民的勝利！人民是真正的英雄！

人民對美好生活的嚮往就是我們的奮鬥目標。好的方針政策和發展規劃都應該順應人民意願、符合人民所思所盼，從羣衆中來、到羣衆中去。長期以來，我們黨在出臺重要方針政策、作出重大決策部署前，都要求有關部門深入基層調查研究，了解和掌握第一手材料。實事求是是我們黨的思想路綫的重要內容，早在延安時期，毛澤東同志就強調"共產黨員應是實事求是的模範"，"只有實事求是，才能完成確定的任務"，[1]認爲調查研究的方法"第一是眼睛向下，不要只是昂首望天"，"第二是開調查會"。[2]五年規劃編制涉及經濟社會發展方方面面，同人民羣衆生產生活息息相關，需要把加強頂層設計和堅持問計於民統一起來，鼓勵廣大人民羣衆和社會各界以各種方式建言獻策。

今天參會的基層幹部羣衆代表，既有來自農村、社區、企業等方面的，也有來自教育、科技、衛生、政法等戰綫的；既有各級黨代會代表、人大代表、政協委員、勞動模範、扶貧幹部，也有新的社會階層人士、農民工、快遞小哥、網店店主等。大家都處在改革發展和生產一綫，參與經濟社會生活最直接，同羣衆聯繫最經常，對黨的路綫方針政策落地見效感知最真切，提出的意見和建議能夠更加貼近基層實際、反映羣衆心聲。

剛才，大家作了很好的發言，開門見山，直截了當，提出了許多好的意見和建議，很鮮活，很接地氣，有利於我們更多了解基層情況。有關方面要認真研究、充分吸收。

前段時間，我們就"十四五"規劃編制開展了網上意見徵求活動，廣大幹部羣眾關注度、參與度都很高，很多意見和建議還反饋到了我這裏。平常，我也收到很多羣眾的來信。這些意見和建議帶有普遍性，剛才大家也談到了。"十四五"規劃建議要對這些問題作出積極回應。

下面，我談幾點意見。

第一，珍惜發展好局面，鞏固發展好勢頭。"十四五"時期，是我國在全面建成小康社會基礎上開啟全面建設社會主義現代化國家新征程的第一個五年。當前和今後一個時期，我國發展仍然處於重要戰略機遇期，但機遇和挑戰都有新的發展變化。當今世界正經歷百年未有之大變局，新冠肺炎疫情加劇了大變局的演變，國際環境日趨複雜，經濟全球化遭遇逆流，一些國家單邊主義、保護主義盛行，我們必須在一個更加不穩定不確定的世界中謀求我國發展。我國已進入高質量發展階段，經濟發展前景向好，同時發展不平衡不充分問題仍然突出，實現高質量發展還有許多短板弱項。對困難和挑戰、阻力和變數，我們既不能遮掩迴避、視而不見，也不能驚慌失措、亂了陣腳。我經常講，中華民族偉大復興絕不是輕輕鬆鬆、敲鑼打鼓就能實現的。苦難鑄就輝煌。沒有一個國家、民族的現代化是順順當當實現的。儘管國際國內形勢發生了深刻複雜變化，但我國經濟穩中向好、長期向好的基本面沒有變，我國經濟潛力足、韌性大、活力強、迴旋空間大、政策工具多的基本特點沒有變，我國發展具有的多方面優勢和條件沒有變。我國具有全球最完整、規模最大的工業體系，有强大的生產能力、完善的配套能力，有超大規模內需市場，投資需求潛力巨大。我們要科學分析形勢、把握發展大勢，堅持穩中求進工作總基調，堅持新發展理念，統籌發展和安全，加快形成以國內大循環爲主體、國內國際雙循環相互促進的新發展格局。

第二，堅持貫徹以人民爲中心的發展思想。民心是最大的政治。我們黨是全心全意爲人民服務的黨，堅持立黨爲公、執政爲民，把人民對美好生活的嚮往作爲始終不渝的奮鬥目標。在近百年的奮鬥歷程中，我們黨不僅是這麼説的，也一直是這麼做的。在長征途中，紅軍經過汝城縣文明鄉沙洲村，我們的三位紅軍女戰士把僅有的一條被子剪下半條給鄉親們，留下了"半條被子"的故事。在抗擊新冠肺炎疫情鬥爭中，我們一開始就鮮明提出把人民生命安全和身體健康放在第一位。爲了最大限度遏制疫情蔓延，我們在全國範圍調集最優秀的醫生、最先進的設備、最急需的資源，全力以赴投入疫病救治，救治費用全部由國家承擔。謀劃"十四五"時期發展，要堅持發展爲了人民、發展成果由人民共享，努力在推動高質量發展過程中辦好各項民生事業、補齊民生領域短板。要更加聚焦人民羣衆普遍關心關注的民生問題，採取更有針對性的措施，一件一件抓落實，一年接着一年幹，讓人民羣衆獲得感、幸福感、安全感更加充實、更有保障、更可持續。

第三，加強基層黨組織和基層政權建設。基礎不牢，地動山搖。只有把基層黨組織建設强、把基層政權鞏固好，中國特色社會主義的根基才能穩固。"十四五"時期，要在加強基層基礎工作、提高基層治理能力上下更大功夫。要加強和改進黨對農村基層工作的全面領導，提高農村基層組織建設質量，爲鄉村全面振興提供堅強政治和組織保證。要加強和創新基層社會治理，堅持和完善新時代“楓橋經驗”[3]，加強城鄉社區建設，强化網格化管理和服務，完善社會矛盾糾紛多元預防調處化解綜合機制，切實把矛盾化解在基層，維護好社會穩定。

第四，基層代表要更好發揮帶頭作用。全面建成小康社會不是終點，而是新生活、新奮鬥的起點。人民羣衆中蘊含着豐富的智慧和無限的創造力。要把廣大基層羣衆組織起來、動員起來、凝聚起來，充分激發人民羣衆的積極性、主動性、創造性。黨員、幹部要充分發揮先鋒模範作用，人大代表要更加密切聯繫羣衆，政協委員要更好聯繫和服務所在界別的羣衆，農村致富帶頭人要更加積極發揮先富幫後富的作用，團結凝聚廣大基層羣衆爲創造更加美好的新生活而努力奮鬥。

最後，我要强調的是，社會主義中國發展到今天，取得的成就不是天上掉下來的，更不是別人恩賜施捨的，而是廣大人民羣衆在黨的領導下用勤勞、智慧、勇氣幹出來的！在我們這麼一個有着十四億人口的國家，每個人出一份力就能匯聚成排山倒海的磅礴力量，每個人做成一件事、幹好一件工作，黨和國家事業就能向前推進一步。大家來自基層和生產一綫，代表各行各業，要堅定理想信念，注重學習提升，矢志艱苦奮鬥，從一點一滴做起，把小事當大事幹，踏踏實實把正在做的事情做好，靠勤勞雙手成就屬於自己的人生精彩，共同創造我們的幸福生活和美好未來。

註　　釋

〔1〕見毛澤東《中國共產黨在民族戰爭中的地位》(《毛澤東選集》第二卷，人民出版社一九九一年版，第 522 頁)。

〔2〕見毛澤東《〈農村調查〉的序言和跋》(《毛澤東選集》第三卷，人民出版社一九九一年版，第 789、790 頁)。

〔3〕二十世紀六十年代初，浙江諸暨楓橋幹部羣衆創造了"發動和依靠羣衆，堅持矛盾不上交，就地解決，實現捕人少，治安好"的"楓橋經驗"。此後，"楓橋經驗"在實踐中不斷豐富發展，特別是中共十八大以來形成了特色鮮明的新時代"楓橋經驗"。其内涵是，堅持和貫徹黨的羣衆路綫，在黨的領導下，充分發動羣衆、組織羣衆、依靠羣衆解決羣衆自己的事情，做到"小事不出村、大事不出鎮、矛盾不上交"。

打江山、守江山，
守的是人民的心[*]

（二〇二一年六月二十五日、九月十四日）

一

我們黨能够在那麼弱小的情況下發展壯大起來，能够在千難萬險中一次次浴火重生，根本原因就在於我們黨始終牢記初心使命，忠實踐行全心全意爲人民服務的根本宗旨，從而贏得了人民衷心擁護和支持。人民是我們黨的生命之根、執政之基、力量之源。

我反復强調，江山就是人民，人民就是江山，打江山、守江山，守的是人民的心，就是要告誡全黨同志，對我們這樣一個長期執政的黨而言，没有比忘記初心使命、脱離羣衆更大的危險。只要我們始終同人民生死相依、休戚與共，人民就會鐵心跟黨走，黨就能長盛不衰。全黨同志要從黨的百年奮鬥史中不斷體悟初心使命，貫徹好以人民爲中心的發展思想，矢志不渝爲實現中華民族偉大復興而奮鬥。

---

* 這是習近平兩次講話中有關打江山、守江山，守的是人民的心內容的節録。

（二〇二一年六月二十五日在主持中共十九
屆中央政治局第三十一次集體學習時的講話）

二

回顧這段厚重的革命歷史，老一輩革命家堅持"黨的利益在第一位"，堅持"站在最大多數勞動人民的一面"，堅持"把屁股端端地坐在老百姓的這一面"，有着重大教育意義。中國共產黨領導人民取得革命勝利，是贏得了民心，是億萬人民羣衆堅定選擇站在我們這一邊。我們要繼承發揚革命傳統和優良作風，始終把人民利益放在最高位置，不忘初心、牢記使命，貫徹黨的羣衆路綫，尊重人民主體地位，始終同人民站在一起、想在一起、幹在一起。

（二〇二一年九月十四日在陝西榆林參觀
中共綏德地委舊址時的講話要點）

民之所憂我必念之，
民之所盼我必行之[*]

（二〇二一年十二月三十一日）

　　大國之大，也有大國之重。千頭萬緒的事，説到底是千家萬戶的事。我調研了一些地方，看了聽了不少情況，很有啟發和收穫。每到羣衆家中，常會問一問，還有什麼困難，父老鄉親的話我都記在心裏。

　　民之所憂，我必念之；民之所盼，我必行之。我也是從農村出來的，對貧困有着切身感受。經過一代代接續努力，以前貧困的人們，現在也能吃飽肚子、穿暖衣裳，有學上、有房住、有醫保。全面小康、擺脱貧困是我們黨給人民的交代，也是對世界的貢獻。讓大家過上更好生活，我們不能滿足於眼前的成績，還有很長的路要走。

―――――――――

＊　這是習近平發表的二〇二二年新年賀詞的一部分。

共産黨就是給人民辦事的[*]

（二〇二二年一月二十六日）

共産黨就是給人民辦事的，就是要讓人民的生活一天天好起來，一年比一年過得好。

你們這邊是呂梁山，挨着就是黃河了，再過去就是陝西。我插隊那個延川縣，離這兒也不遠，地形也都是這樣的丘陵溝壑。黃土高原生活着我們的祖祖輩輩，孕育着我們的中華文明。

曾幾何時啊！像我們這個歲數的中國人小時候都吃過苦，住在城裏的也穿過補丁衣服，我在陝北農村還曾經自己紡綫織布。過去我到農村，看到這樣那樣讓人揪心的事兒，心裏很是不安、難過。再看看我們現在的農村，面貌完全改變了，吃的穿的用的都不一樣了，中國人幾千年來的溫飽問題徹底解決了。

這次來山西看了兩個村，看到大家對現在的生活感到滿意，我很高興。下一步，我們要走的路還很長，第一個百年奮鬥目標實現了，第二個百年奮鬥目標新征程已經開啟，我們要全面建設社會主義現代化國家。現代化離不開農業農村

＊ 這是習近平在山西臨汾考察時講話的一部分。

現代化，要把鞏固脫貧攻堅成果和鄉村振興銜接好，使農村生活奔向現代化，越走越有奔頭。

中國共產黨執政的唯一選擇就是爲人民羣衆做好事，爲人民羣衆幸福生活拼搏、奉獻、服務。這種執着追求一百多年來從未改變，多少革命先烈先輩爲此付出了生命，爲國家建設改革發展付出了多少心血，我們才走到今天這一步。

我們就是要不忘初心、牢記使命，一代接着一代幹，到中華人民共和國成立一百周年時，中國、中華民族就會更加堅强昂揚地屹立於世界東方，就會爲全人類作出更大的貢獻。

四、堅持敢於鬥爭

實現中華民族偉大復興
必須堅持鬥爭精神*

（二〇二〇年九月三日）

中國共產黨和中國人民是在鬥爭中成長和壯大起來的，鬥爭精神貫穿於中國革命、建設、改革各個時期。我國正處於實現中華民族偉大復興關鍵時期，改革發展正處在攻堅克難的重要階段，在前進道路上，我們面臨的重大鬥爭不會少。我們必須以越是艱險越向前的精神奮勇搏擊、迎難而上。凡是危害中國共產黨領導和我國社會主義制度的各種風險挑戰，凡是危害我國主權、安全、發展利益的各種風險挑戰，凡是危害我國核心利益和重大原則的各種風險挑戰，凡是危害我國人民根本利益的各種風險挑戰，凡是危害我國實現"兩個一百年"奮鬥目標[1]、實現中華民族偉大復興的各種風險挑戰，只要來了，我們就必須進行堅決鬥爭，毫不動搖，毫不退縮，直至取得勝利。歷史必將證明，中華民族走向偉大復興的歷史腳步是不可阻擋的。任何人任何勢力企圖通過霸凌手段把他們的意志強加給中國、改變中國的前進方

---

* 這是習近平在紀念中國人民抗日戰爭暨世界反法西斯戰爭勝利七十五周年座談會上講話的一部分。

向、阻撓中國人民創造自己美好生活的努力，中國人民都絕不答應！

註　　釋

〔1〕"兩個一百年"奮鬥目標，是建設中國特色社會主義的奮鬥目標。二〇一二年十一月，中共十八大提出，在中國共產黨成立一百年時全面建成小康社會，在新中國成立一百年時建成富強民主文明和諧的社會主義現代化國家。二〇一七年十月，中共十九大對實現第二個百年奮鬥目標作出分兩個階段推進的戰略安排：第一個階段，從二〇二〇年到二〇三五年，在全面建成小康社會的基礎上，再奮鬥十五年，基本實現社會主義現代化；第二個階段，從二〇三五年到本世紀中葉，在基本實現現代化的基礎上，再奮鬥十五年，把我國建成富強民主文明和諧美麗的社會主義現代化強國。二〇二一年七月，習近平在慶祝中國共產黨成立一百周年大會上莊嚴宣告，經過全黨全國各族人民持續奮鬥，我們實現了第一個百年奮鬥目標，在中華大地上全面建成了小康社會，歷史性地解決了絕對貧困問題，正在意氣風發向着全面建成社會主義現代化強國的第二個百年奮鬥目標邁進。

弘揚偉大抗美援朝精神，
進行具有許多新的歷史特點的
偉大鬥爭*

（二〇二〇年十月二十三日）

　　抗美援朝戰爭偉大勝利，是中國人民站起來後屹立於世界東方的宣言書，是中華民族走向偉大復興的重要里程碑，對中國和世界都有着重大而深遠的意義。

　　經此一戰，中國人民粉碎了侵略者陳兵國門、進而將新中國扼殺在搖籃之中的圖謀，可謂"打得一拳開，免得百拳來"，帝國主義再也不敢作出武力進犯新中國的嘗試，新中國真正站穩了腳跟。這一戰，拼來了山河無恙、家國安寧，充分展示了中國人民不畏強暴的鋼鐵意志！

　　經此一戰，中國人民徹底掃除了近代以來任人宰割、仰人鼻息的百年恥辱，徹底扔掉了"東亞病夫"的帽子，中國人民真正揚眉吐氣了。這一戰，打出了中國人民的精氣神，充分展示了中國人民萬眾一心的頑強品格！

---

* 這是習近平在紀念中國人民志願軍抗美援朝出國作戰七十周年大會上講話的一部分。

經此一戰，中國人民打敗了侵略者，震動了全世界，奠定了新中國在亞洲和國際事務中的重要地位，彰顯了新中國的大國地位。這一戰，讓全世界對中國刮目相看，充分展示了中國人民維護世界和平的堅定決心！

經此一戰，人民軍隊在戰爭中學習戰爭，愈戰愈勇，越打越強，取得了重要軍事經驗，實現了由單一軍種向諸軍兵種合成軍隊轉變，極大促進了國防和軍隊現代化。這一戰，人民軍隊戰鬥力威震世界，充分展示了敢打必勝的血性鐵骨！

經此一戰，第二次世界大戰結束後亞洲乃至世界的戰略格局得到深刻塑造，全世界被壓迫民族和人民爭取民族獨立和人民解放的正義事業受到極大鼓舞，有力推動了世界和平與人類進步事業。它用鐵一般的事實告訴世人，任何一個國家、任何一支軍隊，不論多麼強大，如果站在世界發展潮流的對立面，恃強凌弱、倒行逆施、侵略擴張，必然會碰得頭破血流。這一戰，再次證明正義必定戰勝強權，和平發展是不可阻擋的歷史潮流！

在波瀾壯闊的抗美援朝戰爭中，英雄的中國人民志願軍始終發揚祖國和人民利益高於一切、爲了祖國和民族的尊嚴而奮不顧身的愛國主義精神，英勇頑強、捨生忘死的革命英雄主義精神，不畏艱難困苦、始終保持高昂士氣的革命樂觀主義精神，爲完成祖國和人民賦予的使命、慷慨奉獻自己一切的革命忠誠精神，爲了人類和平與正義事業而奮鬥的國際主義精神，鍛造了偉大抗美援朝精神。

偉大抗美援朝精神跨越時空、歷久彌新，必須永續傳承、世代發揚。

——無論時代如何發展，我們都要砥礪不畏強暴、反抗強權的民族風骨。七十年前，帝國主義侵略者將戰火燒到了新中國的家門口。中國人民深知，對待侵略者，就得用他們聽得懂的語言同他們對話，這就是以戰止戰、以武止戈，用勝利贏得和平、贏得尊重。中國人民不惹事也不怕事，在任何困難和風險面前，腿肚子不會抖，腰杆子不會彎，中華民族是嚇不倒、壓不垮的！

——無論時代如何發展，我們都要匯聚萬衆一心、勠力同心的民族力量。在抗美援朝戰爭中，中國人民在愛國主義旗幟感召下，同仇敵愾、同心協力，讓世界見證了蘊含在中國人民之中的磅礴力量，讓世界知道了"現在中國人民已經組織起來了，是惹不得的。如果惹翻了，是不好辦的"[1]！

——無論時代如何發展，我們都要鍛造捨生忘死、向死而生的民族血性。在朝鮮戰場上，志願軍將士面對強大而兇狠的作戰對手，身處惡劣而殘酷的戰場環境，拋頭顱、灑熱血，以"鋼少氣多"力克"鋼多氣少"，譜寫了驚天地、泣鬼神的雄壯史詩。志願軍將士冒着槍林彈雨勇敢衝鋒，頂着狂轟濫炸堅守陣地，用胸膛堵槍眼，以身軀作人梯，抱起炸藥包、手握爆破筒衝入敵羣，忍飢受凍絕不退縮，烈火燒身歸然不動，敢於"空中拼刺刀"。在他們中湧現出楊根思、黃繼光、邱少雲等三十多萬名英雄功臣和近六千個功臣集體。英雄們説：我們的身後就是祖國，爲了祖國人民的和平，我們不能後退一步！這種血性令敵人膽寒，讓天地動容！

——無論時代如何發展，我們都要激發守正創新、奮勇向前的民族智慧。勇於創新者進，善於創造者勝。志願軍將士面對陌生的戰場、陌生的敵人，堅持"你打你的，我打我的，你打原子彈，我打手榴彈"[2]，把靈活機動戰略戰術發揮得淋漓盡致。面對來自各方面的風險挑戰，面對各種阻力壓力，中國人民總能逢山開路、遇水架橋，總能展現大智大勇、銳意開拓進取，"殺出一條血路"！

抗美援朝戰爭勝利六十多年來，在中國共產黨堅強領導下，中國發生了前所未有的歷史巨變，中國特色社會主義進入了新時代，中華民族迎來了從站起來、富起來到強起來的偉大飛躍。

今天，我們正站在實現"兩個一百年"奮鬥目標的歷史交匯點上，全面建成小康社會勝利在望，全面建設社會主義現代化國家前景光明。前進道路不會一帆風順。我們要銘記抗美援朝戰爭的艱辛歷程和偉大勝利，敢於鬥爭、善於鬥爭，知難而進、堅韌向前，把新時代中國特色社會主義偉大事業不斷推向前進。

——銘記偉大勝利，推進偉大事業，必須堅持中國共產黨領導，把黨鍛造得更加堅強有力。抗美援朝戰爭偉大勝利再次證明，沒有任何一支政治力量能像中國共產黨這樣，為了民族復興、人民幸福，不惜流血犧牲，不懈努力奮鬥，團結凝聚億萬羣衆不斷走向勝利。只要我們不忘初心、牢記使命，以自我革命精神全面推進黨的建設新的偉大工程，不斷增強黨的政治領導力、思想引領力、羣衆組織力、社會號召力，就一定能够使黨始終成為中國人民最可靠、最堅強的主心骨！

——銘記偉大勝利，推進偉大事業，必須堅持以人民為中心，一切爲了人民、一切依靠人民。歷史是人民創造的。中國共產黨的力量，人民軍隊的力量，根基在人民。我們要堅持全心全意爲人民服務的根本宗旨，爲民謀利，爲民盡責，爲民擔當，把人民對美好生活的嚮往作爲始終不渝的奮鬥目標，始終保持黨同人民羣衆的血肉聯繫。只要我們始終堅持人民立場、人民至上，就一定能夠激發出無往而不勝的強大力量，就一定能夠不斷書寫中華民族偉大復興的精彩華章！

　　——銘記偉大勝利，推進偉大事業，必須堅持推進經濟社會發展，不斷壯大我國綜合國力。落後就要挨打，發展才能自強。新中國成立七十多年來，我國用幾十年時間走完了發達國家幾百年走過的發展歷程，創造了舉世矚目的發展奇迹。當前，我國將進入新發展階段，面對新機遇新挑戰，只要我們統籌推進"五位一體"總體佈局、協調推進"四個全面"戰略佈局，堅定不移貫徹新發展理念，構建新發展格局，就一定能夠實現更高質量、更有效率、更加公平、更可持續、更爲安全的發展，不斷創造讓世界驚嘆的更大奇迹！

　　——銘記偉大勝利，推進偉大事業，必須加快推進國防和軍隊現代化，把人民軍隊全面建成世界一流軍隊。没有一支強大的軍隊，就不可能有强大的祖國。堅持和發展中國特色社會主義，必須統籌發展和安全、富國和强軍。要貫徹新時代黨的強軍思想，貫徹新時代軍事戰略方針，毫不動摇堅持黨對人民軍隊的絕對領導，堅持政治建軍、改革強軍、科技強軍、人才强軍、依法治軍，全面提高捍衛國家主權、安全、發展利益的戰略能力，更好履行新時代人民軍隊使命任務。只要我們與時俱進加强國防和軍隊建設，向着黨在新時代的強軍目標闊步前行，就一定能夠爲實現中華民族偉大復興提供更爲堅强的戰略支撑！

——銘記偉大勝利，推進偉大事業，必須維護世界和平和正義，推動構建人類命運共同體。中華民族歷來秉持"親仁善鄰"[3]的理念。作爲負責任大國，中國堅守和平、發展、公平、正義、民主、自由的全人類共同價值，堅持共商共建共享的全球治理觀，堅定不移走和平發展、開放發展、合作發展、共同發展道路。只要堅持走和平發展道路，同各國人民一道推動構建人類命運共同體，就一定能够迎來人類和平與發展的美好未來！

世界是各國人民的世界，世界面臨的困難和挑戰需要各國人民同舟共濟、攜手應對，和平發展、合作共贏才是人間正道。當今世界，任何單邊主義、保護主義、極端利己主義，都是根本行不通的！任何訛詐、封鎖、極限施壓的方式，都是根本行不通的！任何我行我素、唯我獨尊的行徑，任何搞霸權、霸道、霸凌的行徑，都是根本行不通的！不僅根本行不通，最終必然是死路一條！

中國一貫奉行防禦性國防政策，中國軍隊始終是維護世界和平的堅定力量。中國永遠不稱霸、不擴張，堅決反對霸權主義和强權政治。我們決不會坐視國家主權、安全、發展利益受損，決不會允許任何人任何勢力侵犯和分裂祖國的神聖領土。一旦發生這樣的嚴重情況，中國人民必將予以迎頭痛擊！

回望七十年前偉大的抗美援朝戰爭，進行具有許多新的歷史特點的偉大鬥爭，瞻望中華民族偉大復興的光明前景，我們無比堅定、無比自信。讓我們更加緊密地團結在黨中央周圍，弘揚偉大抗美援朝精神，雄赳赳、氣昂昂，向着全面建設社會主義現代化國家新征程，向着實現中華民族偉大復興的中國夢，繼續奮勇前進！

註　　釋

〔1〕見毛澤東《抗美援朝的勝利和意義》(《毛澤東軍事文集》第六卷，軍事科學出版社、中央文獻出版社一九九三年版，第355頁)。

〔2〕見毛澤東《朝鮮戰局和我們的方針》(《毛澤東文集》第六卷，人民出版社一九九九年版，第93—94頁)。

〔3〕見《左傳·隱公六年》。

依靠鬥爭贏得未來*

（二〇二一年三月一日）

　　敢於鬥爭是我們黨的鮮明品格。我們黨依靠鬥爭走到今天，也必然要依靠鬥爭贏得未來。開啟全面建設社會主義現代化國家新征程，立足新發展階段、貫徹新發展理念、構建新發展格局，面臨的風險和考驗一點也不會比過去少。年輕幹部要自覺加強鬥爭歷練，在鬥爭中學會鬥爭，在鬥爭中成長提高，努力成爲敢於鬥爭、善於鬥爭的勇士。要堅定鬥爭意志，不屈不撓、一往無前，決不能碰到一點挫折就畏縮不前，一遇到困難就打退堂鼓。要善鬥爭、會鬥爭，提升見微知著的能力，透過現象看本質，準確識變、科學應變、主動求變，洞察先機、趨利避害。要加強戰略謀劃，把握大勢大局，抓住主要矛盾和矛盾的主要方面，分清輕重緩急，科學排兵佈陣，牢牢掌握鬥爭主動權。要增強底綫思維，定期對風險因素進行全面排查。要善於經一事長一智，由此及彼、舉一反三，練就鬥爭的真本領、真功夫。

　　* 這是習近平在二〇二一年春季學期中央黨校（國家行政學院）中青年幹部培訓班開班式上的講話要點。

不斷增强進行偉大鬥爭的
意志和本領*

（二〇二一年十一月十一日）

堅定擔當責任，不斷增强進行偉大鬥爭的意志和本領。"志不强者智不達，言不信者行不果。"〔1〕我們黨在内憂外患中誕生、在歷經磨難中成長、在攻堅克難中壯大，錘鍊了不畏强敵、不懼風險、敢於鬥爭、敢於勝利的風骨和品質。爲了肩負歷史重任，爲了黨和人民事業，無論敵人如何强大、道路如何艱險、挑戰如何嚴峻，黨總是絶不畏懼、絶不退縮，不怕犧牲、百折不撓。

革命戰爭年代，黨勇敢擔負起爭取民族獨立、人民解放的歷史任務，同國内外强敵進行艱苦卓絶的鬥爭。從高舉反帝反封建旗幟、掀起大革命高潮，到在血腥屠殺中站起、開始武裝鬥爭、開展土地革命；從爲了民族大義、推動建立抗日民族統一戰綫共禦外敵，到反對國民黨反動派發動内戰、打敗國民黨八百萬軍隊，黨領導人民經過二十八年浴血奮鬥，付出了最大犧牲。新中國成立後，面對黨内和黨外、國内和國際、人類社會和自然界的多種複雜嚴峻的考驗挑戰，我們

---

* 這是習近平在中共十九屆六中全會第二次全體會議上講話的一部分。

81

黨都以强烈擔當和巨大勇氣作出歷史抉擇、開展堅決鬥爭，領導人民迎難而上、堅決鬥爭、從容應對，不斷取得勝利，使中華民族迎來了從站起來、富起來到强起來的偉大飛躍。

當年，面對世界上經濟實力最雄厚、軍事力量最强大的美帝國主義的武裝威脅和挑釁，是否出兵入朝作戰，毛澤東同志説，這是他一生中最難作出的決策之一。黨中央和毛澤東同志以"打得一拳開，免得百拳來"的戰略遠見，以"不惜國內打爛了重新建設"的決心和氣魄，作出抗美援朝、保家衛國的歷史性決策，避免了侵略者陳兵國門的危局，捍衛了新中國安全。上個世紀八十年代末九十年代初，東歐劇變、蘇共垮臺、蘇聯解體，世界社會主義遭受嚴重曲折，我國也發生了一九八九年春夏之交的嚴重政治風波。我們黨緊緊依靠人民，以堅定意志和歷史擔當，採取果斷措施，打贏了這場關係黨和國家生死存亡的鬥爭，並頂住了西方國家所謂"制裁"的壓力，保證了中國特色社會主義正確航向和改革發展的正確方向。鄧小平同志説："只要中國社會主義不倒，社會主義在世界將始終站得住。"[2]我也説過，如果中國共產黨領導和我國社會主義制度也在那場多米諾骨牌式的變化中倒塌了，或者因爲其他原因失敗了，那社會主義實踐就可能又要長期在黑暗中徘徊了，中華民族偉大復興的進程也必然會被打斷。

歷史發展是連續性和階段性的統一，一個時期有一個時期的歷史使命和任務，一代人有一代人的歷史擔當和責任。黨的十八大以來，我們清醒認識到，新時代堅持和發展中國特色社會主義是一場艱巨而偉大的社會革命，各種敵對勢力絕不會讓我們順順利利實現中華民族偉大復興。基於此，我向全黨反復强調，必須進行具有許多新的歷史特點的偉大鬥爭，必須準備付出更爲艱巨、更爲艱苦的努力，必須高度重視和切實防範化解各種重大風險。這幾年，我們掌握應對風險挑戰的戰略主動，對危及黨的執政地位、國家政權穩定，危害國家核心利益，危害人民根本利益，有可能遲滯甚至打斷中華民族復興進程的重大風險挑戰，果斷出手、堅決鬥爭，解決了許多長期想解決而沒有解決的難題，辦成了許多過去想辦而沒有辦成的大事。對這個歷程，我們大家都有親身經歷，這次全會《決議》作了充分概括。

我們黨依靠鬥爭創造歷史，更要依靠鬥爭贏得未來。新的征程上，我們面臨的風險考驗只會越來越複雜，甚至會遇到難以想像的驚濤駭浪。我們面臨的各種鬥爭不是短期的而是長期的，將伴隨實現第二個百年奮鬥目標全過程。在重大風險、强大對手面前，總想過太平日子、不想鬥爭是不切實際的，得“軟骨病”、患“恐懼症”是無濟於事的。“善戰者，立於不敗之地，而不失敵之敗也。”〔3〕唯有主動迎戰、堅決鬥爭才有生路出路，才能贏得尊嚴、求得發展，逃避退縮、妥協退讓只會招致失敗和屈辱，只能是死路一條。我們必須把握新的偉大鬥爭的歷史特點，發揚鬥爭精神，把握鬥爭方向，把握鬥爭主動權，堅定鬥爭意志，掌握鬥爭規律，增强鬥爭本領，有效應對重大挑戰、抵禦重大風險、克服重大阻力、解決重大矛盾，戰勝前進道路上的一切艱難險阻，不斷奪取新時代偉大鬥爭的新勝利。

註　　釋

〔1〕見《墨子·修身》。

〔2〕見鄧小平《堅持社會主義，防止和平演變》（《鄧小平文選》第三卷，人民出版社一九九三年版，第346頁）。

〔3〕見《孫子·形》。

五、統籌疫情防控和經濟社會發展

做好疫情防控重點工作[*]

（二〇二〇年二月三日）

做好疫情防控工作，直接關係人民生命安全和身體健康，直接關係經濟社會大局穩定，也事關我國對外開放。我們要按照堅定信心、同舟共濟、科學防治、精準施策的要求，切實做好工作，同時間賽跑、與病魔較量，堅決遏制疫情蔓延勢頭，堅決打贏疫情防控阻擊戰。當前，疫情防控方面要重點抓好以下工作。

第一，加强對疫情防控工作的統一領導。疫情防控要堅持全國一盤棋。各級黨委和政府必須堅決服從黨中央統一指揮、統一協調、統一調度，做到令行禁止。現在，各地區各部門貫徹落實黨中央決策部署的情況總體是好的，但也存在一些薄弱環節和值得注意的問題，必須抓緊補短板、堵漏洞。疫情防控不只是醫藥衛生問題，而是全方位的工作，是總體戰，各項工作都要爲打贏疫情防控阻擊戰提供支持。疫情防控形勢不斷變化，各項工作也不斷面臨新情況新問題，要密切跟踪、及時分析、迅速行動，堅定有力、毫不懈怠做好各項工作。

---

* 這是習近平在主持中共中央政治局常務委員會會議研究應對新型冠狀病毒肺炎疫情工作時講話的一部分。

　　各地區各部門採取防控舉措時，既要考慮本地區本領域防控需要，也要考慮對重點地區、對全國防控的影響。對黨中央決策部署貫徹落實不力的，要敢於批評，責令其立即整改。對不服從統一指揮和調度、本位主義嚴重的，對不敢擔當、作風飄浮、推諉扯皮的，除追究直接責任人的責任外，情節嚴重的還要對黨政主要領導進行問責。對失職瀆職的，要依紀依法懲處。

　　第二，加強重點地區疫情防控。只有集中力量把重點地區的疫情控制住了，才能從根本上儘快扭轉全國疫情蔓延局面。要重點抓好防治力量的區域統籌，堅決把救治資源和防護資源集中到抗擊疫情第一綫，優先滿足一綫醫護人員和救治病人需要。湖北省特別是武漢市仍然是全國疫情防控的重中之重，其他地方的患者也大多有湖北接觸史。穩住了湖北疫情，就穩定了全國大局。一方面，要繼續全面加強防控，在全省範圍嚴格落實早發現、早報告、早隔離、早治療措施，加強疫情監測，集中救治患者，對所有密切接觸人員採取居家醫學觀察。另一方面，要繼續強化防止疫情向外蔓延的措施。湖北境內民航、鐵路、公路、水路客運等外出通道已經關閉，這對全國疫情控制發揮了重要作用，但一些人員自行流出帶來的風險也不能忽視。

　　湖北周邊省份和人口流動大省近期疫情蔓延很快，新增確診病例快速上升。要壓實地方黨委和政府責任，強化社區防控網格化管理，實施地毯式排查，採取更加嚴格、更有針對性、更加管用有效的措施，防止疫情蔓延。要及時查找返程人員防控中的風險點和薄弱環節，落實人員流入地和流出地的防控責任，做好乘客健康監測、交通工具場站消毒通風等工作。北京地位特殊，現在離京人員大量返京，疫情防控壓力加大。要完善防控措施，加強重點羣體管控，減少行走的傳染源，減少人羣流動和密切接觸，堅決控制疫情發展。

第三，提高收治率和治癒率，降低感染率和病死率。這是當前防控工作的突出任務。集中收治醫院要儘快建成投入使用，繼續根據需要從全國調派醫務人員馳援武漢、馳援湖北，同時保護好醫務人員身心健康。要統籌做好人員調配，儘量把精兵強將集中起來、把重症病人集中起來，統一進行救治，努力降低病死率。發病率高的地區，有條件的可以採取"小湯山"模式[1]加强救治工作力度。要及時推廣各醫院救治重症病人的有效做法。

第四，加大科研攻關力度。戰勝疫病離不開科技支撐。要科學論證病毒來源，儘快查明傳染源和傳播途徑，密切跟踪病毒變異情況，及時研究防控策略和措施。我在二〇一六年就提出，關鍵核心技術攻關可以搞揭榜掛帥，英雄不論出處，誰有本事誰就揭榜。對抗擊疫情所需要的疫苗、藥品等研發，要調動高校、科研院所、企業等各方面的積極性，注重科研攻關和臨牀、防控實踐相結合，在保證科學性基礎上加快進度。對相關數據和病例資料等，除有法律規定需要保密的外，在做好國家安全工作的條件下，要向我國科技界開放共享，組織臨牀醫學、流行病學、病毒學等方面的專家，研究病毒傳播力、毒性等關鍵特性，儘快拿出切實管用的研究成果。要鼓勵專家學者增強擔當精神、職業責任，在科學研究的前提下多拿出專業意見和建議。

註　釋

〔1〕"小湯山"模式，指爲應對較大規模呼吸道傳染病疫情，臨時建設符合感染控制要求的傳染病醫院，集中患者、集中專家、集中資源、集中救治，以取得最好的救治效果，防止疫情擴散。二〇〇三年四月，北京爲有效控制非典疫情，建設了小湯山醫院集中收治非典患者。抗擊新冠肺炎疫情中，武漢火神山、雷神山醫院和中央援港應急醫院都是採取"小湯山"模式建設的醫院。

全面加强黨中央對疫情防控的
集中統一領導*

（二〇二〇年二月二十三日）

新冠肺炎疫情發生後，黨中央高度重視，迅速作出部署，全面加強對疫情防控的集中統一領導。一月七日，我主持召開中央政治局常委會會議時，就對做好疫情防控工作提出了要求。一月二十日，我專門就疫情防控工作作出指示，要求各級黨委和政府及有關部門把人民羣衆生命安全和身體健康放在第一位，採取切實有效措施，堅決遏制疫情蔓延勢頭。大年初一，我主持召開中央政治局常委會會議，對疫情防控工作進行再研究、再部署、再動員，決定成立中央應對疫情工作領導小組，派出中央指導組，要求國務院聯防聯控機制充分發揮協調作用。之後，我又先後主持召開三次中央政治局常委會會議、一次中央政治局會議，專題研究疫情防控工作和復工復產工作。二月十日，我到北京市調研指導疫情防控工作，視頻連綫湖北和武漢抗疫前綫，聽取前方中央指導組、湖北指揮部工作彙報。我還主持召開中央全面依法治國

---

* 這是習近平在統籌推進新冠肺炎疫情防控和經濟社會發展工作部署會議上講話的一部分。

委員會、中央網絡安全和信息化委員會、中央全面深化改革委員會、中央外事工作委員會等會議，從不同角度對做好疫情防控工作提出要求。黨中央印發《關於加強黨的領導、爲打贏疫情防控阻擊戰提供堅强政治保證的通知》。我時刻關注着疫情防控工作，每天都作出口頭指示和批示。中央應對疫情工作領導小組及時研究部署工作，中央指導組積極開展工作，國務院聯防聯控機制加强統籌協調，各級黨委和政府積極作爲，同時間賽跑，與病魔較量，形成了抗擊病魔的强大合力。

"滄海橫流，方顯英雄本色。"在這場嚴峻鬥爭中，各級黨組織和廣大黨員、幹部衝鋒在前、頑强拼搏，充分發揮了戰鬥堡壘作用和先鋒模範作用。廣大醫務工作者義無反顧、日夜奮戰，展現了救死扶傷、醫者仁心的崇高精神。人民解放軍指戰員聞令而動、敢打硬仗，展現了人民子弟兵忠於黨、忠於人民的政治品格。廣大人民羣衆衆志成城、守望相助，特別是武漢人民和湖北人民識大體顧大局、自覺配合疫情防控工作，展現了堅忍不拔的頑强鬥志。廣大公安民警、疾控工作人員、社區工作人員等堅守崗位、日夜值守，廣大新聞工作者不畏艱險、深入一綫，廣大志願者等真誠奉獻、不辭辛勞，爲疫情防控作出了重大貢獻。衛生健康、發展改革、工信商務、外交外聯、交通運輸、農業農村、應急管理、財政金融、文化旅遊、科技教育、市場監管、社保醫保、資源環境、國資林草等部門和紀檢監察、組織、宣傳、統戰、政法等戰綫各司其職，人大、政協以及各人民團體等主動擔責，採取有力措施支持抗擊疫情鬥爭。社會各界和港澳臺同胞、海外僑胞紛紛捐款捐物，展現了同舟共濟的深厚情懷。

統籌推進疫情防控和
經濟社會發展工作[*]

（二〇二〇年二月二十三日）

經濟社會是一個動態循環系統，不能長時間停擺。在確保疫情防控到位的前提下，推動非疫情防控重點地區企事業單位復工復產，恢復生產生活秩序，關係到爲疫情防控提供有力物質保障，關係到民生保障和社會穩定，關係到實現全年經濟社會發展目標任務，關係到全面建成小康社會和完成"十三五"規劃，關係到我國對外開放和世界經濟穩定。

新冠肺炎疫情不可避免會對經濟社會造成較大衝擊。越是在這個時候，越要用全面、辯證、長遠的眼光看待我國發展，越要增強信心、堅定信心。綜合起來看，我國經濟長期向好的基本面沒有改變，疫情的衝擊是短期的、總體上是可控的，只要我們變壓力爲動力、善於化危爲機，有序恢復生產生活秩序，强化"六穩"[1]舉措，加大政策調節力度，把我國發展的巨大潛力和强大動能充分釋放出來，就能够實現今年經濟社會發展目標任務。

---

* 這是習近平在統籌推進新冠肺炎疫情防控和經濟社會發展工作部署會議上講話的一部分。

　　第一，落實分區分級精準復工復產。新冠肺炎疫情發生後，如何在較短時間內整合力量、全力抗擊疫情，這是很大的挑戰；在疫情形勢趨緩後，如何統籌好疫情防控和復工復產，這也是很大的挑戰。既不能對不同地區採取"一刀切"的做法、阻礙經濟社會秩序恢復，又不能不當放鬆防控、導致前功盡棄。我在二月十二日的中央政治局常委會會議上提出，非疫情防控重點地區要分區分級制定差異化防控策略，就是出於這樣的考慮。現在，全國有一千三百九十六個縣（區）無確診病例（佔百分之四十六），還有一些縣（區）累計病例很少、基本沒有新增病例，這些低風險地區要儘快將防控策略調整到外防輸入上來，全面恢復生產生活秩序。中風險地區要依據防控形勢有序復工復產。高風險地區要繼續集中精力抓好疫情防控工作。隨着疫情防控形勢持續向好，符合條件的省份要適時下調響應級別並實行動態調整。

　　第二，加大宏觀政策調節力度。宏觀政策重在逆周期調節，節奏和力度要能够對沖疫情影響，防止經濟運行滑出合理區間，防止短期衝擊演變成趨勢性變化。積極的財政政策要更加積極有爲，已經出臺的財政貼息、大規模降費、緩繳稅款等政策要儘快落實到企業。要繼續研究出臺階段性、有針對性的減稅降費政策，加大對一些行業復工復產的支持力度，幫助中小微企業渡過難關。要集中使用部分中央部門存量資金，統籌用於疫情防控、保障重點支出。一些地方財政受疫情影響較大，要加大轉移支付力度，確保基層保工資、保運轉、保基本民生。要擴大地方政府專項債券發行規模，優化預算內投資結構。穩健的貨幣政策要更加注重靈活適度，把支持實體經濟恢復發展放到更加突出的位置，用好已有金融支持政策，適時出臺新的政策措施。要針對企業復工復產面臨的債務償還、資金周轉和擴大融資等迫切問題，創新完善金融支持方式，爲防疫重點地區單列信貸規模，爲受疫情影響較大的行業、民營和小微企業提供專項信貸額度。要調整完善企業還款付息安排，加大貸款展期、續貸力度，適當減免小微企業貸款利息，防止企業資金鏈斷裂。

第三，全面强化穩就業舉措。要實施好就業優先政策，根據就業形勢變化調整政策力度，減負、穩崗、擴就業並舉，抓好社保費階段性減免、失業保險穩崗返還、就業補貼等政策落地，針對部分企業缺工嚴重、穩崗壓力大和重點羣體就業難等突出矛盾，因地因企因人分類幫扶，提高政策精準性。要鼓勵低風險地區的農民工儘快返崗復工，採取"點對點、一站式"直達運輸服務。要支持多渠道靈活就業，解決個體工商戶儘快恢復營業問題。要加快推動綫上登記失業和申領失業保險金，確保失業人員應發盡發、應保盡保。要注重高校畢業生就業工作，統籌做好畢業、招聘、考錄等相關工作，讓他們順利畢業、儘早就業。

第四，堅決完成脫貧攻堅任務。今年脫貧攻堅要全面收官，原本就有不少硬仗要打，現在還要努力克服疫情的影響，必須再加把勁，狠抓攻堅工作落實。勞務輸出地和輸入地要精準對接，幫助貧困勞動力有序返崗，支持扶貧龍頭企業、扶貧車間儘快復工，吸納當地就業。要組織好產銷對接，抓緊解決好貧困地區農畜產品賣難問題。要加快建立健全防止返貧機制，對因疫情或其他原因返貧致貧的，要及時落實幫扶措施，確保基本生活不受影響。

第五，推動企業復工復產。要落實分區分級精準防控策略，打通人流、物流堵點，放開貨運物流限制，確保員工回得來、原料供得上、產品出得去。產業鏈環環相扣，一個環節阻滯，上下游企業都無法運轉。區域之間要加強上下游產銷對接，推動產業鏈各環節協同復工復產。要積極擴大國內有效需求，加快在建和新開工項目建設進度，加強用工、用地、資金等要素保障，用好中央預算內投資、專項債券資金和政策性金融，優化投向結構。疫情對產業發展既是挑戰也是機遇。一些傳統行業受衝擊較大，而智能製造、無人配送、在綫消費、醫療健康等新興產業展現出強大成長潛力。要以此為契機，改造提升傳統產業，培育壯大新興產業。

第六，不失時機抓好春季農業生產。現在，春耕備耕已從南到北陸續展開。要抓緊解決影響春耕備耕的突出問題，組織好農資生產、流通、供應，適時開展春播。即使是疫情最重的湖北和疫情較重的省份，也要根據實際情況組織農民開展農業生產。農業生產場所大多在田間野外，一些不合理限制要取消，確保農業生產不誤農時。要持續加強非洲豬瘟、高致病性禽流感等重大動物疫病防控，促進畜牧水產養殖業全面發展。

第七，切實保障基本民生。疫情直接影響居民收入，再疊加物價上漲因素，部分羣衆基本生活面臨的困難可能增多。要落實"米袋子"省長責任制和"菜籃子"市長負責制，保障主副食品供應。要密切關注疫情對市場供求的影響，做好居民生活必需品保供調度，防止物價過快上漲。要保持疫情期間基本民生服務不斷檔，鼓勵同羣衆生活密切相關的服務業有序恢復營業。要強化對困難羣衆的兜底保障，有條件的地方可以適當提高價格臨時補貼標準。對患者特別是有親人罹難的家庭要重點照顧，安排好基本生活。對因疫情在家隔離的孤寡老人、困難兒童、重病重殘人員等羣體，要加強走訪探視和必要幫助，防止發生衝擊社會道德底綫的事件。要統籌做好其他疾病患者醫療救治工作，做到急重症患者救治有保障、慢性病患者用藥有供應、一般患者就醫有渠道。

第八，穩住外貿外資基本盤。要保障外貿產業鏈、供應鏈暢通運轉，穩定國際市場份額。要用足用好出口退稅、出口信用保險等合規的外貿政策工具，擴大出口信貸投放，適度放寬承保和理賠條件。要簡化通關手續，降低港口、檢驗檢疫等環節收費，推出更多外匯便利化業務。要鼓勵各地促增量、穩存量並舉，抓好重大外資項目落地。要擴大金融等服務業對外開放。要繼續優化營商環境，做好招商、安商、穩商工作，增強外商長期投資經營的信心。

註　　釋

〔1〕“六穩”，指穩就業、穩金融、穩外貿、穩外資、穩投資、穩預期。

使偉大抗疫精神轉化爲實現
中華民族偉大復興的强大力量*

（二〇二〇年九月八日）

抗擊新冠肺炎疫情鬥爭取得重大戰略成果，充分展現了中國共產黨領導和我國社會主義制度的顯著優勢，充分展現了中國人民和中華民族的偉大力量，充分展現了中華文明的深厚底蘊，充分展現了中國負責任大國的自覺擔當，極大增强了全黨全國各族人民的自信心和自豪感、凝聚力和向心力，必將激勵我們在新時代新征程上披荆斬棘、奮勇前進。

在這場同嚴重疫情的殊死較量中，中國人民和中華民族以敢於鬥爭、敢於勝利的大無畏氣概，鑄就了生命至上、舉國同心、捨生忘死、尊重科學、命運與共的偉大抗疫精神。

——生命至上，集中體現了中國人民深厚的仁愛傳統和中國共產黨人以人民爲中心的價值追求。"愛人利物之謂仁。"[1]疫情無情人有情。人的生命是最寶貴的，生命只有一次，失去不會再來。在保護人民生命安全面前，我們必須不惜一切代價，我們也能夠做到不惜一切代價，因爲中國共

---

* 這是習近平在全國抗擊新冠肺炎疫情表彰大會上講話的一部分。

産黨的根本宗旨是全心全意爲人民服務，我們的國家是人民當家作主的社會主義國家。我們果斷關閉離漢離鄂通道，實施史無前例的嚴格管控。作出這一決策，需要巨大的政治勇氣，需要果敢的歷史擔當。爲了保護人民生命安全，我們什麽都可以豁得出來！從出生僅三十多個小時的嬰兒到一百多歲的老人，從在華外國留學生到來華外國人員，每一個生命都得到全力護佑，人的生命、人的價值、人的尊嚴得到悉心呵護。這是中國共産黨執政爲民理念的最好詮釋！這是中華文明人命關天的道德觀念的最好體現！這也是中國人民敬仰生命的人文精神的最好印證！

　　——舉國同心，集中體現了中國人民萬衆一心、同甘共苦的團結偉力。面對生死考驗，面對長時間隔離帶來的巨大身心壓力，廣大人民羣衆生死較量不畏懼、千難萬險不退縮，或向險而行，或默默堅守，以各種方式爲疫情防控操心出力。長城内外、大江南北，全國人民心往一處想、勁往一處使，把個人冷暖、集體榮辱、國家安危融爲一體，"天使白"、"橄欖緑"、"守護藍"、"志願紅"迅速集結，"我是黨員我先上"、"疫情不退我不退"，誓言鏗鏘，丹心閃耀。十四億中國人民同呼吸、共命運，肩並肩、心連心，繪就了團結就是力量的時代畫卷！

　　——捨生忘死，集中體現了中國人民敢於壓倒一切困難而不被任何困難所壓倒的頑强意志。危急時刻，又見遍地英雄。各條戰綫的抗疫勇士臨危不懼、視死如歸，困難面前豁得出、關鍵時刻衝得上，以生命赴使命，用大愛護衆生。他們中間，有把生的希望留給他人而自己錯過救治的醫院院長，有永遠無法向妻子兌現婚禮承諾的丈夫，也有犧牲在救治崗位留下幼小孩子的媽媽……面對疫情，中國人民沒有被嚇倒，而是用明知山有虎、偏向虎山行的壯舉，書寫下可歌可泣、蕩氣迴腸的壯麗篇章！中華民族能够經歷無數災厄仍不斷發展壯大，從來都不是因爲有救世主，而是因爲在大災大難前有千千萬萬個普通人挺身而出、慷慨前行！

——尊重科學，集中體現了中國人民求真務實、開拓創新的實踐品格。面對前所未知的新型傳染性疾病，我們秉持科學精神、科學態度，把遵循科學規律貫穿到決策指揮、病患治療、技術攻關、社會治理各方面全過程。在沒有特效藥的情況下，實行中西醫結合，先後推出八版全國新冠肺炎診療方案，篩選出"三藥三方"[2]等臨牀有效的中藥西藥和治療辦法，被多個國家借鑑和使用。無論是搶建方艙醫院，還是多條技術路綫研發疫苗；無論是開展大規模核酸檢測、大數據追踪溯源和健康碼識別，還是分區分級差異化防控、有序推進復工復産，都是對科學精神的尊崇和弘揚，都爲戰勝疫情提供了强大科技支撑！

——命運與共，集中體現了中國人民和衷共濟、愛好和平的道義擔當。大道不孤，大愛無疆。我們秉承"天下一家"的理念，不僅對中國人民生命安全和身體健康負責，也對全球公共衛生事業盡責。我們發起了新中國成立以來援助時間最集中、涉及範圍最廣的緊急人道主義行動，爲全球疫情防控注入源源不斷的動力，充分展示了講信義、重情義、揚正義、守道義的大國形象，生動詮釋了爲世界謀大同、推動構建人類命運共同體的大國擔當！

人無精神則不立，國無精神則不强。唯有精神上站得住、站得穩，一個民族才能在歷史洪流中屹立不倒、挺立潮頭。同困難作鬥爭，是物質的角力，也是精神的對壘。偉大抗疫精神，同中華民族長期形成的特質禀賦和文化基因一脈相承，是愛國主義、集體主義、社會主義精神的傳承和發展，是中國精神的生動詮釋，豐富了民族精神和時代精神的内涵。我們要在全社會大力弘揚偉大抗疫精神，使之轉化爲全面建設社會主義現代化國家、實現中華民族偉大復興的强大力量。

"物有甘苦，嘗之者識；道有夷險，履之者知。"[3] 在這場波瀾壯闊的抗疫鬥爭中，我們積累了重要經驗，收穫了深刻啟示。

——抗疫鬥爭偉大實踐再次證明，中國共産黨所具有的無比堅强的領導力，是風雨來襲時中國人民最可靠的主心骨。中國共産黨來自人民、植根人民，始終堅持一切爲了人民、一切依靠人民，得到了最廣大人民衷心擁護和堅定支持，這是中國共産黨領導力和執政力的廣大而深厚的基礎。這次抗疫鬥爭伊始，黨中央就號召全黨，讓黨旗在防控疫情鬥爭第一綫高高飄揚，充分體現了中國共産黨人的擔當和風骨！在抗疫鬥爭中，廣大共産黨員不忘初心、牢記使命，充分發揮先鋒模範作用，兩萬五千多名優秀分子在火綫上宣誓入黨。正是因爲有中國共産黨領導、有全國各族人民對中國共産黨的擁護和支持，中國才能創造出世所罕見的經濟快速發展奇迹和社會長期穩定奇迹，我們才能成功戰洪水、防非典、抗地震、化危機、應變局，才能打贏這次抗疫鬥爭。歷史和現實都告訴我們，只要毫不動摇堅持和加强黨的全面領導，不斷增強黨的政治領導力、思想引領力、羣衆組織力、社會號召力，永遠保持黨同人民羣衆的血肉聯繫，我們就一定能夠形成強大合力，從容應對各種複雜局面和風險挑戰。

——抗疫鬥爭偉大實踐再次證明，中國人民所具有的不屈不撓的意志力，是戰勝前進道路上一切艱難險阻的力量源泉。苦難考驗了中國人民，也鍛鍊了中國人民。正是因爲中國人民經千難而前仆後繼，歷萬險而鍥而不捨，我們才能在列強侵略時頑強抗爭，在山河破碎時浴血奮戰，在一窮二白時發憤圖強，在時代發展時與時俱進，中華民族才能始終屹立於世界民族之林。千百年來，中國人民就以生命力的頑強、凝聚力的深厚、忍耐力的堅韌、創造力的巨大而聞名於世，我們都爲自己是中國人感到驕傲和自豪！歷史和現實都告訴我們，只要緊緊依靠人民、一切爲了人民，充分激發廣大人民頑強不屈的意志和堅忍不拔的毅力，我們就一定能夠使最廣大人民緊密團結在一起，不斷創造中華民族新的歷史輝煌。

——抗疫鬥爭偉大實踐再次證明，中國特色社會主義制度所具有的顯著優勢，是抵禦風險挑戰、提高國家治理效能的根本保證。衡量一個國家的制度是否成功、是否優越，一個重要方面就是看其在重大風險挑戰面前，能不能號令四面、組織八方共同應對。我國社會主義制度具有非凡的組織動員能力、統籌協調能力、貫徹執行能力，能夠充分發揮集中力量辦大事、辦難事、辦急事的獨特優勢，這次抗疫鬥爭有力彰顯了我國國家制度和國家治理體系的優越性。歷史和現實都告訴我們，只要堅持和完善中國特色社會主義制度、推進國家治理體系和治理能力現代化，善於運用制度力量應對風險挑戰衝擊，我們就一定能够經受住一次次壓力測試，不斷化危爲機、浴火重生。

——抗疫鬥爭偉大實踐再次證明，新中國成立以來所積累的堅實國力，是從容應對驚濤駭浪的深厚底氣。我們長期積累的雄厚物質基礎、建立的完整產業體系、形成的强大科技實力、儲備的豐富醫療資源爲疫情防控提供了堅强支撑。我們在疫情發生後迅速開展全方位的人力組織戰、物資保障戰、科技突擊戰、資源運動戰。在抗疫形勢最嚴峻的時候，經濟社會發展不少方面一度按下"暫停鍵"，但羣衆生活没有受到太大影響，社會秩序總體正常，這從根本上得益於新中國成立以來特別是改革開放以來長期積累的綜合國力，得益於危急時刻能够最大限度運用我們的綜合國力。歷史和現實都告訴我們，只要不斷解放和發展社會生產力，不斷增强經濟實力、科技實力、綜合國力，不斷讓廣大人民的獲得感、幸福感、安全感日益充實起來，不斷讓堅持和發展中國特色社會主義、實現中華民族偉大復興的物質基礎日益堅實起來，我們就一定能够使中國特色社會主義航船乘風破浪、行穩致遠。

——抗疫鬥爭偉大實踐再次證明，社會主義核心價值觀[4]、中華優秀傳統文化所具有的强大精神動力，是凝聚人心、匯聚民力的强大力量。文化自信是一個國家、一個民族發展中最基本、最深沉、最持久的力量。向上向善的文化是一個國家、一個民族休戚與共、血脈相連的重要紐帶。中國人歷來抱有家國情懷，崇尚天下爲公、克己奉公，信奉天下興亡、匹夫有責，强調和衷共濟、風雨同舟，倡導守望相助、尊老愛幼，講求自由和自律統一、權利和責任統一。在這次抗疫鬥爭中，十四億中國人民顯示出高度的責任意識、自律觀念、奉獻精神、友愛情懷，鑄就起團結一心、衆志成城的強大精神防綫。歷史和現實都告訴我們，只要不斷培育和踐行社會主義核心價值觀，始終繼承和弘揚中華優秀傳統文化，我們就一定能够建設好全國各族人民的精神家園，築牢中華兒女團結奮進、一往無前的思想基礎。

——抗疫鬥爭偉大實踐再次證明，構建人類命運共同體所具有的廣泛感召力，是應對人類共同挑戰、建設更加繁榮美好世界的人間正道。新冠肺炎疫情以一種特殊形式告誡世人，人類是榮辱與共的命運共同體，重大危機面前没有任何一個國家可以獨善其身，團結合作才是人間正道。任何自私自利、嫁禍他人、顛倒是非、混淆黑白的做法，不僅會對本國和本國人民造成傷害，而且會給世界各國人民帶來傷害。歷史和現實都告訴我們，只要國際社會秉持人類命運共同體理念，堅持多邊主義、走團結合作之路，世界各國人民就一定能够攜手應對各種全球性問題，共建美好地球家園。

當前，世界百年未有之大變局加速演進，國内改革發展穩定任務艱巨繁重。站在"兩個一百年"奮鬥目標的歷史交匯點上，我們必須全面貫徹黨的基本理論、基本路綫、基本方略，堅持穩中求進工作總基調，堅定不移貫徹新發展理念，着力構建新發展格局，統籌國内國際兩個大局，辦好發展安全兩件大事，推進國家治理體系和治理能力現代化，不斷開創黨和國家事業發展新局面。

——我們要毫不放鬆抓好常態化疫情防控，奮力奪取抗疫鬥爭全面勝利。當前，疫情仍在全球蔓延，國内零星散發病例和局部暴發疫情的風險仍然存在，奪取抗疫鬥爭全面勝利還需要付出持續努力。要慎終如始、再接再厲，全面做好外防輸入、内防反彈工作，堅持常態化精準防控和局部應急處置有機結合，決不能讓來之不易的疫情防控成果前功盡棄。要加大藥品和疫苗科研攻關力度，深入開展愛國衛生運動，加强公共衛生設施建設，提升全社會文明程度，用千千萬萬個文明健康的小環境築牢常態化疫情防控的社會大防綫。

——我們要扎實做好"六穩"工作、全面落實"六保"[5]任務，確保完成決勝全面建成小康社會、決戰脱貧攻堅目標任務。要增强信心、鼓足幹勁，奮力把失去的時間搶回來、把疫情造成的損失補回來。要積極構建疫情防控和經濟社會發展工作中長期協調機制。要堅持以供給側結構性改革爲主綫，堅持深化改革開放，牢牢把握擴大内需這個戰略基點，保護和激發市場主體活力，確保宏觀政策落地見效，提高產業鏈供應鏈穩定性和競爭力。要瞄準脱貧攻堅突出問題和薄弱環節，一鼓作氣、盡鋭出戰。要始終把人民安危冷暖放在心上，幫助羣衆解決就業、收入、就學、社保、醫保、住房等方面的實際困難，扎扎實實做好保障和改善民生各項工作。

——我們要加快補齊治理體系的短板弱項，爲保障人民生命安全和身體健康夯實制度保障。這場抗疫鬥爭是對國家治理體系和治理能力的一次集中檢驗。要抓緊補短板、堵漏洞、强弱項，加快完善各方面體制機制，着力提高應對重大突發公共衛生事件的能力和水平。要構築强大的公共衛生體系，完善疾病預防控制體系，建設平戰結合的重大疫情防控救治體系，强化公共衛生法治保障和科技支撑，提升應急物資儲備和保障能力，夯實聯防聯控、羣防羣控的基層基礎。要完善城市治理體系和城鄉基層治理體系，樹立全周期的城市健康管理理念，增強社會治理總體效能。要重視生物安全風險，提升國家生物安全防禦能力。

——我們要秉持人類命運共同體理念，同國際社會攜手應對日益嚴峻的全球性挑戰。中國將繼續推進疫情防控國際合作，支持世界衛生組織發揮全球抗疫領導作用，同各國分享防控和救治經驗，繼續向應對疫情能力薄弱的國家和地區提供幫助，發揮全球抗疫物資最大供應國作用，推動構建人類衛生健康共同體。我們將拓展同世界各國的互利互惠合作，繼續推進經濟全球化，堅定維護多邊貿易體制，維護全球產業鏈供應鏈安全暢通運轉，共同推動世界經濟早日重現繁榮。我們願同各國一道推動形成更加包容的全球治理、更加有效的多邊機制、更加積極的區域合作，共同應對地區爭端和恐怖主義、氣候變化、網絡安全、生物安全等全球性問題，共同創造人類更加美好的未來。

——我們要堅持底綫思維、增強憂患意識，有效防範和化解前進道路上的各種風險。彩虹和風雨共生，機遇和挑戰並存，這是亘古不變的辯證法則。我們黨建黨近百年、新中國成立七十多年、改革開放四十多年的歷史，從來都不是一帆風順的。志不求易者成，事不避難者進。我們要辯證認識和把握國內外大勢，加強戰略性、系統性、前瞻性研究謀劃，做好較長時間應對外部環境變化的思想準備和工作準備，善於在危機中育新機、於變局中開新局。要發揚鬥爭精神，敢於鬥爭、善於鬥爭，根據形勢變化及時調整鬥爭策略，團結一切可以團結的力量，調動一切積極因素，不斷奪取具有許多新的歷史特點的偉大鬥爭新勝利。

"天行健，君子以自强不息。"[6] 一個民族之所以偉大，根本就在於在任何困難和風險面前都從來不放棄、不退縮、不止步，百折不撓爲自己的前途命運而奮鬥。從五千多年文明發展的苦難輝煌中走來的中國人民和中華民族，必將在新時代的偉大征程上一路向前，任何人任何勢力都不能阻擋中國人民實現更加美好生活的前進步伐！

讓我們更加緊密地團結起來，大力弘揚偉大抗疫精神，勠力同心、鋭意進取，奮力實現決勝全面建成小康社會、決戰脱貧攻堅目標任務，在全面建設社會主義現代化國家的新征程上創造新的歷史偉業！

註　釋

〔1〕見《莊子·天地》。

〔2〕"三藥三方"，指金花清感顆粒、連花清瘟膠囊（顆粒）、血必淨注射液和清肺排毒湯、化濕敗毒方、宣肺敗毒方。

〔3〕見明代劉基《擬連珠》。

〔4〕社會主義核心價值觀的基本内容是：富强、民主、文明、和諧，自由、平等、公正、法治，愛國、敬業、誠信、友善。富强、民主、文明、和諧是國家層面的價值要求，自由、平等、公正、法治是社會層面的價值要求，愛國、敬業、誠信、友善是公民層面的價值要求。

〔5〕"六保"，指保居民就業、保基本民生、保市場主體、保糧食能源安全、保産業鏈供應鏈穩定、保基層運轉。

〔6〕見《周易·乾》。

保持戰略定力，
抓細抓實各項防疫工作[*]

（二〇二二年三月十七日）

　　常態化疫情防控以來，我們堅持"外防輸入、內防反彈"，不斷提升分區分級差異化精準防控水平，快速有效處置局部地區聚集性疫情，最大限度保護了人民生命安全和身體健康，我國經濟發展和疫情防控保持全球領先地位，充分體現了我國防控疫情的堅實實力和強大能力，充分彰顯了中國共產黨領導和我國社會主義制度的顯著優勢。

　　堅持就是勝利。各地區各部門各方面要深刻認識當前國內外疫情防控的複雜性、艱巨性、反復性，進一步動員起來，統一思想，堅定信心，堅持不懈，抓細抓實各項防疫工作。要始終堅持人民至上、生命至上，堅持科學精準、動態清零，儘快遏制疫情擴散蔓延勢頭。要提高科學精準防控水平，不斷優化疫情防控舉措，加強疫苗、快速檢測試劑和藥物研發等科技攻關，使防控工作更有針對性。要保持戰略定力，堅

---

　　[*] 這是習近平在主持中共中央政治局常務委員會會議時的講話要點。

持穩中求進，統籌好疫情防控和經濟社會發展，採取更加有效措施，努力用最小的代價實現最大的防控效果，最大限度減少疫情對經濟社會發展的影響。

六、全面建成小康社會，開啟全面建設社會主義現代化國家新征程

關於《中共中央關於制定國民經濟和社會發展第十四個五年規劃和二〇三五年遠景目標的建議》需要説明的幾個重點問題[*]

（二〇二〇年十月二十六日）

建議稿提出了一些重要觀點和論述。這裏，就其中幾點作個簡要説明。

第一，關於以推動高質量發展爲主題。建議稿提出，"十四五"時期經濟社會發展要以推動高質量發展爲主題，這是根據我國發展階段、發展環境、發展條件變化作出的科學判斷。我國仍處於並將長期處於社會主義初級階段，我國仍然是世界上最大的發展中國家，發展仍然是我們黨執政興國的第一要務。必須强調的是，新時代新階段的發展必須貫徹新發展理念，必須是高質量發展。當前，我國社會主要矛盾已

---

[*] 這是習近平在中共十九屆五中全會上所作的《關於〈中共中央關於制定國民經濟和社會發展第十四個五年規劃和二〇三五年遠景目標的建議〉的説明》的一部分。

經轉化爲人民日益增長的美好生活需要和不平衡不充分的發展之間的矛盾，發展中的矛盾和問題集中體現在發展質量上。這就要求我們必須把發展質量問題擺在更爲突出的位置，着力提升發展質量和效益。

當今世界正經歷百年未有之大變局，我國發展的外部環境日趨複雜。防範化解各類風險隱患，積極應對外部環境變化帶來的衝擊挑戰，關鍵在於辦好自己的事，提高發展質量，提高國際競爭力，增強國家綜合實力和抵禦風險能力，有效維護國家安全，實現經濟行穩致遠、社會和諧安定。經濟、社會、文化、生態等各領域都要體現高質量發展的要求。

以推動高質量發展爲主題，必須堅定不移貫徹新發展理念，以深化供給側結構性改革爲主綫，堅持質量第一、效益優先，切實轉變發展方式，推動質量變革、效率變革、動力變革，使發展成果更好惠及全體人民，不斷實現人民對美好生活的嚮往。

第二，關於構建以國內大循環爲主體、國內國際雙循環相互促進的新發展格局。構建新發展格局，是與時俱進提升我國經濟發展水平的戰略抉擇，也是塑造我國國際經濟合作和競爭新優勢的戰略抉擇。改革開放以來特別是加入世貿組織後，我國加入國際大循環，市場和資源"兩頭在外"，形成"世界工廠"發展模式，對我國快速提升經濟實力、改善人民生活發揮了重要作用。近幾年，隨着全球政治經濟環境變化，逆全球化趨勢加劇，有的國家大搞單邊主義、保護主義，傳統國際循環明顯弱化。在這種情況下，必須把發展立足點放在國內，更多依靠國內市場實現經濟發展。我國有十四億人口，人均國內生產總值已經突破一萬美元，是全球最大和最有潛力的消費市場，具有巨大增長空間。改革開放以來，我們遭遇過很多外部風險衝擊，最終都能化險爲夷，靠的就是辦好自己的事、把發展立足點放在國內。

構建新發展格局，要堅持擴大內需這個戰略基點，使生產、分配、流通、消費更多依託國內市場，形成國民經濟良性循環。要堅持供給側結構性改革的戰略方向，提升供給體系對國內需求的適配性，打通經濟循環堵點，提升產業鏈、供應鏈的完整性，使國內市場成爲最終需求的主要來源，形成需求牽引供給、供給創造需求的更高水平動態平衡。新發展格局決不是封閉的國內循環，而是開放的國內國際雙循環。推動形成宏大順暢的國內經濟循環，就能更好吸引全球資源要素，既滿足國內需求，又提升我國產業技術發展水平，形成參與國際經濟合作和競爭新優勢。

第三，關於"十四五"和到二〇三五年經濟發展目標。在徵求意見過程中，一些地方和部門建議，明確提出"十四五"經濟增長速度目標，明確提出到二〇三五年實現經濟總量或人均收入翻一番目標。文件起草組經過認真研究和測算，認爲從經濟發展能力和條件看，我國經濟有希望、有潛力保持長期平穩發展，到"十四五"末達到現行的高收入國家標準、到二〇三五年實現經濟總量或人均收入翻一番，是完全有可能的。同時，考慮到未來一個時期外部環境中不穩定不確定因素較多，存在不少可能衝擊國內經濟發展的風險隱患，新冠肺炎疫情全球大流行影響深遠，世界經濟可能持續低迷，中長期規劃目標要更加注重經濟結構優化，引導各方面把工作重點放在提高發展質量和效益上。

黨中央的建議主要是管大方向、定大戰略的。綜合考慮各方面因素，建議稿對"十四五"和到二〇三五年經濟發展目標採取了以定性表述爲主、蘊含定量的方式。編制規劃《綱要》[1]時可以在認眞測算基礎上提出相應的量化目標。

第四，關於促進全體人民共同富裕。共同富裕是社會主義的本質要求，是人民羣衆的共同期盼。我們推動經濟社會發展，歸根結底是要實現全體人民共同富裕。新中國成立以來特別是改革開放以來，我們黨團結帶領人民向着實現共同富裕的目標不懈努力，人民生活水平不斷提高。黨的十八大以來，我們把脫貧攻堅作爲重中之重，使現行標準下農村貧困人口全部脫貧，就是促進全體人民共同富裕的一項重大舉措。當前，我國發展不平衡不充分問題仍然突出，城鄉區域發展和收入分配差距較大，促進全體人民共同富裕是一項長期任務，但隨着我國全面建成小康社會、開啟全面建設社會主義現代化國家新征程，我們必須把促進全體人民共同富裕擺在更加重要的位置，腳踏實地，久久爲功，向着這個目標更加積極有爲地進行努力。爲此，建議稿在到二〇三五年基本實現社會主義現代化遠景目標中提出"全體人民共同富裕取得更爲明顯的實質性進展"，在改善人民生活品質部分突出強調了"扎實推動共同富裕"，提出了一些重要要求和重大舉措。這樣表述，在黨的全會文件中還是第一次，既指明了前進方向和奮鬥目標，也是實事求是、符合發展規律的，兼顧了需要和可能，有利於在工作中積極穩妥把握，在促進全體人民共同富裕的道路上不斷向前邁進。

第五，關於統籌發展和安全。我們越來越深刻地認識到，安全是發展的前提，發展是安全的保障。當前和今後一個時期是我國各類矛盾和風險易發期，各種可以預見和難以預見的風險因素明顯增多。我們必須堅持統籌發展和安全，增強機遇意識和風險意識，樹立底綫思維，把困難估計得更充分一些，把風險思考得更深入一些，注重堵漏洞、強弱項，下好先手棋、打好主動仗，有效防範化解各類風險挑戰，確保社會主義現代化事業順利推進。

基於上述認識，建議稿設置專章對統籌發展和安全、加快國防和軍隊現代化等作出戰略部署，強調要堅持總體國家安全觀，加強國家安全體系和能力建設，築牢國家安全屏障。

第六，關於堅持系統觀念。建議稿提出，"十四五"時期經濟社會發展必須遵循堅持系統觀念的原則。黨的十八大以來，黨中央堅持系統謀劃、統籌推進黨和國家各項事業，根據新的實踐需要，形成一系列新佈局和新方略，帶領全黨全國各族人民取得了歷史性成就。在這個過程中，系統觀念是具有基礎性的思想和工作方法。

全面建成小康社會後，我們將開啟全面建設社會主義現代化國家新征程，我國發展環境面臨深刻複雜變化，發展不平衡不充分問題仍然突出，經濟社會發展中矛盾錯綜複雜，必須從系統觀念出發加以謀劃和解決，全面協調推動各領域工作和社會主義現代化建設。

第七，關於全面建成小康社會的完成情況和宣佈時機。到建黨一百周年時，全面建成惠及十幾億人口的更高水平的小康社會，是我們黨進入新世紀後，在基本建成小康社會基礎上提出的奮鬥目標，是對人民的莊嚴承諾。自改革開放之初黨中央提出小康社會的戰略構想以來，我們把人民對美好生活的嚮往作爲奮鬥目標，幾代人一以貫之、接續奮鬥。"十三五"時期是全面建成小康社會決勝階段，我們突出抓重點、補短板、強弱項，堅決打好防範化解重大風險、精準脫貧、污染防治的攻堅戰，取得一系列新的重大成就。突如其來的新冠肺炎疫情對我國經濟社會發展帶來了很大不利影響。在黨中央堅強領導下，經過全國人民共同努力，新冠肺炎疫情防控取得重大戰略成果，我國經濟社會恢復走在全球前列，主要經濟指標趨好，社會民生得到有效保障。預計今年我國國內生產總值超過一百萬億元人民幣，人民生活水平顯著提高，現行標準下農村貧困人口全面脫貧，"十三五"規劃確定的發展目標可以如期完成，全面建成小康社會目標可以如期實現。

考慮到目前仍是全面建成小康社會進行時，建議稿表述爲"決勝全面建成小康社會取得決定性成就"。明年上半年黨中央將對全面建成小康社會進行系統評估和總結，然後正式宣佈我國全面建成小康社會。

註　釋

〔1〕《綱要》，這裏指《中華人民共和國國民經濟和社會發展第十四個五年規劃和二〇三五年遠景目標綱要》。

向第二個百年奮鬥目標進軍[*]

（二〇二〇年十月二十九日）

經過幾代人接續奮鬥，我們即將全面建成小康社會、完成脫貧攻堅任務、實現第一個百年奮鬥目標，從明年起將開始向第二個百年奮鬥目標進軍。

在這個重要時刻，我們既要看到我國發展總體態勢是好的，我們完全有基礎、有條件、有能力取得新的偉大勝利，也要看到當前諸多矛盾疊加、風險挑戰顯著增多，我國發展面臨着前所未有的複雜環境。我們必須堅持正確的歷史觀、大局觀、發展觀，看清當前國際國內形勢紛繁複雜現象下的本質，做到臨危不亂、危中尋機、開拓進取、開闢新局，更好統籌中華民族偉大復興戰略全局和世界百年未有之大變局。

從國際看，世界百年未有之大變局進入加速演變期，國際環境日趨錯綜複雜。一方面，和平與發展仍然是時代主題，新一輪科技革命和產業變革深入發展，國際力量對比深刻調整，人類命運共同體理念深入人心。另一方面，國際形勢的不穩定性不確定性明顯增加，新冠肺炎疫情大流行影響廣泛深遠，經濟全球化遭遇逆流，民粹主義、排外主義擡頭，單

＊ 這是習近平在中共十九屆五中全會第二次全體會議上講話的一部分。

邊主義、保護主義、霸權主義對世界和平與發展構成威脅，國際經濟、科技、文化、安全、政治等格局都在發生深刻複雜變化。我們要準確認識決定世界百年未有之大變局走向的關鍵因素，牢牢把握戰略主動。

從國內看，我國繼續發展具有多方面優勢和條件，也面臨不少困難和挑戰。關鍵是要用全面、辯證、長遠的眼光看問題，積極拓展發展新空間。

第一，深刻認識社會主要矛盾變化，增强解決發展不平衡不充分問題的系統性。當前，我國發展面臨的主要問題是，創新能力不適應高質量發展要求，農業基礎還不穩固，城鄉區域發展和收入分配差距較大，生態環保任重道遠，民生保障存在短板，社會治理還有弱項。歸結起來，就是發展不平衡發展不充分。發展不平衡，主要是各區域各領域各方面存在失衡現象，制約了整體發展水平提升；發展不充分，主要是我國全面實現社會主義現代化還有相當長的路要走，發展任務仍然很重。推動解決這些問題，要堅持辯證唯物主義和歷史唯物主義的世界觀、方法論。既然是社會主要矛盾的反映，解決起來就不可能一蹴而就，必須既積極有為又持之以恆努力。要堅持問題導向和目標導向，堅持系統觀念，着力固根基、揚優勢、補短板、强弱項，推動經濟社會全面協調可持續發展。

第二，深刻認識人民對美好生活的嚮往，增强解決發展不平衡不充分問題的針對性。我國長期所處的短缺經濟和供給不足的狀況已經發生根本性改變，人民對美好生活的嚮往總體上已經從“有沒有”轉向“好不好”，呈現多樣化、多層次、多方面的特點，其中有很多需求過去並不是緊迫的問題，現在人民羣衆要求高了，我們對這些問題的認識和工作水平也要相應提高。我們要堅持在發展中保障和改善民生，解決好人民最關心最直接最現實的利益問題，更好滿足人民對美好生活的嚮往，推動人的全面發展、社會全面進步，努力促進全體人民共同富裕取得更爲明顯的實質性進展。

第三，深刻認識經濟長期向好的基本面，增強解決發展不平衡不充分問題的信心。當前，我國經濟面臨周期性因素和結構性因素疊加、短期問題和長期問題交織、外部衝擊和新冠肺炎疫情衝擊碰頭等多重影響，可以説困難前所未有。疫情的衝擊是一時的、總體上是可控的，外部衝擊倒逼我們加快了自主創新步伐，我國經濟長期向好的基本面没有改變。黨的堅强領導，我國社會主義制度能够集中力量辦大事的制度優勢，是實現經濟行穩致遠、社會安定的根本保證。長期以來，我國積累的雄厚物質基礎、豐富人力資源、完整產業體系、强大科技實力，以及我國全球最大最有潛力的市場，是我們推動經濟發展和抵禦外部風險的根本依託。

綜合分析國內外形勢，當前和今後一個時期，我國發展仍然處於重要戰略機遇期，但機遇和挑戰都有新的發展變化。戰略機遇期這個概念，當時提出來時指的是本世紀頭二十年。在二十年後的今天，對戰略機遇期如何判斷，是一個重大問題。過去我們是順勢而上，機遇比較好把握；現在要頂風而上，把握機遇的難度就不一樣了。過去大環境相對平穩，風險挑戰比較容易看清楚；現在世界形勢動盪複雜，地緣政治挑戰風高浪急，暗礁和潛流又多，對應變能力提出了更高要求。過去我們發展水平低，同別人的互補性就多一些；現在我們發展水平提高了，同別人的競爭性就多起來了。

我們的判斷是危和機並存、危中有機、危可轉機，機遇更具有戰略性、可塑性，挑戰更具有複雜性、全局性，挑戰前所未有，應對好了，機遇也就前所未有。這次新冠肺炎疫情防控是轉危為安、化危為機的一個典型例子。回想年初疫情剛剛暴發時，情況是多麼危急、壓力多麼巨大。現在大半年過去，我們不僅沒有被疫情擊倒，反而成為全球抗疫成功的典範，今年我國將是全球唯一恢復經濟正增長的主要經濟體，我國綜合實力和國際影響力反而實現更快躍升。其中的經驗和道理，要好好思考和把握。

總之，"十四五"時期是我國實現新的更大發展的關鍵時期。我們要增強機遇意識、風險意識，準確識變、科學應變、主動求變，勇於開頂風船，善於化危為機，為全面建設社會主義現代化國家開好局、起好步。

堅定不移推進中國式現代化[*]

（二〇二〇年十月二十九日）

　　我國建設社會主義現代化具有許多重要特徵。世界上既不存在定於一尊的現代化模式，也不存在放之四海而皆準的現代化標準。鄧小平同志説過：“我們搞的現代化，是中國式的現代化。我們建設的社會主義，是有中國特色的社會主義。”[1] 我們所推進的現代化，既有各國現代化的共同特徵，更有基於國情的中國特色。第一點，我國現代化是人口規模巨大的現代化。我國十四億人口要整體邁入現代化社會，其規模超過現有發達國家的總和，將徹底改寫現代化的世界版圖，在人類歷史上是一件有深遠影響的大事。第二點，我國現代化是全體人民共同富裕的現代化。共同富裕是中國特色社會主義的本質要求，我國現代化堅持以人民爲中心的發展思想，自覺主動解決地區差距、城鄉差距、收入分配差距，促進社會公平正義，逐步實現全體人民共同富裕，堅決防止兩極分化。第三點，我國現代化是物質文明和精神文明相協調的現代化。我國現代化堅持社會主義核心價值觀，加强理想信念教育，弘揚中華優秀傳統文化，增强人民精神力量，

━━━━━━━

　　* 這是習近平在中共十九屆五中全會第二次全體會議上講話的一部分。

促進物的全面豐富和人的全面發展。第四點，我國現代化是
人與自然和諧共生的現代化。我國現代化注重同步推進物質
文明建設和生態文明建設，走生產發展、生活富裕、生態良
好的文明發展道路，否則資源環境的壓力不可承受。第五點，
我國現代化是走和平發展道路的現代化。一些老牌資本主義
國家走的是暴力掠奪殖民地的道路，是以其他國家落後爲代
價的現代化。我國現代化強調同世界各國互利共贏，推動構
建人類命運共同體，努力爲人類和平與發展作出貢獻。實踐
表明，中國式現代化既切合中國實際，體現了社會主義建設
規律，也體現了人類社會發展規律。我國要堅定不移推進中
國式現代化，以中國式現代化推進中華民族偉大復興，不斷
爲人類作出新的更大貢獻。

註　釋

〔1〕見鄧小平《路子走對了，政策不會變》（《鄧小平文選》第三卷，
人民出版社一九九三年版，第29頁）。

在全國脫貧攻堅
總結表彰大會上的講話

（二〇二一年二月二十五日）

同志們，朋友們：

今天，我們隆重召開大會，莊嚴宣告，經過全黨全國各族人民共同努力，在迎來中國共產黨成立一百周年的重要時刻，我國脫貧攻堅戰取得了全面勝利，現行標準下九千八百九十九萬農村貧困人口全部脫貧，八百三十二個貧困縣全部摘帽，十二點八萬個貧困村全部出列，區域性整體貧困得到解決，完成了消除絕對貧困的艱巨任務，創造了又一個彪炳史册的人間奇迹！這是中國人民的偉大光榮，是中國共產黨的偉大光榮，是中華民族的偉大光榮！

在這裏，我代表黨中央，向受到表彰的先進個人和先進集體，表示熱烈的祝賀！向為脫貧攻堅作出貢獻的各級黨政軍機關和企事業單位，農村廣大基層組織和黨員、幹部、羣衆，駐村第一書記和工作隊員、志願者，各民主黨派、工商聯和無黨派人士，人民團體以及社會各界，致以崇高的敬意！向積極參與和支持脫貧攻堅的香港特別行政區同胞、澳門特別行政區同胞、臺灣同胞以及海外僑胞，向關心和幫助中國減貧事業的各國政府、國際組織、外國友人，表示衷心的感謝！

同志們、朋友們！

貧困是人類社會的頑疾。反貧困始終是古今中外治國安邦的一件大事。一部中國史，就是一部中華民族同貧困作鬥爭的歷史。從屈原[1]"長太息以掩涕兮，哀民生之多艱"[2]的感慨，到杜甫[3]"安得廣廈千萬間，大庇天下寒士俱歡顏"[4]的憧憬，再到孫中山"家給人足，四海之內無一夫不獲其所"[5]的夙願，都反映了中華民族對擺脫貧困、豐衣足食的深深渴望。近代以後，由於封建統治的腐朽和西方列強的入侵，中國政局動盪、戰亂不已、民不聊生，貧困的夢魘更爲嚴重地困擾着中國人民。擺脫貧困，成了中國人民孜孜以求的夢想，也是實現中華民族偉大復興中國夢的重要內容。

中國共產黨從成立之日起，就堅持把爲中國人民謀幸福、爲中華民族謀復興作爲初心使命，團結帶領中國人民爲創造自己的美好生活進行了長期艱辛奮鬥。新民主主義革命時期，黨團結帶領廣大農民"打土豪、分田地"，實行"耕者有其田"，幫助窮苦人翻身得解放，贏得了最廣大人民廣泛支持和擁護，奪取了中國革命勝利，建立了新中國，爲擺脫貧困創造了根本政治條件。新中國成立後，黨團結帶領人民完成社會主義革命，確立社會主義基本制度，推進社會主義建設，組織人民自力更生、發憤圖強、重整山河，爲擺脫貧困、改善人民生活打下了堅實基礎。改革開放以來，黨團結帶領人民實施了大規模、有計劃、有組織的扶貧開發，着力解放和發展社會生產力，着力保障和改善民生，取得了前所未有的偉大成就。

黨的十八大以來，黨中央鮮明提出，全面建成小康社會最艱巨最繁重的任務在農村特別是在貧困地區，沒有農村的小康特別是沒有貧困地區的小康，就沒有全面建成小康社會；強調貧窮不是社會主義，如果貧困地區長期貧困，面貌長期得不到改變，羣衆生活水平長期得不到明顯提高，那就沒有體現我國社會主義制度的優越性，那也不是社會主義，必須時不我待抓好脫貧攻堅工作。二〇一二年年底，黨的十八大召開後不久，黨中央就突出強調，"小康不小康，關鍵看老鄉，關鍵在貧困的老鄉能不能脫貧"，承諾"決不能落下一個貧困地區、一個貧困羣衆"，拉開了新時代脫貧攻堅的序幕。二〇一三年，黨中央提出精準扶貧理念，創新扶貧工作機制。二〇一五年，黨中央召開扶貧開發工作會議，提出實現脫貧攻堅目標的總體要求，實行扶持對象、項目安排、資金使用、措施到戶、因村派人、脫貧成效"六個精準"，實行發展生產、易地搬遷、生態補償、發展教育、社會保障兜底"五個一批"，發出打贏脫貧攻堅戰的總攻令。二〇一七年，黨的十九大把精準脫貧作爲三大攻堅戰[6]之一進行全面部署，錨定全面建成小康社會目標，聚力攻克深度貧困堡壘，決戰決勝脫貧攻堅。二〇二〇年，爲有力應對新冠肺炎疫情和特大洪澇災情帶來的影響，黨中央要求全黨全國以更大的決心、更強的力度，做好"加試題"、打好收官戰，信心百倍向着脫貧攻堅的最後勝利進軍。

八年來，黨中央把脫貧攻堅擺在治國理政的突出位置，把脫貧攻堅作爲全面建成小康社會的底綫任務，組織開展了聲勢浩大的脫貧攻堅人民戰爭。黨和人民披荊斬棘、櫛風沐雨，發揚釘釘子精神，敢於啃硬骨頭，攻克了一個又一個貧中之貧、堅中之堅，脫貧攻堅取得了重大歷史性成就。

——農村貧困人口全部脫貧，爲實現全面建成小康社會目標任務作出了關鍵性貢獻。黨的十八大以來，平均每年一千多萬人脫貧，相當於一個中等國家的人口脫貧。貧困人口收入水平顯著提高，全部實現"兩不愁三保障"，脫貧羣衆不愁吃、不愁穿，義務教育、基本醫療、住房安全有保障，飲水安全也都有了保障。二千多萬貧困患者得到分類救治，曾經被病魔困擾的家庭挺起了生活的脊梁。近二千萬貧困羣衆享受低保和特困救助供養，二千四百多萬困難和重度殘疾人拿到了生活和護理補貼。一百一十多萬貧困羣衆當上護林員，守護綠水青山，換來了金山銀山。無論是雪域高原、戈壁沙漠，還是懸崖絕壁、大石山區，脫貧攻堅的陽光照耀到了每一個角落，無數人的命運因此而改變，無數人的夢想因此而實現，無數人的幸福因此而成就！

——脫貧地區經濟社會發展大踏步趕上來，整體面貌發生歷史性巨變。貧困地區發展步伐顯著加快，經濟實力不斷增強，基礎設施建設突飛猛進，社會事業長足進步，行路難、吃水難、用電難、通信難、上學難、就醫難等問題得到歷史性解決。義務教育階段建檔立卡貧困家庭輟學學生實現動態清零。具備條件的鄉鎮和建制村全部通硬化路、通客車、通郵路。新改建農村公路一百一十萬公里，新增鐵路里程三點五萬公里。貧困地區農網供電可靠率達到百分之九十九，大電網覆蓋範圍內貧困村通動力電比例達到百分之一百，貧困村通光纖和 4G 比例均超過百分之九十八。七百九十萬戶、二千五百六十八萬貧困羣眾的危房得到改造，累計建成集中安置區三點五萬個、安置住房二百六十六萬套，九百六十多萬人"挪窮窩"，擺脫了閉塞和落後，搬入了新家園。許多鄉親告別溜索橋、天塹變成了通途，告別苦鹹水、喝上了清潔水，告別四面漏風的泥草屋、住上了寬敞明亮的磚瓦房。千百萬貧困家庭的孩子享受到更公平的教育機會，孩子們告別了天天跋山涉水上學，實現了住學校、吃食堂。二十八個人口較少民族全部整族脫貧，一些新中國成立後"一步跨千年"進入社會主義社會的"直過民族"，又實現了從貧窮落後到全面小康的第二次歷史性跨越。所有深度貧困地區的最後堡壘被全部攻克。脫貧地區處處呈現山鄉巨變、山河錦繡的時代畫卷！

——脫貧羣眾精神風貌煥然一新，增添了自立自強的信心勇氣。脫貧攻堅，取得了物質上的纍纍碩果，也取得了精神上的纍纍碩果。廣大脫貧羣眾激發了奮發向上的精氣神，社會主義核心價值觀得到廣泛傳播，文明新風得到廣泛弘揚，艱苦奮鬥、苦幹實幹、用自己的雙手創造幸福生活的精神在廣大貧困地區蔚然成風。帶領鄉親們歷時七年在絕壁上鑿出一條通向外界道路的重慶市巫山縣竹賢鄉下莊村黨支部書記毛相林說："山鑿一尺寬一尺，路修一丈長一丈，就算我們這代人窮十年苦十年，也一定要讓下輩人過上好日子。"身殘志堅的雲南省昆明市東川區烏龍鎮坪子村芭蕉箐小組村民張順東說："我們雖然殘疾了，但我們精神上不殘，我們還有腦還有手，去想去做。"貧困羣眾的精神世界在脫貧攻堅中得到充實和昇華，信心更堅、腦子更活、心氣更足，發生了從內而外的深刻改變！

——黨羣幹羣關係明顯改善，黨在農村的執政基礎更加牢固。各級黨組織和廣大共產黨員堅決響應黨中央號召，以熱血赴使命、以行動踐諾言，在脱貧攻堅這個没有硝煙的戰場上嘔心瀝血、建功立業。廣大扶貧幹部捨小家爲大家，同貧困羣衆結對子、認親戚，常年加班加點、任勞任怨，困難面前豁得出，關鍵時候頂得上，把心血和汗水灑遍千山萬水、千家萬户。他們爬過最高的山，走過最險的路，去過最偏遠的村寨，住過最窮的人家，哪裏有需要，他們就戰鬥在哪裏。有的村幹部説："只要我還幹得動，我都永遠爲村裏的老百姓做事！帶上我們村的老百姓，過上更美好的生活。""我是一個共產黨員，我必須帶領羣衆，拔掉老百姓的窮根。"基層黨組織充分發揮戰鬥堡壘作用，在抓黨建促脱貧中得到鍛造，凝聚力、戰鬥力不斷增强，基層治理能力明顯提升。貧困地區廣大羣衆聽黨話、感黨恩、跟黨走，都説"黨員帶頭上、我們跟着幹、脱貧有盼頭"，"我們愛掛國旗，因爲國旗最吉祥"，"吃水不忘挖井人，脱貧不忘共產黨"，黨羣關係、幹羣關係得到極大鞏固和發展！

——創造了減貧治理的中國樣本，爲全球減貧事業作出了重大貢獻。擺脱貧困一直是困擾全球發展和治理的突出難題。改革開放以來，按照現行貧困標準計算，我國七點七億農村貧困人口擺脱貧困；按照世界銀行國際貧困標準，我國減貧人口佔同期全球減貧人口百分之七十以上。特別是在全球貧困狀况依然嚴峻、一些國家貧富分化加劇的背景下，我國提前十年實現《聯合國二〇三〇年可持續發展議程》減貧目標，贏得國際社會廣泛讚譽。我們積極開展國際減貧合作，履行減貧國際責任，爲發展中國家提供力所能及的幫助，做世界減貧事業的有力推動者。縱覽古今、環顧全球，沒有哪一個國家能在這麼短的時間內實現幾億人脫貧，這個成績屬於中國，也屬於世界，爲推動構建人類命運共同體貢獻了中國力量！

八年來，我先後七次主持召開中央扶貧工作座談會，五十多次調研扶貧工作，走遍十四個集中連片特困地區，堅持看真貧，堅持了解真扶貧、扶真貧、脫真貧的實際情況，面對面同貧困羣眾聊家常、算細賬，親身感受脫貧攻堅帶來的巨大變化。我在各地都看到，廣大脫貧羣眾露出了真誠笑臉，這是對脫貧攻堅的最大肯定，是對廣大黨員、幹部傾情付出的最高褒獎，也是對革命先輩和英烈的最好告慰。

同志們、朋友們！

時代造就英雄，偉大來自平凡。在脫貧攻堅工作中，數百萬扶貧幹部傾力奉獻、苦幹實幹，同貧困羣眾想在一起、過在一起、幹在一起，將最美的年華無私奉獻給了脫貧事業，湧現出許多感人肺腑的先進事迹。三十五年堅守太行山的“新愚公”李保國，獻身教育扶貧、點燃大山女孩希望的張桂梅，用實幹兌現“水過不去、拿命來鋪”誓言的黃大發，回鄉奉獻、譜寫新時代青春之歌的黃文秀，扎根脫貧一綫、鞠躬盡瘁的黃詩燕等同志，以及這次受到表彰的先進個人和先進集體，就是他們中的傑出代表。他們有的說：“脫貧攻堅路上有千千萬萬的人，我真的就是其中一個小小的石子。

其實走到最後，走到今天，雖然有苦，還是甜多。"有的説："不爲錢來，不爲利往，農民才能信你，才能聽你。"有的説："把論文寫在大地上，真正來地裏面寫，那才叫真本事。"

在脱貧攻堅鬥爭中，一千八百多名同志將生命定格在了脱貧攻堅征程上，生動詮釋了共産黨人的初心使命。脱貧攻堅殉職人員的付出和貢獻彪炳史册，黨和人民不會忘記！共和國不會忘記！各級黨委和政府要關心關愛每一位犧牲者親屬，大力宣傳脱貧攻堅英模的感人事迹和崇高精神，激勵廣大幹部羣衆爲全面建設社會主義現代化國家、實現第二個百年奮鬥目標而披堅執鋭、勇立新功。

同志們、朋友們！

脱貧攻堅取得舉世矚目的成就，靠的是黨的堅强領導，靠的是中華民族自力更生、艱苦奮鬥的精神品質，靠的是新中國成立以來特別是改革開放以來積累的堅實物質基礎，靠的是一任接着一任幹的堅守執着，靠的是全黨全國各族人民的團結奮鬥。我們立足我國國情，把握減貧規律，出臺一系列超常規政策舉措，構建了一整套行之有效的政策體系、工作體系、制度體系，走出了一條中國特色減貧道路，形成了中國特色反貧困理論。

——堅持黨的領導，爲脱貧攻堅提供堅强政治和組織保證。我們堅持黨中央對脱貧攻堅的集中統一領導，把脱貧攻堅納入"五位一體"總體佈局、"四個全面"戰略佈局，統籌謀劃，强力推進。我們强化中央統籌、省負總責、市縣抓落實的工作機制，構建五級書記抓扶貧、全黨動員促攻堅的局面。我們執行脱貧攻堅一把手負責制，中西部二十二個省份黨政主要負責同志向中央簽署脫貧攻堅責任書、立下"軍令狀"，脫貧攻堅期內保持貧困縣黨政正職穩定。我們抓好以村黨組織爲核心的村級組織配套建設，把基層黨組織建設成爲帶領羣衆脫貧致富的堅強戰鬥堡壘。我們集中精銳力量投向脫貧攻堅主戰場，全國累計選派二十五點五萬個駐村工作隊、三百多萬名第一書記和駐村幹部，同近二百萬名鄉鎮幹部和數百萬村幹部一道奮戰在扶貧一綫，鮮紅的黨旗始終在脫貧攻堅主戰場上高高飄揚。

事實充分證明，中國共產黨具有無比堅強的領導力、組織力、執行力，是團結帶領人民攻堅克難、開拓前進最可靠的領導力量。只要我們始終不渝堅持黨的領導，就一定能够戰勝前進道路上的任何艱難險阻，不斷滿足人民對美好生活的嚮往！

——堅持以人民爲中心的發展思想，堅定不移走共同富裕道路。"治國之道，富民爲始。"[7] 我們始終堅定人民立場，強調消除貧困、改善民生、實現共同富裕是社會主義的本質要求，是我們黨堅持全心全意爲人民服務根本宗旨的重要體現，是黨和政府的重大責任。我們把羣衆滿意度作爲衡量脫貧成效的重要尺度，集中力量解決貧困羣衆基本民生需求。我們發揮政府投入的主體和主導作用，寧肯少上幾個大項目，也優先保障脫貧攻堅資金投入。八年來，中央、省、市縣財政專項扶貧資金累計投入近一點六萬億元，其中中央財政累計投入六千六百零一億元。打響脫貧攻堅戰以來，土地增減掛指標跨省域調劑和省域內流轉資金四千四百多億元，扶貧小額信貸累計發放七千一百多億元，扶貧再貸款累計發放六千六百八十八億元，金融精準扶貧貸款發放九點二萬億元，東部九省市共向扶貧協作地區投入財政援助和社會幫扶資金一千零五億多元，東部地區企業赴扶貧協作地區累計投資一萬多億元，等等。我們統籌整合使用財政涉農資金，強化扶貧資金監管，確保把錢用到刀刃上。真金白銀的投入，爲打贏脫貧攻堅戰提供了強大資金保障。

事實充分證明，做好黨和國家各項工作，必須把實現好、維護好、發展好最廣大人民根本利益作爲一切工作的出發點和落腳點，更加自覺地使改革發展成果更多更公平惠及全體人民。只要我們始終堅持以人民爲中心的發展思想，一件事情接着一件事情辦，一年接着一年幹，就一定能够不斷推動全體人民共同富裕取得更爲明顯的實質性進展！

——堅持發揮我國社會主義制度能够集中力量辦大事的政治優勢，形成脫貧攻堅的共同意志、共同行動。我們廣泛動員全黨全國各族人民以及社會各方面力量共同向貧困宣戰，舉國同心，合力攻堅，黨政軍民學勁往一處使，東西南北中擰成一股繩。我們強化東西部扶貧協作，推動省市縣各層面結對幫扶，促進人才、資金、技術向貧困地區流動。我們組織開展定點扶貧，中央和國家機關各部門、民主黨派、人民團體、國有企業和人民軍隊等都積極行動，所有的國家扶貧開發工作重點縣都有幫扶單位。各行各業發揮專業優勢，開展產業扶貧、科技扶貧、教育扶貧、文化扶貧、健康扶貧、消費扶貧。民營企業、社會組織和公民個人熱情參與，"萬企幫萬村"行動蓬勃開展。我們構建專項扶貧、行業扶貧、社會扶貧互爲補充的大扶貧格局，形成跨地區、跨部門、跨單位、全社會共同參與的社會扶貧體系。千千萬萬的扶貧善舉彰顯了社會大愛，匯聚起排山倒海的磅礴力量。

事實充分證明，中國共產黨領導和我國社會主義制度是抵禦風險挑戰、聚力攻堅克難的根本保證。只要我們堅持黨的領導、堅定走中國特色社會主義道路，就一定能够辦成更多像脫貧攻堅這樣的大事難事，不斷從勝利走向新的勝利！

——堅持精準扶貧方略，用發展的辦法消除貧困根源。我們始終強調，脫貧攻堅，貴在精準，重在精準。我們堅持對扶貧對象實行精細化管理、對扶貧資源實行精確化配置、對扶貧對象實行精準化扶持，建立了全國建檔立卡信息系統，確保扶貧資源真正用在扶貧對象上、真正用在貧困地區。圍繞扶持誰、誰來扶、怎麼扶、如何退等問題，我們打出了一套政策組合拳，因村因戶因人施策，因貧困原因施策，因貧困類型施策，對症下藥、精準滴灌、靶向治療，真正發揮拔窮根的作用。我們要求下足繡花功夫，扶貧扶到點上、扶到根上、扶到家庭，防止平均數掩蓋大多數。我們堅持開發式扶貧方針，堅持把發展作爲解決貧困的根本途徑，改善發展條件，增強發展能力，實現由“輸血式”扶貧向“造血式”幫扶轉變，讓發展成爲消除貧困最有效的辦法、創造幸福生活最穩定的途徑。我們緊緊扭住教育這個脫貧致富的根本之策，強調再窮不能窮教育、再窮不能窮孩子，不讓孩子輸在起跑綫上，努力讓每個孩子都有人生出彩的機會，盡力阻斷貧困代際傳遞。

事實充分證明，精準扶貧是打贏脫貧攻堅戰的制勝法寶，開發式扶貧方針是中國特色減貧道路的鮮明特徵。只要我們堅持精準的科學方法、落實精準的工作要求，堅持用發展的辦法解決發展不平衡不充分問題，就一定能夠爲經濟社會發展和民生改善提供科學路徑和持久動力！

——堅持調動廣大貧困羣衆積極性、主動性、創造性，激發脱貧内生動力。"志之難也，不在勝人，在自勝。"〔8〕脱貧必須擺脱思想意識上的貧困。我們注重把人民羣衆對美好生活的嚮往轉化成脱貧攻堅的强大動能，實行扶貧和扶志扶智相結合，既富口袋也富腦袋，引導貧困羣衆依靠勤勞雙手和頑强意志擺脱貧困、改變命運。我們引導貧困羣衆樹立"寧願苦幹、不願苦熬"的觀念，鼓足"只要有信心，黃土變成金"的幹勁，增强"弱鳥先飛、滴水穿石"的韌性，讓他們心熱起來、行動起來。脱貧羣衆説："現在國家政策好了，只要我們不等待、不觀望，發揚'讓我來'的精神，一定能過上好日子。""生活改變了我，我也改變了生活。"

事實充分證明，人民是真正的英雄，激勵人民羣衆自力更生、艱苦奮鬥的内生動力，對人民羣衆創造自己的美好生活至關重要。只要我們始終堅持爲了人民、依靠人民，尊重人民羣衆主體地位和首創精神，把人民羣衆中藴藏着的智慧和力量充分激發出來，就一定能夠不斷創造出更多令人刮目相看的人間奇迹！

——堅持弘揚和衷共濟、團結互助美德，營造全社會扶危濟困的濃厚氛圍。我們推動全社會踐行社會主義核心價值觀，傳承中華民族守望相助、和衷共濟、扶貧濟困的傳統美德，引導社會各界關愛貧困羣衆、關心減貧事業、投身脱貧行動。我們完善社會動員機制，搭建社會參與平臺，創新社會幫扶方式，形成了人人願爲、人人可爲、人人能爲的社會幫扶格局。

事實充分證明，社會主義核心價值觀、中華優秀傳統文化是凝聚人心、匯聚民力的强大力量。只要我們堅定道德追求，不斷激發全社會向上向善的正能量，就一定能够爲中華民族乘風破浪、闊步前行提供不竭的精神力量！

——堅持求真務實、較真碰硬，做到真扶貧、扶真貧、脫真貧。我們把全面從嚴治黨要求貫穿脫貧攻堅全過程和各環節，拿出抓鐵有痕、踏石留印的勁頭，把脫貧攻堅一抓到底。我們突出實的導向、嚴的規矩，不搞花拳繡腿，不搞繁文縟節，不做表面文章，堅決反對大而化之、撒胡椒麵，堅決反對搞不符合實際的"面子工程"，堅決反對形式主義、官僚主義，把一切工作都落實到爲貧困羣衆解決實際問題上。我們實行最嚴格的考核評估，開展扶貧領域腐敗和作風問題專項治理，建立全方位監督體系，真正讓脫貧成效經得起歷史和人民檢驗。

事實充分證明，一分部署，九分落實，真抓實幹、埋頭苦幹保證了脫貧攻堅戰打得贏、打得好。只要我們堅持實幹興邦、實幹惠民，就一定能够把全面建設社會主義現代化國家的宏偉藍圖一步步變成現實！

這些重要經驗和認識，是我國脫貧攻堅的理論結晶，是馬克思主義反貧困理論中國化最新成果，必須長期堅持並不斷發展。

同志們、朋友們！

偉大事業孕育偉大精神，偉大精神引領偉大事業。脫貧攻堅偉大鬥爭，鍛造形成了"上下同心、盡銳出戰、精準務實、開拓創新、攻堅克難、不負人民"的脫貧攻堅精神。脫貧攻堅精神，是中國共產黨性質宗旨、中國人民意志品質、中華民族精神的生動寫照，是愛國主義、集體主義、社會主義思想的集中體現，是中國精神、中國價值、中國力量的充分彰顯，賡續傳承了偉大民族精神和時代精神。全黨全國全社會都要大力弘揚脫貧攻堅精神，團結一心，英勇奮鬥，堅決戰勝前進道路上的一切困難和風險，不斷奪取堅持和發展中國特色社會主義新的更大的勝利！

同志們、朋友們！

脫貧攻堅戰的全面勝利，標誌着我們黨在團結帶領人民創造美好生活、實現共同富裕的道路上邁出了堅實的一大步。同時，脫貧摘帽不是終點，而是新生活、新奮鬥的起點。解決發展不平衡不充分問題、縮小城鄉區域發展差距、實現人的全面發展和全體人民共同富裕仍然任重道遠。我們沒有任何理由驕傲自滿、鬆勁歇腳，必須乘勢而上、再接再厲、接續奮鬥。

"勝非其難也，持之者其難也。"[9] 我們要切實做好鞏固拓展脫貧攻堅成果同鄉村振興有效銜接各項工作，讓脫貧基礎更加穩固、成效更可持續。對易返貧致貧人口要加强監測，做到早發現、早干預、早幫扶。對脫貧地區產業要長期培育和支持，促進內生可持續發展。對易地扶貧搬遷羣衆要搞好後續扶持，多渠道促進就業，强化社會管理，促進社會融入。對脫貧縣要扶上馬送一程，設立過渡期，保持主要幫扶政策總體穩定。要堅持和完善駐村第一書記和工作隊、東西部協作、對口支援、社會幫扶等制度，並根據形勢和任務變化進行完善。黨中央決定，適時組織開展鞏固脱貧成果後評估工作，壓緊壓實各級黨委和政府鞏固脱貧攻堅成果責任，堅决守住不發生規模性返貧的底綫。

鄉村振興是實現中華民族偉大復興的一項重大任務。要圍繞立足新發展階段、貫徹新發展理念、構建新發展格局帶來的新形勢、提出的新要求，堅持把解決好"三農"問題作爲全黨工作重中之重，堅持農業農村優先發展，走中國特色社會主義鄉村振興道路，持續縮小城鄉區域發展差距，讓低收入人口和欠發達地區共享發展成果，在現代化進程中不掉隊、趕上來。全面實施鄉村振興戰略的深度、廣度、難度都不亞於脱貧攻堅，要完善政策體系、工作體系、制度體系，以更有力的舉措、匯聚更强大的力量，加快農業農村現代化步伐，促進農業高質高效、鄉村宜居宜業、農民富裕富足。

在全面建設社會主義現代化國家新征程中，我們必須把促進全體人民共同富裕擺在更加重要的位置，腳踏實地、久久爲功，向着這個目標更加積極有爲地進行努力，促進人的全面發展和社會全面進步，讓廣大人民羣衆獲得感、幸福感、安全感更加充實、更有保障、更可持續。

同志們、朋友們！

回首過去，我們在解決困擾中華民族幾千年的絶對貧困問題上取得了偉大歷史性成就，創造了人類減貧史上的奇迹。展望未來，我們正在爲全面建設社會主義現代化國家的歷史宏願而奮鬥。征途漫漫，惟有奮鬥。全黨全國各族人民要更加緊密地團結在黨中央周圍，堅定信心决心，以永不懈怠的精神狀態、一往無前的奮鬥姿態，真抓實幹、埋頭苦幹，向着實現第二個百年奮鬥目標奮勇前進！

註　釋

〔1〕屈原（約前三三九—約前二七八），戰國時期楚國詩人、政治家。

〔2〕見戰國時期屈原《離騷》。

〔3〕杜甫（七一二—七七〇），生於鞏縣（今河南鞏義市）。唐代詩人。

〔4〕見唐代杜甫《茅屋爲秋風所破歌》。

〔5〕見孫中山《軍政府宣言》（《孫中山選集》上册，人民出版社二〇一一年版，第82頁）。

〔6〕三大攻堅戰，指防範化解重大風險、精準脫貧、污染防治攻堅戰。

〔7〕見西漢司馬遷《史記·平津侯主父列傳》。

〔8〕見《韓非子·喻老》。

〔9〕見《淮南子·道應訓》。

扎實推動共同富裕[*]

（二〇二一年八月十七日）

改革開放後，我們黨深刻總結正反兩方面歷史經驗，認識到貧窮不是社會主義，打破傳統體制束縛，允許一部分人、一部分地區先富起來，推動解放和發展社會生產力。

黨的十八大以來，黨中央把握發展階段新變化，把逐步實現全體人民共同富裕擺在更加重要的位置上，推動區域協調發展，採取有力措施保障和改善民生，打贏脫貧攻堅戰，全面建成小康社會，為促進共同富裕創造了良好條件。現在，已經到了扎實推動共同富裕的歷史階段。

現在，我們正在向第二個百年奮鬥目標邁進。適應我國社會主要矛盾的變化，更好滿足人民日益增長的美好生活需要，必須把促進全體人民共同富裕作為為人民謀幸福的着力點，不斷夯實黨長期執政基礎。高質量發展需要高素質勞動者，只有促進共同富裕，提高城鄉居民收入，提升人力資本，才能提高全要素生產率，夯實高質量發展的動力基礎。當前，全球收入不平等問題突出，一些國家貧富分化，中產階層塌陷，導致社會撕裂、政治極化、民粹主義泛濫，教訓十分深

＊ 這是習近平在中央財經委員會第十次會議上講話的一部分。

刻！我國必須堅決防止兩極分化，促進共同富裕，實現社會和諧安定。

同時，必須清醒認識到，我國發展不平衡不充分問題仍然突出，城鄉區域發展和收入分配差距較大。新一輪科技革命和產業變革有力推動了經濟發展，也對就業和收入分配帶來深刻影響，包括一些負面影響，需要有效應對和解決。

共同富裕是社會主義的本質要求，是中國式現代化的重要特徵。我們說的共同富裕是全體人民共同富裕，是人民羣衆物質生活和精神生活都富裕，不是少數人的富裕，也不是整齊劃一的平均主義。

要深入研究不同階段的目標，分階段促進共同富裕：到"十四五"末，全體人民共同富裕邁出堅實步伐，居民收入和實際消費水平差距逐步縮小。到二〇三五年，全體人民共同富裕取得更爲明顯的實質性進展，基本公共服務實現均等化。到本世紀中葉，全體人民共同富裕基本實現，居民收入和實際消費水平差距縮小到合理區間。要抓緊制定促進共同富裕行動綱要，提出科學可行、符合國情的指標體系和考核評估辦法。

促進共同富裕，要把握好以下原則。

——鼓勵勤勞創新致富。幸福生活都是奮鬥出來的，共同富裕要靠勤勞智慧來創造。要堅持在發展中保障和改善民生，把推動高質量發展放在首位，爲人民提高受教育程度、增强發展能力創造更加普惠公平的條件，提升全社會人力資本和專業技能，提高就業創業能力，增强致富本領。要防止社會階層固化，暢通向上流動通道，給更多人創造致富機會，形成人人參與的發展環境，避免"内捲"、"躺平"。

——堅持基本經濟制度。要立足社會主義初級階段，堅持"兩個毫不動搖"[1]。要堅持公有制爲主體、多種所有制經濟共同發展，大力發揮公有制經濟在促進共同富裕中的重要作用，同時要促進非公有制經濟健康發展、非公有制經濟人士健康成長。要允許一部分人先富起來，同時要強調先富帶後富、幫後富，重點鼓勵辛勤勞動、合法經營、敢於創業的致富帶頭人。靠偏門致富不能提倡，違法違規的要依法處理。

——盡力而爲量力而行。要建立科學的公共政策體系，把蛋糕分好，形成人人享有的合理分配格局。要以更大的力度、更實的舉措讓人民羣衆有更多獲得感。同時，也要看到，我國發展水平離發達國家還有很大差距。要統籌需要和可能，把保障和改善民生建立在經濟發展和財力可持續的基礎之上，不要好高鶩遠，弔高胃口，作兌現不了的承諾。政府不能什麼都包，重點是加強基礎性、普惠性、兜底性民生保障建設。即使將來發展水平更高、財力更雄厚了，也不能提過高的目標，搞過頭的保障，堅決防止落入"福利主義"養懶漢的陷阱。

——堅持循序漸進。共同富裕是一個長遠目標，需要一個過程，不可能一蹴而就，對其長期性、艱巨性、複雜性要有充分估計，辦好這件事，等不得，也急不得。一些發達國家工業化搞了幾百年，但由於社會制度原因，到現在共同富裕問題仍未解決，貧富懸殊問題反而越來越嚴重。我們要有耐心，實打實地一件事一件事辦好，提高實效。要抓好浙江共同富裕示範區建設，鼓勵各地因地制宜探索有效路徑，總結經驗，逐步推開。

　　總的思路是，堅持以人民爲中心的發展思想，在高質量發展中促進共同富裕，正確處理效率和公平的關係，構建初次分配、再分配、三次分配協調配套的基礎性制度安排，加大稅收、社保、轉移支付等調節力度並提高精準性，擴大中等收入羣體比重，增加低收入羣體收入，合理調節高收入，取締非法收入，形成中間大、兩頭小的橄欖型分配結構，促進社會公平正義，促進人的全面發展，使全體人民朝着共同富裕目標扎實邁進。

　　第一，提高發展的平衡性、協調性、包容性。要加快完善社會主義市場經濟體制，推動發展更平衡、更協調、更包容。要增強區域發展的平衡性，實施區域重大戰略和區域協調發展戰略，健全轉移支付制度，縮小區域人均財政支出差異，加大對欠發達地區的支持力度。要強化行業發展的協調性，加快壟斷行業改革，推動金融、房地產同實體經濟協調發展。要支持中小企業發展，構建大中小企業相互依存、相互促進的企業發展生態。

　　第二，着力擴大中等收入羣體規模。要抓住重點、精準施策，推動更多低收入人羣邁入中等收入行列。高校畢業生是有望進入中等收入羣體的重要方面，要提高高等教育質量，做到學有專長、學有所用，幫助他們儘快適應社會發展需要。技術工人也是中等收入羣體的重要組成部分，要加大技能人才培養力度，提高技術工人工資待遇，吸引更多高素質人才加入技術工人隊伍。中小企業主和個體工商户是創業致富的重要羣體，要改善營商環境，減輕稅費負擔，提供更多市場化的金融服務，幫助他們穩定經營、持續增收。進城農民工是中等收入羣體的重要來源，要深化戶籍制度改革，解決好農業轉移人口隨遷子女教育等問題，讓他們安心進城，穩定就業。要適當提高公務員特別是基層一綫公務員及國有企事業單位基層職工工資待遇。要增加城鄉居民住房、農村土地、金融資産等各類財産性收入。

第三，促進基本公共服務均等化。低收入羣體是促進共同富裕的重點幫扶保障人羣。要加大普惠性人力資本投入，有效減輕困難家庭教育負擔，提高低收入羣衆子女受教育水平。要完善養老和醫療保障體系，逐步縮小職工與居民、城市與農村的籌資和保障待遇差距，逐步提高城鄉居民基本養老金水平。要完善兜底救助體系，加快縮小社會救助的城鄉標準差異，逐步提高城鄉最低生活保障水平，兜住基本生活底綫。要完善住房供應和保障體系，堅持房子是用來住的、不是用來炒的定位，租購並舉，因城施策，完善長租房政策，擴大保障性租賃住房供給，重點解決好新市民住房問題。

第四，加強對高收入的規範和調節。在依法保護合法收入的同時，要防止兩極分化、消除分配不公。要合理調節過高收入，完善個人所得稅制度，規範資本性所得管理。要積極穩妥推進房地産稅立法和改革，做好試點工作。要加大消費環節稅收調節力度，研究擴大消費稅徵收範圍。要加強公益慈善事業規範管理，完善稅收優惠政策，鼓勵高收入人羣和企業更多回報社會。要清理規範不合理收入，加大對壟斷行業和國有企業的收入分配管理，整頓收入分配秩序，清理借改革之名變相增加高管收入等分配亂象。要堅決取締非法收入，堅決遏制權錢交易，堅決打擊內幕交易、操縱股市、財務造假、偷稅漏稅等獲取非法收入行爲。

經過多年探索，我們對解決貧困問題有了完整的辦法，但在如何致富問題上還要探索積累經驗。要保護產權和知識產權，保護合法致富。要堅決反對資本無序擴張，對敏感領域准入劃出負面清單，加強反壟斷監管。同時，也要調動企業家積極性，促進各類資本規範健康發展。

第五，促進人民精神生活共同富裕。促進共同富裕與促進人的全面發展是高度統一的。要強化社會主義核心價值觀引領，加強愛國主義、集體主義、社會主義教育，發展公共文化事業，完善公共文化服務體系，不斷滿足人民羣衆多樣化、多層次、多方面的精神文化需求。要加強促進共同富裕輿論引導，澄清各種模糊認識，防止急於求成和畏難情緒，爲促進共同富裕提供良好輿論環境。

第六，促進農民農村共同富裕。促進共同富裕，最艱巨最繁重的任務仍然在農村。農村共同富裕工作要抓緊，但不宜像脫貧攻堅那樣提出統一的量化指標。要鞏固拓展脫貧攻堅成果，對易返貧致貧人口要加強監測、及早干預，對脫貧縣要扶上馬送一程，確保不發生規模性返貧和新的致貧。要全面推進鄉村振興，加快農業產業化，盤活農村資產，增加農民財產性收入，使更多農村居民勤勞致富。要加強農村基礎設施和公共服務體系建設，改善農村人居環境。

我總的認爲，像全面建成小康社會一樣，全體人民共同富裕是一個總體概念，是對全社會而言的，不要分成城市一塊、農村一塊，或者東部、中部、西部地區各一塊，各提各的指標，要從全局上看。我們要實現十四億人共同富裕，必須腳踏實地、久久爲功，不是所有人都同時富裕，也不是所有地區同時達到一個富裕水準，不同人羣不僅實現富裕的程度有高有低，時間上也會有先有後，不同地區富裕程度還會存在一定差異，不可能齊頭並進。這是一個在動態中向前發展的過程，要持續推動，不斷取得成效。

註　釋

〔1〕"兩個毫不動搖"，指毫不動搖鞏固和發展公有制經濟，毫不動搖鼓勵、支持、引導非公有制經濟發展。

七、把握新發展階段，
貫徹新發展理念，
構建新發展格局

中華民族偉大復興
歷史進程的大跨越*

（二〇二〇年十月二十九日）

　　進入新發展階段，是中華民族偉大復興歷史進程的大跨越。我說過，實現中華民族偉大復興，是近代以來中國人民最偉大的夢想。近代以來，在外國列強入侵和封建腐朽統治下，我國錯失了工業革命的機遇，大幅落後於時代，中華民族也遭受了前所未有的苦難。鴉片戰爭之後，中國人民和無數仁人志士不屈不撓，苦苦尋求中國現代化之路。孫中山先生的《建國方略》被稱爲近代中國謀求現代化的第一份藍圖，但在半殖民地半封建社會的條件下，中國現代化沒有也不可能取得成功。

　　中國共產黨建立近百年來，團結帶領中國人民所進行的一切奮鬥，就是爲了把我國建設成爲現代化强國，實現中華民族偉大復興。新中國成立以後，我們黨孜孜以求，帶領人民對中國現代化建設進行了艱辛探索。一九五四年，周恩來同志在第一屆全國人民代表大會上所作的《政府工作報告》

　　＊　這是習近平在中共十九屆五中全會第二次全體會議上講話的一部分。

中就明確指出："如果我們不建設起強大的現代化的工業、現代化的農業、現代化的交通運輸業和現代化的國防，我們就不能擺脫落後和貧困，我們的革命就不能達到目的。"一九五六年，毛澤東同志提出："我國人民應該有一個遠大的規劃，要在幾十年內，努力改變我國在經濟上和科學文化上的落後狀況，迅速達到世界上的先進水平。"〔1〕他還警示，如果搞得不好就會被開除"球籍"。一九六四年十二月，周恩來同志在第三屆全國人民代表大會上所作的《政府工作報告》中再次提出："從第三個五年計劃開始，我國的國民經濟發展，可以按兩步來考慮：第一步，建立一個獨立的比較完整的工業體系和國民經濟體系；第二步，全面實現農業、工業、國防和科學技術的現代化，使我國經濟走在世界的前列。"由於後來發生了"文化大革命"，當時提出的四個現代化建設沒有完全展開。儘管如此，從一九四九年到一九七八年，我們黨領導人民在舊中國一窮二白的基礎上建立起獨立的比較完整的工業體系和國民經濟體系，有效維護了國家主權和安全，我國社會主義建設事業邁出了堅實步伐。

　　改革開放以後，鄧小平同志提出"三步走"戰略，即到上世紀八十年代末解決人民溫飽問題，到上世紀末使人民生活達到小康水平，到二十一世紀中葉基本實現現代化，達到中等發達國家水平。進入新世紀，在人民生活總體上達到小康水平之後，我們黨又提出，到建黨一百年時全面建成惠及十幾億人口的更高水平的小康社會，然後再奮鬥三十年，到新中國成立一百年時，基本實現現代化，把我國建成社會主義現代化國家。

　　黨的十八大以來，中國特色社會主義進入新時代，中華民族迎來了從站起來、富起來到强起來的偉大飛躍。黨的十九大站在新的更高的歷史起點上，對實現第二個百年奮鬥目標作出分兩個階段推進的戰略安排，提出到二〇三五年基本實現社會主義現代化，到本世紀中葉把我國建成富强民主文明和諧美麗的社會主義現代化强國。

　　從第一個五年計劃到第十四個五年規劃，一以貫之的主題是把我國建設成爲社會主義現代化國家。我們走過彎路，也遭遇過一些意想不到的困難和挫折，但建設社會主義現代化國家的意志和決心始終沒有動搖。在這個過程中，我們黨對建設社會主義現代化國家在認識上不斷深入、在戰略上不斷成熟、在實踐上不斷豐富，加速了我國現代化發展進程，爲新發展階段全面建設社會主義現代化國家奠定了實踐基礎、理論基礎、制度基礎。

註　　釋

　　〔1〕見毛澤東《社會主義革命的目的是解放生產力》（《毛澤東文集》第七卷，人民出版社一九九九年版，第 2 頁）。

構建新發展格局、
重塑新競爭優勢[*]

（二〇二〇年十月二十九日）

着力構建新發展格局

構建以國內大循環爲主體、國內國際雙循環相互促進的新發展格局，是根據我國發展階段、環境、條件變化，特別是基於我國比較優勢變化，審時度勢作出的重大決策。構建新發展格局是事關全局的系統性、深層次變革，是立足當前、着眼長遠的戰略謀劃。我們要從全局和戰略的高度準確把握加快構建新發展格局的戰略構想。

從根本上說，構建新發展格局是適應我國發展新階段要求、塑造國際合作和競爭新優勢的必然選擇。改革開放前，我國經濟以國內循環爲主，進出口佔國民經濟的比重很小。改革開放後，我們打開國門，擴大對外貿易和吸引外資。特別是二〇〇一年加入世貿組織後，我國深度參與國際分工，融入國際大循環，形成市場和資源"兩頭在外"的發展格局，

---

　　* 這是習近平在中共十九屆五中全會第二次全體會議上講話的一部分。

對我們抓住經濟全球化機遇快速提升經濟實力、改善人民生活發揮了重要作用。

二〇〇八年國際金融危機是我國發展格局演變的一個重要分水嶺。面對嚴重的外部危機衝擊，我們把擴大內需作為保持經濟平穩較快發展的基本立足點，推動經濟發展向內需主導轉變，國內循環在我國經濟中的作用開始顯著上升。黨的十八大以來，我們堅持實施擴大內需戰略，使發展更多依靠內需特別是消費需求拉動。我國對外貿易依存度從二〇〇六年峰值的百分之六十七下降到二〇一九年的近百分之三十二，經常項目順差佔國內生產總值比重由最高時的百分之十以上降至目前的百分之一左右，內需對經濟增長的貢獻率有七個年份超過百分之一百。我們提出構建新發展格局，是對我國客觀經濟規律和發展趨勢的自覺把握，是有實踐基礎的。

未來一個時期，我國國內市場主導經濟循環的特徵會更加明顯，經濟增長的內需潛力會不斷釋放。從需求看，我國擁有十四億人口，其中有四億多中等收入人羣，我國商品零售額即將超過美國，位居世界首位，今後還有穩步增長空間。從供給看，我國基於國內大市場形成的強大生產能力，能够促進全球要素資源整合創新，使規模效應和集聚效應最大化發揮。只要順勢而為、精準施策，我們完全有條件構建新發展格局、重塑新競爭優勢。

第一，構建新發展格局是把握發展主動權的先手棋，不是被迫之舉和權宜之計。從國際比較看，大國經濟的特徵都是內需為主導、內部可循環。我國作為全球第二大經濟體和製造業第一大國，國內經濟循環同國際經濟循環的關係客觀上早有調整的要求。這是我們提出構建新發展格局的首要考慮。在當前國際形勢充滿不穩定性不確定性的背景下，立足國內、依託國內大市場優勢，充分挖掘內需潛力，有利於化解外部衝擊和外需下降帶來的影響，也有利於在極端情況下保證我國經濟基本正常運行和社會大局總體穩定。

第二，構建新發展格局是開放的國內國際雙循環，不是封閉的國內單循環。我國經濟已經深度融入世界經濟，同全球很多國家的產業關聯和相互依賴程度都比較高，內外需市場本身是相互依存、相互促進的。以國內大循環爲主體，絕不是關起門來封閉運行，而是通過發揮內需潛力，使國內市場和國際市場更好聯通，以國內大循環吸引全球資源要素，更好利用國內國際兩個市場兩種資源，提高在全球配置資源能力，更好爭取開放發展中的戰略主動。我國開放的大門不會關閉，只會越開越大。要科學認識國內大循環和國內國際雙循環的關係，主動作爲、善於作爲，建設更高水平開放型經濟新體制，實施更大範圍、更寬領域、更深層次的對外開放。

第三，構建新發展格局是以全國統一大市場基礎上的國內大循環爲主體，不是各地都搞自我小循環。黨中央作出構建新發展格局的戰略安排，提出以國內大循環爲主體，是針對全國而言的，不是要求各地都搞省內、市內、縣內的自我小循環。各地區要找準自己在國內大循環和國內國際雙循環中的位置和比較優勢，把構建新發展格局同實施區域重大戰略、區域協調發展戰略、主體功能區戰略、建設自由貿易試驗區等有機銜接起來，打造改革開放新高地，不能搞"小而全"，更不能以"內循環"的名義搞地區封鎖。有條件的地區可以率先探索有利於促進全國構建新發展格局的有效路徑，發揮引領和帶動作用。

構建新發展格局必須堅定不移貫徹新發展理念。我們提出新發展理念已有五年，各方面已形成高度共識，實踐也在不斷深化。貫徹新發展理念，必然要求構建新發展格局，這是歷史邏輯和現實邏輯共同作用使然。要堅持系統觀念，加強對各領域發展的前瞻性思考、全局性謀劃、戰略性佈局、整體性推進，加強政策協調配合，使發展的各方面相互促進，把貫徹新發展理念的實踐不斷引向深入。

構建新發展格局要把握好幾個重要着力點

構建新發展格局是一個系統工程，既要"操其要於上"，加強戰略謀劃和頂層設計，也要"分其詳於下"，[1] 把握工作着力點。

一是要加快培育完整內需體系。這是暢通國民經濟循環、增強國內大循環主體地位的重要基礎。經濟活動是一個動態的周而復始的循環過程。要推進深層次改革和強化政策引導，着力打通制約經濟循環的關鍵堵點。要以滿足國內需求為基本立足點，把實施擴大內需戰略同深化供給側結構性改革有機結合起來，着力提升供給體系對國內需求的適配性，形成需求牽引供給、供給創造需求的更高水平動態平衡。要加強現代流通體系建設，完善硬件和軟件、渠道和平臺，夯實國內國際雙循環的重要基礎。

　　二是要加快科技自立自强。這是確保國内大循環暢通、塑造我國在國際大循環中新優勢的關鍵。要增强責任感和危機感，丟掉幻想，正視現實，打好關鍵核心技術攻堅戰，加快攻克重要領域"卡脖子"技術。要充分激發人才創新活力，全方位培養、引進、用好人才，造就更多國際一流的科技領軍人才和創新團隊，培養具有國際競爭力的青年科技人才後備軍。要爲科學家和留學生回國從事研究開發、學習、工作和生活提供良好環境和服務保障，讓他們人盡其才、才盡其用、爲國效力。

　　三是要推動產業鏈供應鏈優化升級。這是穩固國内大循環主體地位、增强在國際大循環中帶動能力的迫切需要。製造業是我國經濟命脈所繫，是立國之本、强國之基。這次抗擊新冠肺炎疫情，我國完備的製造業體系發揮了至關重要的支撐作用，再次證明製造業對國家特別是大國發展和安全的重要意義。要把增强產業鏈韌性和競爭力放在更加重要的位置，着力構建自主可控、安全高效的產業鏈供應鏈。要對重點行業產業鏈供應鏈進行系統梳理，摸清薄弱環節、找準風險點，分行業做好戰略設計和精準施策，加快補齊產業鏈供應鏈短板，逐步在關係國家安全的領域和節點實現自主可控。要採取有力措施提高企業根植性，促進產業在國内有序轉移，即使向外轉移也要想方設法把產業鏈關鍵環節留在國内。

　　四是要推進農業農村現代化。城鄉經濟循環是國内大循環的重要方面，也是確保國内國際兩個循環比例關係健康的關鍵因素。實現農業農村現代化是全面建設社會主義現代化國家的重大任務，是解決發展不平衡不充分問題的必然要求。

要堅持把解決好"三農"問題作為全黨工作重中之重，全面實施鄉村振興戰略。要實現鞏固拓展脫貧攻堅成果同鄉村振興有效銜接，接續推動脫貧摘帽地區鄉村全面振興，促進經濟社會發展和羣衆生活改善。保障糧食等重要農產品供給安全，是"三農"工作頭等大事。在糧食安全問題上千萬不可掉以輕心。要確保穀物基本自給、口糧絕對安全，確保中國人的飯碗牢牢端在自己手中。要堅持推動農業供給側結構性改革，優化農業生產結構，優化農業生產區域佈局，加強糧食生產功能區、重要農產品生產保護區和特色農產品優勢區建設。

五是要提高人民生活品質。這是暢通國內大循環的出發點和落腳點，也是國內國際雙循環相互促進的關鍵聯結點。適應人民羣衆需求變化，努力辦好各項民生事業，讓老百姓的日子越過越好，是社會主義生產的根本目的。優化分配結構，發展壯大中等收入羣體，有利於增強高質量發展的內生動力，是暢通國民經濟循環的一個關鍵環節。要堅持按勞分配為主體、多種分配方式並存，提高勞動報酬在初次分配中的比重，健全工資合理增長機制，探索通過土地、資本等要素使用權、收益權增加中低收入羣體要素收入，切實保障勞動者待遇和權益，不斷壯大中等收入羣體。要堅持問題導向，多謀民生之利、多解民生之憂，堅持盡力而為、量力而行，加快補齊短板弱項，扎實推動共同富裕，不斷增強人民羣衆獲得感、幸福感、安全感。

六是要牢牢守住安全發展這條底綫。這是構建新發展格局的重要前提和保障，也是暢通國內大循環的題中應有之義。

這次中央全會對統籌發展和安全作出戰略部署，對在複雜環境下更好推進我國經濟社會發展具有重大指導意義。要堅持總體國家安全觀，堅持國家利益至上，以人民安全爲宗旨，以政治安全爲根本，加强國家安全體系和能力建設。要把握好開放和安全的關係，織密織牢開放安全網，增强在對外開放環境中動態維護國家安全的本領。要把保護人民生命安全擺在首位，全面提高公共安全保障能力，促進人民安居樂業、社會安定有序、國家長治久安。

註　　釋

〔1〕見南宋陳亮《論執要之道》。

準確把握新發展階段[*]

（二〇二一年一月十一日）

正確認識黨和人民事業所處的歷史方位和發展階段，是我們黨明確階段性中心任務、制定路綫方針政策的根本依據，也是我們黨領導革命、建設、改革不斷取得勝利的重要經驗。

新民主主義革命時期，我們黨經過艱辛探索，逐步認識到中國革命必須經過新民主主義革命這個歷史階段，在此基礎上提出了中國革命的任務和戰略策略，領導人民取得中國革命勝利。新中國成立之初，我們黨深刻認識到，從新民主主義社會進入社會主義社會需要經歷一個過渡階段，由此形成了黨在過渡時期的總路綫，勝利完成了社會主義革命任務，進入了社會主義建設階段。改革開放以後，我們黨深刻總結世界社會主義特別是我國社會主義建設正反兩方面經驗，作出我國正處於並將長期處於社會主義初級階段的重大判斷，並據此提出了黨的基本路綫，開闢了改革開放和社會主義現代化建設的嶄新局面。黨的十八大以來，我們在前人長期奮鬥的基礎上統籌推進"五位一體"總體佈局、協調推進"四

---

* 這是習近平在省部級主要領導幹部學習貫徹黨的十九屆五中全會精神專題研討班上講話的一部分。

個全面"戰略佈局，推動黨和國家事業取得歷史性成就、發生歷史性變革，推動中國特色社會主義進入了新時代。

黨的十九屆五中全會提出，全面建成小康社會、實現第一個百年奮鬥目標之後，我們要乘勢而上開啟全面建設社會主義現代化國家新征程、向第二個百年奮鬥目標進軍，這標誌着我國進入了一個新發展階段。作出這樣的戰略判斷，有着深刻的依據。

就理論依據而言，馬克思主義是遠大理想和現實目標相結合、歷史必然性和發展階段性相統一的統一論者，堅信人類社會必然走向共產主義，但實現這一崇高目標必然經歷若干歷史階段。我們黨在運用馬克思主義基本原理解決中國實際問題的實踐中逐步認識到，發展社會主義不僅是一個長期歷史過程，而且是需要劃分爲不同歷史階段的過程。一九五九年底至一九六〇年初，毛澤東同志在讀蘇聯《政治經濟學教科書》時就提出："社會主義這個階段，又可能分爲兩個階段，第一個階段是不發達的社會主義，第二個階段是比較發達的社會主義。後一階段可能比前一階段需要更長的時間。"[1] 一九八七年，鄧小平同志講："社會主義本身是共產主義的初級階段，而我們中國又處在社會主義的初級階段，就是不發達的階段。一切都要從這個實際出發，根據這個實際來制訂規劃。"[2] 今天我們所處的新發展階段，就是社會主義初級階段中的一個階段，同時是其中經過幾十年積累、站到了新的起點上的一個階段。

從歷史依據來看，新發展階段是我們黨帶領人民迎來從站起來、富起來到強起來歷史性跨越的新階段。我們黨成立後，團結帶領人民經過二十八年浴血奮戰和頑強奮鬥，建立了中華人民共和國，實現了從新民主主義革命到社會主義革命的歷史性跨越。新中國成立後，我們黨團結帶領人民創造性完成社會主義改造，確立社會主義基本制度，大規模開展社會主義經濟文化建設，中國人民不僅站起來了，而且站住了、站穩了，實現了從社會主義革命到社會主義建設的歷史性跨越。進入歷史新時期，我們黨帶領人民進行改革開放新的偉大革命，極大激發廣大人民羣眾的積極性、主動性、創造性，成功開闢了中國特色社會主義道路，使中國大踏步趕上時代，實現了社會主義現代化進程中新的歷史性跨越，迎來了中華民族偉大復興的光明前景。今天，我們正在此前發展的基礎上續寫全面建設社會主義現代化國家新的歷史。

就現實依據來講，我們已經擁有開啟新征程、實現新的更高目標的雄厚物質基礎。經過新中國成立以來特別是改革開放四十多年的不懈奮鬥，到"十三五"規劃收官之時，我國經濟實力、科技實力、綜合國力和人民生活水平躍上了新的大臺階，成爲世界第二大經濟體、第一大工業國、第一大貨物貿易國、第一大外匯儲備國，國內生產總值超過一百萬億元，人均國內生產總值超過一萬美元，城鎮化率超過百分之六十，中等收入羣體超過四億人。特別是全面建成小康社會取得偉大歷史成果，解決困擾中華民族幾千年的絕對貧困問題取得歷史性成就。這在我國社會主義現代化建設進程中具有里程碑意義，爲我國進入新發展階段、朝着第二個百年奮鬥目標進軍奠定了堅實基礎。

新中國成立不久，我們黨就提出建設社會主義現代化國家的目標，經過十三個五年規劃（計劃），我們已經爲實現這個目標奠定了堅實基礎，未來三十年將是我們完成這個歷史宏願的新發展階段。我們已經明確了未來發展的路綫圖和時間表。這就是，到二〇三五年，用三個五年規劃期，基本實現社會主義現代化。然後，再用三個五年規劃期，到本世紀中葉，把我國建成富强民主文明和諧美麗的社會主義現代化强國。

當今世界正經歷百年未有之大變局。最近一段時間以來，世界最主要的特點就是一個"亂"字，而這個趨勢看來會延續下去。這次應對新冠肺炎疫情全球大流行，各國的領導力和制度優越性如何，高下立判。時與勢在我們一邊，這是我們定力和底氣所在，也是我們的決心和信心所在。

同時，我們必須清醒看到，當前和今後一個時期，雖然我國發展仍然處於重要戰略機遇期，但機遇和挑戰都有新的發展變化，機遇和挑戰之大都前所未有，總體上機遇大於挑戰。古人説："慎易以避難，敬細以遠大。"〔3〕全黨必須繼續謙虛謹慎、艱苦奮鬥，調動一切可以調動的積極因素，團結一切可以團結的力量，全力辦好自己的事，鍥而不舍實現我們的既定目標。

我們的任務是全面建設社會主義現代化國家，當然我們建設的現代化必須是具有中國特色、符合中國實際的，我在黨的十九屆五中全會上特別强調了五點，就是我國現代化是人口規模巨大的現代化，是全體人民共同富裕的現代化，是物質文明和精神文明相協調的現代化，是人與自然和諧共生的現代化，是走和平發展道路的現代化。這是我國現代化建設必須堅持的方向，要在我國發展的方針政策、戰略戰術、政策舉措、工作部署中得到體現，推動全黨全國各族人民共同爲之努力。

新發展階段是我國社會主義發展進程中的一個重要階段。一九九二年，鄧小平同志說：“我們搞社會主義才幾十年，還處在初級階段。鞏固和發展社會主義制度，還需要一個很長的歷史階段，需要我們幾代人、十幾代人，甚至幾十代人堅持不懈地努力奮鬥，決不能掉以輕心。”〔4〕我體會，鄧小平同志當年說這個話，主要是從政治上講的，強調的是在當時我國經濟基礎薄弱的條件下，需要很長時間的艱苦奮鬥才能實現現代化，同時強調即使實現了現代化，要把我國社會主義制度世世代代堅持下去，仍然要一以貫之地把鞏固和發展社會主義制度的問題解決好，不可能一勞永逸。毛澤東同志說過：“一切事物總是有‘邊’的。事物的發展是一個階段接着一個階段不斷地進行的，每一個階段也是有‘邊’的。不承認‘邊’，就是否認質變或部分質變。”〔5〕社會主義初級階段不是一個靜態、一成不變、停滯不前的階段，也不是一個自發、被動、不用費多大氣力自然而然就可以跨過的階段，而是一個動態、積極有爲、始終洋溢着蓬勃生機活力的過程，是一個階梯式遞進、不斷發展進步、日益接近質的飛躍的量的積累和發展變化的過程。全面建設社會主義現代化國家、基本實現社會主義現代化，既是社會主義初級階段我國發展的要求，也是我國社會主義從初級階段向更高階段邁進的要求。

註　釋

〔1〕見毛澤東《讀蘇聯〈政治經濟學教科書〉的談話（節選）》（《毛澤東文集》第八卷，人民出版社一九九九年版，第 116 頁）。

〔2〕見鄧小平《一切從社會主義初級階段的實際出發》（《鄧小平文選》第三卷，人民出版社一九九三年版，第 252 頁）。

〔3〕見《韓非子・喻老》。

〔4〕見鄧小平《在武昌、深圳、珠海、上海等地的談話要點》（《鄧小平文選》第三卷，人民出版社一九九三年版，第 379—380 頁）。

〔5〕見毛澤東《讀蘇聯〈政治經濟學教科書〉的談話（節選）》（《毛澤東文集》第八卷，人民出版社一九九九年版，第 108 頁）。

深入貫徹新發展理念[*]

（二〇二一年一月十一日）

　　我們黨領導人民治國理政，很重要的一個方面就是要回答好實現什麼樣的發展、怎樣實現發展這個重大問題。二〇一五年十月二十九日，我在黨的十八屆五中全會上說過："理念是行動的先導，一定的發展實踐都是由一定的發展理念來引領的。發展理念是否對頭，從根本上決定着發展成效乃至成敗。實踐告訴我們，發展是一個不斷變化的進程，發展環境不會一成不變，發展條件不會一成不變，發展理念自然也不會一成不變。"

　　黨的十八大以來，我們黨對經濟形勢進行科學判斷，對發展理念和思路作出及時調整，引導我國經濟發展取得了歷史性成就、發生了歷史性變革。這裏，我概要講一下其中主要的方面。一是堅持以人民爲中心的發展思想。二〇一二年十一月十五日，在十八屆中央政治局常委同中外記者見面時，我就強調人民對美好生活的嚮往就是我們的奮鬥目標，強調要堅定不移走共同富裕的道路。二〇一五年十月二十九日，

---

　　* 這是習近平在省部級主要領導幹部學習貫徹黨的十九屆五中全會精神專題研討班上講話的一部分。

在黨的十八屆五中全會上，我明確提出了堅持以人民爲中心的發展思想。二〇二〇年十月二十九日，在黨的十九屆五中全會上，我進一步強調要努力促進全體人民共同富裕取得更爲明顯的實質性進展。二是不再簡單以國内生產總值增長率論英雄。二〇一二年十二月十五日，在中央經濟工作會議上，我強調不能不顧客觀條件、違背規律盲目追求高速度。二〇一三年四月二十五日，在中央政治局常委會會議上，我強調不要把國家確定的調控目標作爲各地經濟增長的底綫，更不要相互攀比甚至層層加碼，要立足提高質量和效益來推動經濟持續健康發展，追求實實在在、没有水分的生產總值，追求有效益、有質量、可持續的經濟發展。三是我國經濟處於"三期疊加"時期。二〇一三年七月二十五日，在中央政治局常委會會議上，我強調我國經濟正處於增長速度換擋期、結構調整陣痛期、前期刺激政策消化期疊加的階段，加上世界經濟也在深度調整，發展環境十分複雜，要準確認識我國經濟發展階段性特徵，實事求是進行改革調整。四是經濟發展進入新常態。二〇一三年十二月十日，在中央經濟工作會議上，我提出"新常態"。二〇一四年十二月九日，也是在中央經濟工作會議上，我從九個方面的趨勢性變化分析了我國經濟發展進入新常態的原因，強調認識新常態、適應新常態、引領新常態是當前和今後一個時期我國經濟發展的大邏輯。五是使市場在資源配置中起決定性作用、更好發揮政府作用。二〇一三年十一月，在黨的十八屆三中全會上，我強調市場配置資源是最有效率的形式，市場決定資源配置是市場經濟的一般規律，強調要使市場在資源配置中起決定性作用，對市場作用作了全新定位。六是綠水青山就是金山銀山。二〇一三年九月七日，在納扎爾巴耶夫大學發表演講時，我明確提出這個觀點，強調建設生態文明、建設美麗中國是我們的一項戰略任務，要給子孫後代留下天藍、地綠、水淨的美好家園。二〇一四年三月七日，在參加十二屆全國人大二次會議貴州代表團審議時，我進一步強調了這個觀點。七是堅持新發展理念。二〇一五年十月，在黨的十八屆五中全會上，我提出了創新、協調、綠色、開放、共享的發展理念，強調創新發展注重的是解決發展動力問題，協調發展注重的是解決發展不平衡問題，綠色發展注重的是解決人與自然和諧問題，開放發展注重的是解決發展內外聯動問題，共享發展注重的是解決社會公平正義問題，強調堅持新發展理念是關係我國發展全局的一場深刻變革。八是推進供給側結構性改革。二〇一五年十一月十日，在中央財經領導小組會議上，我提出要着力加強供給側結構性改革。二〇一五年十二月十八日，在中央經濟工作會議上，我強調供給側結構性改革的關鍵是抓好"去產能、去庫存、去槓桿、降成本、補短板"。二〇一八年十二月十九日，在中央經濟工作會議上，我提出了"鞏固、增強、提升、暢通"的八字新要求，強調這八字方針是當前和今後一個時期深化供給側結構性改革、推動經濟高質量發展管總的要求。九是發展不平衡不充分。二〇一七年十月，在黨的十九大上，我強調我國社會主要矛盾已經轉化為人民日益增長的美好生活需要和不平衡不充分的發展之間的矛盾，強調這是關係全局的歷史性變化。十是推動高質量發展。二〇一七年十月，在黨的十九大上，我強調基於我國社會主要矛盾已經轉化爲人民日益增長的美好生活需要和不平衡不充分的發展之間的矛盾這一事實，以及新發展理念的要求，我國經濟已由高速增長階段轉向高質量發展階段。十一是建設現代化經濟體系。二〇一七年十月，在黨的十九大上，我強調建設現代化經濟體系是跨越關口的迫切要求和我國發展的戰略目標。十二是構建以國內大循環爲主體、國內國際雙循環相互促進的新發展格局。二〇二〇年四月十日，在中央財經委會議上，我強調要構建以國內大循環爲主體、國內國際雙循環相互促進的新發展格局。十三是統籌發展和安全。二〇一五年五月二十九日，在中央政治局集體學習時，我強調要牢固樹立安全發展理念。二〇一六年一月十八日，在省部級主要領導幹部專題研討班上，我從四個方面分析了我們搞開放發展所面臨的風險挑戰。二〇一八年一月五日，在新進中央委員會的委員、候補委員和省部級主要領導幹部研討班上，我從八個方面列舉了十六個需要高度重視的風險。二〇一九年一月二十一日，我們專門舉辦了省部級主要領導幹部堅持底綫思維着力防範化解重大風險專題研討班，我在開班式上分析了要防範化解政治、意識形態、經濟、對美經貿鬥爭、科技、社會、對外工作、黨自身等八個領域的重大風險並提出了明確要求，強調我們必須始終保持高度警惕，既要高度警惕"黑天鵝"事件，也要防範"灰犀牛"事件。

　　我回顧這個過程是要強調，黨的十八大以來我們對經濟社會發展提出了許多重大理論和理念，其中新發展理念是最重要、最主要的。新發展理念是一個系統的理論體系，回答了關於發展的目的、動力、方式、路徑等一系列理論和實踐問題，闡明了我們黨關於發展的政治立場、價值導向、發展模式、發展道路等重大政治問題。全黨必須完整、準確、全面貫徹新發展理念。要注意把握好以下幾點。

第一，從根本宗旨把握新發展理念。古人說："天地之大，黎元爲本。"[1] 人民是我們黨執政的最深厚基礎和最大底氣。爲人民謀幸福、爲民族謀復興，這既是我們黨領導現代化建設的出發點和落腳點，也是新發展理念的"根"和"魂"。只有堅持以人民爲中心的發展思想，堅持發展爲了人民、發展依靠人民、發展成果由人民共享，才會有正確的發展觀、現代化觀。蘇聯是世界上第一個社會主義國家，取得過輝煌成就，但後來失敗了、解體了，其中一個重要原因是蘇聯共產黨脫離了人民，成爲一個只維護自身利益的特權官僚集團。即使是實現了現代化的國家，如果執政黨背離人民，也會損害現代化成果。

實現共同富裕不僅是經濟問題，而且是關係黨的執政基礎的重大政治問題。我們決不能允許貧富差距越來越大、窮者愈窮富者愈富，決不能在富的人和窮的人之間出現一道不可逾越的鴻溝。當然，實現共同富裕，要統籌考慮需要和可能，按照經濟社會發展規律循序漸進。同時，這項工作也不能等，要自覺主動解決地區差距、城鄉差距、收入差距等問題，推動社會全面進步和人的全面發展，促進社會公平正義，讓發展成果更多更公平惠及全體人民，不斷增強人民羣衆獲得感、幸福感、安全感，讓人民羣衆真真切切感受到共同富裕不僅僅是一個口號，而是看得見、摸得着、真實可感的事實。

　　第二，從問題導向把握新發展理念。我國發展已經站在新的歷史起點上，要根據新發展階段的新要求，堅持問題導向，更加精準地貫徹新發展理念，切實解決好發展不平衡不充分的問題，推動高質量發展。比如，科技自立自強成爲決定我國生存和發展的基礎能力，存在諸多"卡脖子"問題。比如，我國城鄉區域發展差距較大，而究竟怎樣解決這個問題，有很多新的問題需要深入研究，尤其是區域板塊分化重組、人口跨區域轉移加快、農民落户城市意願下降等問題要抓緊研究、明確思路。比如，加快推動經濟社會發展全面綠色轉型已經形成高度共識，而我國能源體系高度依賴煤炭等化石能源，生産和生活體系向綠色低碳轉型的壓力都很大，實現二〇三〇年前碳排放達峰、二〇六〇年前碳中和的目標任務極其艱巨。比如，隨着經濟全球化出現逆流，外部環境越來越複雜多變，大家認識到必須處理好自立自強和開放合作的關係，處理好積極參與國際分工和保障國家安全的關係，處理好利用外資和安全審查的關係，在確保安全前提下擴大開放。總之，進入新發展階段，對新發展理念的理解要不斷深化，舉措要更加精準務實，真正實現高質量發展。

　　第三，從憂患意識把握新發展理念。"不困在於早慮，不窮在於早豫。"[2]隨着我國社會主要矛盾變化和國際力量對比深刻調整，我國發展面臨的内外部風險空前上升，必須增強憂患意識、堅持底綫思維，隨時準備應對更加複雜困難的局面。"十四五"規劃《建議》把安全問題擺在非常突出的位置，強調要把安全發展貫穿國家發展各領域和全過程。如果安全這個基礎不牢，發展的大廈就會地動山摇。要堅持政治安全、人民安全、國家利益至上有機統一，既要敢於鬥爭，也要善於鬥爭，全面做強自己，特別是要增强威懾的實力。宏觀經濟方面要防止大起大落，資本市場上要防止外資大進大出，糧食、能源、重要資源上要確保供給安全，要確保產業鏈供應鏈穩定安全，要防止資本無序擴張、野蠻生長，還要確保生態環境安全，堅決抓好安全生產。在社會領域，要防止大規模失業風險，加强公共衛生安全，有效化解各類羣體性事件。要加强保障國家安全的制度性建設，借鑑其他國家經驗，研究如何設置必要的"玻璃門"，在不同階段加不同的鎖，有效處理各類涉及國家安全的問題。

註　釋

〔1〕見唐代房玄齡等《晉書·宣帝紀》。
〔2〕見西漢劉向《説苑·談叢》。

加快構建新發展格局[*]

（二〇二一年一月十一日）

　　加快構建以國內大循環爲主體、國內國際雙循環相互促進的新發展格局，是"十四五"規劃《建議》提出的一項關係我國發展全局的重大戰略任務，需要從全局高度準確把握和積極推進。

　　近年來，經濟全球化遭遇逆流，國際經濟循環格局發生深度調整。新冠肺炎疫情也加劇了逆全球化趨勢，各國內顧傾向上升。新冠肺炎疫情期間，我到幾個省進行調查研究，深入了解抗疫情況，調研復工復産中出現的問題。我在浙江考察時發現，在疫情衝擊下全球産業鏈供應鏈發生局部斷裂，直接影響到我國國內經濟循環。當地不少企業需要的國外原材料進不來、海外人員來不了、貨物出不去，不得不停工停産。我感覺到，現在的形勢已經很不一樣了，大進大出的環境條件已經變化，必須根據新的形勢提出引領發展的新思路。所以，去年四月，我就提出要建立以國內大循環爲主體、國內國際雙循環相互促進的新發展格局，黨的十九屆五中全會

---

　　* 這是習近平在省部級主要領導幹部學習貫徹黨的十九屆五中全會精神專題研討班上講話的一部分。

對構建新發展格局作出全面部署。這是把握未來發展主動權的戰略性佈局和先手棋，是新發展階段要着力推動完成的重大歷史任務，也是貫徹新發展理念的重大舉措。

我國作爲一個人口衆多和超大市場規模的社會主義國家，在邁向現代化的歷史進程中，必然要承受其他國家都不曾遇到的各種壓力和嚴峻挑戰。毛澤東同志一九三六年的一段話，至今都對我們有啟示意義。他説：“無論處於怎樣複雜、嚴重、慘苦的環境，軍事指導者首先需要的是獨立自主地組織和使用自己的力量。被敵逼迫到被動地位的事是常有的，重要的是要迅速地恢復主動地位。如果不能恢復到這種地位，下文就是失敗。”“主動地位不是空想的，而是具體的，物質的。”[1]我們只有立足自身，把國內大循環暢通起來，努力煉就百毒不侵、金剛不壞之身，才能任由國際風雲變幻，始終充滿朝氣生存和發展下去，沒有任何人能打倒我們、卡死我們！加快構建新發展格局，就是要在各種可以預見和難以預見的狂風暴雨、驚濤駭浪中，增強我們的生存力、競爭力、發展力、持續力，確保中華民族偉大復興進程不被遲滯甚至中斷。

在實踐中，我們要注意防範一些認識誤區：一是只講前半句，片面強調“以國內大循環爲主”，主張在對外開放上進行大幅度收縮；二是只講後半句，片面強調“國內國際雙循環”，不顧國際格局和形勢變化，固守“兩頭在外、大進大出”的舊思路；三是各自爲政、畫地爲牢，不關心建設全國統一的大市場、暢通全國大循環，只考慮建設本地區本區域小市場、搞自己的小循環；四是認爲暢通經濟循環就是暢通物流，搞低層次物流循環；五是一講解決“卡脖子”技術難題，什麼都自己幹、搞重複建設，專盯"高大上"項目，不顧客觀實際和產業基礎，結果成了爛尾項目；六是講擴大內需、形成國內大市場，又開始搞盲目借貸擴大投資、過度刺激消費，甚至又去大搞高能耗、高排放的項目；七是不重視供給側結構性改革，只注重需求側管理，無法形成供給創造需求的更高水平動態平衡；八是認爲這只是經濟科技部門的事，同自己部門關係不大，等等。這些認識都是片面的甚至是錯誤的，必須加以防範和糾正。

構建新發展格局的關鍵在於經濟循環的暢通無阻，就像人們講的要調理好統攝全身陰陽氣血的任督二脈。經濟活動需要各種生產要素的組合在生產、分配、流通、消費各環節有機銜接，從而實現循環流轉。在正常情況下，如果經濟循環順暢，物質產品會增加，社會財富會積聚，人民福祉會增進，國家實力會增強，從而形成一個螺旋式上升的發展過程。如果經濟循環過程中出現堵點、斷點，循環就會受阻，在宏觀上就會表現爲增長速度下降、失業增加、風險積累、國際收支失衡等情況，在微觀上就會表現爲產能過剩、企業效益下降、居民收入下降等問題。在我國發展現階段，暢通經濟循環最主要的任務是供給側有效暢通，有效供給能力強可以穿透循環堵點、消除瓶頸制約，可以創造就業和提供收入，從而形成需求能力。因此，我們必須堅持深化供給側結構性改革這條主綫，繼續完成"三去一降一補"[2]的重要任務，全面優化升級產業結構，提升創新能力、競爭力和綜合實力，增強供給體系的韌性，形成更高效率和更高質量的投入產出關係，實現經濟在高水平上的動態平衡。

　　我講過，構建新發展格局最本質的特徵是實現高水平的自立自強。當前，我國經濟發展環境出現了變化，特別是生產要素相對優勢出現了變化。勞動力成本在逐步上升，資源環境承載能力達到了瓶頸，舊的生產函數組合方式已經難以持續，科學技術的重要性全面上升。在這種情況下，我們必須更強調自主創新。因此，在"十四五"規劃《建議》中，第一條重大舉措就是科技創新，第二條就是突破產業瓶頸。我們必須把這個問題放在能不能生存和發展的高度加以認識，全面加強對科技創新的部署，集合優勢資源，有力有序推進創新攻關的"揭榜掛帥"體制機制，加強創新鏈和產業鏈對接，明確路綫圖、時間表、責任制，適合部門和地方政府牽頭的要牽好頭，適合企業牽頭的政府要全力支持。中央企業等國有企業要勇挑重擔、敢打頭陣，勇當原創技術的"策源地"、現代產業鏈的"鏈長"。

　　當今世界，最稀缺的資源是市場。市場資源是我國的巨大優勢，必須充分利用和發揮這個優勢，不斷鞏固和增強這個優勢，形成構建新發展格局的雄厚支撐。擴大內需並不是應對金融風險和外部衝擊的一時之策，也不是要搞大水漫灌，更不是只加大政府投入力度，而是要根據我國經濟發展實際情況，建立起擴大內需的有效制度，釋放內需潛力，加快培育完整內需體系，加強需求側管理，擴大居民消費，提升消費層次，使建設超大規模的國內市場成爲一個可持續的歷史過程。

　　構建新發展格局，實行高水平對外開放，必須具備強大的國內經濟循環體系和穩固的基本盤，並以此形成對全球要素資源的强大吸引力、在激烈國際競爭中的强大競爭力、在全球資源配置中的强大推動力。既要持續深化商品、服務、資金、人才等要素流動型開放，又要穩步拓展規則、規制、管理、標準等制度型開放。要加强國内大循環在雙循環中的主導作用，塑造我國參與國際合作和競爭新優勢。要重視以國際循環提升國内大循環效率和水平，改善我國生產要素質量和配置水平。要通過參與國際市場競爭，增强我國出口產品和服務競爭力，推動我國產業轉型升級，增强我國在全球產業鏈供應鏈創新鏈中的影響力。我國企業的利益已延伸到全球各個角落，大家要注重了解國際事務，深入研究利益攸關國、貿易夥伴國、投資對象國的情況，做到心中有數、趨利避害。

總之，進入新發展階段、貫徹新發展理念、構建新發展格局，是由我國經濟社會發展的理論邏輯、歷史邏輯、現實邏輯決定的，三者緊密關聯。進入新發展階段明確了我國發展的歷史方位，貫徹新發展理念明確了我國現代化建設的指導原則，構建新發展格局明確了我國經濟現代化的路徑選擇。把握新發展階段是貫徹新發展理念、構建新發展格局的現實依據，貫徹新發展理念爲把握新發展階段、構建新發展格局提供了行動指南，構建新發展格局則是應對新發展階段機遇和挑戰、貫徹新發展理念的戰略選擇。

註　　釋

〔1〕見毛澤東《中國革命戰爭的戰略問題》(《毛澤東選集》第一卷, 人民出版社一九九一年版, 第 222—223 頁)。

〔2〕"三去一降一補", 指去産能、去庫存、去槓桿、降成本、補短板。

二〇二〇年一月十九日至二十一日，習近平來到雲南，看望慰問各族幹部群眾。這是十九日，習近平在騰衝市清水鄉三家村中寨司莫拉佤族村與鄉親們在一起。

二〇二〇年一月十九日，習近平視察駐雲南部隊時，同某邊防營官兵交談。

二〇二〇年一月二十五日，習近平主持召開中共中央政治局常務委員會
會議，專門聽取新型冠狀病毒感染的肺炎疫情防控工作彙報，對疫情防控
特別是患者治療工作進行再研究、再部署、再動員。

二〇二〇年二月十日，習近平在北京調研指導新冠肺炎疫情防控工作。這是習近平來到首都醫科大學附屬北京地壇醫院門診樓一層運行監控中心，通過監控畫面察看患者住院診療情況，並視頻連綫正在病房值班的醫務人員。

二〇二〇年三月十日，習近平專門赴湖北武漢市考察新冠肺炎疫情防控工作。這是習近平在東湖新城社區考察時，向在家隔離居住的居民揮手致意、表示慰問。

二〇二〇年四月二十日至二十三日，習近平在陝西考察。這是二十一日，習近平在安康市平利縣老縣鎮蔣家坪村女媧鳳凰茶業現代示範園區，同茶農們交談。

二〇二〇年五月十一日至十二日，習近平在
山西考察。這是十一日，習近平在大同市雲岡
石窟考察歷史文化遺産保護情況。

二〇二〇年八月十八日至二十一日，習近平在安徽考察。這是十九日，習近平在馬鞍山市中國寶武馬鋼集團，同企業勞動模範、工人代表交流。

二〇二〇年九月八日，全國抗擊新冠肺炎疫情表彰大會在北京人民大會堂
舉行，習近平出席並發表講話。這是會前，習近平會見國家勳章和國家
榮譽稱號獲得者，全國抗擊新冠肺炎疫情先進個人、先進集體代表等。

二○二○年九月十六日至十八日，習近平在湖南考察。這是十六日，習近平在郴州市汝城縣文明瑤族鄉第一片小學，與師生們步出校園。

二〇二〇年十月十四日，深圳經濟特區建立四十周年慶祝大會在廣東深圳市舉行，習近平出席並發表講話。這是當天下午，習近平來到蓮花山公園，向鄧小平同志銅像敬獻花籃。

二〇二〇年十月二十六日至二十九日，中國共產黨第十九屆中央
委員會第五次全體會議在北京舉行。習近平在會上發表講話。

二〇二一年一月十八日至二十日，習近平在北京、河北考察，並主持召開北京二〇二二年冬奧會和冬殘奧會籌辦工作彙報會。這是十八日，習近平在位於北京延慶區的國家高山滑雪中心，同賽場保障工作人員、運動員、教練員等交流。

二〇二一年二月三日至五日，習近平在貴州考察調研。這是三日，習近平在畢節市黔西縣新仁苗族鄉化屋村文化廣場上，向全國各族人民、港澳臺同胞和海外僑胞拜年。

二〇二一年二月二十日，黨史學習教育動員大會在北京召開。
習近平出席會議並發表講話。

二○二一年二月二十五日，全國脫貧攻堅總結表彰大會在北京人民大會堂
舉行，習近平出席並發表講話。這是會前，習近平會見全國脫貧攻堅楷模
榮譽稱號獲得者，全國脫貧攻堅先進個人、先進集體代表，全國脫貧攻堅
楷模榮譽稱號個人獲得者和因公犧牲全國脫貧攻堅先進個人親屬代表等。

二〇二一年四月二十五日至二十七日，習近平在廣西考察。這是二十五日，習近平在桂林市全州縣參觀紅軍長征湘江戰役紀念館時，同工作人員交談。

二〇二一年六月十八日，習近平、李克強、栗戰書、汪洋、王滬寧、趙樂際、韓正、王岐山等在中國共產黨歷史展覽館參觀"'不忘初心、牢記使命'中國共產黨歷史展覽"。這是參觀結束後，習近平帶領黨員領導同志一起重溫入黨誓詞。

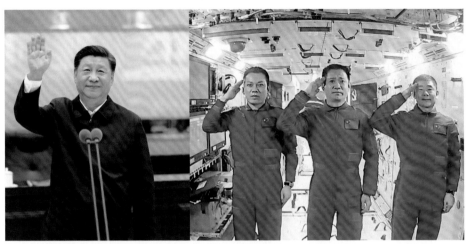

二〇二一年六月二十三日，習近平來到北京航天飛行控制中心，同正在天和核心艙執行任務的神舟十二號航天員聶海勝、劉伯明、湯洪波通話。

二〇二一年六月二十九日，慶祝中國共産黨成立一百周年"七一勛章"頒授儀式在北京人民大會堂舉行。這是習近平同"七一勛章"獲得者一同步入會場。

二〇二一年七月一日，慶祝中國共產黨成立一百周年大會在北京天安門廣場舉行，習近平發表講話。

二〇二一年七月二十一日至二十三日，習近平來到西藏，祝賀西藏和平解放七十周年。這是二十一日，習近平抵達林芝米林機場，受到西藏各族幹部羣衆歡迎。

二〇二一年九月十三日至十四日，習近平在陝西榆林市考察。這是十三日，習近平在米脂縣銀州街道高西溝村臨時下車，察看糧食作物長勢，同正在田間勞作的老鄉交談。

二〇二一年十月九日，紀念辛亥革命一百一十周年大會在北京
人民大會堂舉行。習近平出席大會並發表講話。

二〇二一年十月二十二日，習近平在山東濟南市主持召開深入推動黃河流域生態保護和高質量發展座談會並發表講話。這是二十日，習近平在東營市黃河入海口考察。

二〇二一年十一月八日至十一日，中國共產黨第十九屆中央委員會第六次全體會議在北京舉行。這是習近平、李克強、栗戰書、汪洋、王滬寧、趙樂際、韓正等在主席臺上。

二〇二一年十二月二十二日，習近平在中南海會見來京述職的香港特別行政區行政長官林鄭月娥。

二〇二一年十二月二十二日，習近平在中南海會見來京述職的澳門特別行政區行政長官賀一誠。

二〇二一年十二月三十一日，習近平通過中央廣播電視總臺和互聯網，
發表二〇二二年新年賀詞。

二〇二二年一月二十八日，習近平到中部戰區視察慰問。這是習近平
來到中部戰區聯合作戰指揮中心，同戰區海外維和步兵營、工兵分隊和
醫療分隊、直升機分隊進行視頻通話。

二〇二二年四月十日至十三日，習近平在海南考察。這是十一日，習近平在五指山市水滿鄉毛納村向村民們揮手致意。

二〇二二年四月二十五日，習近平來到中國人民大學考察調研。這是習近平在立德樓觀摩思政課智慧教室現場教學並參與討論。

八、堅定不移
走高質量發展之路

努力在危機中育新機、
於變局中開新局[*]

（二〇二〇年五月二十三日）

要堅持用全面、辯證、長遠的眼光分析當前經濟形勢，努力在危機中育新機、於變局中開新局，發揮我國作爲世界最大市場的潛力和作用，明確供給側結構性改革戰略方向，鞏固我國經濟穩中向好、長期向好的基本趨勢，鞏固農業基礎性地位，落實"六穩"、"六保"任務，確保各項決策部署落地生根，確保完成決勝全面建成小康社會、決戰脫貧攻堅目標任務，推動我國經濟乘風破浪、行穩致遠。

要科學分析形勢、把握發展大勢，堅持用全面、辯證、長遠的眼光看待當前的困難、風險、挑戰，積極引導全社會特別是各類市場主體增強信心，鞏固我國經濟穩中向好、長期向好的基本趨勢。

我國經濟正處在轉變發展方式、優化經濟結構、轉換增長動力的攻關期，經濟發展前景向好，但也面臨着結構性、體制性、周期性問題相互交織所帶來的困難和挑戰，加上新

---

* 這是習近平在參加全國政協十三屆三次會議經濟界委員聯組會時的講話要點。

冠肺炎疫情衝擊，目前我國經濟運行面臨較大壓力。我們還要面對世界經濟深度衰退、國際貿易和投資大幅萎縮、國際金融市場動盪、國際交往受限、經濟全球化遭遇逆流、一些國家保護主義和單邊主義盛行、地緣政治風險上升等不利局面，必須在一個更加不穩定不確定的世界中謀求我國發展。要看到，我國經濟潛力足、韌性強、迴旋空間大、政策工具多的基本特點沒有變。我國具有全球最完整、規模最大的工業體系、強大的生產能力、完善的配套能力，擁有一億多市場主體和一點七億多受過高等教育或擁有各類專業技能的人才，還有包括四億多中等收入羣體在內的十四億人口所形成的超大規模內需市場，正處於新型工業化、信息化、城鎮化、農業現代化快速發展階段，投資需求潛力巨大。公有制爲主體、多種所有制經濟共同發展，按勞分配爲主體、多種分配方式並存，社會主義市場經濟體制等社會主義基本經濟制度，既有利於激發各類市場主體活力、解放和發展社會生產力，又有利於促進效率和公平有機統一、不斷實現共同富裕。面向未來，我們要把滿足國內需求作爲發展的出發點和落腳點，加快構建完整的內需體系，大力推進科技創新及其他各方面創新，加快推進數字經濟、智能製造、生命健康、新材料等戰略性新興產業，形成更多新的增長點、增長極，着力打通生產、分配、流通、消費各個環節，逐步形成以國內大循環爲主體、國內國際雙循環相互促進的新發展格局，培育新形勢下我國參與國際合作和競爭新優勢。

　　現在國際上保護主義思潮上升，但我們要站在歷史正確的一邊，堅持多邊主義和國際關係民主化，以開放、合作、共贏胸懷謀劃發展，堅定不移推動經濟全球化朝着開放、包容、普惠、平衡、共贏的方向發展，推動建設開放型世界經濟。同時，要牢固樹立安全發展理念，加快完善安全發展體制機制，補齊相關短板，維護產業鏈、供應鏈安全，積極做好防範化解重大風險工作。

扎實推進長三角一體化
高質量發展[*]

（二○二○年八月二十日）

要深刻認識長三角區域在國家經濟社會發展中的地位和作用，結合長三角一體化發展面臨的新形勢新要求，堅持目標導向、問題導向相統一，緊扣一體化和高質量兩個關鍵詞抓好重點工作，真抓實幹、埋頭苦幹，推動長三角一體化發展不斷取得成效。

長三角一體化發展戰略實施一年多以來，三省一市[1]和有關部門貫徹落實黨中央決策部署，工作抓得緊，有不少亮點。一是對黨中央戰略意圖領會到位，把長三角一體化發展放在國家區域發展總體戰略全局中進行統籌謀劃，扣緊了全國發展強勁活躍增長極、高質量發展樣板區、率先基本實現現代化引領區、區域一體化發展示範區、改革開放新高地的戰略定位。二是創新方式方法，圍繞重點領域和重點區域進行突破，以點帶面加快一體化進程。三是戰略實施成果已經顯現，規劃政策體系"四梁八柱"初步構建，多層次工作機

＊ 這是習近平在扎實推進長三角一體化發展座談會上的講話要點。

制發揮實效，在這次疫情防控和恢復經濟過程中，一體化機制和互聯互通基礎設施發揮了作用。總的來說，長三角一體化發展新局面正在形成。這說明，黨中央決策部署是正確的，各方面落實是有力的。

面對嚴峻複雜的形勢，要更好推動長三角一體化發展，必須深刻認識長三角區域在國家經濟社會發展中的地位和作用。第一，率先形成新發展格局。在當前全球市場萎縮的外部環境下，我們必須集中力量辦好自己的事，發揮國內超大規模市場優勢，加快形成以國內大循環爲主體、國內國際雙循環相互促進的新發展格局。長三角區域要發揮人才富集、科技水平高、製造業發達、產業鏈供應鏈相對完備和市場潛力大等諸多優勢，積極探索形成新發展格局的路徑。第二，勇當我國科技和產業創新的開路先鋒。當前，新一輪科技革命和產業變革加速演變，更加凸顯了加快提高我國科技創新能力的緊迫性。上海和長三角區域不僅要提供優質產品，更要提供高水平科技供給，支撐全國高質量發展。第三，加快打造改革開放新高地。近來，經濟全球化遭遇倒流逆風，越是這樣我們越是要高舉構建人類命運共同體旗幟，堅定不移維護和引領經濟全球化。長三角區域一直是改革開放前沿。要對標國際一流標準改善營商環境，以開放、服務、創新、高效的發展環境吸引海內外人才和企業安家落户，推動貿易和投資便利化，努力成爲聯通國際市場和國內市場的重要橋梁。

實施長三角一體化發展戰略要緊扣一體化和高質量兩個關鍵詞，以一體化的思路和舉措打破行政壁壘、提高政策協同，讓要素在更大範圍暢通流動，有利於發揮各地區比較優勢，實現更合理分工，凝聚更強大的合力，促進高質量發展。

第一，推動長三角區域經濟高質量發展。三省一市要在抓好常態化疫情防控的前提下，落實好黨中央出臺的各項政策，在扎實做好"六穩"工作、全面落實"六保"任務上走在全國前列。要確保各項紓困措施直達基層、直接惠及市場主體，引導金融資本重點支持製造業和中小微企業。要發揮數字經濟優勢，加快產業數字化、智能化轉型，提高產業鏈供應鏈穩定性和競爭力。要加快推進重大項目建設，釋放有效投資需求。

第二，加大科技攻關力度。創新主動權、發展主動權必須牢牢掌握在自己手中。三省一市要集合科技力量，聚焦集成電路、生物醫藥、人工智能等重點領域和關鍵環節，儘早取得突破。要支持一批中小微科技型企業創新發展。

第三，提升長三角城市發展質量。長三角區域城市開發建設早、舊城區多，改造任務很重，這件事涉及臺眾切身利益和城市長遠發展，再難也要想辦法解決。同時，不能一律大拆大建，要注意保護好歷史文化和城市風貌，避免"千城一面、萬樓一貌"。要堅決防止借機炒作房地產，毫不動搖堅持房子是用來住的、不是用來炒的定位，落實長效機制，確保房地產市場平穩健康發展。

第四，增強欠發達區域高質量發展動能。一體化的一個重要目的是要解決區域發展不平衡問題。發展落差往往是發展空間。有關部門要針對欠發達地區出臺實施更精準的舉措，推動這些地區跟上長三角一體化高質量發展步伐。海納百川，有容乃大。不同地區的經濟條件、自然條件不均衡是客觀存在的，如城市和鄉村、平原和山區、產業發展區和生態保護區之間的差異，不能簡單、機械地理解均衡性。解決發展不平衡問題，要符合經濟規律、自然規律，因地制宜、分類指導，承認客觀差異，不能搞一刀切。

第五，推動浦東高水平改革開放。今年是上海浦東開發開放三十周年，支持浦東在改革系統集成協同高效、高水平制度型開放、增強配置全球資源能力、提升城市現代化治理水平等方面先行先試、積極探索、創造經驗，對上海以及長三角一體化高質量發展乃至我國社會主義現代化建設具有戰略意義。要繼續做好上海自由貿易試驗區臨港新片區建設工作，充分發揮試驗田作用。要抓好上海國際金融中心建設，支持長三角和全國經濟高質量發展。

第六，夯實長三角地區綠色發展基礎。長三角地區是長江經濟帶的龍頭，不僅要在經濟發展上走在前列，也要在生態保護和建設上帶好頭。要把保護修復長江生態環境擺在突出位置，狠抓生態環境突出問題整改，推進城鎮污水垃圾處理，加強化工污染、農業面源污染、船舶污染和尾礦庫治理。要推進環太湖地區城鄉有機廢棄物處理利用，形成系列配套保障措施，為長三角地區生態環境共保聯治提供借鑑，為全國有機廢棄物處理利用作出示範。長江禁漁是為全局計、為子孫謀的重要決策。沿江各省市和有關部門要加強統籌協調，細化政策措施，壓實主體責任，保障退捕漁民就業和生活。要強化執法監管，嚴厲打擊非法捕撈行為，務求禁漁工作取得扎實成效。

第七，促進基本公共服務便利共享。要多謀民生之利、多解民生之憂，在一體化發展中補齊民生短板。三省一市要結合這次新冠肺炎疫情防控的經驗，利用長三角地區合作機制，建立公共衛生等重大突發事件應急體系，強化醫療衛生物資儲備。要推進實施統一的基本醫療保險政策，有計劃逐步實現藥品目錄、診療項目、醫療服務設施目錄的統一。要探索以社會保障卡爲載體建立居民服務"一卡通"，在交通出行、旅遊觀光、文化體驗等方面率先實現"同城待遇"。同時，要在補齊城鄉基層治理短板、提高防禦自然災害能力上下功夫、見實效。

要提高黨把方向、謀大局、定政策、促改革的能力和定力，爲長三角一體化發展提供堅強政治保障。要在一體化發展戰略實施的過程中發現人才、培育人才、使用人才。要堅持把政治標準作爲第一標準，確保幹部隊伍政治上信得過、靠得住、能放心。要深化幹部制度改革，推動形成能者上、優者獎、庸者下、劣者汰的正確導向。要探索建立同長三角一體化發展相適應的幹部交流機制。要加強企業黨組織規範化建設，發揮黨組織在服務企業決策、開拓市場、革新技術、提高效益等方面的作用，把黨的政治優勢、組織優勢轉化爲企業發展優勢。要注重在非公有制經濟組織中發展黨員，做好黨員教育管理工作，引導他們發揮先鋒模範作用。

長三角一體化發展不是一日之功，我們既要有歷史耐心，又要有只爭朝夕的緊迫感，既謀劃長遠，又幹在當下。領導小組要把好大方向、大原則的關，確保黨中央決策部署落實到位。三省一市和有關部門要按照黨中央決策部署，勇於擔當，主動作爲，大膽突破。要從實際出發，制定"十四五"時期長三角一體化發展規劃實施方案，不斷取得更加豐碩的成果。

註　釋

〔1〕三省一市，這裏指江蘇省、浙江省、安徽省、上海市。

真抓實幹做好新發展階段
"三農"工作[*]

（二〇二〇年十二月二十八日）

　　我常講，領導幹部要胸懷黨和國家工作大局。在向第二個百年奮鬥目標邁進的歷史關口，在脫貧攻堅目標任務已經完成的形勢下，在新冠肺炎疫情加劇世界動盪變革的特殊時刻，鞏固拓展脫貧攻堅成果，全面推進鄉村振興，加快農業農村現代化，是需要全黨高度重視的一個關係大局的重大問題。

　　——從中華民族偉大復興戰略全局看，民族要復興，鄉村必振興。我國自古以農立國，創造了源遠流長、燦爛輝煌的農耕文明，長期領先世界。縱覽歷朝歷代，農業興旺、農民安定，則國家統一、社會穩定；農業凋敝、農民不穩，則國家分裂、社會動盪。到了近代，列強入侵，内憂外患，農村荒涼，民不聊生。我們黨成立以後，充分認識到中國革命的基本問題是農民問題，把為廣大農民謀幸福作為重要使命，致力於使農民從政治壓迫和經濟剝削下解放出來。早在大革

---

　　* 這是習近平在中央農村工作會議上講話的一部分。

命時期，毛澤東同志就指出，農民是中國無產階級的最廣大和最忠實的同盟軍；農民問題乃國民革命的中心問題。一九三六年，他在延安會見美國作家斯諾時說到，誰贏得了農民，誰就會贏得了中國，誰解決土地問題，誰就會贏得農民。新民主主義革命時期，我們黨帶領農民打土豪、分田地，經過艱苦卓絕的武裝鬥爭，實現了億萬農民翻身得解放。

新中國成立後，我們黨組織農民重整山河、發展生產，進行了艱辛探索。改革開放以來，我們黨領導農民率先拉開改革大幕，不斷解放和發展農村社會生產力，推動農村全面進步，實現了由溫飽不足向全面小康邁進的歷史性跨越。

黨的十八大以來，我們堅持把解決好"三農"問題作爲全黨工作的重中之重，把脫貧攻堅作爲全面建成小康社會的標誌性工程，組織推進人類歷史上規模空前、力度最大、惠及人口最多的脫貧攻堅戰，啟動實施鄉村振興戰略，推動農業農村取得歷史性成就、發生歷史性變革。農業綜合生產能力上了大臺階，糧食產量連續六年穩定在一點三萬億斤以上。農民人均收入較二〇一〇年翻一番多，農村民生顯著改善，鄉村面貌煥然一新。貧困地區發生翻天覆地的變化，解決困擾中華民族幾千年的絕對貧困問題取得歷史性成就，爲全面建成小康社會作出了重大貢獻，爲開啟全面建設社會主義現代化國家新征程奠定了堅實基礎。這些成績是全黨全國共同奮鬥的結果，大家都付出了艱辛努力。

"農，天下之本，務莫大焉。"[1]"務農重本，國之大綱。"[2]歷史和現實都告訴我們，農爲邦本，本固邦寧。我們要堅持用大歷史觀來看待農業、農村、農民問題，只有深刻理解了

"三農"問題,才能更好理解我們這個黨、這個國家、這個民族。必須看到,全面建設社會主義現代化國家,實現中華民族偉大復興,最艱巨最繁重的任務依然在農村,最廣泛最深厚的基礎依然在農村。

儘管我們的"三農"工作取得了顯著成就,但農業基礎還不穩固,城鄉區域發展和居民收入差距仍然較大,城鄉發展不平衡、農村發展不充分仍是社會主要矛盾的集中體現。從現在到二〇三五年,也就三個五年規劃期,要抓緊行動起來。對農業農村現代化到二〇三五年、本世紀中葉的目標任務,要科學分析、深化研究,把概念的內涵和外延搞清楚,科學提出我國農業農村現代化的目標任務。當前,首先要把"十四五"時期農業農村發展規劃制定好。

——從世界百年未有之大變局看,穩住農業基本盤、守好"三農"基礎是應變局、開新局的"壓艙石"。對我們這樣一個擁有十四億人口的大國來說,"三農"向好,全局主動。當前,國際環境日趨複雜,不穩定性不確定性日益增加,新冠肺炎疫情影響廣泛深遠,經濟全球化遭遇逆流,世界進入動盪變革期。對此,我們要有清醒認識,做好打持久戰的準備。

我反復強調要辦好自己的事,其中很重要的一個任務就是始終立足自身抓好農業生產,以國內穩產保供的確定性來應對外部環境的不確定性。

應對風險挑戰,不僅要穩住農業這一塊,還要穩住農村這一頭。經濟一有波動,首當其衝受影響的是農民工。二〇〇八年國際金融危機爆發,兩千多萬農民工返鄉。今年受新冠肺炎疫情衝擊和國際經濟下行影響，一度有近三千萬農民工留鄉返鄉。在這種情況下，社會大局能够保持穩定，沒有出什麼亂子，關鍵是農民在老家還有塊地、有棟房，回去有地種、有飯吃、有事幹，即使不回去心裏也踏實。全面建設社會主義現代化國家是一個長期過程，農民在城裏沒有徹底扎根之前，不要急着斷了他們在農村的後路，讓農民在城鄉間可進可退。這就是中國城鎮化道路的特色，也是我們應對風險挑戰的迴旋餘地和特殊優勢。

構建新發展格局是我們應對世界大變局的戰略舉措，也是我們順應國內發展階段變化、把握發展主動權的先手棋。把戰略基點放在擴大內需上，農村有巨大空間，可以大有作爲。幾億農民同步邁向全面現代化，能够釋放出巨量的消費和投資需求。城鄉經濟循環是國內大循環的題中應有之義，也是確保國內國際雙循環比例關係健康的關鍵因素。

全黨務必充分認識新發展階段做好"三農"工作的重要性和緊迫性，堅持把解決好"三農"問題作爲全黨工作重中之重，舉全黨全社會之力推動鄉村振興，促進農業高質高效、鄉村宜居宜業、農民富裕富足。

註　釋

〔1〕見西漢司馬遷《史記·孝文本紀》。
〔2〕見唐代房玄齡等《晉書·文六王傳》。

努力實現高水平科技自立自強[*]

（二〇二一年五月二十八日）

當今世界百年未有之大變局加速演進，國際環境錯綜複雜，世界經濟陷入低迷期，全球產業鏈供應鏈面臨重塑，不穩定性不確定性明顯增加。新冠肺炎疫情影響廣泛深遠，逆全球化、單邊主義、保護主義思潮暗流湧動。科技創新成爲國際戰略博弈的主要戰場，圍繞科技制高點的競爭空前激烈。我們必須保持強烈的憂患意識，做好充分的思想準備和工作準備。

當前，新一輪科技革命和產業變革突飛猛進，科學研究範式正在發生深刻變革，學科交叉融合不斷發展，科學技術和經濟社會發展加速滲透融合。科技創新廣度顯著加大，宏觀世界大至天體運行、星系演化、宇宙起源，微觀世界小至基因編輯、粒子結構、量子調控，都是當今世界科技發展的最前沿。科技創新深度顯著加深，深空探測成爲科技競爭的制高點，深海、深地探測爲人類認識自然不斷拓展新的視野。科技創新速度顯著加快，以信息技術、人工智能爲代表的新

---

* 這是習近平在中國科學院第二十次院士大會、中國工程院第十五次院士大會和中國科學技術協會第十次全國代表大會上講話的一部分。

興科技快速發展，大大拓展了時間、空間和人們認知範圍，人類正在進入一個"人機物"三元融合的萬物智能互聯時代。生物科學基礎研究和應用研究快速發展。科技創新精度顯著加強，對生物大分子和基因的研究進入精準調控階段，從認識生命、改造生命走向合成生命、設計生命，在給人類帶來福祉的同時，也帶來生命倫理的挑戰。

經過多年努力，我國科技整體水平大幅提升，我們完全有基礎、有底氣、有信心、有能力抓住新一輪科技革命和產業變革的機遇，乘勢而上，大展宏圖。同時，也要看到，我國原始創新能力還不強，創新體系整體效能還不高，科技創新資源整合還不夠，科技創新力量佈局有待優化，科技投入產出效益較低，科技人才隊伍結構有待優化，科技評價體系還不適應科技發展要求，科技生態需要進一步完善。這些問題，很多是長期存在的難點，需要繼續下大氣力加以解決。

黨的十九大確立了到二○三五年躋身創新型國家前列的戰略目標，黨的十九屆五中全會提出了堅持創新在我國現代化建設全局中的核心地位，把科技自立自強作為國家發展的戰略支撐。立足新發展階段、貫徹新發展理念、構建新發展格局、推動高質量發展，必須深入實施科教興國戰略、人才強國戰略、創新驅動發展戰略，完善國家創新體系，加快建設科技強國，實現高水平科技自立自強。

第一，加強原創性、引領性科技攻關，堅決打贏關鍵核心技術攻堅戰。科技立則民族立，科技強則國家強。加強基礎研究是科技自立自強的必然要求，是我們從未知到已知、從不確定性到確定性的必然選擇。要加快制定基礎研究十年行動方案。基礎研究要勇於探索、突出原創，推進對宇宙演化、意識本質、物質結構、生命起源等的探索和發現，拓展認識自然的邊界，開闢新的認知疆域。基礎研究更要應用牽引、突破瓶頸，從經濟社會發展和國家安全面臨的實際問題中凝練科學問題，弄通"卡脖子"技術的基礎理論和技術原理。要加大基礎研究財政投入力度、優化支出結構，對企業基礎研究投入實行稅收優惠，鼓勵社會以捐贈和建立基金等方式多渠道投入，形成持續穩定的投入機制。

科技攻關要堅持問題導向，奔着最緊急、最緊迫的問題去。要從國家急迫需要和長遠需求出發，在石油天然氣、基礎原材料、高端芯片、工業軟件、農作物種子、科學試驗用儀器設備、化學製劑等方面關鍵核心技術上全力攻堅，加快突破一批藥品、醫療器械、醫用設備、疫苗等領域關鍵核心技術。要在事關發展全局和國家安全的基礎核心領域，瞄準人工智能、量子信息、集成電路、先進製造、生命健康、腦科學、生物育種、空天科技、深地深海等前沿領域，前瞻部署一批戰略性、儲備性技術研發項目，瞄準未來科技和產業發展的制高點。要優化財政科技投入，重點投向戰略性、關鍵性領域。

創新鏈產業鏈融合，關鍵是要確立企業創新主體地位。要增強企業創新動力，正向激勵企業創新，反向倒逼企業創新。要發揮企業出題者作用，推進重點項目協同和研發活動一體化，加快構建龍頭企業牽頭、高校院所支撐、各創新主體相互協同的創新聯合體，發展高效強大的共性技術供給體系，提高科技成果轉移轉化成效。

現代工程和技術科學是科學原理和產業發展、工程研製之間不可缺少的橋梁，在現代科學技術體系中發揮着關鍵作用。要大力加强多學科融合的現代工程和技術科學研究，帶動基礎科學和工程技術發展，形成完整的現代科學技術體系。

第二，强化國家戰略科技力量，提升國家創新體系整體效能。世界科技强國競爭，比拼的是國家戰略科技力量。國家實驗室、國家科研機構、高水平研究型大學、科技領軍企業都是國家戰略科技力量的重要組成部分，要自覺履行高水平科技自立自强的使命擔當。

國家實驗室要按照"四個面向"[1]的要求，緊跟世界科技發展大勢，適應我國發展對科技發展提出的使命任務，多出戰略性、關鍵性重大科技成果，並同國家重點實驗室結合，形成中國特色國家實驗室體系。

國家科研機構要以國家戰略需求爲導向，着力解決影響制約國家發展全局和長遠利益的重大科技問題，加快建設原始創新策源地，加快突破關鍵核心技術。

高水平研究型大學要把發展科技第一生產力、培養人才第一資源、增强創新第一動力更好結合起來，發揮基礎研究深厚、學科交叉融合的優勢，成爲基礎研究的主力軍和重大科技突破的生力軍。要强化研究型大學建設同國家戰略目標、戰略任務的對接，加强基礎前沿探索和關鍵技術突破，努力構建中國特色、中國風格、中國氣派的學科體系、學術體系、話語體系，爲培養更多傑出人才作出貢獻。

科技領軍企業要發揮市場需求、集成創新、組織平臺的優勢，打通從科技强到企業强、產業强、經濟强的通道。要以企業牽頭，整合集聚創新資源，形成跨領域、大協作、高強度的創新基地，開展產業共性關鍵技術研發、科技成果轉化及產業化、科技資源共享服務，推動重點領域項目、基地、人才、資金一體化配置，提升我國產業基礎能力和產業鏈現代化水平。

各地區要立足自身優勢，結合產業發展需求，科學合理佈局科技創新。要支持有條件的地方建設綜合性國家科學中心或區域科技創新中心，使之成爲世界科學前沿領域和新興產業技術創新、全球科技創新要素的匯聚地。

第三，推進科技體制改革，形成支持全面創新的基礎制度。要健全社會主義市場經濟條件下新型舉國體制，充分發揮國家作爲重大科技創新組織者的作用，支持周期長、風險大、難度高、前景好的戰略性科學計劃和科學工程，抓系統佈局、系統組織、跨界集成，把政府、市場、社會等各方面力量擰成一股繩，形成未來的整體優勢。要推動有效市場和有爲政府更好結合，充分發揮市場在資源配置中的決定性作用，通過市場需求引導創新資源有效配置，形成推進科技創新的強大合力。

要重點抓好完善評價制度等基礎改革，堅持質量、績效、貢獻爲核心的評價導向，全面準確反映成果創新水平、轉化應用績效和對經濟社會發展的實際貢獻。在項目評價上，要建立健全符合科研活動規律的評價制度，完善自由探索型和任務導向型科技項目分類評價制度，建立非共識科技項目的評價機制。在人才評價上，要"破四唯"[2]和"立新標"並舉，加快建立以創新價值、能力、貢獻爲導向的科技人才評價體系。要支持科研事業單位探索試行更靈活的薪酬制度，穩定並強化從事基礎性、前沿性、公益性研究的科研人員隊伍，爲其安心科研提供保障。

科技管理改革不能只做"加法"，要善於做"減法"。要拿出更大的勇氣推動科技管理職能轉變，按照抓戰略、抓改革、抓規劃、抓服務的定位，轉變作風，提升能力，減少分錢、分物、定項目等直接干預，強化規劃政策引導，給予科研單位更多自主權，賦予科學家更大技術路綫決定權和經費使用權，讓科研單位和科研人員從繁瑣、不必要的體制機制束縛中解放出來！

創新不問出身，英雄不論出處。要改革重大科技項目立項和組織管理方式，實行"揭榜掛帥"、"賽馬"等制度。要研究真問題，形成真榜、實榜。要真研究問題，讓那些想幹事、能幹事、幹成事的科技領軍人才掛帥出征，推行技術總師負責制、經費包乾制、信用承諾制，做到不論資歷、不設門檻，讓有真才實學的科技人員英雄有用武之地！

第四，構建開放創新生態，參與全球科技治理。科學技術具有世界性、時代性，是人類共同的財富。要統籌發展和安全，以全球視野謀劃和推動創新，積極融入全球創新網絡，聚焦氣候變化、人類健康等問題，加強同各國科研人員的聯合研發。要主動設計和牽頭發起國際大科學計劃和大科學工程，設立面向全球的科學研究基金。

科技是發展的利器，也可能成爲風險的源頭。要前瞻研判科技發展帶來的規則衝突、社會風險、倫理挑戰，完善相關法律法規、倫理審查規則及監管框架。要深度參與全球科技治理，貢獻中國智慧，塑造科技向善的文化理念，讓科技更好增進人類福祉，讓中國科技爲推動構建人類命運共同體作出更大貢獻！

第五，激發各類人才創新活力，建設全球人才高地。世界科技強國必須能够在全球範圍内吸引人才、留住人才、用好人才。我國要實現高水平科技自立自强，歸根結底要靠高水平創新人才。

培養創新型人才是國家、民族長遠發展的大計。當今世界的競爭説到底是人才競爭、教育競爭。要更加重視人才自主培養，更加重視科學精神、創新能力、批判性思維的培養培育。要更加重視青年人才培養，努力造就一批具有世界影響力的頂尖科技人才，穩定支持一批創新團隊，培養更多高素質技術技能人才、能工巧匠、大國工匠。我國教育是能够培養出大師來的，我們要有這個自信！要在全社會營造尊重勞動、尊重知識、尊重人才、尊重創造的環境，形成崇尚科學的風尚，讓更多的青少年心懷科學夢想、樹立創新志向。"栽下梧桐樹，引來金鳳凰。"要構築集聚全球優秀人才的科研創新高地，完善高端人才、專業人才來華工作、科研、交流的政策。

科技創新離不開科技人員持久的時間投入。爲了保證科研人員的時間，一九六一年中央就曾提出"保證科技人員每周有五天時間搞科研工作"。保障時間就是保護創新能力！要建立讓科研人員把主要精力放在科研上的保障機制，讓科技人員把主要精力投入科技創新和研發活動。各類應景性、應酬性活動少一點科技人員參加，不會帶來什麽損失！決不能讓科技人員把大量時間花在一些無謂的迎來送往活動上，花在不必要的評審評價活動上，花在形式主義、官僚主義的種種活動上！

註　　釋

〔1〕"四個面向"，這裏指面向世界科技前沿、面向經濟主戰場、面向國家重大需求、面向人民生命健康。

〔2〕"破四唯"，這裏指破除唯論文、唯職稱、唯學歷、唯獎項。

不斷做强做優做大我國數字經濟[*]

（二〇二一年十月十八日）

近年來，互聯網、大數據、雲計算、人工智能、區塊鏈等技術加速創新，日益融入經濟社會發展各領域全過程，各國競相制定數字經濟發展戰略、出臺鼓勵政策，數字經濟發展速度之快、輻射範圍之廣、影響程度之深前所未有，正在成爲重組全球要素資源、重塑全球經濟結構、改變全球競爭格局的關鍵力量。

長期以來，我一直重視發展數字技術、數字經濟。二〇〇〇年我在福建工作期間就提出建設"數字福建"，二〇〇三年在浙江工作期間又提出建設"數字浙江"。黨的十八大以來，我多次強調要發展數字經濟。二〇一六年在十八屆中央政治局第三十六次集體學習時強調要做大做强數字經濟、拓展經濟發展新空間；同年在二十國集團領導人杭州峰會上首次提出發展數字經濟的倡議，得到各國領導人和企業家的普遍認同；二〇一七年在十九屆中央政治局第二次集體學習時強調要加快建設數字中國，構建以數據爲關鍵要素的數字經濟，推動實體經濟和數字經濟融合發展；二〇一八年在中央

　＊　這是習近平在主持中共十九屆中央政治局第三十四次集體學習時講話的主要部分。

經濟工作會議上強調要加快 5G、人工智能、工業互聯網等新型基礎設施建設；二〇二一年在致世界互聯網大會烏鎮峰會的賀信中指出，要激發數字經濟活力，增強數字政府效能，優化數字社會環境，構建數字合作格局，築牢數字安全屏障，讓數字文明造福各國人民。

黨的十八大以來，黨中央高度重視發展數字經濟，將其上升爲國家戰略。黨的十八屆五中全會提出，實施網絡強國戰略和國家大數據戰略，拓展網絡經濟空間，促進互聯網和經濟社會融合發展，支持基於互聯網的各類創新。黨的十九大提出，推動互聯網、大數據、人工智能和實體經濟深度融合，建設數字中國、智慧社會。黨的十九屆五中全會提出，發展數字經濟，推進數字產業化和產業數字化，推動數字經濟和實體經濟深度融合，打造具有國際競爭力的數字產業集羣。我們出臺了《網絡強國戰略實施綱要》、《數字經濟發展戰略綱要》，從國家層面部署推動數字經濟發展。這些年來，我國數字經濟發展較快、成就顯著。根據二〇二一全球數字經濟大會的數據，我國數字經濟規模已經連續多年位居世界第二。特別是新冠肺炎疫情暴發以來，數字技術、數字經濟在支持抗擊新冠肺炎疫情、恢復生產生活方面發揮了重要作用。

同時，我們要看到，同世界數字經濟大國、強國相比，我國數字經濟大而不強、快而不優。還要看到，我國數字經濟在快速發展中也出現了一些不健康、不規範的苗頭和趨勢，這些問題不僅影響數字經濟健康發展，而且違反法律法規、對國家經濟金融安全構成威脅，必須堅決糾正和治理。

綜合判斷，發展數字經濟意義重大，是把握新一輪科技革命和產業變革新機遇的戰略選擇。一是數字經濟健康發展，有利於推動構建新發展格局。構建新發展格局的重要任務是增強經濟發展動能、暢通經濟循環。數字技術、數字經濟可以推動各類資源要素快捷流動、各類市場主體加速融合，幫助市場主體重構組織模式，實現跨界發展，打破時空限制，延伸產業鏈條，暢通國內外經濟循環。二是數字經濟健康發展，有利於推動建設現代化經濟體系。數據作爲新型生產要素，對傳統生產方式變革具有重大影響。數字經濟具有高創新性、強滲透性、廣覆蓋性，不僅是新的經濟增長點，而且是改造提升傳統產業的支點，可以成爲構建現代化經濟體系的重要引擎。三是數字經濟健康發展，有利於推動構築國家競爭新優勢。當今時代，數字技術、數字經濟是世界科技革命和產業變革的先機，是新一輪國際競爭重點領域，我們一定要抓住先機、搶佔未來發展制高點。

面向未來，我們要站在統籌中華民族偉大復興戰略全局和世界百年未有之大變局的高度，統籌國內國際兩個大局、發展安全兩件大事，充分發揮海量數據和豐富應用場景優勢，促進數字技術和實體經濟深度融合，賦能傳統產業轉型升級，催生新產業新業態新模式，不斷做強做優做大我國數字經濟。

第一，加強關鍵核心技術攻關。要牽住數字關鍵核心技術自主創新這個"牛鼻子"，發揮我國社會主義制度優勢、新型舉國體制優勢、超大規模市場優勢，提高數字技術基礎研發能力，打好關鍵核心技術攻堅戰，儘快實現高水平自立自強，把發展數字經濟自主權牢牢掌握在自己手中。

第二，加快新型基礎設施建設。要加強戰略佈局，加快建設以 5G 網絡、全國一體化數據中心體系、國家產業互聯網等爲抓手的高速泛在、天地一體、雲網融合、智能敏捷、綠色低碳、安全可控的智能化綜合性數字信息基礎設施，打通經濟社會發展的信息"大動脈"。要全面推進產業化、規模化應用，培育具有國際影響力的大型軟件企業，重點突破關鍵軟件，推動軟件產業做大做强，提升關鍵軟件技術創新和供給能力。

第三，推動數字經濟和實體經濟融合發展。要把握數字化、網絡化、智能化方向，推動製造業、服務業、農業等產業數字化，利用互聯網新技術對傳統產業進行全方位、全鏈條的改造，提高全要素生產率，發揮數字技術對經濟發展的放大、疊加、倍增作用。要推動互聯網、大數據、人工智能同產業深度融合，加快培育一批"專精特新"企業和製造業單項冠軍企業。當然，要腳踏實地、因企制宜，不能爲數字化而數字化。

第四，推進重點領域數字產業發展。要聚焦戰略前沿和制高點領域，立足重大技術突破和重大發展需求，增强產業鏈關鍵環節競爭力，完善重點產業供應鏈體系，加速產品和服務迭代。要聚焦集成電路、新型顯示、通信設備、智能硬件等重點領域，加快鍛造長板、補齊短板，培育一批具有國際競爭力的大企業和具有產業鏈控制力的生態主導型企業，構建自主可控產業生態。要促進集羣化發展，打造世界級數字產業集羣。

第五，規範數字經濟發展。推動數字經濟健康發展，要堅持促進發展和監管規範兩手抓、兩手都要硬，在發展中規範、在規範中發展。要健全市場准入制度、公平競爭審查制度、公平競爭監管制度，建立全方位、多層次、立體化監管體系，實現事前事中事後全鏈條全領域監管，堵塞監管漏洞，提高監管效能。要糾正和規範發展過程中損害羣眾利益、妨礙公平競爭的行爲和做法，防止平臺壟斷和資本無序擴張，依法查處壟斷和不正當競爭行爲。要保護平臺從業人員和消費者合法權益。要加強稅收監管和稅務稽查。

第六，完善數字經濟治理體系。要健全法律法規和政策制度，完善體制機制，提高我國數字經濟治理體系和治理能力現代化水平。要完善主管部門、監管機構職責，分工合作、相互配合。要改進提高監管技術和手段，把監管和治理貫穿創新、生產、經營、投資全過程。要明確平臺企業主體責任和義務，建設行業自律機制。要開展社會監督、媒體監督、公眾監督，形成監督合力。要完善國家安全制度體系，重點加強數字經濟安全風險預警、防控機制和能力建設，實現核心技術、重要產業、關鍵設施、戰略資源、重大科技、頭部企業等安全可控。要加強數字經濟發展的理論研究。

第七，積極參與數字經濟國際合作。要密切觀察、主動作爲，主動參與國際組織數字經濟議題談判，開展雙多邊數字治理合作，維護和完善多邊數字經濟治理機制，及時提出中國方案，發出中國聲音。

數字經濟事關國家發展大局。我們要結合我國發展需要和可能，做好我國數字經濟發展頂層設計和體制機制建設。要加強形勢研判，抓住機遇，贏得主動。各級領導幹部要提高數字經濟思維能力和專業素質，增強發展數字經濟本領，強化安全意識，推動數字經濟更好服務和融入新發展格局。要提高全民全社會數字素養和技能，夯實我國數字經濟發展社會基礎。

正確認識和把握我國發展
重大理論和實踐問題[*]

（二〇二一年十二月八日）

進入新發展階段，我國發展內外環境發生深刻變化，面臨許多新的重大問題，需要正確認識和把握。這裏，我重點講幾個問題。

第一個問題：正確認識和把握實現共同富裕的戰略目標和實踐途徑。"國之稱富者，在乎豐民。"[1] 財富的創造和分配是各國都面對的重大問題。一些西方國家在社會財富不斷增長的同時長期存在貧富懸殊、兩極分化。有的拉美國家收入不算高，但分配差距很大。在我國社會主義制度下，既要不斷解放和發展社會生產力，不斷創造和積累社會財富，又要防止兩極分化，切實推動人的全面發展、全體人民共同富裕取得更爲明顯的實質性進展。過去我們是低收入水平下的平均主義，改革開放後一部分地區、一部分人先富起來了，同時收入差距也逐步拉大，一些財富不當聚集給經濟社會健康運行帶來了風險挑戰。

＊ 這是習近平在中央經濟工作會議上講話的一部分。

共同富裕是中國特色社會主義的本質要求。共同富裕路子應當怎麼走？我們正在進行探索。實現共同富裕的目標，首先要通過全國人民共同奮鬥把"蛋糕"做大做好，然後通過合理的制度安排正確處理增長和分配關係，把"蛋糕"切好分好。這是一個長期的歷史過程，我們要創造條件、完善制度，穩步朝着這個目標邁進。

要在推動高質量發展中強化就業優先導向。就業是民生之本。要提高經濟增長的就業帶動力，不斷促進就業量的擴大和質的提升。要支持中小微企業發展，發揮其就業主渠道作用。要吸取一些西方國家經濟"脫實向虛"的教訓，不斷壯大實體經濟，創造更多高質量就業崗位。要加大人力資本投入，提升教育質量，加強職業教育和技能培訓，提高勞動者素質，更好適應高質量發展需要，切實防範規模性失業風險。

要發揮分配的功能和作用。要處理好效率和公平關係，構建初次分配、再分配、三次分配協調配套的基礎性制度安排。要堅持按勞分配爲主體，提高勞動報酬在初次分配中的比重，完善按要素分配政策。要發揮再分配的調節作用，加大稅收、社保、轉移支付等的調節力度，提高精準性。要發揮好第三次分配作用，引導、支持有意願有能力的企業和社會羣體積極參與公益慈善事業，但不能搞道德綁架式"逼捐"。

要完善公共服務政策制度體系。促進共同富裕，不能搞"福利主義"那一套。當年一些國家搞民粹主義，高福利養了一批"懶人"和不勞而獲者，結果國家財政不堪重負，落入"中等收入陷阱"，長期不能自拔。福利待遇上去了就下不來了，搞超出能力的"福利主義"是不可持續的，必然會帶來嚴重的經濟和政治問題！我們要堅持盡力而爲、量力而行，重在提升公共服務水平，在教育、醫療、養老、住房等人民羣衆最關心的領域精準提供基本公共服務，兜住困難羣衆基本生活底綫，不弔高胃口、不空頭許諾。

第二個問題：正確認識和把握資本的特性和行爲規律。馬克思、恩格斯没有設想社會主義條件下可以搞市場經濟，當然也就無法預見社會主義國家如何對待資本。列寧、斯大林雖然領導了蘇聯社會主義建設，但當時蘇聯實行的是高度集中的計劃經濟體制，基本上没有遇到大規模資本問題。搞社會主義市場經濟是我們黨的一個偉大創造。既然是社會主義市場經濟，就必然會產生各種形態的資本。資本主義社會的資本和社會主義社會的資本固然有很多不同，但資本都是要追逐利潤的。"合天下之衆者財，理天下之財者法。"〔2〕我們要探索如何在社會主義市場經濟條件下發揮資本的積極作用，同時有效控制資本的消極作用。近年來，由於認識不足、監管缺位，我國一些領域出現資本無序擴張，肆意操縱，牟取暴利。這就要求規範資本行爲，趨利避害，既不讓"資本大鰐"恣意妄爲，又要發揮資本作爲生產要素的功能。這是一個不容迴避的重大政治和經濟問題。

實際工作中，要抓好以下幾點。要爲資本設置"紅綠燈"。"紅綠燈"適用於道路上行駛的所有交通工具，對待資本也一樣，各類資本都不能橫衝直撞。要防止有些資本野蠻生長。要反壟斷、反暴利、反天價、反惡意炒作、反不正當競爭。要依法加強對資本的有效監管。社會主義市場經濟是法治經濟，資本活動要依法進行。遏制資本無序擴張，不是不要資本，而是要資本有序發展。相關法律法規不健全的要抓緊完善，已有法律法規的要嚴格執法監管。要支持和引導資本規範健康發展。要堅持和完善社會主義基本經濟制度，毫不動搖鞏固和發展公有制經濟，毫不動搖鼓勵、支持、引導非公有制經濟發展，促進非公有制經濟健康發展和非公有制經濟人士健康成長。

第三個問題：正確認識和把握初級產品供給保障。對我們這樣一個大國來說，保障好初級產品供給是一個重大的戰略性問題。必須加強戰略謀劃，及早作出調整，確保供給安全。

要堅持節約優先。"取之有制、用之有節則裕，取之無制、用之不節則乏。"〔3〕要實施全面節約戰略，推進各領域節約行動。在生產領域，要推進資源全面節約、集約、循環利用，降低單位產品能耗物耗，加快製造業技術改造，提高投入產出效率。在消費領域，要增強全民節約意識，倡導簡約適度、綠色低碳的生活方式，反對奢侈浪費和過度消費，深入開展"光盤"等糧食節約行動，廣泛開展創建綠色機關、綠色家庭、綠色社區、綠色出行等行動。

要增強國內資源生產保障能力。要加大勘查力度，實施新一輪找礦突破戰略行動，提高海洋資源、礦產資源開發保護水平。要明確重要能源資源國內生產自給的戰略底綫，發揮國有企業支撐托底作用，加快油氣等資源先進開採技術開發應用。要加強國家戰略物資儲備制度建設，在關鍵時刻發揮保底綫的調節作用。要推行垃圾分類和資源化，擴大國內固體廢棄物的使用，加快構建廢棄物循環利用體系。

要優化海外資源保障能力。要以互利共贏的方式充分利用國際國内兩個市場、兩種資源，在有效防範對外投資風險的前提下加强同有關國家的能源資源合作，擴大海外優質資源權益。

這裏，我要特別强調農產品供給安全問題。從最新的國土調查結果看，耕地面積還在減少，一些地方的基本農田不種糧食種果樹，或者其他高附加值作物。我反復講，中國人的飯碗任何時候都要牢牢端在自己手中，我們的飯碗應該主要裝中國糧。要把提高農業綜合生產能力放在更加突出的位置，持續推進高標準農田建設，深入實施種業振興行動，提高農機裝備水平，保障種糧農民合理收益，確保口糧絕對安全、穀物基本自給，提高油料、大豆產能和自給率。

第四個問題：正確認識和把握防範化解重大風險。上世紀九十年代以來，我國有效應對了亞洲金融危機、國際金融危機、新冠肺炎疫情等重大考驗。現在，我國經濟金融領域風險隱患很多，但總體可控。要堅持底綫思維。古人説：“禍幾始作，當杜其萌；疾證方形，當絶其根。”[4] 我們要發揮好黨的領導和我國社會主義制度優勢，見微知著，抓早抓小，着力避免發生重大風險或危機。

前一階段，我們有效處置了影子銀行風險、互聯網金融風險。同時，也要看到，新的風險仍在發生，“黑天鵝”、“灰犀牛”事件不斷。分析這些現象，有幾個重要原因。一是長期累積的結果。“三期疊加”影響還没有結束，前期風險仍要消化。二是監管能力和制度缺陷。對金融機構公司治理問題嚴重失察，金融監管能力和水平不適應。對地方債務管理鬆弛，有的地方變相違規舉債，債務負擔持續增加。三是借債人野蠻行爲。一些大企業盲目衝動，非理性多元化擴張，過度依賴金融槓桿，產業資本過度進入金融行業。一些股東和實際控制人違法違規經營管理金融企業，存在內部人控制、大股東操縱，財務造假，大肆挪用資金。四是官商勾結和腐敗行爲。一些金融機構負責人和政府官員失職瀆職、貪污腐敗、中飽私囊，慷國家之慨，造成重大損失。五是經濟周期變化。經濟增速下行使原本隱藏的各類風險水落石出，局部風險引發系統風險的概率加大，以企業資不抵債爲特徵的風險突出。

下一步，要繼續按照穩定大局、統籌協調、分類施策、精準拆彈的基本方針，抓好風險處置工作。要依法合規，加強金融法治建設，探索建立定期修法制度。要壓實責任，"誰家孩子誰抱"，壓實地方黨政同責，負責屬地維穩和化解風險；壓實金融監管、行業主管、紀檢監察等部門責任，按照各自職責推動風險化解；壓實企業自救主體責任，制定可行的風險化解方案。要强化能力建設，提升監管科技水平，補齊監管短板，加強金融監管幹部隊伍建設。要有充足資源，抓緊設立金融穩定保障基金，發揮存款保險制度和行業保障基金在風險處置中的作用，研究制定促進金融機構兼併收購和化解不良資產的支持政策。地方要主動盤活存量資產，化解風險。企業股東要首先承擔風險損失，直至股本清零。要各方廣泛配合，金融業建立一體化風險處置機制，充分授權，統籌協調，提高跨市場跨行業統籌應對能力。

對一些房地產企業的風險要格外重視。各地要切實擔起責任、強化監管，守住不發生系統性風險的底綫，保持房地產市場平穩健康發展。

第五個問題：正確認識和把握碳達峰碳中和。推進碳達峰碳中和是黨中央經過深思熟慮作出的重大戰略決策，是我們對國際社會的莊嚴承諾，也是推動高質量發展的內在要求。近來在實際工作中出現一些問題，有的搞"碳衝鋒"，有的搞"一刀切"、運動式"減碳"，甚至出現"拉閘限電"現象，這些都不符合黨中央要求。綠色低碳發展是經濟社會發展全面轉型的複雜工程和長期任務，能源結構、產業結構調整不可能一蹴而就，更不能脱離實際。如果傳統能源逐步退出不是建立在新能源安全可靠的替代基礎上，就會對經濟發展和社會穩定造成衝擊。減污降碳是經濟結構調整的有機組成部分，要先立後破、通盤謀劃。

我在中央財經委員會第九次會議上對"雙碳"工作作了全面部署，強調要堅持全國統籌、節約優先、雙輪驅動、內外暢通、防範風險的原則。黨中央已經出臺做好碳達峰碳中和工作的意見，批准了碳達峰行動方案。實現碳達峰碳中和目標要堅定不移，但不可能畢其功於一役，要堅持穩中求進，逐步實現。要立足國情，以煤爲主是我們的基本國情，實現碳達峰必須立足這個實際。在抓好煤炭清潔高效利用的同時，加快煤電機組靈活性改造，發展可再生能源，推動煤炭和新能源優化組合，增加新能源消納能力。要狠抓綠色低碳技術攻關，加快先進技術推廣應用。要科學考核，完善能耗"雙控"制度，創造條件儘早實現能耗"雙控"向碳排放總量和強度"雙控"轉變，加快形成減污降碳的激勵約束機制。各地區各有關部門要統籌做好"雙控"、"雙碳"工作，防止簡單層層分解。要確保能源供應，實現多目標平衡，多渠道增加能源供應，大企業特別是國有企業要帶頭保供穩價，決不允許再次發生大面積"拉閘限電"這類重大事件。要深入推動能源革命，促進能源消費、供給、技術、體制改革，加强國際合作，加快建設能源强國。

註　　釋

〔1〕見三國時期鍾會《芻蕘論》。

〔2〕見北宋王安石《度支副使廳壁題名記》。

〔3〕見明代張居正《論時政疏》。

〔4〕見南宋何坦《西疇老人常言·原治》。

依法規範和引導我國資本健康發展，發揮資本作爲重要生産要素的積極作用[*]

（二〇二二年四月二十九日）

　　資本是社會主義市場經濟的重要生産要素，在社會主義市場經濟條件下規範和引導資本發展，既是一個重大經濟問題、也是一個重大政治問題，既是一個重大實踐問題、也是一個重大理論問題，關係堅持社會主義基本經濟制度，關係改革開放基本國策，關係高質量發展和共同富裕，關係國家安全和社會穩定。必須深化對新的時代條件下我國各類資本及其作用的認識，規範和引導資本健康發展，發揮其作爲重要生産要素的積極作用。

　　在黨的百年奮鬥歷程中，我們堅持馬克思主義基本原理，從我國國情和不同時期主要任務出發，不斷深化對資本的認識，不斷探索規範和引導資本健康發展的方針政策。黨的十一屆三中全會實行改革開放以後，我們破除所有制問題上的傳統觀念束縛，認爲資本作爲重要生産要素，是市場配置資

————————

　　* 這是習近平在主持中共十九屆中央政治局第三十八次集體學習時的講話要點。

源的工具，是發展經濟的方式和手段，社會主義國家也可以利用各類資本推動經濟社會發展，逐步確立了公有制爲主體、多種所有制經濟共同發展，按勞分配爲主體、多種分配方式並存，社會主義市場經濟體制等社會主義基本經濟制度，提出並堅持毫不動搖鞏固和發展公有制經濟，毫不動搖鼓勵、支持、引導非公有制經濟發展。

黨的十八大以來，我們堅持和完善社會主義基本經濟制度，並把"兩個毫不動搖"寫入新時代堅持和發展中國特色社會主義的基本方略，作爲黨和國家一項大政方針進一步確定下來。我們全面深化改革，強調使市場在資源配置中起決定性作用、更好發揮政府作用，爲各類資本發展營造更加有利的市場環境和法治環境。我們強化反壟斷，防止資本無序擴張，有效防範風險，維護市場公平競爭。我們着力防範和化解金融風險，克服經濟脫實向虛的傾向，重點解決不良資產風險、泡沫風險等。我們持續擴大對外開放，着力構建以國內大循環爲主體、國內國際雙循環相互促進的新發展格局，建設更高水平開放型經濟新體制。我們對資本性質的理解逐步深化，對資本作用的認識更趨全面，對資本規律的把握更加深入，對資本運行的治理能力不斷提高。

我國改革開放四十多年來，資本同土地、勞動力、技術、數據等生產要素共同爲社會主義市場經濟繁榮發展作出了貢獻，各類資本的積極作用必須充分肯定。現階段，我國存在國有資本、集體資本、民營資本、外國資本、混合資本等各種形態資本，並呈現出規模顯著增加、主體更加多元、運行速度加快、國際資本大量進入等明顯特徵。

　　必須堅持黨的領導和我國社會主義制度，牢牢把握正確政治方向，堅持問題導向、系統思維，立足當前、着眼長遠，堅持疏堵結合、分類施策，統籌發展和安全、效率和公平、活力和秩序、國内和國際，注重激發包括非公有資本在内的各類資本活力，發揮其促進科技進步、繁榮市場經濟、便利人民生活、參與國際競爭的積極作用，使之始終服從和服務於人民和國家利益，爲全面建設社會主義現代化國家、實現中華民族偉大復興貢獻力量。

　　要加強新的時代條件下資本理論研究。在社會主義制度下如何規範和引導資本健康發展，這是新時代馬克思主義政治經濟學必須研究解決的重大理論和實踐問題。要深入總結新中國成立以來特别是改革開放以來對待和處理資本的正反兩方面經驗，深化社會主義市場經濟條件下資本理論研究，用科學理論指導實踐，促進各類資本良性發展、共同發展，發揮其發展生産力、創造社會財富、增進人民福祉的作用。

　　要歷史地、發展地、辯證地認識和把握我國社會存在的各類資本及其作用。在社會主義市場經濟體制下，資本是帶動各類生産要素集聚配置的重要紐帶，是促進社會生產力發展的重要力量，要發揮資本促進社會生產力發展的積極作用。同時，必須認識到，資本具有逐利本性，如不加以規範和約束，就會給經濟社會發展帶來不可估量的危害。我們要立足新發展階段、貫徹新發展理念、構建新發展格局、推動高質量發展，正確處理不同形態資本之間的關係，在性質上要區分，在定位上要明確，規範和引導各類資本健康發展。

　　要正確處理資本和利益分配問題。我國社會主義的國家性質決定了我們必須堅持按勞分配爲主體、多種分配方式並存，在社會分配中體現人民至上。要注重經濟發展的普惠性和初次分配的公平性，既注重保障資本參與社會分配獲得增殖和發展，更注重維護按勞分配的主體地位，堅持發展爲了人民、發展依靠人民、發展成果由人民共享，堅定不移走全體人民共同富裕的道路。

　　要深化資本市場改革。要繼續完善我國資本市場基礎制度，更好發揮資本市場功能，爲各類資本發展釋放出更大空間。要健全産權保護制度，深入推進實施公平競爭政策，全面落實公平競爭審查制度，消除各種市場壁壘，使各類資本機會平等、公平進入、有序競爭。要完善開放型經濟體制，不斷提高對外開放水平，促進投資便利化，以優質市場環境吸引更多國際資本在我國投資興業。要支持和鼓勵我國資本和企業走向世界。

　　要規範和引導資本發展。要設立"紅綠燈"，健全資本發展的法律制度，形成框架完整、邏輯清晰、制度完備的規則體系。要以保護産權、維護契約、統一市場、平等交換、公平競爭、有效監管爲導向，針對存在的突出問題，做好相關法律法規的立改廢釋。要嚴把資本市場入口關，完善市場准入制度，提升市場准入清單的科學性和精準性。要完善資本行爲制度規則。要加強反壟斷和反不正當競爭監管執法，依法打擊濫用市場支配地位等壟斷和不正當競爭行爲。要培育文明健康、向上向善的誠信文化，教育引導資本主體踐行社會主義核心價值觀，講信用信義、重社會責任，走人間正道。

要全面提升資本治理效能。要總結經驗、把握規律、探索創新，增强資本治理的針對性、科學性、有效性，健全事前引導、事中防範、事後監管相銜接的全鏈條資本治理體系。要深化監管體制機制改革，堅持依法監管、公正監管、源頭監管、精準監管、科學監管，全面落實監管責任，創新監管方式，彌補監管短板，提高資本監管能力和監管體系現代化水平。法律法規没有明確的，要按照"誰審批、誰監管，誰主管、誰監管"的原則落實監管責任。要加强屬地監管，地方要全面落實屬地監管責任，確保監管到位。要完善行業治理和綜合治理的分工協作機制，加强行業監管和金融監管、外資監管、競爭監管、安全監管等綜合監管的協調聯動。要精準把握可能帶來系統性風險的重點領域和重點對象，增强治理的預見性和敏捷度，發現風險早處置、早化解。

要加强資本領域反腐敗，保持反腐敗高壓態勢，堅決打擊以權力爲依託的資本逐利行爲，着力查處資本無序擴張、平臺壟斷等背後的腐敗行爲。

規範和引導資本健康發展是黨領導經濟工作的重要内容。各級黨委（黨組）要把思想和行動統一到黨中央決策部署上來，切實承擔起主體責任，提升資本治理本領，加强政策宣傳和預期引導，堅決防範發生系統性風險。

九、全面深化改革開放

使各項改革朝着推動形成
新發展格局聚焦發力*

（二○二○年九月一日）

加快形成以國内大循環爲主體、國内國際雙循環相互促進的新發展格局，是根據我國發展階段、環境、條件變化作出的戰略決策，是事關全局的系統性深層次變革。要繼續用足用好改革這個關鍵一招，保持勇往直前、風雨無阻的戰略定力，圍繞堅持和完善中國特色社會主義制度、推進國家治理體系和治理能力現代化，推動更深層次改革，實行更高水平開放，爲構建新發展格局提供强大動力。

構建新發展格局，我們是有顯著制度優勢和堅實改革基礎的。黨的十八大以來，我們圍繞落實新發展理念、推動高質量發展、擴大對外開放推出一系列重大改革舉措，形成了一系列理論成果、制度成果、實踐成果。要運用好這些改革成果，在抓落地見實效上加大力度、加快進度、拓展深度，使各項改革朝着推動形成新發展格局聚焦發力。

當前形勢下，構建新發展格局面臨不少新情況新問題，

＊ 這是習近平在中央全面深化改革委員會第十五次會議上的講話要點。

要善於運用改革思維和改革辦法，統籌考慮短期應對和中長期發展，既要在戰略上佈好局，也要在關鍵處落好子。要加快推進有利於提高資源配置效率的改革，有利於提高發展質量和效益的改革，有利於調動各方面積極性的改革，聚焦重點問題，加強改革舉措的系統集成、協同高效，打通淤點堵點，激發整體效應。要把構建新發展格局同實施國家區域協調發展戰略、建設自由貿易試驗區等銜接起來，在有條件的區域率先探索形成新發展格局，打造改革開放新高地。要加強改革前瞻性研究，把握矛盾運動規律，守正創新、開拓創新，更加積極有效應對不穩定不確定因素，增強鬥爭本領，拓展政策空間，提升制度張力。

共同促進全球服務貿易發展繁榮[*]

（二〇二〇年九月四日）

　　中國國際服務貿易交易會，是專門爲服務貿易搭建的國家級、國際性、綜合型大規模展會和交易平臺，自二〇一二年起，已舉辦六屆。本屆中國國際服務貿易交易會以"全球服務，互惠共享"爲主題。希望以此爲契機，搭建起平臺和橋梁，讓各國人民充分展示服務貿易領域新發展新突破，共同享受人類社會發展進步新技術新成果。我們期待與會嘉賓深入交流、加强合作，爲深化服務貿易和投資合作、增强經濟社會發展活力貢獻智慧和力量。

　　當今世界正在經歷百年未有之大變局。新冠肺炎疫情全球大流行使這個大變局加速變化，經濟全球化遭遇逆流，保護主義、單邊主義上升，世界經濟低迷，國際貿易和投資大幅萎縮，給人類生産生活帶來前所未有的挑戰和考驗。

　　同時，我們也要看到，近年來，新一輪科技革命和產業變革孕育興起，帶動了數字技術强勢崛起，促進了產業深度融合，引領了服務經濟蓬勃發展。這次疫情全球大流行期間，

---

　　* 這是習近平在二〇二〇年中國國際服務貿易交易會全球服務貿易峰會上致辭的一部分。

遠程醫療、在綫教育、共享平臺、協同辦公、跨境電商等服務廣泛應用，對促進各國經濟穩定、推動國際抗疫合作發揮了重要作用。放眼未來，服務業開放合作正日益成爲推動發展的重要力量。

借此機會，我願提出三點倡議。

第一，共同營造開放包容的合作環境。縱觀人類社會發展史，世界經濟開放則興，封閉則衰。服務業因其獨特的輕資産、軟要素等特點，更加需要開放、透明、包容、非歧視的行業發展生態，更加需要各國努力減少制約要素流動的"邊境上"和"邊境後"壁壘，推動跨境互聯互通。中國將堅定不移擴大對外開放，建立健全跨境服務貿易負面清單管理制度，推進服務貿易創新發展試點開放平臺建設，繼續放寬服務業市場准入，主動擴大優質服務進口。中國將積極順應服務貿易發展實際需要，推動多邊、區域等層面服務規則協調，不斷完善全球經濟治理，促進世界經濟包容性增長。

第二，共同激活創新引領的合作動能。我們要順應數字化、網絡化、智能化發展趨勢，共同致力於消除"數字鴻溝"，助推服務貿易數字化進程。中國將拓展特色服務出口基地，發展服務貿易新業態新模式。中國願同各國一道，加強宏觀政策協調，加快數字領域國際合作，加大知識産權保護，積極促進數字經濟、共享經濟等蓬勃發展，推動世界經濟不斷煥發生機活力。

第三，共同開創互利共贏的合作局面。經濟全球化背景下，各國經濟彼此依存，利益交融前所未有，以誠相待、普惠共享是根本之計。各國要加强服務貿易發展對接，創新合作方式，深化合作領域，積極尋求發展利益最大公約數，不斷做大"蛋糕"。中國將充分利用中國國際服務貿易交易會、中國國際進口博覽會等各類平臺，推動開展政策和經驗交流，建立和培育政府間、國際組織、商協會及企業間多樣化夥伴關係，支持組建全球服務貿易聯盟，不斷形成更多務實合作成果，使各國人民共同享有服務貿易增長成果。

爲更好發揮北京在中國服務業開放中的引領作用，我們將支持北京打造國家服務業擴大開放綜合示範區，加大先行先試力度，探索更多可複製可推廣經驗；設立以科技創新、服務業開放、數字經濟爲主要特徵的自由貿易試驗區，構建京津冀協同發展的高水平開放平臺，帶動形成更高層次改革開放新格局。

在更高起點上推進改革開放*

（二〇二〇年十月十四日、十一月十二日）

一

新形勢需要新擔當、呼喚新作爲。新時代經濟特區建設要高舉中國特色社會主義偉大旗幟，統籌推進"五位一體"總體佈局，協調推進"四個全面"戰略佈局，從我國進入新發展階段大局出發，落實新發展理念，緊扣推動高質量發展、構建新發展格局，以一往無前的奮鬥姿態、風雨無阻的精神狀態，改革不停頓，開放不止步，在更高起點上推進改革開放，推動經濟特區工作開創新局面，爲全面建設社會主義現代化國家、實現第二個百年奮鬥目標作出新的更大的貢獻。

黨中央對深圳改革開放、創新發展寄予厚望。去年八月，黨中央出臺了支持深圳建設中國特色社會主義先行示範區的意見，全面部署了有關工作。深圳要建設好中國特色社會主義先行示範區，創建社會主義現代化強國的城市範例，提高貫徹落實新發展理念能力和水平，形成全面深化改革、全面擴大開放新格局，推進粵港澳大灣區建設，豐富"一國兩制"

---

　　* 這是習近平兩次講話中有關在更高起點上推進改革開放內容的節錄。

事業發展新實踐，率先實現社會主義現代化。這是新時代黨中央賦予深圳的歷史使命。

（二〇二〇年十月十四日在深圳經濟特區
建立四十周年慶祝大會上的講話）

二

新征程上，我們要把浦東新的歷史方位和使命，放在中華民族偉大復興戰略全局、世界百年未有之大變局這兩個大局中加以謀劃，放在構建以國內大循環爲主體、國內國際雙循環相互促進的新發展格局中予以考量和謀劃，準確識變、科學應變、主動求變，在危機中育先機、於變局中開新局。

黨中央正在研究制定《關於支持浦東新區高水平改革開放、打造社會主義現代化建設引領區的意見》，將賦予浦東新區改革開放新的重大任務。浦東要抓住機遇、乘勢而上，全面貫徹黨的十九大和十九屆二中、三中、四中、五中全會精神，科學把握新發展階段，堅決貫徹新發展理念，服務構建新發展格局，堅持穩中求進工作總基調，勇於挑最重的擔子、啃最硬的骨頭，努力成爲更高水平改革開放的開路先鋒、全面建設社會主義現代化國家的排頭兵、彰顯"四個自信"的實踐範例，更好向世界展示中國理念、中國精神、中國道路。

（二〇二〇年十一月十二日在浦東開發開放
三十周年慶祝大會上的講話）

推動新發展階段改革
取得更大突破、展現更大作爲[*]

（二〇二〇年十二月三十日）

　　黨的十八屆三中全會以來，黨中央以前所未有的決心和力度衝破思想觀念的束縛，突破利益固化的藩籬，堅決破除各方面體制機制弊端，積極應對外部環境變化帶來的風險挑戰，開啓了氣勢如虹、波瀾壯闊的改革進程。黨的十八屆三中全會確定的目標任務全面推進，各領域基礎性制度框架基本確立，許多領域實現歷史性變革、系統性重塑、整體性重構，爲推動形成系統完備、科學規範、運行有效的制度體系，使各方面制度更加成熟更加定型奠定了堅實基礎，全面深化改革取得歷史性偉大成就。要堅定改革信心，匯聚改革合力，再接再厲，銳意進取，推動新發展階段改革取得更大突破、展現更大作爲。

　　回顧這些年改革工作，我們提出的一系列創新理論、採取的一系列重大舉措、取得的一系列重大突破，都是革命性的，開創了以改革開放推動黨和國家各項事業取得歷史性成

---

　　* 這是習近平在中央全面深化改革委員會第十七次會議上的講話要點。

就、發生歷史性變革的新局面。第一，這是一場思想理論的深刻變革。我們堅持以思想理論創新引領改革實踐創新，以總結實踐經驗推動思想理論豐富和發展，從改革的總體目標、主攻方向、重點任務、方法路徑等方面提出一系列具有突破性、戰略性、指導性的重要思想和重大論斷，科學回答了在新時代爲什麼要全面深化改革、怎樣全面深化改革等一系列重大理論和實踐問題。第二，這是一場改革組織方式的深刻變革。我們加強黨對全面深化改革的集中統一領導，以全局觀念和系統思維謀劃推進改革，從前期夯基壘臺、立柱架梁，到中期全面推進、積厚成勢，再到現階段加強系統集成、協同高效，蹄疾步穩、有力有序解決各領域各方面體制性障礙、機制性梗阻、政策性創新問題，方向目標清晰，戰略部署明確，方法路徑高效，實現由局部探索、破冰突圍到系統協調、全面深化的歷史性轉變。第三，這是一場國家制度和治理體系的深刻變革。我們始終突出制度建設這條主綫，不斷健全制度框架，築牢根本制度、完善基本制度、創新重要制度。在抗擊新冠肺炎疫情、決勝全面建成小康社會、決戰脱貧攻堅、"十三五"規劃實施、全年經濟工作等進程中，制度建設發揮了重要作用，改革的關鍵一招作用充分彰顯。無論從改革廣度和深度看，還是從黨和國家各項事業發展對改革的實際檢驗看，取得的重大成就都具有鮮明的時代性和實踐性。第四，這是一場人民廣泛參與的深刻變革。我們以人民爲中心推進改革，堅持加強黨的領導和尊重人民首創精神相結合，堅持頂層設計和摸着石頭過河相協調，堅持試點先行和全面推進相促進，抓住人民最關心最直接最現實的利益問題推進重點領域改革，不斷增強人民獲得感、幸福感、安全感，全社會形成改革創新活力競相迸發、充分湧流的生動局面。

改革道路上仍面臨着很多複雜的矛盾和問題，我們已經啃下了不少硬骨頭但還有許多硬骨頭要啃，我們攻克了不少難關但還有許多難關要攻克。要把接續推進改革同服務黨和國家工作大局結合起來，圍繞落實新發展理念、構建新發展格局、推動高質量發展等戰略目標任務，推進創造性、引領性改革。要把深化改革攻堅同促進制度集成結合起來，聚焦基礎性和具有重大牽引作用的改革舉措，加強制度創新充分聯動和銜接配套，提升改革綜合效能。要把推進改革同防範化解重大風險結合起來，深入研判改革形勢和任務，科學謀劃推動落實改革的時機、方式、節奏，推動改革行穩致遠。要把激發創新活力同凝聚奮進力量結合起來，強化激勵機制，充分調動各方面推進改革的積極性、主動性、創造性，推動改革在新發展階段打開新局面。

讓開放的春風温暖世界[*]

（二〇二一年十一月四日）

尊敬的各位國家元首、政府首腦，

尊敬的各位國際組織負責人，

尊敬的各代表團團長，

各位來賓，

女士們，先生們，朋友們：

　　大家好！很高興在第四屆中國國際進口博覽會開幕之際，同大家"雲端"相聚。首先，我謹代表中國政府和中國人民，並以我個人的名義，向各位嘉賓，表示熱烈的歡迎！向各位新老朋友，表示誠摯的問候和美好的祝願！

　　中國歷來言必信、行必果。我在第三屆進博會上宣佈的擴大開放舉措已經基本落實。海南自由貿易港跨境服務貿易負面清單已經出臺，自由貿易試驗區改革創新不斷推進，外資准入持續放寬，營商環境繼續改善，中歐投資協定談判業已完成，區域全面經濟夥伴關係協定國內核准率先完成。中國克服新冠肺炎疫情影響，推動對外貿易創新發展，是去年全球唯一實現貨物貿易正增長的主要經濟體，爲保障全球産

---

　　* 這是習近平在第四屆中國國際進口博覽會開幕式上的主旨演講。

業鏈供應鏈穩定、推動世界經濟復蘇作出了重要貢獻。

女士們、先生們、朋友們！

當前，世界百年變局和世紀疫情交織，單邊主義、保護主義擡頭，經濟全球化遭遇逆流。有關研究表明，十年來"世界開放指數"不斷下滑，全球開放共識弱化，這值得高度關注。逆水行舟，不進則退。我們要把握經濟全球化發展大勢，支持世界各國擴大開放，反對單邊主義、保護主義，推動人類走向更加美好的未來。

開放是當代中國的鮮明標識。今年是中國加入世界貿易組織二十周年。二十年來，中國全面履行入世承諾，中國關稅總水平由百分之十五點三降至百分之七點四，低於百分之九點八的入世承諾；中國中央政府清理法律法規二千三百多件，地方政府清理十九萬多件，激發了市場和社會活力。新冠肺炎疫情發生以來，中國向國際社會提供了約三千五百億隻口罩、超過四十億件防護服、超過六十億人份檢測試劑、超過十六億劑疫苗，積極推動國際抗疫合作，支持向發展中國家豁免疫苗知識産權，用實際行動踐行承諾、展現擔當。

二十年來，中國經濟總量從世界第六位上升到第二位，貨物貿易從世界第六位上升到第一位，服務貿易從世界第十一位上升到第二位，利用外資穩居發展中國家首位，對外直接投資從世界第二十六位上升到第一位。這二十年，是中國深化改革、全面開放的二十年，是中國把握機遇、迎接挑戰的二十年，是中國主動擔責、造福世界的二十年。

加入世界貿易組織以來，中國不斷擴大開放，激活了中國發展的澎湃春潮，也激活了世界經濟的一池春水。

　　加入世界貿易組織二十年來中國的發展進步，是中國人民在中國共產黨堅強領導下埋頭苦幹、頑強奮鬥取得的，也是中國主動加強國際合作、踐行互利共贏的結果。

　　在此，我願對所有參與和見證這一歷史進程、支持中國開放發展的海内外各界人士，表示衷心的感謝！

　　女士們、先生們、朋友們！

　　"見出以知入，觀往以知來。"[1]一個國家、一個民族要振興，就必須在歷史前進的邏輯中前進、在時代發展的潮流中發展。中國擴大高水平開放的決心不會變，同世界分享發展機遇的決心不會變，推動經濟全球化朝着更加開放、包容、普惠、平衡、共贏方向發展的決心不會變。

　　第一，中國將堅定不移維護真正的多邊主義。以世界貿易組織爲核心的多邊貿易體制，是國際貿易的基石。當前，多邊貿易體制面臨諸多挑戰。中國支持世界貿易組織改革朝着正確方向發展，支持多邊貿易體制包容性發展，支持發展中成員合法權益。中國將以積極開放態度參與數字經濟、貿易和環境、產業補貼、國有企業等議題談判，維護多邊貿易體制國際規則制定的主渠道地位，維護全球產業鏈、供應鏈穩定。

　　第二，中國將堅定不移同世界共享市場機遇。中國有十四億多人口和四億以上中等收入羣體，每年進口商品和服務約二點五萬億美元，市場規模巨大。中國將更加注重擴大進口，促進貿易平衡發展。中國將增設進口貿易促進創新示範區，優化跨境電商零售進口商品清單，推進邊民互市貿易進口商品落地加工，增加自周邊國家進口。中國將推進內外貿一體化，加快建設國際消費中心城市，發展"絲路電商"，構建現代物流體系，提升跨境物流能力。

第三，中國將堅定不移推動高水平開放。中國將進一步縮減外資准入負面清單，有序擴大電信、醫療等服務業領域開放。中國將修訂擴大《鼓勵外商投資產業目錄》，引導更多外資投向先進製造業、現代服務業、高新技術、節能環保等領域，投向中國中西部和東北地區。中國將在自由貿易試驗區和海南自由貿易港做好高水平開放壓力測試，出臺自由貿易試驗區跨境服務貿易負面清單。中國將深度參與綠色低碳、數字經濟等國際合作，積極推進加入《全面與進步跨太平洋夥伴關係協定》、《數字經濟夥伴關係協定》。

第四，中國將堅定不移維護世界共同利益。中國將積極參與聯合國、世界貿易組織、二十國集團、亞太經合組織、上海合作組織等機制合作，推動加強貿易和投資、數字經濟、綠色低碳等領域議題探討。中國將支持疫苗等關鍵醫療物資在全球範圍內公平分配和貿易暢通。中國將推動高質量共建"一帶一路"，使更多國家和人民獲得發展機遇和實惠。中國將積極參與應對氣候變化、維護全球糧食安全和能源安全，在南南合作框架內繼續向其他發展中國家提供更多援助。

女士們、先生們、朋友們！

"孤舉者難起，衆行者易趨。"[2] 新冠肺炎疫情陰霾未散，世界經濟復蘇前路坎坷，各國人民更需要同舟共濟、共克時艱。中國願同各國一道，共建開放型世界經濟，讓開放的春風溫暖世界！

謝謝大家。

註　釋

〔1〕見《列子·説符》。
〔2〕見清代魏源《默觚·治篇八》。

十、積極發展全過程人民民主

以鑄牢中華民族共同體意識爲主綫，推動新時代黨的民族工作高質量發展[*]

以鑄牢中華民族共同體意識爲主綫，推動新時代黨的民族工作高質量發展[*]

（二〇二一年八月二十七日）

要準確把握和全面貫徹我們黨關於加强和改進民族工作的重要思想，以鑄牢中華民族共同體意識爲主綫，堅定不移走中國特色解決民族問題的正確道路，構築中華民族共有精神家園，促進各民族交往交流交融，推動民族地區加快現代化建設步伐，提升民族事務治理法治化水平，防範化解民族領域風險隱患，推動新時代黨的民族工作高質量發展，動員全黨全國各族人民爲實現全面建成社會主義現代化强國的第二個百年奮鬥目標而團結奮鬥。

回顧黨的百年歷程，黨的民族工作取得的最大成就，就是走出了一條中國特色解決民族問題的正確道路。改革開放特別是黨的十八大以來，我們黨强調中華民族大家庭、中華民族共同體、鑄牢中華民族共同體意識等理念，既一脈相承又與時俱進貫徹黨的民族理論和民族政策，積累了把握民族

---

* 這是習近平在中央民族工作會議上的講話要點。

問題、做好民族工作的寶貴經驗，形成了黨關於加強和改進民族工作的重要思想，概括起來有以下方面。一是必須從中華民族偉大復興戰略高度把握新時代黨的民族工作的歷史方位，以實現中華民族偉大復興爲出發點和落腳點，統籌謀劃和推進新時代黨的民族工作。二是必須把推動各民族爲全面建設社會主義現代化國家共同奮鬥作爲新時代黨的民族工作的重要任務，促進各民族緊跟時代步伐，共同團結奮鬥、共同繁榮發展。三是必須以鑄牢中華民族共同體意識爲新時代黨的民族工作的主綫，推動各民族堅定對偉大祖國、中華民族、中華文化、中國共產黨、中國特色社會主義的高度認同，不斷推進中華民族共同體建設。四是必須堅持正確的中華民族歷史觀，增強對中華民族的認同感和自豪感。五是必須堅持各民族一律平等，保證各民族共同當家作主、參與國家事務管理，保障各族羣衆合法權益。六是必須高舉中華民族大團結旗幟，促進各民族在中華民族大家庭中像石榴籽一樣緊緊抱在一起。七是必須堅持和完善民族區域自治制度，確保黨中央政令暢通，確保國家法律法規實施，支持各民族發展經濟、改善民生，實現共同發展、共同富裕。八是必須構築中華民族共有精神家園，使各民族人心歸聚、精神相依，形成人心凝聚、團結奮進的強大精神紐帶。九是必須促進各民族廣泛交往交流交融，促進各民族在理想、信念、情感、文化上的團結統一，守望相助、手足情深。十是必須堅持依法治理民族事務，推進民族事務治理體系和治理能力現代化。十一是必須堅決維護國家主權、安全、發展利益，教育引導各民族繼承和發揚愛國主義傳統，自覺維護祖國統一、國家安全、社會穩定。十二是必須堅持黨對民族工作的領導，提升解決民族問題、做好民族工作的能力和水平。我們黨關於加强和改進民族工作的重要思想，是黨的民族工作理論和實踐的智慧結晶，是新時代黨的民族工作的根本遵循，全黨必須完整、準確、全面把握和貫徹。

做好新時代黨的民族工作，要把鑄牢中華民族共同體意識作爲黨的民族工作的主綫。鑄牢中華民族共同體意識，就是要引導各族人民牢固樹立休戚與共、榮辱與共、生死與共、命運與共的共同體理念。鑄牢中華民族共同體意識是維護各民族根本利益的必然要求，只有鑄牢中華民族共同體意識，構建起維護國家統一和民族團結的堅固思想長城，各民族共同維護好國家安全和社會穩定，才能有效抵禦各種極端、分裂思想的滲透顛覆，才能不斷實現各族人民對美好生活的嚮往，才能實現好、維護好、發展好各民族根本利益。鑄牢中華民族共同體意識是實現中華民族偉大復興的必然要求，只有鑄牢中華民族共同體意識，才能有效應對實現中華民族偉大復興過程中民族領域可能發生的風險挑戰，才能爲黨和國家興旺發達、長治久安提供重要思想保證。鑄牢中華民族共同體意識是鞏固和發展平等團結互助和諧社會主義民族關係的必然要求，只有鑄牢中華民族共同體意識，才能增進各民族對中華民族的自覺認同，夯實我國民族關係發展的思想基礎，推動中華民族成爲認同度更高、凝聚力更强的命運共同體。鑄牢中華民族共同體意識是黨的民族工作開創新局面的必然要求，只有順應時代變化，按照增進共同性的方向改進民族工作，做到共同性和差異性的辯證統一、民族因素和區域因素的有機結合，才能把新時代黨的民族工作做好做細做扎實。

黨的民族工作創新發展，就是要堅持正確的，調整過時的，更好保障各民族羣衆合法權益。要正確把握共同性和差異性的關係，增進共同性、尊重和包容差異性是民族工作的重要原則。要正確把握中華民族共同體意識和各民族意識的關係，引導各民族始終把中華民族利益放在首位，本民族意識要服從和服務於中華民族共同體意識，同時要在實現好中華民族共同體整體利益進程中實現好各民族具體利益，大漢族主義和地方民族主義都不利於中華民族共同體建設。要正確把握中華文化和各民族文化的關係，各民族優秀傳統文化都是中華文化的組成部分，中華文化是主幹，各民族文化是枝葉，根深幹壯才能枝繁葉茂。要正確把握物質和精神的關係，要賦予所有改革發展以彰顯中華民族共同體意識的意義，以維護統一、反對分裂的意義，以改善民生、凝聚人心的意義，讓中華民族共同體牢不可破。

鑄牢中華民族共同體意識是新時代黨的民族工作的"綱"，所有工作要向此聚焦。要全面推進中華民族共有精神家園建設，要在黨史、新中國史、改革開放史、社會主義發展史學習教育中，深入總結我們黨百年民族工作的成功經驗，深化對我們黨關於加強和改進民族工作重要思想的研究，加強現代文明教育，深入實施文明創建、公民道德建設、時代新人培育等工程，引導各族羣衆在思想觀念、精神情趣、生活方式上向現代化邁進。要推廣普及國家通用語言文字，科學保護各民族語言文字，尊重和保障少數民族語言文字學習和使用。

要推動各民族共同走向社會主義現代化。要完善差別化區域支持政策，支持民族地區全面深化改革開放，提升自我發展能力。民族地區要立足資源禀賦、發展條件、比較優勢等實際，找準把握新發展階段、貫徹新發展理念、融入新發展格局、實現高質量發展、促進共同富裕的切入點和發力點。要加大對民族地區基礎設施建設、產業結構調整支持力度，優化經濟社會發展和生態文明建設整體佈局，不斷增強各族羣衆獲得感、幸福感、安全感。要支持民族地區實現鞏固脫貧攻堅成果同鄉村振興有效銜接，促進農牧業高質高效、鄉村宜居宜業、農牧民富裕富足。要完善沿邊開發開放政策體系，深入推進固邊興邊富民行動。

要促進各民族交往交流交融。要充分考慮不同民族、不同地區的實際，統籌城鄉建設佈局規劃和公共服務資源配置，完善政策舉措，營造環境氛圍，逐步實現各民族在空間、文化、經濟、社會、心理等方面的全方位嵌入。要深入開展民族團結進步創建，着力深化内涵、豐富形式、創新方法。要構建鑄牢中華民族共同體意識宣傳教育常態化機制，納入幹部教育、黨員教育、國民教育體系，搞好社會宣傳教育。

要提升民族事務治理體系和治理能力現代化水平。要根據不同地區、不同民族實際，以公平公正爲原則，突出區域化和精準性，更多針對特定地區、特殊問題、特別事項制定實施差別化區域支持政策。要依法保障各族羣衆合法權益，依法妥善處理涉民族因素的案事件，依法打擊各類違法犯罪行爲，做到法律面前人人平等。

要堅決防範民族領域重大風險隱患。要守住意識形態陣地，積極穩妥處理涉民族因素的意識形態問題，持續肅清民族分裂、宗教極端思想流毒。要加強國際反恐合作，做好重點國家和地區、國際組織、海外少數民族華僑華人羣體等的工作。

加強和完善黨的全面領導，是做好新時代黨的民族工作的根本政治保證。各級黨委要增強"四個意識"、堅定"四個自信"、做到"兩個維護"，不斷提高政治判斷力、政治領悟力、政治執行力，牢記"國之大者"，認真履行主體責任，把黨的領導貫穿民族工作全過程，形成黨委統一領導、政府依法管理、統戰部門牽頭協調、民族工作部門履職盡責、各部門通力合作、全社會共同參與的新時代黨的民族工作格局。要加強基層民族工作機構建設和民族工作力量，確保基層民族工作有效運轉。要堅持新時代好幹部標準，努力建設一支維護黨的集中統一領導態度特別堅決、明辨大是大非立場特別清醒、鑄牢中華民族共同體意識行動特別堅定、熱愛各族羣眾感情特別真摯的民族地區幹部隊伍，確保各級領導權掌握在忠誠乾淨擔當的幹部手中。要更加重視、關心、愛護在條件艱苦地區工作的一綫幹部，吸引更多優秀人才。要重視培養和用好少數民族幹部，對政治過硬、敢於擔當的優秀少數民族幹部要充分信任、委以重任。要加強民族地區基層政權建設，夯實基層基礎，確保黨的民族理論和民族政策到基層有人懂、民族工作在基層有人抓。

毫不動搖堅持、與時俱進完善
人民代表大會制度[*]

（二○二一年十月十三日）

人民代表大會制度，堅持中國共產黨領導，堅持馬克思主義國家學說的基本原則，適應人民民主專政的國體，有效保證國家沿着社會主義道路前進。人民代表大會制度，堅持國家一切權力屬於人民，最大限度保障人民當家作主，把黨的領導、人民當家作主、依法治國有機統一起來，有效保證國家治理跳出治亂興衰的歷史周期率。人民代表大會制度，正確處理事關國家前途命運的一系列重大政治關係，實現國家統一高效組織各項事業，維護國家統一和民族團結，有效保證國家政治生活既充滿活力又安定有序。

黨的十八大以來，黨中央統籌中華民族偉大復興戰略全局和世界百年未有之大變局，從堅持和完善黨的領導、鞏固中國特色社會主義制度的戰略高度出發，繼續推進人民代表大會制度理論和實踐創新，提出一系列新理念新思想新要求，主要有以下幾個方面。

＊ 這是習近平在中央人大工作會議上講話的一部分。

一是必須堅持中國共產黨領導。堅持黨總攬全局、協調各方的領導核心作用，堅決維護黨中央權威和集中統一領導，保證黨的理論、路綫、方針政策和決策部署在國家工作中得到全面貫徹和有效執行，支持和保證國家政權機關依照憲法法律積極主動、獨立負責、協調一致開展工作。要加强和改善黨的領導，善於使黨的主張通過法定程序成爲國家意志，善於使黨組織推薦的人選通過法定程序成爲國家政權機關的領導人員，善於通過國家政權機關實施黨對國家和社會的領導，維護黨和國家權威、維護全黨全國團結統一。

二是必須堅持用制度體系保障人民當家作主。堅持以人民爲中心，堅持國家一切權力屬於人民，支持和保證人民通過人民代表大會行使國家權力，健全民主制度，豐富民主形式，拓寬民主渠道，保證人民平等參與、平等發展權利，發展更加廣泛、更加充分、更加健全的全過程人民民主。

三是必須堅持全面依法治國。堅持走中國特色社會主義法治道路，建設中國特色社會主義法治體系，建設社會主義法治國家，弘揚社會主義法治精神，依照憲法法律推進國家各項事業和各項工作，維護社會公平正義，尊重和保障人權，實現國家各項工作法治化。

四是必須堅持民主集中制。堅持人民通過人民代表大會統一行使國家權力，各級人民代表大會由民主選舉產生，對人民負責，受人民監督；各級國家行政機關、監察機關、審判機關、檢察機關都由人民代表大會產生，對人大負責，受人大監督；實行決策權、執行權、監督權既合理分工又相互協調，保證國家機關依照法定權限和程序行使職權、履行職責；堅持在黨中央統一領導下，充分發揮地方主動性和積極性，保證國家統一高效組織推進各項事業。

五是必須堅持中國特色社會主義政治發展道路。堅持黨的領導、人民當家作主、依法治國有機統一，核心是堅持黨的領導。人民代表大會制度是堅持黨的領導、人民當家作主、依法治國有機統一的根本政治制度安排，保證黨領導人民依法有效治理國家。可以借鑑人類政治文明的有益成果，但絕不照搬西方政治制度模式。

六是必須堅持推進國家治理體系和治理能力現代化。人民代表大會制度是中國特色社會主義制度的重要組成部分，也是國家治理體系的重要組成部分。要堅持和完善人民當家作主制度體系，不斷推進社會主義民主政治制度化、規範化、程序化，更好把制度優勢轉化爲治理效能。

當今世界正經歷百年未有之大變局，制度競爭是綜合國力競爭的重要方面，制度優勢是一個國家贏得戰略主動的重要優勢。歷史和現實都表明，制度穩則國家穩，制度強則國家強。黨的十八大和十九大都對加強人民代表大會制度、做好人大工作作出重要部署。在全面建設社會主義現代化國家新征程上，我們要毫不動搖堅持、與時俱進完善人民代表大會制度，加強和改進新時代人大工作。

第一，全面貫徹實施憲法，維護憲法權威和尊嚴。古人說："法者，國之權衡也，時之準繩也。"[1]憲法是國家的根本法，是黨和人民意志的集中體現，具有最高的法律地位、法律權威、法律效力。我多次強調，維護憲法權威，就是維護黨和人民共同意志的權威；捍衛憲法尊嚴，就是捍衛黨和人民共同意志的尊嚴；保證憲法實施，就是保證人民根本利益的實現。全國各族人民、一切國家機關和武裝力量、各政黨和各社會團體、各企業事業組織，都必須以憲法爲根本活動準則，並且負有維護憲法尊嚴、保證憲法實施的職責。任何組織和個人都不得有超越憲法法律的特權，一切違反憲法法律的行爲都必須予以追究和糾正。

　　堅持依法治國首先要堅持依憲治國，堅持依法執政首先要堅持依憲執政。堅持依憲治國、依憲執政，就必須堅持憲法確定的中國共產黨領導地位不動搖，堅持憲法確定的人民民主專政的國體和人民代表大會制度的政體不動搖。全面貫徹實施憲法是建設社會主義法治國家的首要任務和基礎性工作，也是堅持和完善人民代表大會制度的必然要求。要以憲法爲根本活動準則，用科學有效、系統完備的制度體系保證憲法實施，加強憲法監督，弘揚憲法精神，切實維護憲法的權威和尊嚴。黨領導人民制定和實施憲法法律，黨自身必須在憲法法律範圍內活動。各級人大、政府、監委、法院、檢察院都要嚴格依照憲法法律積極主動、獨立負責、協調一致開展工作。

　　全國人大及其常委會要完善憲法相關法律制度，保證憲法確立的制度、原則、規則得到全面實施；加強對憲法法律實施情況的監督檢查，提高合憲性審查、備案審查工作質量，堅決糾正違憲違法行爲；落實憲法解釋程序機制，積極回應涉及憲法有關問題的關切。要健全中央依照憲法和特別行政區基本法對特別行政區行使全面管治權的法律制度，完善特別行政區同憲法和基本法實施相關的制度和機制，維護憲法和基本法確定的特別行政區憲制秩序和法治秩序。地方各級人大及其常委會要依法行使職權，保證憲法法律在本行政區域內得到遵守和執行，自覺維護國家法治統一。

第二，加快完善中國特色社會主義法律體系，以良法促進發展、保障善治。"立善法於天下，則天下治；立善法於一國，則一國治。"[2]改革開放以來，在黨的領導下，經過各方面努力，我國用三十多年時間形成了中國特色社會主義法律體系，這是人類法治史上一項了不起的成就。同時，也要看到，時代在進步，實踐在發展，不斷對法律體系建設提出新需求，法律體系必須與時俱進加以完善。

要加強黨對立法工作的集中統一領導，完善黨委領導、人大主導、政府依託、各方參與的立法工作格局。要把改革發展決策同立法決策更好結合起來，既通過深化改革完善法治，又通過更完善的法治保障各領域改革創新，確保國家發展、重大改革於法有據。要統籌推進國內法治和涉外法治，統籌發展和安全，推動我國法域外適用的法律體系建設，用法治方式有效應對挑戰、防範風險，維護國家主權、安全、發展利益。要堅持系統觀念，統籌立改廢釋纂，全面完善法律、行政法規、監察法規、地方性法規體系。

全國人大及其常委會是國家立法機關，要在確保質量的前提下加快立法工作步伐，增強立法的系統性、整體性、協同性，使法律體系更加科學完備、統一權威。要加強重點領域、新興領域、涉外領域立法，注重將社會主義核心價值觀融入立法，健全國家治理急需、滿足人民日益增長的美好生活需要必備的法律制度。要在條件成熟的立法領域繼續開展法典編纂工作。

良法是善治的前提。"法非從天下，非從地出，發於人間，合乎人心而已。"〔3〕要抓住提高立法質量這個關鍵，發揮好人大及其常委會在立法工作中的主導作用，堅持尊重和體現客觀規律，堅持爲了人民、依靠人民，堅持嚴格依照法定權限和法定程序，深入推進科學立法、民主立法、依法立法。要豐富立法形式，增強立法的針對性、適用性、可操作性。要嚴格按照法定權限和程序制定行政法規、監察法規、部門規章，保證法規、規章的質量。有立法權的地方人大要嚴格遵循立法權限，圍繞貫徹落實黨中央大政方針和決策部署，做好地方立法工作，着力解決實際問題。

第三，用好憲法賦予人大的監督權，實行正確監督、有效監督、依法監督。人民代表大會制度的重要原則和制度設計的基本要求，就是任何國家機關及其工作人員的權力都要受到監督和制約。要更好發揮人大監督在黨和國家監督體系中的重要作用，讓人民監督權力，讓權力在陽光下運行，用制度的籠子管住權力，用法治的繮繩駕馭權力。

各級人大及其常委會要把憲法法律賦予的監督權用起來，實行正確監督、有效監督、依法監督，維護國家法治統一、尊嚴、權威，確保法律法規得到有效實施，確保行政權、監察權、審判權、檢察權依法正確行使。

在我國政治體制中，人大對於"一府一委兩院"〔4〕具有監督作用，推動各國家機關形成工作合力。要堅持圍繞中心、服務大局、突出重點，聚焦黨中央重大決策部署，聚焦人民羣衆所思所盼所願，推動解決制約經濟社會發展的突出矛盾和問題。人大要統籌運用法定監督方式，加强對法律法規實施情況的監督，確保各國家機關都在憲法法律範圍內履行職責、開展工作。要完善人大監督制度，健全人大對執法司法工作監督的機制和方式。各級"一府一委兩院"要嚴格執行人大及其常委會制定的法律法規和作出的決議決定，依法報告工作，自覺接受人大監督。

第四，充分發揮人大代表作用，做到民有所呼、我有所應。"爲政之要，以順民心爲本。"[5] 人民代表大會制度之所以具有强大生命力和顯著優越性，關鍵在於深深植根於人民之中。一切國家機關和國家工作人員必須牢固樹立人民公僕意識，把人民放在心中最高位置，保持同人民的密切聯繫，傾聽人民意見和建議，接受人民監督，努力爲人民服務。要豐富人大代表聯繫人民羣衆的内容和形式，拓寬聯繫渠道，積極回應社會關切，更好接地氣、察民情、聚民智、惠民生。各級人大常委會要加强代表工作能力建設，支持和保障代表更好依法履職，使發揮各級人大代表作用成爲人民當家作主的重要體現。

人大代表肩負人民賦予的光榮職責，要忠實代表人民利益和意志，依法參加行使國家權力。要站穩政治立場，履行政治責任，加强思想、作風建設，模範遵守憲法法律，做政治上的明白人。要充分發揮來自人民、扎根人民的特點優勢，密切同人民羣衆的聯繫，當好黨和國家聯繫人民羣衆的橋梁，最大限度調動積極因素、化解消極因素，展現新時代人大代表的風采。

第五，强化政治機關意識，加强人大自身建設。各級人大及其常委會要增强"四個意識"、堅定"四個自信"、做到

"兩個維護"，不斷提高政治判斷力、政治領悟力、政治執行力，全面加强自身建設，成爲自覺堅持中國共産黨領導的政治機關、保證人民當家作主的國家權力機關、全面擔負憲法法律賦予的各項職責的工作機關、始終同人民羣衆保持密切聯繫的代表機關。要優化人大常委會、專門委員會組成人員結構，打造政治堅定、服務人民、尊崇法治、發揚民主、勤勉盡責的人大工作隊伍。要加强紀律作風建設，既嚴格履行法定職責，遵守法定程序，又堅決防止形式主義、官僚主義，提高人大工作實效。

第六，加强黨對人大工作的全面領導。人民代表大會制度是黨領導國家政權機關的重要制度載體，也是黨在國家政權中充分發揚民主、貫徹羣衆路綫的重要實現形式。各級黨委要把人大工作擺在重要位置，完善黨領導人大工作的制度，定期聽取人大常委會黨組工作彙報，研究解決人大工作中的重大問題。要支持人大及其常委會依法行使職權、開展工作，指導和督促"一府一委兩院"自覺接受人大監督。要加强人大常委會領導班子和人大工作隊伍建設，推動人大幹部同黨政部門、司法部門幹部之間的合理交流。黨的各級組織、宣傳等部門要加强同人大有關方面的協調配合，形成做好新時代人大工作的强大合力。各級人大常委會黨組要認真執行黨的領導各項制度，落實好全面從嚴治黨主體責任。

註　釋

〔1〕見唐代吳兢《貞觀政要·論誠信》。

〔2〕見北宋王安石《周公》。

〔3〕見《慎子·逸文》。

〔4〕"一府一委兩院"，指人民政府、監察委員會、人民法院、人民檢察院。

〔5〕參見北宋程頤《代呂晦叔應詔疏》。原文是："爲政之道，以順民心爲本。"

全過程人民民主是最廣泛、
最真實、最管用的社會主義民主[*]

（二〇二一年十月十三日）

　　民主是全人類的共同價值，是中國共產黨和中國人民始終不渝堅持的重要理念。如何把民主價值和理念轉化爲科學有效的制度安排，轉化爲具體現實的民主實踐，需要注重歷史和現實、理論和實踐、形式和內容有機統一，找到正確的體制機制和方式方法。

　　我說過，評價一個國家政治制度是不是民主的、有效的，主要看國家領導層能否依法有序更替，全體人民能否依法管理國家事務和社會事務、管理經濟和文化事業，人民羣衆能否暢通表達利益要求，社會各方面能否有效參與國家政治生活，國家決策能否實現科學化、民主化，各方面人才能否通過公平競爭進入國家領導和管理體系，執政黨能否依照憲法法律規定實現對國家事務的領導，權力運用能否得到有效制約和監督。

　　民主不是裝飾品，不是用來做擺設的，而是要用來解決人民需要解決的問題的。一個國家民主不民主，關鍵在於是

不是真正做到了人民當家作主，要看人民有沒有投票權，更要看人民有沒有廣泛參與權；要看人民在選舉過程中得到了什麼口頭許諾，更要看選舉後這些承諾實現了多少；要看制度和法律規定了什麼樣的政治程序和政治規則，更要看這些制度和法律是不是真正得到了執行；要看權力運行規則和程序是否民主，更要看權力是否真正受到人民監督和制約。如果人民只有在投票時被喚醒、投票後就進入休眠期，只有競選時聆聽天花亂墜的口號、競選後就毫無發言權，只有拉票時受寵、選舉後就被冷落，這樣的民主不是真正的民主。

總之，民主是各國人民的權利，而不是少數國家的專利。一個國家是不是民主，應該由這個國家的人民來評判，而不應該由外部少數人指手畫腳來評判。國際社會哪個國家是不是民主的，應該由國際社會共同來評判，而不應該由自以為是的少數國家來評判。實現民主有多種方式，不可能千篇一律。用單一的標尺衡量世界豐富多彩的政治制度，用單調的眼光審視人類五彩繽紛的政治文明，本身就是不民主的。

中國共產黨始終高舉人民民主的旗幟，始終堅持以下基本觀點：一是人民民主是社會主義的生命，沒有民主就沒有社會主義，就沒有社會主義的現代化，就沒有中華民族偉大復興。二是人民當家作主是社會主義民主政治的本質和核心，發展社會主義民主政治就是要體現人民意志、保障人民權益、激發人民創造活力，用制度體系保證人民當家作主。三是中國特色社會主義政治發展道路是符合中國國情、保證人民當家作主的正確道路，是近代以來中國人民長期奮鬥歷史邏輯、理論邏輯、實踐邏輯的必然結果，是堅持黨的本質屬性、踐行黨的根本宗旨的必然要求。四是人民通過選舉、投票行使權利和人民內部各方面在重大決策之前進行充分協商，儘可能就共同性問題取得一致意見，是中國社會主義民主的兩種重要形式，共同構成了中國社會主義民主政治的制度特點和優勢。五是發展社會主義民主政治關鍵是要把我國社會主義民主政治的特點和優勢充分發揮出來，不斷推進社會主義民主政治制度化、規範化、程序化，爲黨和國家興旺發達、長治久安提供更加完善的制度保障。鄧小平同志說："資本主義社會講的民主是資產階級的民主，實際上是壟斷資本的民主，無非是多黨競選、三權鼎立、兩院制。我們的制度是人民代表大會制度，共產黨領導下的人民民主制度，不能搞西方那一套。社會主義國家有個最大的優越性，就是幹一件事情，一下決心，一做出決議，就立即執行，不受牽扯。"〔1〕

　　黨的十八大以來，我們深化對民主政治發展規律的認識，提出全過程人民民主的重大理念。我國全過程人民民主不僅有完整的制度程序，而且有完整的參與實踐。我國實行工人階級領導的、以工農聯盟爲基礎的人民民主專政的國體，實行人民代表大會制度的政體，實行中國共產黨領導的多黨合作和政治協商制度、民族區域自治制度、基層羣衆自治制度等基本政治制度，鞏固和發展最廣泛的愛國統一戰綫，形成了全面、廣泛、有機銜接的人民當家作主制度體系，構建了多樣、暢通、有序的民主渠道。全體人民依法實行民主選舉、民主協商、民主決策、民主管理、民主監督，依法通過各種途徑和形式管理國家事務，管理經濟和文化事業，管理社會事務。我國全過程人民民主實現了過程民主和成果民主、程序民主和實質民主、直接民主和間接民主、人民民主和國家意志相統一，是全鏈條、全方位、全覆蓋的民主，是最廣泛、最真實、最管用的社會主義民主。我們要繼續推進全過程人民民主建設，把人民當家作主具體地、現實地體現到黨治國理政的政策措施上來，具體地、現實地體現到黨和國家機關各個方面各個層級工作上來，具體地、現實地體現到實現人民對美好生活嚮往的工作上來。

人民代表大會制度是實現我國全過程人民民主的重要制度載體。要在黨的領導下，不斷擴大人民有序政治參與，加強人權法治保障，保證人民依法享有廣泛權利和自由。要保證人民依法行使選舉權利，民主選舉產生人大代表，保證人民的知情權、參與權、表達權、監督權落實到人大工作各方面各環節全過程，確保黨和國家在決策、執行、監督落實各個環節都能聽到來自人民的聲音。要完善人大的民主民意表達平臺和載體，健全吸納民意、匯集民智的工作機制，推進人大協商、立法協商，把各方面社情民意統一於最廣大人民根本利益之中。要加強對中國特色社會主義民主、對人民代表大會制度的研究宣傳工作，講清楚我國政治制度的特點和優勢，講好中國民主故事。

堅持和完善人民代表大會制度，是全黨全社會的共同責任。全黨全國各族人民要堅定中國特色社會主義制度自信，不斷堅持和完善人民代表大會制度，不斷鞏固和發展生動活潑、安定團結的政治局面，爲人類政治文明進步作出充滿中國智慧的貢獻！

註　　釋

〔1〕見鄧小平《改革的步子要加快》（《鄧小平文選》第三卷，人民出版社一九九三年版，第240頁）。

堅持我國宗教中國化方向[*]

（二〇二一年十二月三日）

　　要全面貫徹新時代黨的宗教工作理論，全面貫徹黨的宗教工作基本方針，全面貫徹黨的宗教信仰自由政策，堅持我國宗教中國化方向，積極引導宗教與社會主義社會相適應，提高宗教界自我管理水平，提高宗教事務治理法治化水平，努力開創宗教工作新局面，更好組織和引導信教羣衆同廣大人民羣衆一道爲全面建成社會主義現代化強國、實現中華民族偉大復興的中國夢而團結奮鬥。

　　黨的十八大以來，黨中央高度重視宗教工作。各級黨委貫徹落實黨中央決策部署，黨的宗教工作創新推進，取得積極成效。貫徹黨的宗教工作基本方針更加全面，宗教工作體制機制進一步完善，宗教工作法律體系和政策框架日益健全，宗教界人士和信教羣衆尊法學法守法用法意識不斷增強，推進我國宗教中國化逐步深入。宗教界弘揚愛國精神，講大局、講法治、講科學、講愛心，不斷增進對偉大祖國、中華民族、中華文化、中國共產黨、中國特色社會主義的認同。

＊　這是習近平在全國宗教工作會議上的講話要點。

　　黨的十八大以來，黨中央提出一系列關於宗教工作的新理念新舉措，回答了新時代怎樣認識宗教、怎樣處理宗教問題、怎樣做好黨的宗教工作等重大理論和實踐問題。必須深刻認識做好宗教工作在黨和國家工作全局中的重要性，必須建立健全強有力的領導機制，必須堅持和發展中國特色社會主義宗教理論，必須堅持黨的宗教工作基本方針，必須堅持我國宗教中國化方向，必須堅持把廣大信教羣衆團結在黨和政府周圍，必須構建積極健康的宗教關係，必須支持宗教團體加強自身建設，必須提高宗教工作法治化水平。

　　要完整、準確、全面貫徹黨的宗教信仰自由政策，尊重羣衆宗教信仰，依法管理宗教事務，堅持獨立自主自辦原則，積極引導宗教與社會主義社會相適應。黨的宗教工作的本質是羣衆工作。信教羣衆和不信教羣衆在政治上經濟上的根本利益是一致的，都是黨執政的羣衆基礎。既要保護信教羣衆宗教信仰自由權利，最大限度團結信教羣衆，也要耐心細緻做信教羣衆工作。宗教團體是黨和政府團結、聯繫宗教界人士和廣大信教羣衆的橋梁和紐帶，要爲他們開展工作提供必要的支持和幫助，尊重和發揮他們在宗教內部事務中的作用。

　　要深入推進我國宗教中國化，引導和支持我國宗教以社會主義核心價值觀爲引領，增進宗教界人士和信教羣衆對偉大祖國、中華民族、中華文化、中國共產黨、中國特色社會主義的認同。要在宗教界開展愛國主義、集體主義、社會主義教育，有針對性地加強黨史、新中國史、改革開放史、社會主義發展史教育，引導宗教界人士和信教羣衆培育和踐行社會主義核心價值觀，弘揚中華文化。要堅持總體國家安全觀，堅持獨立自主自辦原則，統籌推進相關工作。要加強互聯網宗教事務管理。要切實解決影響我國宗教健康傳承的突出問題。

要支持引導宗教界加強自我教育、自我管理、自我約束，全面從嚴治教，帶頭守法遵規、提升宗教修爲。要加強宗教團體自身建設，完善領導班子成員的民主監督制度。要全面推進宗教工作法治建設，深入開展法治宣傳教育。宗教活動應當在法律法規規定範圍內開展，不得損害公民身體健康，不得違背公序良俗，不得干涉教育、司法、行政職能和社會生活。

要培養一支精通馬克思主義宗教觀、熟悉宗教工作、善於做信教羣衆工作的黨政幹部隊伍，讓他們深入學習馬克思主義宗教觀、黨的宗教工作理論和方針政策、宗教知識，不斷提升導的能力。要培養一支政治上靠得住、宗教上有造詣、品德上能服衆、關鍵時起作用的宗教界代表人士隊伍。要培養一支思想政治堅定、堅持馬克思主義宗教觀、學風優良、善於創新的宗教學研究隊伍，加强馬克思主義宗教學學科建設。要健全宗教工作體制機制，推動構建黨委領導、政府管理、社會協同、宗教自律的宗教事務治理格局。要把握好涉及宗教工作的重大關係，多做打基礎、利長遠的工作，常抓不懈、久久爲功。

確保中國共產黨領導的多黨合作事業薪火相傳[*]

（二○二二年一月二十九日）

今年將召開中共二十大，這是黨和國家政治生活中的一件大事。各方面工作都要圍繞迎接二十大、開好二十大、貫徹二十大精神來謀劃和開展。要堅持和完善中國共產黨領導的多黨合作和政治協商制度，鞏固和發展最廣泛的愛國統一戰綫，發展全過程人民民主，始終堅持大團結大聯合，最大限度凝聚起共同奮鬥的力量。要堅持正確政治方向，自覺在思想上政治上行動上同中共中央保持高度一致，深入調查研究，積極建言獻策，提高政黨協商實效。要深入做好思想引導工作，引導廣大成員明辨是非、站穩立場，凝聚和傳遞正能量。

今年各民主黨派和工商聯要完成中央和省級組織的換屆。要深化政治交接，鞏固政治共識，把與黨同心、愛國為民、精誠合作、敬業奉獻的多黨合作優良傳統賡續下來，把老一輩的政治信念、高尚風範和同中國共產黨的深厚感情傳承下

---

* 這是習近平在同黨外人士共迎新春時的講話要點。

去，確保中國共産黨領導的多黨合作事業薪火相傳。要堅持正確用人導向，嚴把人選政治關、廉潔關，突出考察人選的理想信念、政治品格、道德修養，確保選出的同志真正靠得住、敢擔當、能服衆。

各民主黨派要緊扣參政黨建設的目標和原則，不斷提高政治把握能力、參政議政能力、組織領導能力、合作共事能力和解決自身問題能力，用自身建設的新成效展示參政黨的新面貌。要增強思想政治建設的時代性、針對性、實效性，不斷鞏固共同團結奮鬥的思想政治基礎。要健全制度體系，及時將實踐中好的經驗做法轉化爲制度規範。要深化理論研究，認真總結參政黨建設經驗，把握參政黨建設規律。全國工商聯要加強基層組織建設，推動所屬商會改革發展，着力提升服務促進非公有制經濟健康發展和非公有制經濟人士健康成長的能力和水平，不斷提高工作質量和效能。

堅持中國人權發展道路，促進人權事業全面發展[*]

（二〇二二年二月二十五日）

　　黨的百年奮鬥史，貫穿着黨團結帶領人民爲爭取人權、尊重人權、保障人權、發展人權而進行的不懈努力。我國開啓了全面建設社會主義現代化國家、向第二個百年奮鬥目標進軍的新征程，我們要深刻認識做好人權工作的重要性和緊迫性，堅定不移走中國人權發展道路，更加重視尊重和保障人權，更好推動我國人權事業發展。

　　尊重和保障人權是中國共産黨人的不懈追求。我們黨自成立之日起就高舉起“爭民主、爭人權”的旗幟，鮮明宣示了救國救民、爭取人權的主張。在新民主主義革命時期、社會主義革命和建設時期、改革開放和社會主義現代化建設新時期，我們黨都牢牢把握爲中國人民謀幸福、爲中華民族謀復興的初心使命，領導人民取得了革命、建設、改革的偉大勝利，中國人民成爲國家、社會和自己命運的主人，中國人民的生存權、發展權和其他各項基本權利保障不斷向前推進。

---

[*] 這是習近平在主持中共十九屆中央政治局第三十七次集體學習時的講話要點。

　　黨的十八大以來，我們堅持把尊重和保障人權作爲治國理政的一項重要工作，推動我國人權事業取得歷史性成就。我們實現了第一個百年奮鬥目標，全面建成小康社會，歷史性地解決了絕對貧困問題，爲我國人權事業發展打下了更爲堅實的物質基礎。我們不斷發展全過程人民民主，推進人權法治保障，堅決維護社會公平正義，人民享有更加廣泛、更加充分、更加全面的民主權利。我們推動實現更加充分、更高質量的就業，建成了世界上規模最大的教育體系、社會保障體系、醫療衛生體系，大力改善人民生活環境質量。我們堅持人民至上、生命至上，有力應對新冠肺炎疫情，最大限度保護了人民生命安全和身體健康。我們全面貫徹黨的民族政策和宗教政策，堅持各民族一律平等，尊重羣衆宗教信仰，保障各族羣衆合法權益。我們深入推進司法體制改革，加強平安中國、法治中國建設，深入開展政法隊伍教育整頓，全面開展掃黑除惡行動，嚴厲打擊各類違法犯罪，保持社會長期穩定，切實保護人民羣衆生命財產安全。我國是世界上唯一持續制定和實施四期國家人權行動計劃的主要大國。我們積極參與全球人權治理，爲世界人權事業發展作出了中國貢獻、提供了中國方案。

　　在推進我國人權事業發展的實踐中，我們把馬克思主義人權觀同中國具體實際相結合、同中華優秀傳統文化相結合，總結我們黨團結帶領人民尊重和保障人權的成功經驗，借鑑人類優秀文明成果，走出了一條順應時代潮流、適合本國國情的人權發展道路。一是堅持中國共產黨領導。中國共產黨領導和我國社會主義制度，決定了我國人權事業的社會主義性質，決定了我們能够保證人民當家作主，堅持平等共享人權，推進各類人權全面發展，不斷實現好、維護好、發展好最廣大人民根本利益。二是堅持尊重人民主體地位。人民性是中國人權發展道路最顯著的特徵。我們保障人民民主權利，充分激發廣大人民羣衆積極性、主動性、創造性，讓人民成爲人權事業發展的主要參與者、促進者、受益者，切實推動人的全面發展、全體人民共同富裕取得更爲明顯的實質性進展。三是堅持從我國實際出發。我們把人權普遍性原則同中國實際結合起來，從我國國情和人民要求出發推動人權事業發展，確保人民依法享有廣泛充分、真實具體、有效管用的人權。四是堅持以生存權、發展權爲首要的基本人權。生存是享有一切人權的基礎，人民幸福生活是最大的人權。我們完整、準確、全面貫徹新發展理念，堅持以人民爲中心的發展思想，堅持發展爲了人民、發展依靠人民、發展成果由人民共享，努力實現更高質量、更有效率、更加公平、更可持續、更爲安全的發展，在發展中使廣大人民羣衆的獲得感、幸福感、安全感更加充實、更有保障、更可持續。五是堅持依法保障人權。我們堅持法律面前人人平等，把尊重和保障人權貫穿立法、執法、司法、守法各個環節，加快完善權利公平、機會公平、規則公平的法律制度，保障公民人身權、財産權、人格權，保障公民參與民主選舉、民主協商、民主決策、民主管理、民主監督等基本政治權利，保障公民經濟、文化、社會、環境等各方面權利，不斷提升人權法治化保障水平。六是堅持積極參與全球人權治理。我們弘揚全人類共同價值，踐行真正多邊主義，積極參與包括人權在內的全球治理體系改革和建設，推動構建人類命運共同體。以上六條，既是中國人權發展的主要特徵，又是我們在推進我國人權事業實踐中取得的寶貴經驗，要結合新的實踐不斷堅持好、發展好。

要促進人權事業全面發展，堅持中國人權發展道路，順應人民對高品質美好生活的期待，不斷滿足人民日益增長的多方面的權利需求，統籌推進經濟發展、民主法治、思想文化、公平正義、社會治理、環境保護等建設，全面做好就業、收入分配、教育、社保、醫療、住房、養老、扶幼等各方面工作，在物質文明、政治文明、精神文明、社會文明、生態文明協調發展中全方位提升各項人權保障水平。

要加強人權法治保障，深化法治領域改革，健全人權法治保障機制，實現尊重和保障人權在立法、執法、司法、守法全鏈條、全過程、全方位覆蓋，讓人民群眾在每一項法律制度、每一個執法決定、每一宗司法案件中都感受到公平正義。要系統研究謀劃和解決法治領域人民群眾反映強烈的突出問題，依法公正對待人民群眾的訴求，堅決杜絕因司法不公而造成傷害人民群眾感情、損害人民群眾權益的事情發生。對一切侵犯群眾合法權利的行為，對一切在侵犯群眾權益問題上漠然置之、不聞不問的現象，都必須依紀依法嚴肅查處、堅決追責。

要弘揚正確人權觀，廣泛開展人權宣傳和知識普及，營造尊重和保障人權的良好氛圍。要在全體人民特別是廣大青少年中開展人權知識教育，把馬克思主義人權觀、當代中國人權觀教育納入國民教育體系。要加強對公職人員特別是基層公務人員的人權知識培訓。要發揮羣團組織優勢，促進婦女兒童、老年人、殘疾人等特定羣體權益更有保障。要依託我國人權事業發展的生動實踐，提煉原創性概念，發展我國人權學科體系、學術體系、話語體系。要加強人權智庫和人權研究基地建設，着力培養一批理論扎實、學術精湛、熟悉國際規則、會講中國人權故事的高端人權專家隊伍。

要積極推動全球人權治理，弘揚全人類共同價值觀，堅持平等互信、包容互鑑、合作共贏、共同發展的理念，推動全球人權治理朝着更加公平公正合理包容的方向發展。要積極參與聯合國人權事務，廣泛同各國特別是發展中國家開展國際人權交流合作，發揮建設性作用。

人權是歷史的、具體的、現實的，不能脫離不同國家的社會政治條件和歷史文化傳統空談人權。評價一個國家是否有人權，不能以別的國家標準來衡量，更不能搞雙重標準，甚至把人權當作干涉別國內政的政治工具。要把握戰略主動，着力講好中國人權故事，運用形象化、具體化的表達方式，增強當代中國人權觀的吸引力、感染力、影響力。

各級黨委（黨組）要擔負起推動我國人權事業發展的歷史責任，加強組織領導，主動擔當作爲，切實把國家人權行動計劃落實好。各級幹部特別是領導幹部要自覺學習馬克思主義人權觀、當代中國人權觀，提高認識，增強自信，主動做好尊重和保障人權各項工作。各地區各部門各行業要增強尊重和保障人權意識，形成推動我國人權事業發展的合力。

當代青年要在實現民族復興的
賽道上奮勇爭先[*]

（二〇二二年五月十日）

實現中國夢是一場歷史接力賽，當代青年要在實現民族復興的賽道上奮勇爭先。時代總是把歷史責任賦予青年。新時代的中國青年，生逢其時、重任在肩，施展才幹的舞臺無比廣闊，實現夢想的前景無比光明。在慶祝中國共產黨成立一百周年大會上，共青團員、少先隊員代表響亮喊出"請黨放心、強國有我"的青春誓言。這是新時代中國青少年應該有的樣子，更是黨的青年組織必須有的風貌。

在新的征程上，如何更好把青年團結起來、組織起來、動員起來，爲實現第二個百年奮鬥目標、實現中華民族偉大復興的中國夢而奮鬥，是新時代中國青年運動和青年工作必須回答的重大課題。共青團要增强引領力、組織力、服務力，團結帶領廣大團員青年成長爲有理想、敢擔當、能吃苦、肯奮鬥的新時代好青年，用青春的能動力和創造力激蕩起民族復興的澎湃春潮，用青春的智慧和汗水打拼出一個更加美好的中國！

---

* 這是習近平在慶祝中國共產主義青年團成立一百周年大會上講話的一部分。

這裏，我給共青團提幾點希望。

第一，堅持爲黨育人，始終成爲引領中國青年思想進步的政治學校。志存高遠方能登高望遠，胸懷天下才可大展宏圖。火熱的青春，需要堅定的理想信念。我們黨用"共產主義"爲團命名，就是希望黨的青年組織永遠站在理想信念的高地上，用黨的科學理論武裝青年，用黨的初心使命感召青年，用黨的光輝旗幟指引青年，用黨的優良作風塑造青年。新時代的中國青年，更加自信自強、富於思辨精神，同時也面臨各種社會思潮的現實影響，不可避免會在理想和現實、主義和問題、利己和利他、小我和大我、民族和世界等方面遇到思想困惑，更加需要深入細緻的教育和引導，用敏銳的眼光觀察社會，用清醒的頭腦思考人生，用智慧的力量創造未來。共青團作爲廣大青年在實踐中學習中國特色社會主義和共產主義的學校，要從政治上着眼、從思想上入手、從青年特點出發，幫助他們早立志、立大志，從内心深處厚植對黨的信賴、對中國特色社會主義的信心、對馬克思主義的信仰。要立足黨的事業後繼有人這一根本大計，牢牢把握培養社會主義建設者和接班人這個根本任務，引導廣大青年在思想洗禮、在實踐鍛造中不斷增強做中國人的志氣、骨氣、底氣，讓革命薪火代代相傳！

第二，自覺擔當盡責，始終成爲組織中國青年永久奮鬥的先鋒力量。奮鬥是青春最亮麗的底色，行動是青年最有效的磨礪。有責任有擔當，青春才會閃光。青年是常爲新的，最具創新熱情，最具創新動力。黨和人民事業發展離不開一代又一代有志青年的拼搏奉獻。只有當青春同黨和人民事業高度契合時，青春的光譜才會更廣闊，青春的能量才能充分迸發。青年是社會中最有生氣、最有闖勁、最少保守思想的羣體，蘊含着改造客觀世界、推動社會進步的無窮力量。共青團要團結帶領廣大團員青年勇做新時代的弄潮兒，自覺聽從黨和人民召喚，胸懷"國之大者"，擔當使命任務，到新時代新天地中去施展抱負、建功立業，爭當偉大理想的追夢人，爭做偉大事業的生力軍，讓青春在祖國和人民最需要的地方綻放絢麗之花！

第三，心繫廣大青年，始終成爲黨聯繫青年最爲牢固的橋梁紐帶。共青團是黨領導的羣團組織，也是青年人自己的組織。團的最大優勢在於遍佈基層一綫、深入青年身邊。要緊扣服務青年的工作生命綫，履行鞏固和擴大黨執政的青年羣衆基礎這一政治責任，既把青年的溫度如實告訴黨，也把黨的溫暖充分傳遞給青年。要千方百計爲青年辦實事、解難事，主動想青年之所想、急青年之所急，充分依託黨賦予的資源和渠道，爲青年提供實實在在的幫助，讓廣大青年真切感受到黨的關愛就在身邊、關懷就在眼前！

第四，勇於自我革命，始終成爲緊跟黨走在時代前列的先進組織。對共青團來說，建設什麼樣的青年組織、怎樣建設青年組織是事關根本的重大問題。"常制不可以待變化，一途不可以應無方，刻船不可以索遺劍。"[1]共青團只有勇於自我革命，才能跟上時代前進、青年發展、實踐創新的步伐。要把黨的全面領導落實到工作的全過程各領域，走好中國特色社會主義羣團發展道路，聚焦不斷保持和增強政治性、先進性、羣衆性的目標方向，推動共青團改革向縱深發展。要敏於把握青年脈搏，依據青年工作生活方式新變化新特點，探索團的基層組織建設新思路新模式，帶動青聯、學聯組織高揚愛國主義、社會主義旗幟，不斷鞏固和擴大青年愛國統一戰綫。要自覺對標全面從嚴治黨經驗做法，以改革創新精神和從嚴從實之風加強自身建設，嚴於管團治團，在全方位、高標準鍛造中煥發出共青團昂揚向上的時代風貌！

"人生萬事須自爲，跬步江山即寥廓。"[2] 追求進步，是青年最寶貴的特質，也是黨和人民最殷切的希望。新時代的廣大共青團員，要做理想遠大、信念堅定的模範，帶頭學習馬克思主義理論，樹立共產主義遠大理想和中國特色社會主義共同理想，自覺踐行社會主義核心價值觀，大力弘揚愛國主義精神；要做刻苦學習、銳意創新的模範，帶頭立足崗位、苦練本領、創先爭優，努力成爲行業骨幹、青年先鋒；要做敢於鬥爭、善於鬥爭的模範，帶頭迎難而上、攻堅克難，做到不信邪、不怕鬼、骨頭硬；要做艱苦奮鬥、無私奉獻的模範，帶頭站穩人民立場，腳踏實地、求真務實，吃苦在前、享受在後，甘於做一顆永不生銹的螺絲釘；要做崇德向善、嚴守紀律的模範，帶頭明大德、守公德、嚴私德，嚴格遵紀守法，嚴格履行團員義務。廣大共青團員要認真接受政治訓練、加強政治鍛造、追求政治進步，積極向黨組織靠攏，以成長爲一名合格的共產黨員爲目標、爲光榮。

長期以來，廣大團幹部發揚優良傳統，認真履職盡責，爲黨的青年工作作出了重要貢獻。團幹部要鑄牢對黨忠誠的政治品格，高揚理想主義的精神氣質，心境澄明，心力苦壯，讓人迎面就能感受到年輕幹部應有的清澈和純粹。要自覺踐行羣衆路綫、樹牢羣衆觀點，同廣大青年打成一片，做青年友，不做青年“官”，多爲青年計，少爲自己謀。要培養擔當實幹的工作作風，不尚虛談、多務實功，勇於到艱苦環境和基層一綫去擔苦、擔難、擔重、擔險，老老實實做人，踏踏實實幹事。要涵養廉潔自律的道德修爲，心有所畏、言有所戒、行有所止，不斷錘鍊意志力、堅忍力、自制力，做一個一心爲公、一身正氣、一塵不染的人。

革命人永遠是年輕。中國共產黨立志於中華民族千秋偉業，百年恰是風華正茂。列寧曾經引用恩格斯的話説過：“我們是未來的黨，而未來是屬於青年的。我們是革新者的黨，而總是青年更樂於跟着革新者走。我們是跟腐朽的舊事物進行忘我鬥爭的黨，而總是青年首先投身到忘我鬥爭中去。”〔3〕歷史和現實都證明，中國共產黨是始終保持青春特質的黨，是永遠值得青年人信賴和追隨的黨。

在實現中華民族偉大復興的征程上，中國共產黨是先鋒隊，共青團是突擊隊，少先隊是預備隊。入隊、入團、入黨，是青年追求政治進步的“人生三部曲”。中國共產黨始終向青年敞開大門，熱情歡迎青年源源不斷成爲黨的新鮮血液。共青團要履行好全團帶隊政治責任，規範和加强少先隊推優入團、共青團推優入黨工作機制，着力推動黨、團、隊育人鏈條相銜接、相貫通。各級黨組織要高度重視培養和發展青年黨員，特別是要注重從優秀共青團員中培養和發展黨員，確保紅色江山永不變色。

李大釗説過：“青年者，國家之魂。”〔4〕過去、現在、將來青年工作都是黨的工作中一項戰略性工作。各級黨委（黨組）

要傾注極大熱忱研究青年成長規律和時代特點，拿出極大精力抓青年工作，做青年朋友的知心人、青年工作的熱心人、青年羣眾的引路人。各級黨組織要落實黨建帶團建制度機制，經常研究解決共青團工作中的重大問題，熱情關心、嚴格要求團幹部，支持共青團按照羣團工作特點和規律創造性地開展工作。

註　釋

〔1〕見東晉葛洪《抱朴子·外篇·廣譬》。

〔2〕見元代范梈《王氏能遠樓》。

〔3〕見列寧《孟什維主義的危機》（《列寧全集》第十四卷，人民出版社二〇一七年版，第161頁）。

〔4〕見李大釗《〈晨鐘〉之使命——青春中華之創造》（《李大釗全集》第一卷，人民出版社二〇一三年版，第332—333頁）。

十一、加快建設
社會主義法治國家

實施好民法典[*]

（二〇二〇年五月二十九日）

　　民法典在中國特色社會主義法律體系中具有重要地位，是一部固根本、穩預期、利長遠的基礎性法律，對推進全面依法治國、加快建設社會主義法治國家，對發展社會主義市場經濟、鞏固社會主義基本經濟制度，對堅持以人民爲中心的發展思想、依法維護人民權益、推動我國人權事業發展，對推進國家治理體系和治理能力現代化，都具有重大意義。

　　民法典系統整合了新中國成立七十多年來長期實踐形成的民事法律規範，汲取了中華民族五千多年優秀法律文化，借鑑了人類法治文明建設有益成果，是一部體現我國社會主義性質、符合人民利益和願望、順應時代發展要求的民法典，是一部體現對生命健康、財産安全、交易便利、生活幸福、人格尊嚴等各方面權利平等保護的民法典，是一部具有鮮明中國特色、實踐特色、時代特色的民法典。實施好民法典，重點要做好以下工作。

　　第一，加强民法典重大意義的宣傳教育。要講清楚，實施好民法典是堅持以人民爲中心、保障人民權益實現和發展

---

　　[*] 這是習近平在主持中共十九屆中央政治局第二十次集體學習時講話的一部分。

281

的必然要求。民法典調整規範自然人、法人等民事主體之間的人身關係和財產關係，這是社會生活和經濟生活中最普通、最常見的社會關係和經濟關係，涉及經濟社會生活方方面面，同人民羣衆生產生活密不可分，同各行各業發展息息相關。民法典實施得好，人民羣衆權益就會得到法律保障，人與人之間的交往活動就會更加有序，社會就會更加和諧。要講清楚，實施好民法典是發展社會主義市場經濟、鞏固社會主義基本經濟制度的必然要求。民法典把我國多年來實行社會主義市場經濟體制和加強社會主義法治建設取得的一系列重要制度成果用法典的形式確定下來，規範經濟生活和經濟活動賴以依託的財產關係、交易關係，對堅持和完善社會主義基本經濟制度、促進社會主義市場經濟繁榮發展具有十分重要的意義。要講清楚，實施好民法典是提高我們黨治國理政水平的必然要求。民法典是全面依法治國的重要制度載體，很多規定同有關國家機關直接相關，直接涉及公民和法人的權利義務關係。國家機關履行職責、行使職權必須清楚自身行爲和活動的範圍和界限。各級黨和國家機關開展工作要考慮民法典規定，不能侵犯人民羣衆享有的合法民事權利，包括人身權利和財產權利。同時，有關政府機關、監察機關、司法機關要依法履行職能、行使職權，保護民事權利不受侵犯、促進民事關係和諧有序。民法典實施水平和效果，是衡量各級黨和國家機關履行爲人民服務宗旨的重要尺度。

　　第二，加强民事立法相關工作。民法典頒佈實施，並不意味着一勞永逸解決了民事法治建設的所有問題，仍然有許多問題需要在實踐中檢驗、探索，還需要不斷配套、補充、細化。有關國家機關要適應改革開放和社會主義現代化建設要求，加強同民法典相關聯、相配套的法律法規制度建設，不斷總結實踐經驗，修改完善相關法律法規和司法解釋。對同民法典規定和原則不一致的國家有關規定，要抓緊清理，該修改的修改，該廢止的廢止。要發揮法律解釋的作用，及時明確法律規定含義和適用法律依據，保持民法典穩定性和適應性相統一。

"法與時轉則治。"[1] 隨着經濟社會不斷發展、經濟社會生活中各種利益關係不斷變化，民法典在實施過程中必然會遇到一些新情況新問題。這次新冠肺炎疫情防控的實踐表明，新技術、新產業、新業態和人們新的工作方式、交往方式、生活方式不斷湧現，也給民事立法提出了新課題。要堅持問題導向，適應技術發展進步新需要，在新的實踐基礎上推動民法典不斷完善和發展。

第三，加強民法典執法司法活動。嚴格規範公正文明執法，提高司法公信力，是維護民法典權威的有效手段。各級政府要以保證民法典有效實施爲重要抓手推進法治政府建設，把民法典作爲行政決策、行政管理、行政監督的重要標尺，不得違背法律法規隨意作出減損公民、法人和其他組織合法權益或增加其義務的決定。要規範行政許可、行政處罰、行政強制、行政徵收、行政收費、行政檢查、行政裁決等活動，提高依法行政能力和水平，依法嚴肅處理侵犯羣衆合法權益的行爲和人員。

民事案件同人民羣衆權益聯繫最直接最密切。各級司法機關要秉持公正司法，提高民事案件審判水平和效率。要加强民事司法工作，提高辦案質量和司法公信力。要及時完善相關民事司法解釋，使之同民法典及有關法律規定和精神保持一致，統一民事法律適用標準。要加强涉及財産權保護、人格權保護、知識産權保護、生態環境保護等重點領域的民事審判工作和監督指導工作，及時回應社會關切。要加强民事檢察工作，加强對司法活動的監督，暢通司法救濟渠道，保護公民、法人和其他組織合法權益，堅決防止以刑事案件名義插手民事糾紛、經濟糾紛。

民法典專業性較强，實施中要充分發揮律師事務所和律師等法律專業機構、專業人員的作用，幫助羣衆實現和維護自身合法權益，同時要發揮人民調解、商事仲裁等多元化糾紛解決機制的作用，加强法律援助、司法救助等工作，通過社會力量和基層組織務實解決民事糾紛，多方面推進民法典實施工作。

第四，加强民法典普法工作。民法典共七編一千二百六十條、十萬多字，是我國法律體系中條文最多、體量最大、編章結構最複雜的一部法律。民法典要實施好，就必須讓民法典走到羣衆身邊、走進羣衆心裏。要廣泛開展民法典普法工作，將其作爲"十四五"時期普法工作的重點來抓，引導羣衆認識到民法典既是保護自身權益的法典，也是全體社會成員都必須遵循的規範，養成自覺守法的意識，形成遇事找法的習慣，培養解決問題靠法的意識和能力。要把民法典納入國民教育體系，加强對青少年民法典教育。

民法典專業術語很多，要加强解讀。要聚焦民法典總則編和各分編需要把握好的核心要義和重點問題，闡釋好民法典關於民事活動平等、自願、公平、誠信等基本原則，闡釋好民法典關於堅持主體平等、保護財產權利、便利交易流轉、維護人格尊嚴、促進家庭和諧、追究侵權責任等基本要求，闡釋好民法典一系列新規定新概念新精神。

第五，加強我國民事法律制度理論研究。改革開放以來，我國民法理論研究和話語體系建設取得了明顯成效，但同日新月異的民法實踐相比還不完全適應。要堅持以中國特色社會主義法治理論爲指導，立足我國國情和實際，加強對民事法律制度的理論研究，儘快構建體現我國社會主義性質，具有鮮明中國特色、實踐特色、時代特色的民法理論體系和話語體系，爲有效實施民法典、發展我國民事法律制度提供理論支撐。

各級黨和國家機關要帶頭宣傳、推進、保障民法典實施，加強檢查和監督，確保民法典得到全面有效執行。各級領導幹部要做學習、遵守、維護民法典的表率，提高運用民法典維護人民權益、化解矛盾糾紛、促進社會和諧穩定能力和水平。

註　　釋

〔1〕見《韓非子·心度》。

以科學理論爲指導，爲全面建設社會主義現代化國家提供有力法治保障[*]

（二〇二〇年十一月十六日）

　　黨的十八大以來，黨中央明確提出全面依法治國，並將其納入"四個全面"戰略佈局予以有力推進。黨的十八屆四中全會專門進行研究，作出關於全面推進依法治國若干重大問題的決定。黨的十九大召開後，黨中央組建中央全面依法治國委員會，從全局和戰略高度對全面依法治國又作出一系列重大決策部署，推動我國社會主義法治建設發生歷史性變革、取得歷史性成就。我們把"中國共產黨領導是中國特色社會主義最本質的特徵"寫入憲法，完善黨領導立法、保證執法、支持司法、帶頭守法制度，黨對全面依法治國的領導更加堅強有力。我們完善頂層設計，統籌推進法律規範、法治實施、法治監督、法治保障和黨內法規體系建設，全面依法治國總體格局基本形成。我們推進重要領域立法，深化法治領域改革，推進法治政府建設，建立國家監察機構，改革

---

　　* 這是習近平在中央全面依法治國工作會議上講話的一部分。

完善司法體制，加強全民普法，深化依法治軍，推進法治專門隊伍建設，堅決維護社會公平正義，依法糾正一批冤錯案件，全面依法治國實踐取得重大進展。

當前和今後一個時期，推進全面依法治國，要全面貫徹落實黨的十九大和十九屆二中、三中、四中、五中全會精神，圍繞建設中國特色社會主義法治體系、建設社會主義法治國家的總目標，堅持黨的領導、人民當家作主、依法治國有機統一，以解決法治領域突出問題爲着力點，堅定不移走中國特色社會主義法治道路，在法治軌道上推進國家治理體系和治理能力現代化，爲全面建設社會主義現代化國家、實現中華民族偉大復興的中國夢提供有力法治保障。要重點抓好以下工作。

第一，堅持黨對全面依法治國的領導。黨的領導是推進全面依法治國的根本保證。我們黨是世界最大的執政黨，領導着世界上人口最多的國家，如何掌好權、執好政，如何更好把十四億人民組織起來、動員起來全面建設社會主義現代化國家，是一個始終需要高度重視的重大課題。歷史是最好的教科書，也是最好的清醒劑。我們黨領導社會主義法治建設，既有成功經驗，也有失誤教訓。特別是十年內亂期間，法制遭到嚴重破壞，黨和人民付出了沉重代價。"文化大革命"結束後，鄧小平同志把這個問題提到關係黨和國家前途命運的高度，強調"必須加強法制。必須使民主制度化、法律化"[1]。正反兩方面的經驗告訴我們，國際國內環境越是複雜，改革開放和社會主義現代化建設任務越是繁重，越要運用法治思維和法治手段鞏固執政地位、改善執政方式、提高執政能力，保證黨和國家長治久安。

　　全黨同志都必須清醒認識到，全面依法治國決不是要削弱黨的領導，而是要加強和改善黨的領導。要健全黨領導全面依法治國的制度和工作機制，推進黨的領導制度化、法治化，通過法治保障黨的路綫方針政策有效實施。要堅持依法治國和依規治黨有機統一，確保黨既依據憲法法律治國理政，又依據黨內法規管黨治黨、從嚴治黨。

　　二〇一五年，我在中央政治局常委會聽取最高人民法院和最高人民檢察院黨組工作彙報、在省部級主要領導幹部學習貫徹黨的十八屆四中全會精神全面推進依法治國專題研討班開班式等場合都明確指出，"黨大還是法大"是一個政治陷阱，是一個僞命題；對這個問題，我們不能含糊其辭、語焉不詳，要明確予以回答。黨的領導和依法治國不是對立的，而是統一的。我國法律充分體現了黨和人民意志，我們黨依法辦事，這個關係是相互統一的關係。全黨同志必須牢記，黨的領導是我國社會主義法治之魂，是我國法治同西方資本主義國家法治最大的區別。離開了黨的領導，全面依法治國就難以有效推進，社會主義法治國家就建不起來。

　　當然，我們說不存在"黨大還是法大"的問題，是把黨作爲一個執政整體、就黨的執政地位和領導地位而言的，具體到每個黨政組織、每個領導幹部，就必須服從和遵守憲法法律。有些事情要提交黨委把握，但這種把握不是私情插手，不是包庇性的干預，而是一種政治性、程序性、職責性的把握。這個界綫一定要劃分清楚。

　　第二，堅持以人民爲中心。全面依法治國最廣泛、最深厚的基礎是人民，必須堅持爲了人民、依靠人民。要把體現人民利益、反映人民願望、維護人民權益、增進人民福祉落實到全面依法治國各領域全過程，保證人民在黨的領導下通過各種途徑和形式管理國家事務、管理經濟文化事業、管理社會事務，保證人民依法享有廣泛的權利和自由、承擔應盡的義務。

推進全面依法治國，根本目的是依法保障人民權益。隨着我國經濟社會持續發展和人民生活水平不斷提高，人民羣衆對民主、法治、公平、正義、安全、環境等方面的要求日益增長，要積極回應人民羣衆新要求新期待，堅持問題導向、目標導向，樹立辯證思維和全局觀念，系統研究謀劃和解決法治領域人民羣衆反映强烈的突出問題，不斷增强人民羣衆獲得感、幸福感、安全感，用法治保障人民安居樂業。

第三，堅持中國特色社會主義法治道路。我説過，我們要堅持的中國特色社會主義法治道路，本質上是中國特色社會主義道路在法治領域的具體體現；我們要發展的中國特色社會主義法治理論，本質上是中國特色社會主義理論體系在法治問題上的理論成果；我們要建設的中國特色社會主義法治體系，本質上是中國特色社會主義制度的法律表現形式。我們既要立足當前，運用法治思維和法治方式解決經濟社會發展面臨的深層次問題；又要着眼長遠，築法治之基、行法治之力、積法治之勢，促進各方面制度更加成熟更加定型，爲黨和國家事業發展提供長期性的制度保障。

自古以來，我國形成了世界法制史上獨樹一幟的中華法系，積澱了深厚的法律文化。中華法系形成於秦朝，到隋唐時期逐步成熟，《唐律疏議》是代表性的法典，清末以後中華法系影響日漸衰微。與大陸法系、英美法系、伊斯蘭法系等不同，中華法系是在我國特定歷史條件下形成的，顯示了中華民族的偉大創造力和中華法制文明的深厚底蘊。中華法系凝聚了中華民族的精神和智慧，有很多優秀的思想和理念值得我們傳承。出禮入刑、隆禮重法的治國策略，民惟邦本、本固邦寧的民本理念，天下無訟、以和爲貴的價值追求，德主刑輔、明德慎罰的慎刑思想，援法斷罪、罰當其罪的平等觀念，保護鰥寡孤獨、老幼婦殘的恤刑原則，等等，都彰顯了中華優秀傳統法律文化的智慧。近代以後，不少人試圖在中國照搬西方法治模式，但最終都歸於失敗。歷史和現實告訴我們，只有傳承中華優秀傳統法律文化，從我國革命、建設、改革的實踐中探索適合自己的法治道路，同時借鑒國外法治有益成果，才能爲全面建設社會主義現代化國家、實現中華民族偉大復興夯實法治基礎。

有一點要明確，我們推進全面依法治國，決不照搬別國模式和做法，決不走西方所謂"憲政"、"三權鼎立"、"司法獨立"的路子。實踐證明，我國政治制度和法治體系是適合我國國情和實際的制度，具有顯著優越性。在這個問題上，我們要有自信、有底氣、有定力。事實教育了我們的人民羣衆，人民羣衆越來越自信。

面對突如其來的疫情，我們始終堅持堅定信心、同舟共濟、科學防治、精準施策的總要求。二月五日，我就主持召開中央全面依法治國委員會第三次會議，在疫情防控關鍵時刻專門部署依法防控疫情工作，我特別強調，疫情防控越是到了最吃勁的時候，越要堅持依法防控，在法治軌道上統籌推進各項防控工作。各地區各部門從立法、執法、司法、普法、守法各環節全面發力，嚴格按照法定權限和程序實施區域封鎖、病人隔離、交通管控、遺體處置等措施，嚴厲打擊妨害疫情防控的違法犯罪行爲，依法化解涉疫矛盾糾紛，爲疫情防控取得重大戰略成果提供了有力法治保障。

第四，堅持依憲治國、依憲執政。憲法是國家的根本法，具有最高的法律效力。黨領導人民制定憲法法律，領導人民實施憲法法律，黨自身要在憲法法律範圍內活動。全國各族人民、一切國家機關和武裝力量、各政黨和各社會團體、各企業事業組織，都必須以憲法爲根本的活動準則，都負有維護憲法尊嚴、保證憲法實施的職責。任何組織和個人都不得有超越憲法法律的特權，一切違反憲法法律的行爲都必須予以追究。

黨的十八屆四中全會明確提出，堅持依法治國首先要堅持依憲治國，堅持依法執政首先要堅持依憲執政。我們講依憲治國、依憲執政，同西方所謂“憲政”有着本質區別，不能把二者混爲一談。堅持依憲治國、依憲執政，就包括堅持憲法確定的中國共產黨領導地位不動搖，堅持憲法確定的人民民主專政的國體和人民代表大會制度的政體不動搖。

維護國家法治統一，是一個嚴肅的政治問題。我國是單一制國家，維護國家法治統一至關重要。二〇一五年立法法修改，賦予設區的市地方立法權，地方立法工作有了積極進展，總體情況是好的，但有的地方也存在違背上位法規定、立法“放水”等問題，影響很不好。要加強憲法實施和監督，推進合憲性審查工作，對一切違反憲法法律的法規、規範性文件必須堅決予以糾正和撤銷。同時，地方立法要有地方特色，需要幾條就定幾條，能用三五條解決問題就不要搞"鴻篇巨製"，關鍵是吃透黨中央精神，從地方實際出發，解決突出問題。

第五，堅持在法治軌道上推進國家治理體系和治理能力現代化。法治是國家治理體系和治理能力的重要依託。只有全面依法治國才能有效保障國家治理體系的系統性、規範性、協調性，才能最大限度凝聚社會共識。

新中國成立七十多年來，我國之所以創造出經濟快速發展、社會長期穩定"兩大奇迹"，同我們不斷推進社會主義法治建設有着十分緊密的關係。這次應對新冠肺炎疫情，我們堅持在法治軌道上統籌推進疫情防控和經濟社會發展工作，依法維護社會大局穩定，有序推進復工復產，我國疫情防控取得重大戰略成果，我國將成爲今年全球唯一恢復經濟正增長的主要經濟體。在統籌推進偉大鬥爭、偉大工程、偉大事業、偉大夢想的實踐中，在全面建設社會主義現代化國家新征程上，我們要更加重視法治、厲行法治，更好發揮法治固根本、穩預期、利長遠的保障作用，堅持依法應對重大挑戰、抵禦重大風險、克服重大阻力、解決重大矛盾。

第六，堅持建設中國特色社會主義法治體系。中國特色社會主義法治體系是推進全面依法治國的總抓手。要加快形成完備的法律規範體系、高效的法治實施體系、嚴密的法治監督體系、有力的法治保障體系，形成完善的黨內法規體系。要堅持依法治國和以德治國相結合，實現法治和德治相輔相成、相得益彰。

"治國無其法則亂，守法而不變則衰。"[2] 要加快完善中國特色社會主義法律體系，使之更加科學完備、統一權威。黨的十八大以來，全國人大及其常委會通過憲法修正案，制定法律四十八件，修改法律二百零三件次，作出法律解釋九件，通過有關法律問題和重大問題的決定七十九件次。截至目前，現行有效法律二百八十二件、行政法規六百零八件，地方性法規一萬二千餘件。民法典爲其他領域立法法典化提供了很好的範例，要總結編纂民法典的經驗，適時推動條件成熟的立法領域法典編纂工作。要研究豐富立法形式，可以搞一些"大塊頭"，也要搞一些"小快靈"，增强立法的針對性、適用性、可操作性。

要積極推進國家安全、科技創新、公共衛生、生物安全、生態文明、防範風險、涉外法治等重要領域立法，健全國家治理急需的法律制度、滿足人民日益增長的美好生活需要必備的法律制度，填補空白點、補强薄弱點。數字經濟、互聯網金融、人工智能、大數據、雲計算等新技術新應用快速發展，催生一系列新業態新模式，但相關法律制度還存在時間差、空白區。網絡犯罪已成爲危害我國國家政治安全、網絡安全、社會安全、經濟安全等的重要風險之一。

第七，堅持依法治國、依法執政、依法行政共同推進，法治國家、法治政府、法治社會一體建設。全面依法治國是一個系統工程，要整體謀劃，更加注重系統性、整體性、協同性。依法治國、依法執政、依法行政是一個有機整體，關鍵在於黨要堅持依法執政、各級政府要堅持依法行政。法治國家、法治政府、法治社會相輔相成，法治國家是法治建設的目標，法治政府是建設法治國家的重點，法治社會是構築法治國家的基礎。

我多次強調，推進全面依法治國，法治政府建設是重點任務和主體工程，對法治國家、法治社會建設具有示範帶動作用，要率先突破。現在，法治政府建設還有一些難啃的硬骨頭，依法行政觀念不牢固、行政決策合法性審查走形式等問題還沒有根本解決。要用法治給行政權力定規矩、劃界限，規範行政決策程序，健全政府守信踐諾機制，提高依法行政水平。要根據新發展階段的特點，圍繞推動高質量發展、構建新發展格局，加快轉變政府職能，加快打造市場化、法治化、國際化營商環境，打破行業壟斷和地方保護，打通經濟循環堵點，推動形成全國統一、公平競爭、規範有序的市場體系。

行政執法工作面廣量大，一頭連着政府，一頭連着羣衆，直接關係羣衆對黨和政府的信任、對法治的信心。要推進嚴格規範公正文明執法，提高司法公信力。近年來，我們整治執法不規範、亂作爲等問題，取得很大成效。同時，一些地方運動式、“一刀切”執法問題仍時有發生，執法不作爲問題突出。強調嚴格執法，讓違法者敬法畏法，但絕不是暴力執法、過激執法，要讓執法既有力度又有溫度。要加強省市縣鄉四級全覆蓋的行政執法協調監督工作體系建設，強化全方位、全流程監督，提高執法質量。

全民守法是法治社會的基礎工程。普法工作要緊跟時代，在針對性和實效性上下功夫，落實“誰執法誰普法”普法責任制，特別是要加強青少年法治教育，不斷提升全體公民法治意識和法治素養，使法治成爲社會共識和基本準則。要強化依法治理，培育全社會辦事依法、遇事找法、解決問題用法、化解矛盾靠法的法治環境。

古人説："消未起之患、治未病之疾，醫之於無事之前。"[3]法治建設既要抓末端、治已病，更要抓前端、治未病。我國國情決定了我們不能成爲"訴訟大國"。我國有十四億人口，大大小小的事都要打官司，那必然不堪重負！要推動更多法治力量向引導和疏導端用力，完善預防性法律制度，堅持和發展新時代"楓橋經驗"，完善社會矛盾糾紛多元預防調處化解綜合機制，更加重視基層基礎工作，充分發揮共建共治共享在基層的作用，推進市域社會治理現代化，促進社會和諧穩定。

第八，堅持全面推進科學立法、嚴格執法、公正司法、全民守法。要繼續推進法治領域改革，解決好立法、執法、司法、守法等領域的突出矛盾和問題。

公平正義是司法的靈魂和生命。要深化司法責任制綜合配套改革，加强司法制約監督，完善人員分類管理，健全司法職業保障，規範司法權力運行，提高司法辦案質量和效率。要健全社會公平正義法治保障制度，努力讓人民羣衆在每一個司法案件中感受到公平正義。要繼續完善公益訴訟制度，有效維護社會公共利益。黨的十八大以來，黨中央確定的一些重大改革事項，健全紀檢監察機關、公安機關、檢察機關、審判機關、司法行政機關各司其職，偵查權、檢察權、審判權、執行權相互配合的體制機制等，要緊盯不放，真正一抓到底，抓出實效。

近年來，司法腐敗案件集中暴露出權力制約監督不到位問題。一些人通過金錢開路，幾乎成了法外之人，背後有政法系統幾十名幹部爲其"打招呼"、"開路條"，監督形同虛設。要加快構建規範高效的制約監督體系，堅決破除"關係網"、斬斷"利益鏈"，讓"貓膩"、"暗門"無處遁形。

二〇一八年一月起，爲期三年的掃黑除惡專項鬥爭在全國展開。掃黑除惡專項鬥爭把打擊黑惡勢力和"打傘破網"一體推進，清除了一批害羣之馬。近三年來打掉的涉黑組織相當於前十年的總和，對黑惡勢力形成了強大震懾。要繼續依法打擊破壞社會秩序的違法犯罪行爲，特別是要推動掃黑除惡常態化，持之以恆、堅定不移打擊黑惡勢力及其保護傘，讓城鄉更安寧、羣衆更安樂。

第九，堅持統籌推進國内法治和涉外法治。法治是國家核心競爭力的重要内容。當前，世界百年未有之大變局加速演變，和平與發展仍然是時代主題，但國際環境不穩定性不確定性明顯上升，新冠肺炎疫情大流行影響廣泛深遠。我國不斷發展壯大，日益走近世界舞臺中央。要加快涉外法治工作戰略佈局，協調推進國内治理和國際治理，更好維護國家主權、安全、發展利益。要加快形成系統完備的涉外法律法規體系，提升涉外執法司法效能。要引導企業、公民在走出去過程中更加自覺地遵守當地法律法規和風俗習慣，運用法治和規則維護自身合法權益。要注重培育一批國際一流的仲裁機構、律師事務所，把涉外法治保障和服務工作做得更有成效。

我們要堅定維護以聯合國爲核心的國際體系，堅定維護以國際法爲基礎的國際秩序，堅定維護以聯合國憲章宗旨和原則爲基礎的國際法基本原則和國際關係基本準則。對不公正不合理、不符合國際格局演變大勢的國際規則、國際機制，要提出改革方案，推動全球治理變革，推動構建人類命運共同體。

第十，堅持建設德才兼備的高素質法治工作隊伍。全面推進依法治國，首先要把專門隊伍建設好。要加强理想信念教育，深入開展社會主義核心價值觀和社會主義法治理念教育，推進法治專門隊伍革命化、正規化、專業化、職業化，確保做到忠於黨、忠於國家、忠於人民、忠於法律。

對法治專門隊伍的管理必須堅持更嚴標準、更高要求。一些執法司法人員手握重器而不自重，貪贓枉法、徇私枉法，辦"金錢案"、"權力案"、"人情案"，嚴重損害法治權威。要制定完善鐵規禁令、紀律規定，用制度管好關鍵人、管到關鍵處、管住關鍵事。要堅決清查貪贓枉法、對黨不忠誠不老實的人，深查執法司法腐敗。最近，政法系統開展隊伍教育整頓試點工作，查處了一批害羣之馬，得到廣大羣衆好評。要鞏固和擴大試點工作成果，堅持零容忍，敢於刀刃向内、刮骨療毒。

法律服務隊伍是全面依法治國的重要力量。總體而言，這支隊伍是好的，但也存在不少問題，有的熱衷於"揚名逐利"，行爲不端、誠信缺失、形象不佳；極個别法律從業人員政治意識淡薄，甚至惡意攻擊我國政治制度和法治制度。要把擁護中國共産黨領導、擁護我國社會主義法治作爲法律服務人員從業的基本要求，加强教育、管理、引導，引導法律服務工作者堅持正確政治方向，依法依規誠信執業，認真履行社會責任，滿腔熱忱投入社會主義法治國家建設。要推進法學院校改革發展，提高人才培養質量。要加大涉外法學教育力度，重點做好涉外執法司法和法律服務人才培養、國際組織法律人才培養推送工作，更好服務對外工作大局。

第十一，堅持抓住領導幹部這個"關鍵少數"。領導幹部具體行使黨的執政權和國家立法權、行政權、監察權、司法權，是全面依法治國的關鍵。各級領導幹部要堅決貫徹落實黨中央關於全面依法治國的重大決策部署，帶頭尊崇法治、敬畏法律，了解法律、掌握法律，不斷提高運用法治思維和法治方式深化改革、推動發展、化解矛盾、維護穩定、應對風險的能力，做尊法學法守法用法的模範。要把法治素養和依法履職情況納入考核評價幹部的重要內容，讓尊法學法守法用法成爲領導幹部自覺行爲和必備素質。

同志們！深入推進全面依法治國，必須堅持黨的集中統一領導。各級黨委和政府要加強對法治建設的組織領導，重大部署、重要任務、重點工作要抓在手上，確保落到實處。要深入貫徹黨的十九屆五中全會精神，將"十四五"時期經濟社會發展和法治建設同步謀劃、同步部署、同步推進。黨中央即將印發法治中國建設規劃和法治社會建設實施綱要，新的法治政府建設實施綱要也將很快出臺，各級黨委和政府要抓緊抓實抓好。各條戰綫各個部門要強化法治觀念，嚴格依法辦事，不斷提高各領域工作法治化水平。法治工作部門要全面履職盡責。中央依法治國辦要履行統籌協調、督促檢查、推動落實的職責，及時發現問題，推動研究解決。要力戒形式主義、官僚主義，確保全面依法治國各項任務真正落到實處。

　　推進全面依法治國是國家治理的一場深刻變革，必須以科學理論爲指導，加强理論思維，從理論上回答爲什麼要全面依法治國、怎樣全面依法治國這個重大時代課題，不斷從理論和實踐的結合上取得新成果，總結好、運用好黨關於新時代加强法治建設的思想理論成果，更好指導全面依法治國各項工作。

註　　釋

〔1〕見鄧小平《解放思想，實事求是，團結一致向前看》（《鄧小平文選》第二卷，人民出版社一九九四年版，第 146 頁 ）。

〔2〕見《慎子·逸文》。

〔3〕見東晉葛洪《抱朴子·內篇·地真》。

全面推進中國特色社會主義法治體系建設*

（二〇二一年十二月六日）

我多次强調，法治興則民族興，法治强則國家强。當前，我國正處在實現中華民族偉大復興的關鍵時期，世界百年未有之大變局加速演進，改革發展穩定任務艱巨繁重，對外開放深入推進，需要更好發揮法治固根本、穩預期、利長遠的作用。

從國內看，我們已經踏上了全面建設社會主義現代化國家、向第二個百年奮鬥目標進軍的新征程，立足新發展階段，貫徹新發展理念，構建新發展格局，推動高質量發展，滿足人民對民主、法治、公平、正義、安全、環境等方面日益增長的要求，提高人民生活品質，促進共同富裕，都對法治建設提出了新的更高要求。我們必須提高全面依法治國能力和水平，爲全面建設社會主義現代化國家、實現第二個百年奮鬥目標提供有力法治保障。

從國際看，世界進入動盪變革期，國際競爭越來越體現爲制度、規則、法律之爭。我們必須加强涉外法律法規體系

* 這是習近平在主持中共十九屆中央政治局第三十五次集體學習時講話的一部分。

建設，提升涉外執法司法效能，堅決維護國家主權、安全、發展利益。

建設中國特色社會主義法治體系，要順應事業發展需要，堅持系統觀念，全面加以推進。當前和今後一個時期，要着力抓好以下幾方面工作。

第一，堅持法治體系建設正確方向。我講過，全面推進依法治國這件大事能不能辦好，最關鍵的是方向是不是正確、政治保證是不是堅強有力，具體講就是要堅持黨的領導，堅持中國特色社會主義制度，貫徹中國特色社會主義法治理論。中國特色社會主義法治體系是中國特色社會主義制度的重要組成部分，必須牢牢把握中國特色社會主義這個定性，堅定不移走中國特色社會主義法治道路，正確處理政治和法治、改革和法治、依法治國和以德治國、依法治國和依規治黨的關係，在堅持黨的全面領導、保證人民當家作主等重大問題上做到頭腦特別清晰、立場特別堅定。要始終堅持以人民爲中心，堅持法治爲了人民、依靠人民、造福人民、保護人民，把體現人民利益、反映人民願望、維護人民權益、增進人民福祉落實到法治體系建設全過程。我們要建設的中國特色社會主義法治體系，必須是扎根中國文化、立足中國國情、解決中國問題的法治體系，不能被西方錯誤思潮所誤導。

第二，加快重點領域立法。古人講："立善法於天下，則天下治；立善法於一國，則一國治。"[1]要加強國家安全、科技創新、公共衛生、生物安全、生態文明、防範風險等重要領域立法，加快數字經濟、互聯網金融、人工智能、大數據、雲計算等領域立法步伐，努力健全國家治理急需、滿足人民日益增長的美好生活需要必備的法律制度。要發揮依規治黨對黨和國家事業發展的政治保障作用，形成國家法律和黨內法規相輔相成的格局。要聚焦人民羣衆急盼，加強民生領域立法。對人民羣衆反映強烈的電信網絡詐騙、新型毒品犯罪和"邪教式"追星、"飯圈"亂象、"陰陽合同"等娛樂圈突出問題，要從完善法律入手進行規制，補齊監管漏洞和短板，決不能放任不管。這些年來，資本無序擴張問題比較突出，一些平臺經濟、數字經濟野蠻生長、缺乏監管，帶來了很多問題。要加快推進反壟斷法、反不正當競爭法等修訂工作，加快完善相關法律制度。

毛澤東同志説過："搞憲法是搞科學。"[2] 要抓住立法質量這個關鍵，深入推進科學立法、民主立法、依法立法，統籌立改廢釋纂，提高立法效率，增強立法系統性、整體性、協同性。維護國家法治統一是嚴肅的政治問題，各級立法機構和工作部門要遵循立法程序、嚴守立法權限，切實避免越權立法、重複立法、盲目立法，有效防止部門利益和地方保護主義影響。

"天下之事，不難於立法，而難於法之必行。"[3] 推進法治體系建設，重點和難點在於通過嚴格執法、公正司法、全民守法，推進法律正確實施，把"紙上的法律"變爲"行動中的法律"。要健全法律面前人人平等保障機制，維護國家法制統一、尊嚴、權威，一切違反憲法法律的行爲都必須予以追究。各級黨組織和領導幹部都要旗幟鮮明支持司法機關依法獨立行使職權，絕不容許利用職權干預司法、插手案件。

第三，深化法治領域改革。當前，法治領域存在的一些突出矛盾和問題，原因在於改革還沒有完全到位。要圍繞讓人民羣衆在每一項法律制度、每一個執法決定、每一宗司法案件中都感受到公平正義這個目標，深化司法體制綜合配套改革，加快建設公正高效權威的社會主義司法制度。要健全社會公平正義法治保障制度，完善公益訴訟制度，健全執法權、監察權、司法權運行機制，加強權力制約和監督。要加快構建系統完備、規範高效的執法司法制約監督體系，加強對立法權、執法權、監察權、司法權的監督，健全紀檢監察機關、公安機關、檢察機關、審判機關、司法行政機關各司其職，偵查權、檢察權、審判權、執行權相互制約的體制機制，確保執法司法各環節、全過程在有效制約監督下進行。要加強統籌謀劃，完善法治人才培養體系，加快發展律師、公證、司法鑑定、仲裁、調解等法律服務隊伍，着力建設一支忠於黨、忠於國家、忠於人民、忠於法律的社會主義法治工作隊伍。要深化執法司法人員管理體制改革，加強法治專門隊伍管理教育和培養。要深化政法隊伍教育整頓，繼續依法打擊執法司法領域腐敗行爲，推動掃黑除惡常態化。

需要強調的是，法治領域改革政治性、政策性強，必須把握原則、堅守底綫，決不能把改革變成"對標"西方法治體系、"追捧"西方法治實踐。

第四，運用法治手段開展國際鬥爭。黨的十八大以來，我們統籌推進國內法治和涉外法治，運用法治方式維護國家和人民利益能力明顯提升。要堅持統籌推進國內法治和涉外法治，按照急用先行原則，加強涉外領域立法，進一步完善反制裁、反干涉、反制"長臂管轄"法律法規，推動我國法域外適用的法律體系建設。要把拓展執法司法合作納入雙邊多邊關係建設的重要議題，延伸保護我國海外利益的安全鏈。要加強涉外法治人才建設。

第五，加強法治理論研究和宣傳。我們總結中國特色社會主義法治實踐規律，傳承中華法律文化精華，汲取世界法治文明有益成果，形成了全面依法治國新理念新舉措。我在中央全面依法治國工作會議上概括爲"十一個堅持"〔4〕。要加強對我國法治的原創性概念、判斷、範疇、理論的研究，加強中國特色法學學科體系、學術體系、話語體系建設。要把新時代中國特色社會主義法治思想落實到各法學學科的教材編寫和教學工作中，推動進教材、進課堂、進頭腦，努力培養造就更多具有堅定理想信念、強烈家國情懷、扎實法學根底的法治人才。要加強對律師隊伍的政治引領，教育引導廣大律師自覺遵守擁護中國共產黨領導、擁護我國社會主義法治等從業基本要求，努力做黨和人民滿意的好律師。要把推進全民守法作爲基礎工程，全面落實"誰執法誰普法"普法責任制。各級領導幹部要帶頭尊法學法守法用法，引導廣大羣衆自覺守法、遇事找法、解決問題靠法。要總結我國法治體系建設和法治實踐的經驗，闡發我國優秀傳統法治文化，講好中國法治故事，提升我國法治體系和法治理論的國際影響力和話語權。

註　釋

〔1〕見本卷《毫不動搖堅持、與時俱進完善人民代表大會制度》註〔2〕。

〔2〕見毛澤東《關於中華人民共和國憲法草案》(《毛澤東文集》第六卷，人民出版社一九九九年版，第330頁)。

〔3〕見明代張居正《請稽查章奏隨事考成以修實政疏》。

〔4〕見本卷《以科學理論爲指導，爲全面建設社會主義現代化國家提供有力法治保障》。

十二、推進社會主義文化强國建設

把文化建設擺在更加突出位置[*]

（二〇二〇年九月二十二日）

中國特色社會主義是全面發展、全面進步的偉大事業，沒有社會主義文化繁榮發展，就沒有社會主義現代化。黨的十八大以來，我們把文化建設提升到一個新的歷史高度，把文化自信和道路自信、理論自信、制度自信並列為中國特色社會主義"四個自信"，把堅持馬克思主義在意識形態領域指導地位的制度確立為中國特色社會主義制度體系的一項根本制度，把堅持社會主義核心價值體系納入新時代堅持和發展中國特色社會主義的基本方略。這幾年，我國文化建設在正本清源、守正創新中取得歷史性成就、發生歷史性變革，為新時代堅持和發展中國特色社會主義、開創黨和國家事業全新局面提供了強大正能量。

我多次強調，要堅定文化自信，推動中華優秀傳統文化創造性轉化、創新性發展，繼承革命文化，發展社會主義先進文化，不斷鑄就中華文化新輝煌，建設社會主義文化強國。統籌推進"五位一體"總體佈局、協調推進"四個全面"戰略佈局，文化是重要內容；推動高質量發展，文化是重要支

---

[*] 這是習近平在教育文化衛生體育領域專家代表座談會上講話的一部分。

點；滿足人民日益增長的美好生活需要，文化是重要因素；戰勝前進道路上各種風險挑戰，文化是重要力量源泉。"十四五"時期，我們要把文化建設放在全局工作的突出位置，切實抓緊抓好。要堅持馬克思主義在意識形態領域的指導地位，堅守中華文化立場，堅持以社會主義核心價值觀引領文化建設，緊緊圍繞舉旗幟、聚民心、育新人、興文化、展形象的使命任務，加強社會主義精神文明建設，繁榮發展文化事業和文化產業，不斷提高國家文化軟實力，增強中華文化影響力，發揮文化引領風尚、教育人民、服務社會、推動發展的作用。

文明是現代化國家的顯著標誌。要把提高社會文明程度作爲建設社會主義文化強國的重大任務，堅持重在建設、以立爲本，堅持久久爲功、持之以恆，努力推動形成適應新時代要求的思想觀念、精神面貌、文明風尚、行爲規範。要深化黨的創新理論學習教育，推動理想信念教育常態化制度化，加強黨史、新中國史、改革開放史、社會主義發展史教育，加強愛國主義、集體主義、社會主義教育，引導人們堅定道路自信、理論自信、制度自信、文化自信，促進全體人民在思想上精神上緊緊團結在一起。要深入研究中華文明、中華文化的起源和特質，形成較爲完整的中國文化基因的理念體系。要深入推進公民道德建設、志願服務建設、誠信社會建設、網絡文明建設，不斷提高人民道德水準和文明素養。要提倡艱苦奮鬥、勤儉節約，堅決反對鋪張浪費，在全社會營造浪費可恥、節約光榮的濃厚氛圍。

發展文化事業是滿足人民精神文化需求、保障人民文化權益的基本途徑。要堅持爲人民服務、爲社會主義服務的方向，堅持百花齊放、百家爭鳴的方針，全面繁榮新聞出版、廣播影視、文學藝術、哲學社會科學事業，着力提升公共文化服務水平，讓人民享有更加充實、更爲豐富、更高質量的精神文化生活。要推進城鄉公共文化服務體系一體建設，優化城鄉文化資源配置，完善農村文化基礎設施網絡，增加農村公共文化服務總量供給，縮小城鄉公共文化服務差距。

衡量文化産業發展質量和水平，最重要的不是看經濟效益，而是看能不能提供更多既能滿足人民文化需求、又能增強人民精神力量的文化産品。要堅持把社會效益放在首位、社會效益和經濟效益相統一，深化文化體制改革，完善文化産業規劃和政策，不斷擴大優質文化産品供給。要順應數字産業化和産業數字化發展趨勢，加快發展新型文化業態，改造提升傳統文化業態，提高質量效益和核心競爭力。要圍繞國家重大區域發展戰略，把握文化産業發展特點規律和資源要素條件，促進形成文化産業發展新格局。文化産業和旅遊産業密不可分，要堅持以文塑旅、以旅彰文，推動文化和旅遊融合發展，讓人們在領略自然之美中感悟文化之美、陶冶心靈之美。

爲弘揚中華優秀傳統文化、增强文化自信提供堅强支撑[*]

（二〇二〇年九月二十八日）

我多次强調，"文化自信，是更基礎、更廣泛、更深厚的自信，是更基本、更深沉、更持久的力量"，"中國有堅定的道路自信、理論自信、制度自信，其本質是建立在五千多年文明傳承基礎上的文化自信"。考古工作是一項重要文化事業，也是一項具有重大社會政治意義的工作。歷史文化領域的鬥爭會長期存在，我們必須高度重視考古工作，用事實回擊對中華民族歷史的各種歪曲污蔑，爲弘揚中華優秀傳統文化、增强文化自信提供堅强支撑。

第一，繼續探索未知、揭示本源。我國古代歷史還有許多未知領域，考古工作任重道遠。比如，夏代史研究還存在大量空白，因缺乏足够的文字記載，通過考古發現來證實爲信史就顯得特別重要。又比如，"三皇五帝"等史前人物，是神話傳說還是確有其人？也需要考古工作去揭開謎底。要實施好"中華文明起源與早期發展綜合研究"、"考古中國"等

＊ 這是習近平在主持中共十九屆中央政治局第二十三次集體學習時講話的一部分。

重大項目，加强考古資源調查和政策需求調研工作，提高考古工作規劃水平。要圍繞一些重大歷史問題作出總體安排，集中力量攻關，不斷取得新突破。

第二，做好考古成果的挖掘、整理、闡釋工作。考古學界要會同經濟、法律、政治、文化、社會、生態、科技、醫學等領域研究人員，做好出土文物和遺址的研究闡釋工作，把我國文明起源和發展以及對人類的重大貢獻更加清晰、更加全面地呈現出來。要吸收最新史學研究成果，及時對我國古代歷史部分內容進行完善，以完整準確講述我國古代歷史，更好發揮以史育人作用。

第三，搞好歷史文化遺產保護工作。考古遺迹和歷史文物是歷史的見證，必須保護好、利用好。要建立健全歷史文化遺產資源資產管理制度，建設國家文物資源大數據庫，加强相關領域文物資源普查、名録公佈的統籌指導，强化技術支撐，引導社會參與。要把歷史文化遺產保護放在第一位，同時要合理利用，使其在提供公共文化服務、滿足人民精神文化生活需求方面充分發揮作用。要健全不可移動文物保護機制，把文物保護管理納入國土空間規劃編制和實施。要制定"先考古、後出讓"的制度設計和配套政策，對可能存在歷史文化遺存的土地，在依法完成考古調查、勘探、發掘前不得使用。要深刻汲取國內外重大文物災害事故教訓，督察落實主體責任，强化隱患整治，增强歷史文化遺產防護能力。要加强執法督察，規範舉報流程，嚴厲打擊文物犯罪。

第四，加强考古能力建設和學科建設。要堅持辯證唯物主義和歷史唯物主義，深入進行理論探索，包括探討符合歷

史實際的人類文明特別是中華文明的認定標準，努力建設中
國特色、中國風格、中國氣派的考古學，增强中國考古學在
國際考古學界的影響力、話語權。要運用科學技術提供的新
手段新工具，提高考古工作發現和分析能力，提高歷史文化
遺産保護能力。要積極培養壯大考古隊伍，讓更多年輕人熱
愛、投身考古事業，讓考古事業後繼有人、人才輩出。

把弘揚優秀傳統文化同馬克思主義立場觀點方法結合起來[*]

（二○二一年三月二十二日）

我到山東考察時專門去看了孔府孔廟，到武夷山也專門來看一看朱熹[1]園。

我們走中國特色社會主義道路，一定要推進馬克思主義中國化。如果沒有中華五千年文明，哪裏有什麼中國特色？如果不是中國特色，哪有我們今天這麼成功的中國特色社會主義道路？我們要特別重視挖掘中華五千年文明中的精華，把弘揚優秀傳統文化同馬克思主義立場觀點方法結合起來，堅定不移走中國特色社會主義道路。

註　釋

〔1〕朱熹（一一三○——二○○），徽州婺源（今江西婺源）人。南宋哲學家、教育家、文學家。

＊　這是習近平在福建武夷山朱熹園考察時講話的一部分。

加强國際傳播能力建設，
展示真實、立體、全面的中國*

（二〇二一年五月三十一日）

　　講好中國故事，傳播好中國聲音，展示真實、立體、全面的中國，是加強我國國際傳播能力建設的重要任務。要深刻認識新形勢下加強和改進國際傳播工作的重要性和必要性，下大氣力加強國際傳播能力建設，形成同我國綜合國力和國際地位相匹配的國際話語權，爲我國改革發展穩定營造有利外部輿論環境，爲推動構建人類命運共同體作出積極貢獻。

　　我們黨歷來高度重視對外傳播工作。黨的十八大以來，我們大力推動國際傳播守正創新，理順內宣外宣體制，打造具有國際影響力的媒體集羣，積極推動中華文化走出去，有效開展國際輿論引導和輿論鬥爭，初步構建起多主體、立體式的大外宣格局，我國國際話語權和影響力顯著提升，同時也面臨着新的形勢和任務。必須加強頂層設計和研究佈局，構建具有鮮明中國特色的戰略傳播體系，着力提高國際傳播影響力、中華文化感召力、中國形象親和力、中國話語説服力、國際輿論引導力。

---

　　* 這是習近平在主持中共十九屆中央政治局第三十次集體學習時的講話要點。

　　要加快構建中國話語和中國敘事體系，用中國理論闡釋中國實踐，用中國實踐昇華中國理論，打造融通中外的新概念、新範疇、新表述，更加充分、更加鮮明地展現中國故事及其背後的思想力量和精神力量。要加强對中國共產黨的宣傳闡釋，幫助國外民衆認識到中國共產黨真正爲中國人民謀幸福而奮鬥，了解中國共產黨爲什麼能、馬克思主義爲什麼行、中國特色社會主義爲什麼好。要圍繞中國精神、中國價值、中國力量，從政治、經濟、文化、社會、生態文明等多個視角進行深入研究，爲開展國際傳播工作提供學理支撐。要更好推動中華文化走出去，以文載道、以文傳聲、以文化人，向世界闡釋推介更多具有中國特色、體現中國精神、蘊藏中國智慧的優秀文化。要注重把握好基調，既開放自信也謙遜謙和，努力塑造可信、可愛、可敬的中國形象。

　　要廣泛宣介中國主張、中國智慧、中國方案，我國日益走近世界舞臺中央，有能力也有責任在全球事務中發揮更大作用，同各國一道爲解決全人類問題作出更大貢獻。要高舉人類命運共同體大旗，依託我國發展的生動實踐，立足五千多年中華文明，全面闡述我國的發展觀、文明觀、安全觀、人權觀、生態觀、國際秩序觀和全球治理觀。要倡導多邊主義，反對單邊主義、霸權主義，引導國際社會共同塑造更加公正合理的國際新秩序，建設新型國際關係。要善於運用各種生動感人的事例，説明中國發展本身就是對世界的最大貢獻、爲解決人類問題貢獻了智慧。

　　要深入開展各種形式的人文交流活動，通過多種途徑推動我國同各國的人文交流和民心相通。要創新體制機制，把我們的制度優勢、組織優勢、人力優勢轉化爲傳播優勢。要更好發揮高層次專家作用，利用重要國際會議論壇、外國主流媒體等平臺和渠道發聲。各地區各部門要發揮各自特色和優勢開展工作，展示豐富多彩、生動立體的中國形象。

要全面提升國際傳播效能，建強適應新時代國際傳播需要的專門人才隊伍。要加強國際傳播的理論研究，掌握國際傳播的規律，構建對外話語體系，提高傳播藝術。要採用貼近不同區域、不同國家、不同羣體受衆的精準傳播方式，推進中國故事和中國聲音的全球化表達、區域化表達、分衆化表達，增強國際傳播的親和力和實效性。要廣交朋友、團結和爭取大多數，不斷擴大知華友華的國際輿論朋友圈。要講究輿論鬥爭的策略和藝術，提升重大問題對外發聲能力。

各級黨委（黨組）要把加強國際傳播能力建設納入黨委（黨組）意識形態工作責任制，加強組織領導，加大財政投入，幫助推動實際工作、解決具體困難。各級領導幹部要主動做國際傳播工作，主要負責同志既要親自抓，也要親自做。要加強對領導幹部的國際傳播知識培訓，發揮各級黨組織作用，形成自覺維護黨和國家尊嚴形象的良好氛圍。各級黨校（行政學院）要把國際傳播能力培養作爲重要內容。要加強高校學科建設和後備人才培養，提升國際傳播理論研究水平。

共建網上美好精神家園[*]

（二〇二一年十一月十九日）

　　網絡文明是新形勢下社會文明的重要內容，是建設網絡強國的重要領域。近年來，我國積極推進互聯網內容建設，弘揚新風正氣，深化網絡生態治理，網絡文明建設取得明顯成效。要堅持發展和治理相統一、網上和網下相融合，廣泛匯聚向上向善力量。各級黨委和政府要擔當責任，網絡平臺、社會組織、廣大網民等要發揮積極作用，共同推進文明辦網、文明用網、文明上網，以時代新風塑造和淨化網絡空間，共建網上美好精神家園。

＊　這是習近平致首屆中國網絡文明大會賀信的主要部分。

展示中國文藝新氣象，
鑄就中華文化新輝煌*

（二〇二一年十二月十四日）

　　文化興則國家興，文化强則民族强。當代中國，江山壯麗，人民豪邁，前程遠大。時代爲我國文藝繁榮發展提供了前所未有的廣闊舞臺。推動社會主義文藝繁榮發展、建設社會主義文化强國，廣大文藝工作者義不容辭、重任在肩、大有作爲。

　　廣大文藝工作者要增强文化自覺、堅定文化自信，以强烈的歷史主動精神，積極投身社會主義文化强國建設，堅持爲人民服務、爲社會主義服務方向，堅持百花齊放、百家爭鳴方針，堅持創造性轉化、創新性發展，聚焦舉旗幟、聚民心、育新人、興文化、展形象的使命任務，在培根鑄魂上展現新擔當，在守正創新上實現新作爲，在明德修身上煥發新風貌，用自强不息、厚德載物的文化創造，展示中國文藝新氣象，鑄就中華文化新輝煌，爲實現第二個百年奮鬥目標、

　　* 這是習近平在中國文學藝術界聯合會第十一次全國代表大會、中國作家協會第十次全國代表大會開幕式上講話的一部分。

實現中華民族偉大復興的中國夢提供强大的價值引導力、文化凝聚力、精神推動力。

這裏，我給大家提幾點希望。

第一，希望廣大文藝工作者心繫民族復興偉業，熱忱描繪新時代新征程的恢宏氣象。實現中華民族偉大復興，是近代以來中國人民和中華民族最偉大的夢想。一百年來，中國共產黨把馬克思主義基本原理同中國具體實際相結合、同中華優秀傳統文化相結合，團結帶領中國人民在這片廣袤大地上繪就了人類發展史上波瀾壯闊的壯美畫卷，書寫了中華民族幾千年歷史上最恢宏的史詩。現在，實現中華民族偉大復興進入了不可逆轉的歷史進程，我們比歷史上任何時期都更接近、更有信心和能力實現中華民族偉大復興的目標，同時也必須準備付出更爲艱巨、更爲艱苦的努力。

文化是民族的精神命脈，文藝是時代的號角。古人説："文者，貫道之器也。"[1] 新時代新征程是當代中國文藝的歷史方位。廣大文藝工作者要深刻把握民族復興的時代主題，把人生追求、藝術生命同國家前途、民族命運、人民願望緊密結合起來，以文弘業、以文培元，以文立心、以文鑄魂，把文藝創造寫到民族復興的歷史上、寫在人民奮鬥的征程中。

一百年來，中國共產黨領導中國人民經過頑强奮鬥，迎來了從站起來、富起來到强起來的偉大飛躍，迎來了從落後時代、跟上時代再到引領時代的偉大跨越，創造了人類歷史上驚天地、泣鬼神的偉大史劇。廣大文藝工作者要樹立大歷史觀、大時代觀，眼納千江水、胸起百萬兵，把握歷史進程和時代大勢，反映中華民族的千年巨變，揭示百年中國的人間正道，弘揚以愛國主義爲核心的民族精神和以改革創新爲核心的時代精神，弘揚偉大建黨精神，唱響昂揚的時代主旋律。

中國特色社會主義新時代是中國人民在新的考驗和挑戰中創造光明未來的時代，也是中國人民拼搏奮鬥創造美好生活的時代。"登高使人心曠，臨流使人意遠。"[2]廣大文藝工作者要緊跟時代步伐，從時代的脈搏中感悟藝術的脈動，把藝術創造向着億萬人民的偉大奮鬥敞開，向着豐富多彩的社會生活敞開，從時代之變、中國之進、人民之呼中提煉主題、萃取題材，展現中華歷史之美、山河之美、文化之美，抒寫中國人民奮鬥之志、創造之力、發展之果，全方位全景式展現新時代的精神氣象。

第二，希望廣大文藝工作者堅守人民立場，書寫生生不息的人民史詩。源於人民、爲了人民、屬於人民，是社會主義文藝的根本立場，也是社會主義文藝繁榮發展的動力所在。廣大文藝工作者要堅持以人民爲中心的創作導向，把人民放在心中最高位置，把人民滿意不滿意作爲檢驗藝術的最高標準，創作更多滿足人民文化需求和增強人民精神力量的優秀作品，讓文藝的百花園永遠爲人民綻放。

人民是歷史的創造者，也是時代的創造者。在人民的壯闊奮鬥中，隨處躍動着創造歷史的火熱篇章，匯聚起來就是一部人民的史詩。人民是文藝之母。文學藝術的成長離不開人民的滋養，人民中有着一切文學藝術取之不盡、用之不竭的豐沛源泉。文藝要對人民創造歷史的偉大進程給予最熱情的讚頌，對一切爲中華民族偉大復興奮鬥的拼搏者、一切爲人民犧牲奉獻的英雄們給予最深情的褒揚。

　　茅盾[3]說過："一個做小說的人不但須有廣博的生活經驗，亦必須有一個訓練過的頭腦能够分析那複雜的社會現象"[4]。俄國作家托爾斯泰説過："藝術不是技藝，它是藝術家體驗了的感情的傳達。"[5]生活就是人民，人民就是生活。人民是真實的、現實的、樸實的，不能用虛構的形象虛構人民，不能用調侃的態度調侃人民，更不能用醜化的筆觸醜化人民。廣大文藝工作者只有深入人民羣衆、了解人民的辛勤勞動、感知人民的喜怒哀樂，才能洞悉生活本質，才能把握時代脈動，才能領悟人民心聲，才能使文藝創作具有深沉的力量和雋永的魅力。廣大文藝工作者不僅要讓人民成爲作品的主角，而且要把自己的思想傾向和情感同人民融爲一體，把心、情、思沉到人民之中，同人民一道感受時代的脈搏、生命的光彩，爲時代和人民放歌。

　　文學藝術以形象取勝，經典文藝形象會成爲一個時代文藝的重要標識。一切有追求、有本領的文藝工作者要提高閱讀生活的能力，不斷發掘更多代表時代精神的新現象新人物，以源於生活又高於生活的藝術創造，以現實主義和浪漫主義相結合的美學風格，塑造更多吸引人、感染人、打動人的藝術形象，爲時代留下令人難忘的藝術經典。

　　"立文之道，惟字與義。"[6]文藝只有向上向善才能成爲時代的號角。止於至善，方能臻於至美。廣大文藝工作者要發揚中國文藝追求向上向善的優良傳統，把社會主義核心價值觀生動活潑體現在文藝創作之中，把有筋骨、有道德、有溫度的東西表現出來，倡導健康文化風尚，摒棄畸形審美傾向，用思想深刻、清新質樸、剛健有力的優秀作品滋養人民的審美觀價值觀，使人民在精神生活上更加充盈起來。

第三，希望廣大文藝工作者堅持守正創新，用跟上時代的精品力作開拓文藝新境界。衡量一個時代的文藝成就最終要看作品，衡量文學家、藝術家的人生價值也要看作品。廣大文藝工作者要精益求精、勇於創新，努力創作無愧於我們這個偉大民族、偉大時代的優秀作品。

古往今來，優秀文藝作品必然是思想內容和藝術表達有機統一的結果。正所謂"理辯則氣直，氣直則辭盛，辭盛則文工"〔7〕。只有把美的價值注入美的藝術之中，作品才有靈魂，思想和藝術才能相得益彰，作品才能傳之久遠。要把提高質量作爲文藝作品的生命綫，內容選材要嚴、思想開掘要深、藝術創造要精，不斷提升作品的精神能量、文化內涵、藝術價值。

創新是文藝的生命。作家柳青説，"一個寫作者，當他完全擺脫模仿的時候，他才開始成爲真正的作家"〔8〕，"每一個時代的文學，都有新的手法"〔9〕。廣大文藝工作者要有學習前人的禮敬之心，更要有超越前人的競勝之心，增強自我突破的勇氣，抵制照搬跟風、克隆山寨，邁向更加廣闊的創作天地。

博大精深的中華文明是中華民族獨特的精神標識，是當代中國文藝的根基，也是文藝創新的寶藏。中國文化歷來推崇"收百世之闕文，採千載之遺韻"〔10〕。要挖掘中華優秀傳統文化的思想觀念、人文精神、道德規範，把藝術創造力和中華文化價值融合起來，把中華美學精神和當代審美追求結合起來，激活中華文化生命力。故步自封、陳陳相因談不上傳承，割斷血脈、憑空虛造不能算創新。要把握傳承和創新的關係，學古不泥古、破法不悖法，讓中華優秀傳統文化成爲文藝創新的重要源泉。

今天，各種藝術門類互融互通，各種表現形式交叉融合，互聯網、大數據、人工智能等催生了文藝形式創新，拓寬了文藝空間。我們必須明白一個道理，一切創作技巧和手段都是爲內容服務的。科技發展、技術革新可以帶來新的藝術表達和渲染方式，但藝術的豐盈始終有賴於生活。要正確運用新的技術、新的手段，激發創意靈感、豐富文化內涵、表達思想情感，使文藝創作呈現更有內涵、更有潛力的新境界。

第四，希望廣大文藝工作者用情用力講好中國故事，向世界展現可信、可愛、可敬的中國形象。中國人民歷來具有深厚的天下情懷，當代中國文藝要把目光投向世界、投向人類。廣大文藝工作者要有信心和抱負，承百代之流，會當今之變，創作更多彰顯中國審美旨趣、傳播當代中國價值觀念、反映全人類共同價值追求的優秀作品。

各國人民的處境和命運千差萬別，但對美好生活的不懈追求、爲改變命運的不屈奮鬥是一致的，也是最容易引起共鳴的。馬克思説："凡是民族作爲民族所做的事情，都是他們爲人類社會而做的事情"[11]。在艱苦卓絶的奮鬥中，中國人民以一往無前的決心和意志，以前所未有的智慧和力量，開闢了中國特色社會主義道路，創造了經濟快速發展和社會長期穩定兩大奇迹，創造了人類文明新形態，大幅提高了中國文化軟實力。國際社會希望解碼中國的發展道路和成功秘訣，了解中國人民的生活變遷和心靈世界。

以文化人，更能凝結心靈；以藝通心，更易溝通世界。廣大文藝工作者要立足中國大地，講好中國故事，以更為深邃的視野、更為博大的胸懷、更為自信的態度，擇取最能代表中國變革和中國精神的題材，進行藝術表現，塑造更多為世界所認知的中華文化形象，努力展示一個生動立體的中國，為推動構建人類命運共同體譜寫新篇章。

文藝的民族特性體現了一個民族的文化辨識度。廣大文藝工作者要堅守中華文化立場，同世界各國文學家、藝術家開展交流。要重視發展民族化的藝術內容和形式，繼承發揚民族民間文學藝術傳統，拓展風格流派、形式樣式，在世界文學藝術領域鮮明確立中國氣派、中國風範。

第五，希望廣大文藝工作者堅持弘揚正道，在追求德藝雙馨中成就人生價值。"志高則言潔，志大則辭弘，志遠則旨永。"[12] 文藝承擔着成風化人的職責。廣大文藝工作者要把個人的道德修養、社會形象與作品的社會效果統一起來，堅守藝術理想，追求德藝雙馨，努力以高尚的操守和文質兼美的作品，為歷史存正氣、為世人弘美德、為自身留清名。

立德樹人的人，必先立己；鑄魂培根的人，必先鑄己。那些在歷史長河中經久不衰的經典，都體現了文學家、藝術家襟懷和學識的貫通、道德和才情的交融、人品和藝品的統一。正所謂"為世用者，百篇無害；不為用者，一章無補"[13]。

文藝創作是艱辛的創造性工作。練就高超藝術水平非朝夕之功，需要專心致志、朝乾夕惕、久久為功。如果只想走捷徑、求速成、逐虛名，幻想一夜成名，追逐一夜暴富，最終只能是過眼雲煙。文藝要通俗，但決不能庸俗、低俗、媚俗。文藝要生活，但決不能成爲不良風氣的製造者、跟風者、鼓吹者。文藝要創新，但決不能搞光怪陸離、荒腔走板的東西。文藝要效益，但決不能沾染銅臭氣、當市場的奴隸。創作要靠心血，表演要靠實力，形象要靠塑造，效益要靠品質，名聲要靠德藝。低格調的搞笑，無底綫的放縱，博眼球的娛樂，不知止的慾望，對文藝有百害而無一利！廣大文藝工作者要心懷對藝術的敬畏之心和對專業的赤誠之心，下真功夫、練真本事、求真名聲。

文藝工作者的自身修養不只是個人私事，文藝行風的好壞會影響整個文化領域乃至社會生活的生態。文學家、藝術家是有社會影響力的，一舉一動都會對社會産生影響。大家要珍惜自己的社會影響，認真嚴肅地考慮作品的社會效果。一個文藝工作者如果品行不端，人民不會接受，時代也不會接受！不自重就得不到尊重！廣大文藝工作者要講品位、講格調、講責任，自覺遵守法律、遵循公序良俗，自覺抵制拜金主義、享樂主義、極端個人主義，堂堂正正做人、清清白白做事。要有"橫眉冷對千夫指，俯首甘爲孺子牛"〔14〕的精神，歌頌真善美、針砭假惡醜。對正能量要敢寫敢歌，理直氣壯，正大光明。對醜惡事要敢怒敢批，大義凜然，威武不屈。要弘揚行風藝德，樹立文藝界良好社會形象，營造自尊自愛、互學互鑑、天朗氣清的行業風氣。

註　　釋

〔1〕見唐代李漢《昌黎先生集序》。

〔2〕見明代洪應明《菜根譚》。

〔3〕茅盾（一八九六——一九八一），浙江桐鄉人。中國文學家、社會活動家。

〔4〕見茅盾《我的回顧》（《茅盾全集》第十九卷，人民文學出版社一九九一年版，第 406 頁）。

〔5〕見列夫・尼古拉耶維奇・托爾斯泰《藝術論》。

〔6〕見南北朝時期劉勰《文心雕龍・指瑕》。

〔7〕見唐代李翱《答朱載言書》。

〔8〕這句話出自劉可風整理《柳青隨筆錄》。

〔9〕見柳青《生活是創作的基礎》（《柳青文集》第四卷，人民文學出版社二〇〇五年版，第 332 頁）。

〔10〕見西晉陸機《文賦》。

〔11〕見馬克思《評弗里德里希・李斯特的著作〈政治經濟學的國民體系〉》（《馬克思恩格斯全集》第四十二卷，人民出版社一九七九年版，第 257 頁）。

〔12〕參見清代葉燮《原詩・外篇上》。原文是：“志高則其言潔，志大則其辭弘，志遠則其旨永。”

〔13〕見東漢王充《論衡・自紀》。

〔14〕見魯迅《自嘲》（《魯迅全集》第七卷，人民文學出版社二〇〇五年版，第 151 頁）。

十三、以保障和改善民生為重點加强社會建設

構建起強大的公共衛生體系[*]

（二○二○年六月二日）

　　黨的十八大以來，黨中央明確了新時代黨的衛生健康工作方針，把爲羣衆提供安全、有效、方便、價廉的公共衛生和基本醫療服務作爲基本職責，成功防範和應對了甲型H1N1流感、H7N9、埃博拉出血熱等突發疫情，主要傳染病發病率顯著下降。黨的十九屆四中全會提出"強化提高人民健康水平的制度保障"的要求，將加強公共衛生服務體系建設、及時穩妥處置重大新發突發傳染病作爲治理體系和治理能力現代化的重要目標和任務；強調預防爲主，加強公共衛生防疫和重大傳染病防控，穩步發展公共衛生服務體系。在實現"兩個一百年"奮鬥目標的歷史進程中，發展衛生健康事業始終處於基礎性地位，同國家整體戰略緊密銜接，發揮着重要支撐作用。

　　這次新冠肺炎疫情防控鬥爭表明，我國公共衛生服務體系、醫療服務體系、醫療保障體系、藥品供應保障體系以及重大疫情防控與應急管理體系，總體上是有效的，但也存在一些薄弱環節。這裏面，有些是體制機制問題，有些是政策

落實問題，有些是發展中的問題。只有構建起强大的公共衛生體系，健全預警響應機制，全面提升防控和救治能力，織密防護網、築牢築實隔離牆，才能切實爲維護人民健康提供有力保障。結合大家意見和建議，我再進一步談幾個問題。

第一，改革完善疾病預防控制體系。預防是最經濟、最有效的健康策略。疾病預防控制體系是保護人民健康、保障公共衛生安全、維護經濟社會穩定的重要保障。從這次疫情防控鬥爭看，我國公共衛生體系發揮了重要作用，但在特大疫情面前，暴露出能力不强、機制不活、動力不足、防治結合不緊密等問題。這些也是老問題，現在到了下決心解決的時候了。方向是立足更精準更有效地防，在理順體制機制、明確功能定位、提升專業能力等方面加大改革力度。

要建立穩定的公共衛生事業投入機制，改善疾病預防控制基礎條件，完善公共衛生服務項目。要優化完善疾病預防控制機構職能設置，健全以國家、省、市、縣四級疾控中心和各類專科疾病防治機構爲骨幹，醫療機構爲依託，基層醫療衛生機構爲網底，軍民融合、防治結合的疾控體系，建立上下聯動的分工協作機制。要加强國家級疾病預防控制機構能力建設，强化其技術、能力、人才儲備，發揮領頭雁作用。要健全疾控機構和城鄉社區聯動工作機制，加强鄉鎮衛生院和社區衛生服務中心疾病預防職責，夯實聯防聯控的基層基礎。要創新醫防協同機制，建立人員通、信息通、資源通和監督監管相互制約的機制。要加强疾控人才隊伍建設，建立適應現代化疾控體系的人才培養使用機制，穩定基層疾控隊伍。要建設一批高水平公共衛生學院，着力培養能解決病原學鑑定、疫情形勢研判和傳播規律研究、現場流行病學調查、實驗室檢測等實際問題的人才。

第二，加強監測預警和應急反應能力。二〇〇三年非典疫情發生後，國家建立了傳染病網絡直報系統，疾控機構硬件條件得到較大改善。

要把增強早期監測預警能力作爲健全公共衛生體系當務之急。早發現、早報告、早隔離、早治療"四早"的關鍵是"早發現"。要完善傳染病疫情和突發公共衛生事件監測系統，改進不明原因疾病和異常健康事件監測機制，提高評估監測敏感性和準確性，建立智慧化預警多點觸發機制，健全多渠道監測預警機制，提高實時分析、集中研判的能力。要加強實驗室檢測網絡建設，提升傳染病檢測能力。要建立公共衛生機構和醫療機構協同監測機制，發揮基層哨點作用，做到早發現、早報告、早處置。要健全突發公共衛生事件應對預案體系，分級分類組建衛生應急隊伍，覆蓋形勢研判、流行病學調查、醫療救治、實驗室檢測、社區指導、物資調配等領域。要強化基層衛生人員知識儲備和培訓演練，提升先期處置能力。要深入開展衛生應急知識宣教，提高人民羣衆對突發公共衛生事件認知水平和預防自救互救能力。各級黨委和政府要建立定期研究部署重大疫情防控等衛生健康工作機制，健全和優化平戰結合、跨部門跨區域、上下聯動的聯防聯控協調機制，做到指令清晰、系統有序、條塊暢達、執行有力。

第三，健全重大疫情救治體系。這次新冠肺炎患者救治工作，是對改革開放四十年來醫療服務體系建設、二十年來重點專科建設、深化醫藥衛生體制改革十年來成果的一次集中檢閱。我們堅持人民至上、生命至上，前所未有調集全國資源開展大規模救治，不遺漏一個感染者，不放棄每一位病患，從出生不久的嬰兒到一百多歲的老人都不放棄，確保患者不因費用問題影響就醫。這次馳援湖北的三百四十六支醫療隊、四點二萬餘名醫務人員，絕大部分來自公立醫院。實踐證明，政府主導、公益性主導、公立醫院主導的救治體系是應對重大疫情的重要保障，要全面加強公立醫院傳染病救治能力建設，完善綜合醫院傳染病防治設施建設標準，提升應急醫療救治儲備能力，把我國重大疫情救治體系和能力提升到新水平。

要優化醫療資源合理佈局。要立足平戰結合、補齊短板，統籌應急狀態下醫療衛生機構動員響應、區域聯動、人員調集，建立健全分級、分層、分流的傳染病等重大疫情救治機制。要以城市社區和農村基層、邊境口岸城市、縣級醫院和中醫院爲重點，完善城鄉三級醫療服務網絡。要加強國家醫學中心、區域醫療中心等基地建設，提升重大傳染病救治能力。要加強重大疫情救治相關學科建設，特別是急需的重症醫學、呼吸、麻醉等專業學科建設。要制定實施有關政策措施，吸引更多高水平醫務人員從事傳染病防治工作。

第四，深入開展愛國衛生運動。愛國衛生運動是我們黨把羣衆路綫運用於衛生防病工作的成功實踐。要總結新冠肺炎疫情防控鬥爭經驗，豐富愛國衛生工作內涵，創新方式方法，推動從環境衛生治理向全面社會健康管理轉變，解決好關係人民健康的全局性、長期性問題。

　　要全面改善人居環境，加強公共衛生環境基礎設施建設，推進城鄉環境衛生整治，推進衛生城鎮創建。要倡導文明健康綠色環保的生活方式，開展健康知識普及，樹立良好飲食風尚。要推廣出門佩戴口罩、垃圾分類投放、保持社交距離，推廣分餐公筷、看病網上預約等文明健康生活習慣。要推動將健康融入所有政策，把全生命周期健康管理理念貫穿城市規劃、建設、管理全過程各環節，加快建設適應城鎮化快速發展、人口密集特點的公共衛生體系。各級黨委和政府要把愛國衛生工作列入重要議事日程，在部門設置、職能調整、人員配備、經費投入等方面予以保障，探索更加有效的社會動員方式。

　　第五，發揮中醫藥在重大疫病防治中的作用。中西醫結合、中西藥並用，是這次疫情防控的一大特點，也是中醫藥傳承精華、守正創新的生動實踐。幾千年來，中華民族能一次次轉危爲安，靠的就是中醫藥，並在同疫病鬥爭中產生了《傷寒雜病論》、《温病條辨》、《温熱論》等經典著作。這次臨牀篩選出的"三藥三方"，就是在古典醫籍的經方基礎上化裁而來的。

　　要加強研究論證，總結中醫藥防治疫病的理論和診療規律，組織科技攻關，既用好現代評價手段，也要充分尊重幾千年的經驗，説明白、講清楚中醫藥的療效。要加強古典醫籍精華的梳理和挖掘，建設一批科研支撐平臺，改革完善中藥審評審批機制，促進中藥新藥研發和產業發展。要加強中醫藥服務體系建設，提高中醫院應急和救治能力。要强化中醫藥特色人才建設，打造一支高水平的國家中醫疫病防治隊伍。要深入研究中醫藥管理體制機制問題，加强對中醫藥工作的組織領導，推動中西醫藥相互補充、協調發展。

第六，完善公共衛生法律法規。二〇〇三年戰勝非典以來，國家修訂了傳染病防治法，陸續出臺了突發事件應對法、《突發公共衛生事件應急條例》以及配套預案，爲疫情處置工作提供了法律遵循，但也存在法律規定内容不統一、不銜接的情况。要有針對性地推進傳染病防治法、突發公共衛生事件應對法等法律制定和修訂工作，健全權責明確、程序規範、執行有力的疫情防控執法機制，進一步從法律上完善重大新發突發傳染病防控措施，明確中央和地方、政府和部門、行政機關和專業機構的職責。要普及公共衛生安全和疫情防控法律法規，推動全社會依法行動、依法行事。

第七，發揮科技在重大疫情防控中的支撐作用。我一直强調，科學技術是人類同疾病鬥爭的鋭利武器，人類戰勝大災大疫離不開科學發展和技術創新。這次疫情初期，我國研究機構通力合作，開展病因學調查和病原鑑定等，用八天時間在世界上首先判明"不明原因病毒性肺炎"的病原體爲"新型冠狀病毒"；用十六天時間完成診斷試劑盒的優化，具備了較大規模篩查疑似病例的能力；並且迅速篩選了一批有效藥物和治療方案，多條技術路綫的疫苗研發進入臨牀試驗階段，爲疫情防控提供了强有力支撐。

生命安全和生物安全領域的重大科技成果是國之重器，一定要掌握在自己手中。要加大衛生健康領域科技投入，加快完善平戰結合的疫病防控和公共衛生科研攻關體系，集中力量開展核心技術攻關，持續加大重大疫病防治經費投入，加快補齊我國在生命科學、生物技術、醫藥衛生、醫療設備等領域的短板。當前，我們一定要發揮新型舉國體制的優勢，力爭率先研發成功新冠肺炎疫苗，爭取戰略主動。要深化科研人才發展體制機制改革，完善戰略科學家和創新型科技人才發現、培養、激勵機制，吸引更多優秀人才進入科研隊伍，為他們脫穎而出創造條件。

第八，加强國際衛生交流合作。這次疫情發生以來，我們秉持人類命運共同體理念，積極履行國際義務，密切同世界衛生組織和相關國家的友好合作，主動同國際社會分享疫情和病毒信息、抗疫經驗做法，向一百多個國家和國際組織提供力所能及的物質和技術援助，體現了負責任大國的擔當。

我們要堅持底綫思維，保持戰略定力，勇於鬥爭，善於鬥爭。要牢牢把握鬥爭方向，團結一切可以團結的力量。在第七十三屆世界衛生大會上，我在視頻講話中闡釋了中國抗疫理念和主張，宣佈了五項舉措，在國際社會引起積極反響。大會最終達成的決議符合我方立場主張，也是國際社會絕大多數國家的共同願望。現在，新冠肺炎疫情仍在全球肆虐，我們要繼續履行國際義務，發揮全球抗疫物資最大供應國作用，全面深入參與相關國際標準、規範、指南的制定，分享中國方案、中國經驗，提升我國在全球衛生治理體系中的影響力和話語權，共同構建人類衛生健康共同體。

以共建共治共享
拓展社會發展新局面[*]

（二〇二〇年八月二十四日）

　　事實證明，發展起來以後的問題不比不發展時少。我國社會結構正在發生深刻變化，互聯網深刻改變人類交往方式，社會觀念、社會心理、社會行爲發生深刻變化。"十四五"時期如何適應社會結構、社會關係、社會行爲方式、社會心理等深刻變化，實現更加充分、更高質量的就業，健全全覆蓋、可持續的社保體系，強化公共衛生和疾控體系，促進人口長期均衡發展，加强社會治理，化解社會矛盾，維護社會穩定，都需要認真研究並作出工作部署。

　　一個現代化的社會，應該既充滿活力又擁有良好秩序，呈現出活力和秩序有機統一。要完善共建共治共享的社會治理制度，實現政府治理同社會調節、居民自治良性互動，建設人人有責、人人盡責、人人享有的社會治理共同體。要加强和創新基層社會治理，使每個社會細胞都健康活躍，將矛盾糾紛化解在基層，將和諧穩定創建在基層。要更加注重維護社會公平正義，促進人的全面發展和社會全面進步。

---

　　* 這是習近平在經濟社會領域專家座談會上講話的一部分。

在加快推進教育現代化的新征程中培養擔當民族復興大任的時代新人[*]

（二〇二〇年九月二十二日）

　　培養擔當民族復興大任的時代新人。教育是國之大計、黨之大計。黨的十八大以來，黨中央高度重視教育工作，召開全國教育大會，印發《中國教育現代化二〇三五》，全面加強各級各類學校思想政治工作，推進教育領域綜合改革，強化教材建設國家事權地位，教育面貌正在發生格局性變化。

　　"十四五"時期，我們要從黨和國家事業發展全局的高度，全面貫徹黨的教育方針，堅持優先發展教育事業，堅守為黨育人、為國育才，努力辦好人民滿意的教育，在加快推進教育現代化的新征程中培養擔當民族復興大任的時代新人。要堅持社會主義辦學方向，把立德樹人作為教育的根本任務，發揮教育在培育和踐行社會主義核心價值觀中的重要作用，深化學校思想政治理論課改革創新，加強和改進學校體育美育，廣泛開展勞動教育，發展素質教育，推進教育公平，促

---

　　* 這是習近平在教育文化衛生體育領域專家代表座談會上講話的一部分。

進學生德智體美勞全面發展，培養學生愛國情懷、社會責任感、創新精神、實踐能力。

人力資源是構建新發展格局的重要依託。要優化同新發展格局相適應的教育結構、學科專業結構、人才培養結構。要完善全民終身學習推進機制，構建方式更加靈活、資源更加豐富、學習更加便捷的終身學習體系。要大力發展職業教育和培訓，有效提升勞動者技能和收入水平，通過實現更加充分、更高質量的就業擴大中等收入羣體，釋放內需潛力。

提升自主創新能力，儘快突破關鍵核心技術，是構建新發展格局的一個關鍵問題。我國高校要勇挑重擔，釋放高校基礎研究、科技創新潛力，聚焦國家戰略需要，瞄準關鍵核心技術特別是"卡脖子"問題，加快技術攻關。要支持"雙一流"建設高校加強科技創新工作，依託高水平大學佈局建設一批研究設施，推進產學研一體化。要深化高校人才隊伍建設改革，建設高素質教師隊伍，培養更多一流人才。要立足服務國家區域發展戰略，優化區域教育資源配置，加快形成點綫面結合、東中西呼應的教育發展空間格局，提升教育服務區域發展戰略水平。

要全面深化教育領域綜合改革，增強教育改革的系統性、整體性、協同性。要抓好深化新時代教育評價改革總體方案出臺和落實落地，構建符合中國實際、具有世界水平的評價體系。要總結應對新冠肺炎疫情以來大規模在綫教育的經驗，利用信息技術更新教育理念、變革教育模式。要擴大教育對外開放，優化教育開放全球佈局，加強國際科技交流合作，提升層次和水平。同時，要守住安全底綫，確保正確政治方向。

促進我國社會保障事業
高質量發展、可持續發展[*]

（二○二一年二月二十六日）

　　今天，中央政治局進行第二十八次集體學習，內容是完善覆蓋全民的社會保障體系。安排這次學習，目的是面向"十四五"時期發展目標任務，分析我國社會保障體系建設的現狀，研究存在的問題，明確完善的思路，促進我國社會保障事業高質量發展、可持續發展。

　　社會保障是保障和改善民生、維護社會公平、增進人民福祉的基本制度保障，是促進經濟社會發展、實現廣大人民羣眾共享改革發展成果的重要制度安排，發揮着民生保障安全網、收入分配調節器、經濟運行減震器的作用，是治國安邦的大問題。

　　我們黨歷來高度重視民生改善和社會保障。早在一九二二年，黨的二大宣言中就提出了設立工廠保險、保護失業工人等改良工人待遇的主張。瑞金時期頒佈的《中華蘇維埃共和國勞動法》設專章規定了社會保險問題。新中國成

＊　這是習近平在主持中共十九屆中央政治局第二十八次集體學習時的講話。

341

立伊始，政務院根據《中國人民政治協商會議共同綱領》中
"逐步實行勞動保險制度"的要求，於一九五一年頒佈《中華
人民共和國勞動保險條例》。改革開放後，我們把社會保障作
爲改善人民生活的基礎民生工程，穩步推進社會保障體系建
設，取得了重大進展。

　　黨的十八大以來，黨中央把社會保障體系建設擺上更加
突出的位置，推動我國社會保障體系建設進入快車道。中央
政治局會議、中央政治局常委會會議、中央全面深化改革委
員會會議等會議多次研究審議改革和完善基本養老保險制度
總體方案、深化醫療保障制度改革意見等，對我國社會保障
體系建設作出頂層設計，改革的系統性、整體性、協同性進
一步增强。我們統一城鄉居民基本養老保險制度，實現機關
事業單位和企業養老保險制度併軌，建立企業職工基本養老
保險基金中央調劑制度。我們整合城鄉居民基本醫療保險制
度，全面實施城鄉居民大病保險，組建國家醫療保障局。我
們推進全民參保計劃，降低社會保險費率，劃轉部分國有資
本充實社保基金。我們積極發展養老、託幼、助殘等福利事
業，人民羣衆不分城鄉、地域、性別、職業，在面對年老、
疾病、失業、工傷、殘疾、貧困等風險時都有了相應制度
保障。

　　目前，我國以社會保險爲主體，包括社會救助、社會福
利、社會優撫等制度在內，功能完備的社會保障體系基本建
成，基本醫療保險覆蓋十三點六億人，基本養老保險覆蓋近
十億人，是世界上規模最大的社會保障體系。這爲人民創造
美好生活奠定了堅實基礎，爲打贏脫貧攻堅戰提供了堅强支

撑，爲如期全面建成小康社會、實現第一個百年奮鬥目標提供了有利條件。

在充分肯定成績的同時，我們也要看到，隨着我國社會主要矛盾發生變化和城鎮化、人口老齡化、就業方式多樣化加快發展，我國社會保障體系仍存在不足，主要是：制度整合没有完全到位，制度之間轉移銜接不够通暢；部分農民工、靈活就業人員、新業態就業人員等人羣没有納入社會保障，存在"漏保"、"脱保"、"斷保"的情况；政府主導並負責管理的基本保障"一枝獨大"，而市場主體和社會力量承擔的補充保障發育不够；社會保障統籌層次有待提高，平衡地區收支矛盾壓力較大；城鄉、區域、羣體之間待遇差異不盡合理；社會保障公共服務能力同人民羣衆的需求還存在一定差距；一些地方社保基金存在"穿底"風險。對這些不足，我們必須高度重視並切實加以解決。

黨的十九屆五中全會爲我國未來五年乃至十五年的發展擘畫了藍圖，要求推動全體人民共同富裕取得更爲明顯的實質性進展。社會保障關乎人民最關心最直接最現實的利益問題，我們要加大再分配力度，强化互助共濟功能，把更多人納入社會保障體系，爲廣大人民羣衆提供更可靠更充分的保障，不斷滿足人民羣衆多層次多樣化需求，完善覆蓋全民、統籌城鄉、公平統一、可持續的多層次社會保障體系，進一步織密社會保障安全網。

第一，建設中國特色社會保障體系。世界各國發展水平、社會條件、文化特徵不同，社會保障制度必然多種多樣。我們注重學習借鑑國外社會保障有益經驗，但不是照抄照搬、簡單複製，而是立足國情、積極探索、大膽創新，成功建設了具有鮮明中國特色的社會保障體系。我們堅持發揮中國共產黨領導和我國社會主義制度的政治優勢，集中力量辦大事，推動社會保障事業行穩致遠；堅持人民至上，堅持共同富裕，把增進民生福祉、促進社會公平作爲發展社會保障事業的根本出發點和落腳點，使改革發展成果更多更公平惠及全體人民；堅持制度引領，圍繞全覆蓋、保基本、多層次、可持續等目標加強社會保障體系建設；堅持與時俱進，用改革的辦法和創新的思維解決發展中的問題，堅決破除體制機制障礙，推動社會保障事業不斷前進；堅持實事求是，既盡力而爲又量力而行，把提高社會保障水平建立在經濟和財力可持續增長的基礎之上，不脫離實際、超越階段。我們要堅持和發展這些成功經驗，不斷總結，不斷前進。

第二，科學謀劃"十四五"乃至更長時期社會保障事業。黨的十九屆五中全會明確了"十四五"時期我國社會保障事業發展的藍圖，要逐條逐項深入研究，納入規劃，抓好落實。要堅持系統觀念，把握好新發展階段、新發展理念、新發展格局提出的新要求，在統籌推進"五位一體"總體佈局、協調推進"四個全面"戰略佈局中思考和謀劃社會保障事業發展。要樹立戰略眼光，順應人民對高品質生活的期待，適應人的全面發展和全體人民共同富裕的進程，不斷推動幼有所育、學有所教、勞有所得、病有所醫、老有所養、住有所居、弱有所扶取得新進展。要增強風險意識，研判未來五年、十五年乃至三十年我國人口老齡化、人均預期壽命提升、受教育年限增加、勞動力結構變化等發展趨勢，分析社會保障可能面臨的新情況新問題，提高工作預見性和主動性，未雨綢繆採取應對措施。要拓展國際視野，關注國外社會保障發展情況，汲取經驗教訓，既避免像一些國家那樣盲目進行“福利趕超”落入“中等收入陷阱”，又避免像一些國家那樣實行“泛福利化”導致社會活力不足。什麼時候都不能忘記一個道理，經濟發展和社會保障是水漲船高的關係，水淺行小舟，水深走大船，違背規律就會擱淺或翻船。

第三，深化社會保障制度改革。現在，我國社會保障制度改革已進入系統集成、協同高效的階段。要準確把握社會保障各個方面之間、社會保障領域和其他相關領域之間改革的聯繫，提高統籌謀劃和協調推進能力，確保各項改革形成整體合力。要強化問題導向，緊盯老百姓在社會保障方面反映強烈的煩心事、操心事、揪心事，緊盯制約社會保障體系建設的硬骨頭，不斷推進改革。要加快發展多層次、多支柱養老保險體系，健全基本養老、基本醫療保險籌資和待遇調整機制，擴大年金制度覆蓋範圍，規範發展第三支柱養老保險，積極發展商業醫療保險，更好滿足人民羣眾多樣化需求。要推動基本醫療保險、失業保險、工傷保險省級統籌，進一步明確中央與地方事權和支出責任。要把農村社會救助納入鄉村振興戰略統籌謀劃，健全農村社會救助制度，完善日常性幫扶措施。要健全農民工、靈活就業人員、新業態就業人員參加社會保險制度，健全退役軍人保障制度，健全老年人關愛服務體系，完善幫扶殘疾人、孤兒等社會福利制度。

二〇一八年以來，我們實施了養老保險中央調劑金制度，僅去年一年，東部發達地區就拿出了一千七百六十八億元，撥付給中西部和老工業基地省份，有力緩解了社保基金收支的區域結構性矛盾，確保了養老金按時足額發放。同時，區域不平衡的問題還没有從根本上解决，要加快實現基本養老保險全國統籌。這符合社會保險"大數法則"，也是構建新發展格局的要求。

隨着人口老齡化加速發展特別是老年人慢性病患病率的提高，加上醫療技術發展，更多疾病從"無藥可醫"變爲"可醫可控"，醫保支出面臨着更大壓力。要堅持不懈、協同推進"三醫聯動"[1]，健全籌資和待遇調整機制，推進國家組織藥品和耗材集中帶量採購改革，深化醫保支付方式改革，完善醫藥服務價格形成機制，提高醫保基金使用效能。

近年來，許多人口老齡化程度較高的發達國家和新興國家都推出了延遲法定退休年齡的改革計劃，但實施起來並不太順利。一些國家在這項改革上經歷了波折。我們要合理把握改革方向、節奏、力度，加強輿論引導，最大程度凝聚全社會共識和合力，推動這項改革任務平穩落地。

第四，推進社會保障法治化。要從立法、執法、司法、守法各環節加強社會保障工作，在法治軌道上推動社會保障事業健康發展。要加強社會保障立法工作，加快制定或修訂社會保險、社會救助、社會福利等方面的相關法律，依法落實各級政府和用人單位、個人、社會的社會保障權利、義務、責任。要依法健全社會保障基金監管體系，防範化解基金運行風險，維護基金安全。要以零容忍態度嚴厲打擊欺詐騙保、套保或挪用貪佔各類社會保障資金的違法行爲，守護好人民羣衆的每一分"養老錢"、"保命錢"和每一筆"救助款"、"慈善款"。

　　第五，加強社會保障精細化管理。要完善從中央到省、市、縣、鄉鎮（街道）的五級社會保障管理體系和服務網絡，在提高管理精細化程度和服務水平上下更大功夫，提升社會保障治理效能。要適應人口大規模流動、就業快速變動的趨勢，完善社會保險關係登記和轉移接續的措施，健全社會救助、社會福利對象精準認定機制，實現應保盡保、應助盡助、應享盡享。要完善全國統一的社會保險公共服務平臺，充分利用互聯網、大數據、雲計算等信息技術創新服務模式，深入推進社保經辦數字化轉型。同時，要堅持傳統服務方式和智能化服務創新並行，針對老年人、殘疾人等羣體的特點，提供更加貼心暖心的社會保障服務。

　　第六，發揮好社會保障在應對疫情影響方面的積極作用。去年以來，面對突如其來的新冠肺炎疫情，社會保障為打贏疫情防控的人民戰爭、總體戰、阻擊戰和實現決勝全面建成小康社會、決戰脫貧攻堅目標任務作出了貢獻。當前，全球疫情仍在擴散蔓延，我國“外防輸入、內防反彈”任務仍然很重。要發揮好社會保障在助力疫情防控、穩定經濟社會發展秩序中的作用。要根據形勢好轉變化，穩妥退出減免社保繳費等階段性紓困政策，並同其他政策退出平穩銜接。要總結這次疫情防控的成功做法，完善我國社會保障針對突發重大風險的應急響應機制，既能抵禦可以預見的生老病死等各種常規風險，又能應對難以預料的非常規風險。

　　最後，我強調一個問題，就是要堅持制度的統一性和規範性。我國社會保障體系建立之初，我們鼓勵各地大膽創新、不斷探索。現在，隨着我國社會保障體系不斷發展，社會保障體系建設要堅持國家頂層設計，做到全國一盤棋。要增强制度的剛性約束，加强對制度運行的管理監督。各地區務必樹立大局意識，嚴肅落實制度改革要求，不得違規出臺地方"小政策"。可以允許一定時期内存在區域間社會保障水平上的差異，但不能動搖統一制度的目標，不能自行其是、搞變通。各級黨委和政府要深化對社會保障工作重要性的認識，把握規律，統籌協調，抓好黨中央決策部署和各項改革方案的貫徹落實，在完善覆蓋全民的社會保障體系上不斷取得新成效。

註　釋

〔1〕"三醫聯動"，指以人民健康爲中心，綜合運用法律、行政、市場等手段，增强醫療、醫保、醫藥改革的整體性、系統性、協同性，促進公共衛生和醫療服務體系發展，完善多層次醫療保障制度建設，規範藥品、醫用耗材供應制度，實現醫療資源合理配置，保障羣衆獲得高質量、有效率、能負擔的基本醫療衛生服務。

發揚北京冬奧精神，
加快建設體育强國步伐[*]

（二〇二二年四月八日）

偉大的事業孕育偉大的精神，偉大的精神推進偉大的事業。北京冬奧會、冬殘奧會廣大參與者珍惜偉大時代賦予的機遇，在冬奧申辦、籌辦、舉辦的過程中，共同創造了胸懷大局、自信開放、迎難而上、追求卓越、共創未來的北京冬奧精神。

——胸懷大局，就是心繫祖國、志存高遠，把籌辦舉辦北京冬奧會、冬殘奧會作爲"國之大者"，以爲國爭光爲己任，以爲國建功爲光榮，勇於承擔使命責任，爲了祖國和人民團結一心、奮力拼搏。

——自信開放，就是雍容大度、開放包容，堅持中國特色社會主義道路自信、理論自信、制度自信、文化自信，以創造性轉化、創新性發展傳遞深厚文化底蘊，以大道至簡彰顯悠久文明理念，以熱情好客展現中國人民的真誠友善，以文明交流促進世界各國人民相互理解和友誼。

---

* 這是習近平在北京冬奧會、冬殘奧會總結表彰大會上講話的一部分。

——迎難而上，就是苦幹實幹、堅韌不拔，保持知重負重、直面挑戰的昂揚鬥志，百折不撓克服困難、戰勝風險，爲了勝利勇往直前。

——追求卓越，就是執着專注、一絲不苟，堅持最高標準、最嚴要求，精心規劃設計，精心雕琢打磨，精心磨合演練，不斷突破和創造奇迹。

——共創未來，就是協同聯動、緊密攜手，堅持"一起向未來"和"更團結"相互呼應，面朝中國發展未來，面向人類發展未來，向世界發出攜手構建人類命運共同體的熱情呼喚。

七年磨一劍，砥礪再出發。北京冬奧會、冬殘奧會是在全黨全國各族人民向第二個百年奮鬥目標邁進的關鍵時期舉辦的重大標誌性活動。我們要積極謀劃、接續奮鬥，管理好、運用好北京冬奧遺産。

北京冬奧會、冬殘奧會既有場館設施等物質遺産，也有文化和人才遺産，這些都是寶貴財富，要充分運用好，讓其成爲推動發展的新動能，實現冬奧遺産利用效益最大化。要繼續推動冰雪運動普及發展，強化戰略規劃佈局，建設利用好冰雪場地設施，發展冰雪産業，豐富羣衆冰雪賽事活動，把羣衆冰雪運動熱情保持下去。要充分挖掘利用北京冬奧文化資源，堅定文化自信，更加自信從容傳播中國聲音、講好中國故事。要弘揚人道主義精神，尊重和保障人權，完善殘疾人社會保障制度和關愛服務體系，促進殘疾人事業全面發展，支持和鼓勵殘疾人自強不息，正像一位視障運動員在賽場上所説："我看不清世界，但我想讓世界看到我。"要在全社會廣泛弘揚奉獻、友愛、互助、進步的志願精神，更好發揮志願服務的積極作用，促進社會文明進步。要弘揚奧林匹克精神，發揮奧林匹克促進人類和平發展的重要作用，爲人類文明進步貢獻更多中國智慧和中國力量。

成功籌辦舉辦北京冬奧會、冬殘奧會，極大激發了億萬人民的體育熱情，極大推動了我國體育事業發展。我們要堅持以增强人民體質、提高全民族身體素質和生活質量爲目標，高度重視並充分發揮體育在促進人的全面發展中的重要作用，繼續推進體育改革創新，加强體育科技研發，完善全民健身體系，增强廣大人民羣衆特別是青少年體育健身意識，增强我國競技體育的綜合實力和國際競爭力，加快建設體育强國步伐。

圓夢冬奧會，一起向未來。讓我們更加緊密地團結在黨中央周圍，發揚北京冬奧精神，以更加堅定的自信、更加堅決的勇氣，向着實現第二個百年奮鬥目標奮勇前進，向着實現中華民族偉大復興的中國夢奮勇前進！

十四、堅持人與自然和諧共生

站在人與自然和諧共生的高度
謀劃經濟社會發展*

（二○二○年四月十日）

實現人與自然和諧共生。我多次強調，人與自然是生命共同體，人類必須尊重自然、順應自然、保護自然。這次疫情防控使我們更加深切地認識到，生態文明建設是關係中華民族永續發展的千年大計，必須站在人與自然和諧共生的高度來謀劃經濟社會發展。

恩格斯早就指出："我們不要過分陶醉於我們人類對自然界的勝利。對於每一次這樣的勝利，自然界都對我們進行報復。"[1]第一次工業革命以來，人類利用自然的能力不斷提高，但過度開發也導致生物多樣性減少，迫使野生動物遷徙，增加野生動物體內病原的擴散傳播。新世紀以來，從非典到禽流感、中東呼吸綜合徵、埃博拉病毒，再到這次新冠肺炎疫情，全球新發傳染病頻率明顯升高。只有更好平衡人與自然的關係，維護生態系統平衡，才能守護人類健康。要深化對人與自然生命共同體的規律性認識，全面加快生態文明建

＊ 這是習近平在中央財經委員會第七次會議上講話的一部分。

設。生態文明這個旗幟必須高揚。

越來越多的人類活動不斷觸及自然生態的邊界和底綫。要爲自然守住安全邊界和底綫，形成人與自然和諧共生的格局。這裏既包括有形的邊界，也包括無形的邊界。要完善國土空間規劃，落實好主體功能區戰略，明確生態紅綫，加快形成自然保護地體系，完善生物多樣性保護網絡，在空間上對經濟社會活動進行合理限定。

註　釋

〔1〕見恩格斯《自然辯證法》（《馬克思恩格斯全集》第二十六卷，人民出版社二〇一四年版，第 769 頁）。

使長江經濟帶成爲我國
生態優先綠色發展主戰場[*]

（二〇二〇年十一月十四日）

　　要貫徹落實黨的十九大和十九屆二中、三中、四中、五中全會精神，堅定不移貫徹新發展理念，推動長江經濟帶高質量發展，譜寫生態優先綠色發展新篇章，打造區域協調發展新樣板，構築高水平對外開放新高地，塑造創新驅動發展新優勢，繪就山水人城和諧相融新畫卷，使長江經濟帶成爲我國生態優先綠色發展主戰場、暢通國內國際雙循環主動脈、引領經濟高質量發展主力軍。

　　五年來，在黨中央堅強領導下，沿江省市推進生態環境整治，促進經濟社會發展全面綠色轉型，力度之大、規模之廣、影響之深，前所未有，長江經濟帶生態環境保護發生了轉折性變化，經濟社會發展取得歷史性成就。長江經濟帶經濟發展總體平穩、結構優化，人民生活水平顯著提高，實現了在發展中保護、在保護中發展。特別是今年以來，沿江省市有力應對突如其來的新冠肺炎疫情，統籌做好疫情防控和

---

[*]　這是習近平在全面推動長江經濟帶發展座談會上的講話要點。

經濟社會發展工作，有效克服重大洪澇災害影響和外部環境變化衝擊，爲我國在全球主要經濟體中率先恢復經濟正增長作出了突出貢獻。

推動長江經濟帶發展是黨中央作出的重大決策，是關係國家發展全局的重大戰略。這次五中全會建議又對此提出了明確要求。長江經濟帶覆蓋沿江十一省市，橫跨我國東中西三大板塊，人口規模和經濟總量佔據全國"半壁江山"，生態地位突出，發展潛力巨大，應該在踐行新發展理念、構建新發展格局、推動高質量發展中發揮重要作用。

要加強生態環境系統保護修復。要從生態系統整體性和流域系統性出發，追根溯源、系統治療，防止頭痛醫頭、腳痛醫腳。要找出問題根源，從源頭上系統開展生態環境修復和保護。要加強協同聯動，強化山水林田湖草等各種生態要素的協同治理，推動上中下游地區的互動協作，增強各項舉措的關聯性和耦合性。要注重整體推進，在重點突破的同時，加強綜合治理系統性和整體性，防止畸重畸輕、單兵突進、顧此失彼。要在嚴格保護生態環境的前提下，全面提高資源利用效率，加快推動綠色低碳發展，努力建設人與自然和諧共生的綠色發展示範帶。要把修復長江生態環境擺在壓倒性位置，構建綜合治理新體系，統籌考慮水環境、水生態、水資源、水安全、水文化和岸綫等多方面的有機聯繫，推進長江上中下游、江河湖庫、左右岸、幹支流協同治理，改善長江生態環境和水域生態功能，提升生態系統質量和穩定性。要強化國土空間管控和負面清單管理，嚴守生態紅綫，持續開展生態修復和環境污染治理工程，保持長江生態原真性和完整性。要加快建立生態産品價值實現機制，讓保護修復生態環境獲得合理回報，讓破壞生態環境付出相應代價。要健全長江水災害監測預警、災害防治、應急救援體系，推進河道綜合治理和堤岸加固，建設安瀾長江。

努力建設人與自然
和諧共生的現代化[*]

（二〇二一年四月三十日）

今天，中央政治局進行第二十九次集體學習，內容是新形勢下加強我國生態文明建設。黨的十八大以來，中央政治局已經兩次就生態文明建設相關題目進行集體學習，這是第三次。安排這次學習，目的是把握進入新發展階段、貫徹新發展理念、構建新發展格局對生態文明建設提出的新任務新要求，分析我國生態文明建設面臨的新形勢，推動建設人與自然和諧共生的現代化。

黨的十八大以來，我們加強黨對生態文明建設的全面領導，把生態文明建設擺在全局工作的突出位置，作出一系列重大戰略部署。在"五位一體"總體佈局中，生態文明建設是其中一位；在新時代堅持和發展中國特色社會主義的基本方略中，堅持人與自然和諧共生是其中一條；在新發展理念中，綠色是其中一項；在三大攻堅戰中，污染防治是其中一戰；在到本世紀中葉建成社會主義現代化強國目標中，美麗

---

* 這是習近平在主持中共十九屆中央政治局第二十九次集體學習時的講話。

中國是其中一個。這充分體現了我們對生態文明建設重要性的認識，明確了生態文明建設在黨和國家事業發展全局中的重要地位。

我們全面加強生態文明建設，系統謀劃生態文明體制改革，一體治理山水林田湖草沙，開展了一系列根本性、開創性、長遠性工作，決心之大、力度之大、成效之大前所未有，生態文明建設從認識到實踐都發生了歷史性、轉折性、全局性的變化。我先後就甘肅祁連山生態破壞、陝西秦嶺北麓違建別墅、青海木里礦區非法開採等典型案例作出指示批示，有關地方和部門嚴肅查處和追責了一批失職瀆職的人員。九年來，藍天白雲重新展現，綠色版圖不斷擴展，綠色經濟加快發展，能耗物耗不斷降低，濃煙重霾有效抑制，黑臭水體明顯減少，城鄉環境更加宜居，美麗中國建設邁出堅實步伐，綠水青山就是金山銀山的理念成爲全黨全社會的共識和行動。根據美國航天局衛星數據，二〇〇〇年至二〇一七年間，全球新增綠化面積中約四分之一來自中國。我國引領全球氣候變化談判進程，積極推動《巴黎協定》的簽署、生效、實施，宣佈二〇三〇年前實現二氧化碳排放達到峰值、二〇六〇年前實現碳中和。我國生態文明建設取得的成就，也得到了國際社會廣泛肯定。

實踐表明，生態環境保護和經濟發展是辯證統一、相輔相成的，建設生態文明、推動綠色低碳循環發展，不僅可以滿足人民日益增長的優美生態環境需要，而且可以推動實現更高質量、更有效率、更加公平、更可持續、更爲安全的發展，走出一條生產發展、生活富裕、生態良好的文明發展道路。

　　生態環境修復和改善，是一個需要付出長期艱苦努力的過程，不可能一蹴而就，必須堅持不懈、奮發有爲。當前，我國生態文明建設仍然面臨諸多矛盾和挑戰，生態環境穩中向好的基礎還不穩固，從量變到質變的拐點還没有到來，生態環境質量同人民羣衆對美好生活的期盼相比，同建設美麗中國的目標相比，同構建新發展格局、推動高質量發展、全面建設社會主義現代化國家的要求相比，都還有較大差距。我國産業結構調整有一個過程，傳統産業所佔比重依然較高，戰略性新興産業、高技術産業尚未成長爲經濟增長的主導力量，能源結構没有得到根本性改變，重點區域、重點行業污染問題没有得到根本解決，實現碳達峰、碳中和任務艱巨，資源環境對發展的壓力越來越大。推動綠色低碳發展是國際潮流所向、大勢所趨，綠色經濟已經成爲全球産業競争制高點。一些西方國家對我國大打“環境牌”，多方面對我國施壓，圍繞生態環境問題的大國博弈十分激烈。

　　我在黨的十九届五中全會上强調，我國建設社會主義現代化具有許多重要特徵，其中之一就是我國現代化是人與自然和諧共生的現代化，注重同步推進物質文明建設和生態文明建設。“十四五”時期，我國生態文明建設進入了以降碳爲重點戰略方向、推動減污降碳協同增效、促進經濟社會發展全面綠色轉型、實現生態環境質量改善由量變到質變的關鍵時期。要完整、準確、全面貫徹新發展理念，保持戰略定力，站在人與自然和諧共生的高度來謀劃經濟社會發展，堅持節約資源和保護環境的基本國策，堅持節約優先、保護優先、自然恢復爲主的方針，形成節約資源和保護環境的空間格局、產業結構、生產方式、生活方式，統籌污染治理、生態保護、應對氣候變化，促進生態環境持續改善，努力建設人與自然和諧共生的現代化。

第一，堅持不懈推動綠色低碳發展。我多次強調，生態環境問題歸根到底是發展方式和生活方式問題。建立健全綠色低碳循環發展經濟體系、促進經濟社會發展全面綠色轉型是解決我國生態環境問題的基礎之策。三月十五日，我主持召開中央財經委員會第九次會議，研究部署了實現碳達峰、碳中和的基本思路和重大舉措。要把實現減污降碳協同增效作爲促進經濟社會發展全面綠色轉型的總抓手，加快推動產業結構、能源結構、交通運輸結構、用地結構調整。要強化國土空間規劃和用途管控，落實生態保護、基本農田、城鎮開發等空間管控邊界，實施主體功能區戰略，劃定並嚴守生態保護紅綫。要抓住資源利用這個源頭，推進資源總量管理、科學配置、全面節約、循環利用，全面提高資源利用效率。要抓住產業結構調整這個關鍵，推動戰略性新興產業、高技術產業、現代服務業加快發展，推動能源清潔低碳安全高效利用，持續降低碳排放強度。要解決好推進綠色低碳發展的科技支撐不足問題，加強碳捕集利用和封存技術、零碳工業流程再造技術等科技攻關，支持綠色低碳技術創新成果轉化。要發展綠色金融，支持綠色技術創新。

我多次強調，降低二氧化碳排放、應對氣候變化不是別人要我們做，而是我們自己要做。實現碳達峰、碳中和是我國向世界作出的莊嚴承諾，也是一場廣泛而深刻的經濟社會變革，絕不是輕輕鬆鬆就能實現的。現在，一些部門和地方上馬高耗能、高排放項目的衝動依然强烈。在今年一月舉行的省部級主要領導幹部學習貫徹黨的十九屆五中全會精神專題研討班上，我專門強調要注意防範八個認識誤區，其中一個認識誤區就是借擴大內需、形成國內大市場之機，大搞高能耗、高排放的項目。有關部門和地方要嚴把關口，不符合要求的項目要堅決拿下來！各級黨委和政府要拿出抓鐵有痕、踏石留印的勁頭，明確時間表、路綫圖、施工圖，推動經濟社會發展建立在資源高效利用和綠色低碳發展的基礎之上。

第二，深入打好污染防治攻堅戰。現在，人民羣衆對生態環境質量的期望值更高，對生態環境問題的容忍度更低。要集中攻克老百姓身邊的突出生態環境問題，讓老百姓實實在在感受到生態環境質量改善。要堅持精準治污、科學治污、依法治污，保持力度、延伸深度、拓寬廣度，持續打好藍天、碧水、淨土保衛戰。要強化多污染物協同控制和區域協同治理，加強細顆粒物和臭氧協同控制，基本消除重污染天氣。要統籌水資源、水環境、水生態治理，加強江河湖庫污染防治和生態保護，建設美麗海灣，有效保護居民飲用水安全，堅決治理城市黑臭水體。要推進土壤污染防治，有效管控農用地和建設用地土壤污染風險。要實施垃圾分類和減量化、資源化，加強白色污染治理，加強危險廢物醫療廢物收集處理，強化重金屬污染防治，重視新污染物治理。要推動污染治理向鄉鎮、農村延伸，強化農業面源污染治理，明顯改善農村人居環境。

第三，提升生態系統質量和穩定性。這既是增加優質生態產品供給的必然要求，也是減緩和適應氣候變化帶來不利影響的重要手段。"草木植成，國之富也。"[1]良好生態本身蘊含着經濟社會價值。要堅持系統觀念，從生態系統整體性出發，推進山水林田湖草沙一體化保護和修復，更加注重綜合治理、系統治理、源頭治理。要加快構建以國家公園爲主體的自然保護地體系，完善自然保護地、生態保護紅綫監管制度。要建立健全生態產品價值實現機制，讓保護修復生態環境獲得合理回報，讓破壞生態環境付出相應代價。要科學推進荒漠化、石漠化、水土流失綜合治理，開展大規模國土綠化行動。要推行草原森林河流湖泊休養生息，實施好長江十年禁漁，健全耕地休耕輪作制度。要實施生物多樣性保護重大工程，強化外來物種管控，舉辦好《生物多樣性公約》第十五次締約方大會。

第四，積極推動全球可持續發展。保護生態環境、應對氣候變化，是全人類面臨的共同挑戰。我們要秉持人類命運共同體理念，積極參與全球環境治理，加强應對氣候變化、海洋污染治理、生物多樣性保護等領域國際合作，認真履行國際公約，主動承擔同國情、發展階段和能力相適應的環境治理義務，爲全球提供更多公共產品，不斷增强制度性權利，實現義務和權利的平衡，展現我國負責任大國形象。要發揮發展中大國的引領作用，加强南南合作以及同周邊國家的合作，爲發展中國家提供力所能及的資金、技術支持，幫助提高環境治理能力，共同打造綠色"一帶一路"。要堅持共同但有區別的責任原則、公平原則和各自能力原則，堅定維護多邊主義，有效應對一些西方國家對我國進行"規鎖"的企圖，堅決維護我國發展利益。

第五，提高生態環境領域國家治理體系和治理能力現代化水平。要健全黨委領導、政府主導、企業主體、社會組織和公衆共同參與的現代環境治理體系，構建一體謀劃、一體部署、一體推進、一體考核的制度機制。要深入推進生態文明體制改革，强化綠色發展法律和政策保障，健全自然資源資産産權制度和法律法規。要完善環境保護、節能減排約束性指標管理，建立健全穩定的財政資金投入機制。要全面實行排污許可制，推進排污權、用能權、用水權、碳排放權市場化交易，建立健全風險管控機制。要大力宣傳綠色文明，增强全民節約意識、環保意識、生態意識，倡導簡約適度、綠色低碳的生活方式，把建設美麗中國轉化爲全體人民自覺行動。

二〇一八年五月十八日，我在全國生態環境保護大會上提出，我國生態文明建設正處於壓力疊加、負重前行的關鍵期，已進入提供更多優質生態産品以滿足人民日益增長的優美生態環境需要的攻堅期，也到了有條件有能力解決生態環境突出問題的窗口期。各級黨委和政府要提高政治判斷力、政治領悟力、政治執行力，心懷"國之大者"，擔負起生態文明建設的政治責任，堅決做到令行禁止，確保黨中央關於生態文明建設各項決策部署落地見效。

註　釋

〔1〕見《管子·立政》。

爲黃河永遠造福
中華民族而不懈奮鬥[*]

（二〇二一年十月二十二日）

要科學分析當前黃河流域生態保護和高質量發展形勢，把握好推動黃河流域生態保護和高質量發展的重大問題，咬定目標、腳踏實地，埋頭苦幹、久久爲功，確保"十四五"時期黃河流域生態保護和高質量發展取得明顯成效，爲黃河永遠造福中華民族而不懈奮鬥。

黨中央把黃河流域生態保護和高質量發展上升爲國家戰略以來，我們圍繞解決黃河流域存在的矛盾和問題，開展了大量工作，搭建黃河保護治理"四梁八柱"，整治生態環境問題，推進生態保護修復，完善治理體系，高質量發展取得新進步。同時也要看到，在黃河流域生態保護和高質量發展上還存在一些突出矛盾和問題，要堅持問題導向，再接再厲，堅定不移做好各項工作。

沿黃河省區要落實好黃河流域生態保護和高質量發展戰略部署，堅定不移走生態優先、綠色發展的現代化道路。第

---

* 這是習近平在深入推動黃河流域生態保護和高質量發展座談會上的講話要點。

367

一，要堅持正確政績觀，準確把握保護和發展關係。把大保護作爲關鍵任務，通過打好環境問題整治、深度節水控水、生態保護修復攻堅戰，明顯改善流域生態面貌。沿黃河開發建設必須守住生態保護這條紅綫，必須嚴守資源特別是水資源開發利用上限，用强有力的約束提高發展質量效益。第二，要統籌發展和安全兩件大事，提高風險防範和應對能力。高度重視水安全風險，大力推動全社會節約用水。要高度重視全球氣候變化的複雜深刻影響，從安全角度積極應對，全面提高災害防控水平，守護人民生命安全。第三，要提高戰略思維能力，把系統觀念貫穿到生態保護和高質量發展全過程。把握好全局和局部關係，增強一盤棋意識，在重大問題上以全局利益爲重。要把握好當前和長遠的關係，放眼長遠認真研究，克服急功近利、急於求成的思想。第四，要堅定走綠色低碳發展道路，推動流域經濟發展質量變革、效率變革、動力變革。從供需兩端入手，落實好能耗雙控措施，嚴格控制"兩高"[1]項目盲目上馬，抓緊有序調整能源生產結構，淘汰碳排放量大的落後產能和生產工藝。要着力確保煤炭和電力供應穩定，保障好經濟社會運行。

"十四五"是推動黃河流域生態保護和高質量發展的關鍵時期，要抓好重大任務貫徹落實，力爭儘快見到新氣象。一是加快構建抵禦自然災害防綫。要立足防大汛、抗大災，針對防汛救災暴露出的薄弱環節，迅速查漏補缺，補好災害預警監測短板，補好防災基礎設施短板。要加強城市防洪排澇體系建設，加大防災減災設施建設力度，嚴格保護城市生態空間、泄洪通道等。二是全方位貫徹"四水四定"原則。要堅決落實以水定城、以水定地、以水定人、以水定産，走好水安全有效保障、水資源高效利用、水生態明顯改善的集約節約發展之路。要精打細算用好水資源，從嚴從細管好水資源。要創新水權、排污權等交易措施，用好財稅槓桿，發揮價格機制作用，倒逼提升節水效果。三是大力推動生態環境保護治理。上游産水區重在維護天然生態系統完整性，一體化保護高原高寒地區獨有生態系統，有序實行休養生息制度。要抓好上中游水土流失治理和荒漠化防治，推進流域綜合治理。要加強下游河道和灘區環境綜合治理，提高河口三角洲生物多樣性。要實施好環境污染綜合治理工程。四是加快構建國土空間保護利用新格局。要提高對流域重點生態功能區轉移支付水平，讓這些地區一心一意謀保護，適度發展生態特色産業。農業現代化發展要向節水要效益，向科技要效益，發展旱作農業，推進高標準農田建設。城市羣和都市圈要集約高效發展，不能盲目擴張。五是在高質量發展上邁出堅實步伐。要堅持創新創造，提高産業鏈創新鏈協同水平。要推進能源革命，穩定能源保供。要提高與沿海、沿長江地區互聯互通水平，推進新型基礎設施建設，擴大有效投資。

黨中央已經對推動黃河流域生態保護和高質量發展作出全面部署，關鍵在於統一思想、堅定信心、步調一致、抓好落實，要落實好中央統籌、省負總責、市縣落實的工作機制，各盡其責、主動作爲。要調動市場主體、社會力量積極性。

進入七月下旬以來，黃河流域部分地方遭受罕見洪澇災害，各有關地方要切實做好災後恢復重建工作，特別是要關心和幫助那些因災陷入困境的羣衆，保障人民羣衆基本生活，保證生產生活正常秩序。要注意克服秋汛影響，採取有針對性的措施，抓好秋冬種工作。入冬在即，各地要早作謀劃、制定預案，保障羣衆生活用電、供暖，確保羣衆温暖過冬。

註　釋

〔1〕"兩高"，這裏指高耗能、高排放。

實現"雙碳"目標是
一場廣泛而深刻的變革[*]

（二〇二二年一月二十四日）

　　實現碳達峰碳中和，是貫徹新發展理念、構建新發展格局、推動高質量發展的內在要求，是黨中央統籌國內國際兩個大局作出的重大戰略決策。我們必須深入分析推進碳達峰碳中和工作面臨的形勢和任務，充分認識實現"雙碳"目標[1]的緊迫性和艱巨性，研究需要做好的重點工作，統一思想和認識，扎扎實實把黨中央決策部署落到實處。

　　黨的十八大以來，黨中央貫徹新發展理念，堅定不移走生態優先、綠色低碳發展道路，着力推動經濟社會發展全面綠色轉型，取得了顯著成效。我們建立健全綠色低碳循環發展經濟體系，持續推動產業結構和能源結構調整，啟動全國碳市場交易，宣佈不再新建境外煤電項目，加快構建"雙碳"政策體系，積極參與氣候變化國際談判，展現了負責任大國的擔當。實現"雙碳"目標，不是別人讓我們做，而是我們自己必須要做。我國已進入新發展階段，推進"雙碳"工作

　　* 這是習近平在主持中共十九屆中央政治局第三十六次集體學習時的講話要點。

是破解資源環境約束突出問題、實現可持續發展的迫切需要，是順應技術進步趨勢、推動經濟結構轉型升級的迫切需要，是滿足人民羣衆日益增長的優美生態環境需求、促進人與自然和諧共生的迫切需要，是主動擔當大國責任、推動構建人類命運共同體的迫切需要。我們必須充分認識實現"雙碳"目標的重要性，增强推進"雙碳"工作的信心。

實現"雙碳"目標是一場廣泛而深刻的變革，不是輕輕鬆鬆就能實現的。我們要提高戰略思維能力，把系統觀念貫穿"雙碳"工作全過程，注重處理好四對關係：一是發展和減排的關係。減排不是減生產力，也不是不排放，而是要走生態優先、綠色低碳發展道路，在經濟發展中促進綠色轉型、在綠色轉型中實現更大發展。要堅持統籌謀劃，在降碳的同時確保能源安全、產業鏈供應鏈安全、糧食安全，確保羣衆正常生活。二是整體和局部的關係。既要增强全國一盤棋意識，加强政策措施的銜接協調，確保形成合力；又要充分考慮區域資源分佈和產業分工的客觀現實，研究確定各地產業結構調整方向和"雙碳"行動方案，不搞齊步走、"一刀切"。三是長遠目標和短期目標的關係。既要立足當下，一步一個腳印解決具體問題，積小勝爲大勝；又要放眼長遠，克服急功近利、急於求成的思想，把握好降碳的節奏和力度，實事求是、循序漸進、持續發力。四是政府和市場的關係。要堅持兩手發力，推動有爲政府和有效市場更好結合，建立健全"雙碳"工作激勵約束機制。

推進"雙碳"工作，必須堅持全國統籌、節約優先、雙輪驅動、内外暢通、防範風險的原則，更好發揮我國制度優勢、資源條件、技術潛力、市場活力，加快形成節約資源和保護環境的產業結構、生產方式、生活方式、空間格局。第一，加強統籌協調。要把“雙碳”工作納入生態文明建設整體佈局和經濟社會發展全局，堅持降碳、減污、擴綠、增長協同推進，加快制定出臺相關規劃、實施方案和保障措施，組織實施好“碳達峰十大行動”[2]，加強政策銜接。各地區各部門要有全局觀念，科學把握碳達峰節奏，明確責任主體、工作任務、完成時間，穩妥有序推進。第二，推動能源革命。要立足我國能源資源稟賦，堅持先立後破、通盤謀劃，傳統能源逐步退出必須建立在新能源安全可靠的替代基礎上。要加大力度規劃建設以大型風光電基地爲基礎、以其周邊清潔高效先進節能的煤電爲支撐、以穩定安全可靠的特高壓輸變電綫路爲載體的新能源供給消納體系。要堅決控制化石能源消費，尤其是嚴格合理控制煤炭消費增長，有序減量替代，大力推動煤電節能降碳改造、靈活性改造、供熱改造“三改聯動”。要夯實國內能源生產基礎，保障煤炭供應安全，保持原油、天然氣產能穩定增長，加強煤氣油儲備能力建設，推進先進儲能技術規模化應用。要把促進新能源和清潔能源發展放在更加突出的位置，積極有序發展光能源、硅能源、氫能源、可再生能源。要推動能源技術與現代信息、新材料和先進製造技術深度融合，探索能源生產和消費新模式。要加快發展有規模有效益的風能、太陽能、生物質能、地熱能、海洋能、氫能等新能源，統籌水電開發和生態保護，積極安全有序發展核電。第三，推進產業優化升級。要緊緊抓住新一輪科技革命和產業變革的機遇，推動互聯網、大數據、人工智能、第五代移動通信（5G）等新興技術與綠色低碳產業深度融合，建設綠色製造體系和服務體系，提高綠色低碳產業在經濟總量中的比重。要嚴把新上項目的碳排放關，堅決遏制高耗能、高排放、低水平項目盲目發展。要下大氣力推動鋼鐵、有色、石化、化工、建材等傳統產業優化升級，加快工業領域低碳工藝革新和數字化轉型。要加大垃圾資源化利用力度，大力發展循環經濟，減少能源資源浪費。要統籌推進低碳交通體系建設，提升城鄉建設綠色低碳發展質量。要推進山水林田湖草沙一體化保護和系統治理，鞏固和提升生態系統碳匯能力。要倡導簡約適度、綠色低碳、文明健康的生活方式，引導綠色低碳消費，鼓勵綠色出行，開展綠色低碳社會行動示範創建，增強全民節約意識、生態環保意識。第四，加快綠色低碳科技革命。要狠抓綠色低碳技術攻關，加快先進適用技術研發和推廣應用。要建立完善綠色低碳技術評估、交易體系，加快創新成果轉化。要創新人才培養模式，鼓勵高等學校加快相關學科建設。第五，完善綠色低碳政策體系。要進一步完善能耗"雙控"制度，新增可再生能源和原料用能不納入能源消費總量控制。要健全"雙碳"標準，構建統一規範的碳排放統計核算體系，推動能源"雙控"向碳排放總量和強度"雙控"轉變。要健全法律法規，完善財稅、價格、投資、金融政策。要充分發揮市場機制作用，完善碳定價機制，加強碳排放權交易、用能權交易、電力交易銜接協調。第六，積極參與和引領全球氣候治理。要秉持人類命運共同體理念，以更加積極姿態參與全球氣候談判議程和國際規則制定，推動構建公平合理、合作共贏的全球氣候治理體系。

要加强黨對“雙碳”工作的領導，加强統籌協調，嚴格監督考核，推動形成工作合力。要實行黨政同責，壓實各方責任，將“雙碳”工作相關指標納入各地區經濟社會發展綜合評價體系，增加考核權重，加强指標約束。各級領導幹部要加强對“雙碳”基礎知識、實現路徑和工作要求的學習，做到真學、真懂、真會、真用。要把“雙碳”工作作爲幹部教育培訓體系重要内容，增强各級領導幹部推動綠色低碳發展的本領。

註　釋

〔1〕“雙碳”目標，指中國力爭於二〇三〇年前二氧化碳排放達到峰值、二〇六〇年前實現碳中和。

〔2〕“碳達峰十大行動”，指能源綠色低碳轉型行動、節能降碳增效行動、工業領域碳達峰行動、城鄉建設碳達峰行動、交通運輸綠色低碳行動、循環經濟助力降碳行動、綠色低碳科技創新行動、碳匯能力鞏固提升行動、綠色低碳全民行動、各地區梯次有序碳達峰行動。

十五、堅持走
中國特色強軍之路

確保如期實現
建軍一百年奮鬥目標[*]

（二〇二一年七月三十日）

實現建軍一百年奮鬥目標，是黨中央和中央軍委把握強國強軍時代要求作出的重大決策，是關係國家安全和發展全局的重大任務，是國防和軍隊現代化新“三步走”[1]十分緊要的一步。要堅定決心意志，增強緊迫意識，埋頭苦幹實幹，確保如期實現既定目標。

回顧黨的百年奮鬥歷程，堅持黨指揮槍、建設自己的人民軍隊，是黨在血與火的鬥爭中得出的重大結論。在革命、建設、改革各個歷史時期，黨領導人民軍隊牢記初心使命，永葆性質宗旨，一路披荆斬棘，取得一個又一個輝煌勝利，爲黨和人民建立了不朽功勛。堅持黨對人民軍隊絕對領導，朝着黨指引的方向奮勇前進，人民軍隊就能不斷發展壯大，黨和人民事業就有了堅強力量支撐。

強國必須強軍，軍強才能國安。黨的十八大以來，黨中央和中央軍委就加快國防和軍隊現代化作出一系列戰略謀劃

＊ 這是習近平在主持中共十九屆中央政治局第三十二次集體學習時的講話要點。

和部署，引領全軍開創了強軍事業新局面。在全面建設社會主義現代化國家、實現第二個百年奮鬥目標的歷史進程中，必須把國防和軍隊建設擺在更加重要的位置，加快建設鞏固國防和強大軍隊。

我軍建設"十四五"規劃對實現建軍一百年奮鬥目標作了戰略部署。要強化規劃權威性和執行力，搞好科學統籌，抓好重點任務，加快工作進度，保證工作質量，推動戰略能力加速生成。要堅持以戰領建，強化戰建統籌，做好軍事鬥爭準備，形成戰、建、備一體推進的良好局面。

推進實現建軍一百年奮鬥目標，是關係我軍建設全局的一場深刻變革。要加強創新突破，轉變發展理念、創新發展模式、增強發展動能，確保高質量發展。要推進高水平科技自立自強，加快關鍵核心技術攻關，加快戰略性、前沿性、顛覆性技術發展，發揮科技創新對我軍建設戰略支撐作用。要適應世界軍事發展趨勢和我軍戰略能力發展需求，堅持不懈把國防和軍隊改革向縱深推進。要抓住戰略管理這個重點，推進軍事管理革命，提高軍事系統運行效能和國防資源使用效益。要加強戰略謀劃，創新思路舉措，推動軍事人員能力素質、結構佈局、開發管理全面轉型升級，加快壯大人才隊伍。

實現建軍一百年奮鬥目標，是我軍的責任，也是全黨全國的責任。中央和國家機關、地方各級黨委和政府要強化國防觀念，貫徹改革要求，履行好國防建設領域應盡職責。要在經濟社會發展佈局中充分考慮軍事佈局需求，在重大基礎設施建設中剛性落實國防要求，在戰備訓練重大工程建設等方面給予有力支持，在家屬隨軍就業、軍人子女入學、退役軍人安置、優撫政策落實等方面積極排憂解難。

註　釋

〔1〕國防和軍隊現代化新"三步走"，指到二〇二七年實現建軍一百年奮鬥目標、到二〇三五年基本實現國防和軍隊現代化、到本世紀中葉全面建成世界一流軍隊。

深入實施新時代人才強軍戰略[*]

（二〇二一年十一月二十六日）

　　強軍之道，要在得人。人才是推動我軍高質量發展、贏得軍事競爭和未來戰爭主動的關鍵因素，對實現黨在新時代的強軍目標、把我軍全面建成世界一流軍隊具有重大現實意義和深遠歷史意義。要貫徹中央人才工作會議精神，深入實施新時代人才強軍戰略，確保爲實現建軍一百年奮鬥目標提供堅實支撐，人才總體水平躋身世界強國軍隊前列。

　　黨的十九屆六中全會全面總結了我們黨百年奮鬥重大成就和歷史經驗，強調要堅持黨管人才原則，深入實施新時代人才強國戰略，加快建設世界重要人才中心和創新高地，聚天下英才而用之。要結合全會精神學習貫徹，全面做好新時代人才強軍各項工作。

　　黨的十八大以來，黨中央和中央軍委實施人才強軍戰略，堅持人才工作正確政治方向，聚焦備戰打仗培養人才，加強軍事人員現代化建設佈局，深化軍事人力資源政策制度改革，推動人才領域開放融合，我軍人才工作取得歷史性成就。

---

　　* 這是習近平在中央軍委人才工作會議上的講話要點。

世界百年未有之大變局加速演變，新一輪科技革命和軍事革命日新月異，我軍正按照國防和軍隊現代化新"三步走"戰略安排、向實現建軍一百年奮鬥目標邁進，全軍要增強深入實施新時代人才強軍戰略的使命感和緊迫感，科學謀劃，抓緊行動，全方位加強人才工作，更好發揮人才對強軍事業的引領和支撐作用。

實施新時代人才強軍戰略，要貫徹新時代黨的強軍思想，貫徹新時代軍事戰略方針，貫徹國防和軍隊現代化戰略安排，聚焦實現建軍一百年奮鬥目標，推動軍事人員能力素質、結構佈局、開發管理全面轉型升級，鍛造德才兼備的高素質、專業化新型軍事人才，確保軍事人員現代化取得重大進展，關鍵領域人才發展取得重大突破。實施新時代人才強軍戰略，必須把黨對軍隊絕對領導貫徹到人才工作各方面和全過程，必須把能打仗、打勝仗作為人才工作出發點和落腳點，必須面向世界軍事前沿、面向國家安全重大需求、面向國防和軍隊現代化，必須全方位培養用好人才，必須深化軍事人力資源政策制度改革，必須貫徹人才強國戰略。

實施新時代人才強軍戰略，要統籌全局、突出重點，全面推進人才培養、使用、評價、服務、支持、激勵等各項工作，以重點突破帶動整體提升。要在黨和國家人才工作大盤子中謀劃推進我軍人才工作，堅持軍事需求導向，搞好規劃對接、政策對接、工作對接，形成我軍人才工作高效推進的良好局面。

政治標準是我軍人才第一位的標準，政治要求是對我軍人才最根本的要求。要牢牢把住政治關，加強思想政治建設，做好鑄魂育人和政治考察工作，確保培養和使用的人才政治上絕對過硬。

要堅持走好人才自主培養之路，堅持軍隊培養爲主、多種方式相結合，形成具有我軍特色的人才培養和使用模式，提高備戰打仗人才供給能力和水平。要下大氣力強化科技素養，提高打贏現代戰爭實際本領。要貫徹新時代軍事教育方針，落實院校優先發展戰略，加快建設一流軍事院校、培養一流軍事人才。要加強實踐歷練，鼓勵引導官兵在火熱軍事實踐中經風雨、見世面、壯筋骨、長才幹。

要用好用活各方面人才，堅持以用爲本，精準高效配置軍事人力資源，確保人才得到最佳配置、發揮最大效能。要堅持分類施策，抓好聯合作戰指揮人才、新型作戰力量人才、高層次科技創新人才、高水平戰略管理人才培養使用，發揮好軍士和文職人員作用。

要把握軍事人才成長規律，把握各類人才發展特點要求，創新管理理念和方式方法，加強專業化、精細化、科學化管理。要推進軍事人力資源政策制度體系優化，加強政策制度配套建設。要在全軍營造信任人才、尊重人才、支持人才、關愛人才濃厚氛圍，把廣大人才幹事創業積極性、主動性、創造性充分激發出來。

軍委要加強對人才工作的領導，各級黨委要履行好主體責任。領導幹部特別是高級幹部要有強烈的人才意識，當好新時代的伯樂。中央和國家機關、地方各級黨委和政府要支持軍隊做好人才工作，齊心協力把強軍事業不斷推向前進。

貫徹依法治軍戰略，
提高國防和軍隊建設法治化水平[*]

（二〇二二年三月七日）

依法治軍是我們黨建軍治軍的基本方式，是實現黨在新時代的强軍目標的必然要求。要貫徹依法治軍戰略，提高國防和軍隊建設法治化水平，爲推進强軍事業提供堅强法治保障。

過去的一年，全軍堅決貫徹黨中央和中央軍委決策指示，邊鬥爭、邊備戰、邊建設，實現了“十四五”良好開局，爲黨和國家事業發展提供了有力支撐。

黨的十八大以來，黨中央把依法治軍納入全面依法治國總盤子，黨的十八屆四中全會對依法治軍作出重要部署，中央軍委專門制定新形勢下深入推進依法治軍從嚴治軍的決定。經過這些年不懈努力，依法治軍實踐取得重大進展。黨的十九屆六中全會提出要貫徹依法治軍戰略，這是黨中央把握新時代建軍治軍特點規律、從强軍事業全局出發作出的重要決策部署。

要全面把握依法治軍戰略。要貫徹新時代黨的强軍思想，貫徹新時代中國特色社會主義法治思想，着眼於全面加强我

軍革命化現代化正規化建設，構建中國特色軍事法治體系，加快治軍方式根本性轉變，提高國防和軍隊建設法治化水平。要堅持黨對軍隊絕對領導，堅持戰鬥力標準，堅持建設中國特色軍事法治體系，堅持按照法治要求轉變治軍方式，堅持從嚴治軍鐵律，堅持抓住領導幹部這個"關鍵少數"，堅持官兵主體地位，堅持貫徹全面依法治國要求。

貫徹依法治軍戰略是系統工程，要統籌全局、突出重點，以重點突破帶動整體推進。要深化軍事立法工作，打好政策制度改革攻堅戰，提高立法質量，增強立法系統性、整體性、協同性。要做好法規制度實施工作，落實聯合作戰法規制度，深化依法治訓、按綱施訓，強化我軍建設規劃計劃剛性約束，嚴格依法加強部隊管理。要強化法規制度執行監督工作，明晰責任主體和評估標準，健全監督機制，嚴格責任追究，確保法規制度落地見效。要加強涉外軍事法治工作，統籌謀劃軍事行動和法治鬥爭，健全軍事領域涉外法律法規，更好用法治維護國家利益。

要匯聚貫徹依法治軍戰略強大合力。軍委要加強組織領導，各級要認真履職盡責，法治工作機構要發揮好職能作用，領導幹部要帶頭依法指導和開展工作。中央和國家機關、地方各級黨委和政府要強化國防意識，自覺履行法定的國防建設職責，依法保障好軍隊建設、軍事行動和軍人合法權益。

全軍要抓緊抓實備戰打仗工作，協助地方做好維護社會大局穩定工作，及時有效處置各種突發情況，保持國家安全穩定，完成好黨和人民賦予的各項任務。

十六、統籌發展和安全

貫徹總體國家安全觀，
構建大安全格局[*]

（二〇二〇年十二月十一日）

　　國家安全工作是黨治國理政一項十分重要的工作，也是保障國泰民安一項十分重要的工作。做好新時代國家安全工作，要堅持總體國家安全觀，抓住和用好我國發展的重要戰略機遇期，把國家安全貫穿到黨和國家工作各方面全過程，同經濟社會發展一起謀劃、一起部署，堅持系統思維，構建大安全格局，促進國際安全和世界和平，爲建設社會主義現代化國家提供堅強保障。

　　黨的十九屆五中全會《建議》首次把統籌發展和安全納入"十四五"時期我國經濟社會發展的指導思想，並列專章作出戰略部署，突出了國家安全在黨和國家工作大局中的重要地位。這是由我國發展所處的歷史方位、國家安全所面臨的形勢任務決定的。

　　我們黨誕生於國家內憂外患、民族危難之時，對國家安全的重要性有着刻骨銘心的認識。新中國成立以來，黨中央

---

　　* 這是習近平在主持中共十九屆中央政治局第二十六次集體學習時的講話要點。

對發展和安全高度重視，始終把維護國家安全工作緊緊抓在手上。黨的十八大以來，黨中央加強對國家安全工作的集中統一領導，把堅持總體國家安全觀納入堅持和發展中國特色社會主義基本方略，從全局和戰略高度對國家安全作出一系列重大決策部署，強化國家安全工作頂層設計，完善各重要領域國家安全政策，健全國家安全法律法規，有效應對了一系列重大風險挑戰，保持了我國國家安全大局穩定。

　　我就貫徹總體國家安全觀提出十點要求。一是堅持黨對國家安全工作的絕對領導，堅持黨中央對國家安全工作的集中統一領導，加強統籌協調，把黨的領導貫穿到國家安全工作各方面全過程，推動各級黨委（黨組）把國家安全責任制落到實處。二是堅持中國特色國家安全道路，貫徹總體國家安全觀，堅持政治安全、人民安全、國家利益至上有機統一，以人民安全爲宗旨，以政治安全爲根本，以經濟安全爲基礎，捍衛國家主權和領土完整，防範化解重大安全風險，爲實現中華民族偉大復興提供堅強安全保障。三是堅持以人民安全爲宗旨，國家安全一切爲了人民、一切依靠人民，充分發揮廣大人民羣衆積極性、主動性、創造性，切實維護廣大人民羣衆安全權益，始終把人民作爲國家安全的基礎性力量，匯聚起維護國家安全的強大力量。四是堅持統籌發展和安全，堅持發展和安全並重，實現高質量發展和高水平安全的良性互動，既通過發展提升國家安全實力，又深入推進國家安全思路、體制、手段創新，營造有利於經濟社會發展的安全環境，在發展中更多考慮安全因素，努力實現發展和安全的動態平衡，全面提高國家安全工作能力和水平。五是堅持把政治安全放在首要位置，維護政權安全和制度安全，更加積極主動做好各方面工作。六是堅持統籌推進各領域安全，統籌應對傳統安全和非傳統安全，發揮國家安全工作協調機制作用，用好國家安全政策工具箱。七是堅持把防範化解國家安全風險擺在突出位置，提高風險預見、預判能力，力爭把可能帶來重大風險的隱患發現和處置於萌芽狀態。八是堅持推進國際共同安全，高舉合作、創新、法治、共贏的旗幟，推動樹立共同、綜合、合作、可持續的全球安全觀，加強國際安全合作，完善全球安全治理體系，共同構建普遍安全的人類命運共同體。九是堅持推進國家安全體系和能力現代化，堅持以改革創新爲動力，加強法治思維，構建系統完備、科學規範、運行有效的國家安全制度體系，提高運用科學技術維護國家安全的能力，不斷增强塑造國家安全態勢的能力。十是堅持加强國家安全幹部隊伍建設，加强國家安全戰綫黨的建設，堅持以政治建設爲統領，打造堅不可摧的國家安全幹部隊伍。

把國家發展建立在更加安全、更爲可靠的基礎之上[*]

（二〇二〇年十二月十六日）

在統籌國內國際兩個大局、統籌疫情防控和經濟社會發展的實踐中，我們深化了對在嚴峻挑戰下做好經濟工作的規律性認識。

一是黨中央權威是危難時刻全黨全國各族人民迎難而上的根本依靠。中國特色社會主義制度，我國基本國情，決定了實現我們的奮鬥目標、應對前進道路上的驚濤駭浪，必須堅持黨的集中統一領導，必須維護黨中央權威。實踐再次證明，重大歷史關頭，重大考驗面前，領導力是最關鍵的條件，黨中央的判斷力、決策力、行動力具有決定性作用。只要毫不動搖堅持黨的領導、毫不動搖維護黨中央權威，把全體人民緊緊團結在黨的周圍，我們就一定能够戰勝一切艱難險阻，乘風破浪，勇往直前。

二是人民至上是作出正確抉擇的根本前提。應對歷史罕見的大危機，立場決定方向，也決定行動優先序。我們黨始終代表最廣大人民根本利益，堅持立黨爲公、執政爲民，大

---

* 這是習近平在中央經濟工作會議上講話的一部分。

疫面前我們堅持人民至上、生命至上，確定了先控制疫情、再局部復工、然後全面復工的最優路徑。實踐再次證明，只要心裏始終裝着人民，始終把人民利益放在最高位置，我們就一定能夠作出正確決策，並依靠人民戰勝一切艱難險阻。

三是制度優勢是形成共克時艱磅礴力量的根本保障。上下同欲者勝。在大災大難面前，我們衆志成城、臨危不懼，堅持發揮黨的領導和我國社會主義制度的政治優勢，協同調動各地方各部門各領域各方面力量，聚集起戰勝困難的强大合力。實踐再次證明，只要堅定道路自信、理論自信、制度自信、文化自信，堅持集中力量辦大事的制度優勢，我們就一定能夠使全黨全國各族人民緊密團結起來，發揮出攻堅克難、推動事業發展的强大能量。

四是科學決策和創造性應對是化危爲機的根本方法。應對非凡困難必須有非凡之策。這次衝擊既不同於一九二九年世界經濟大蕭條，也不同於二〇〇八年國際金融危機，供給中斷、需求萎縮同時發生，挑戰前所未有。我們堅持戰略設計和戰術運用有效結合，經濟社會政策並用，供給需求同時發力，發揮産業體系完整優勢，加强物資供應保障，實行跨周期設計和逆周期調節，以合理代價取得最大成效。實踐再次證明，只要準確識變、科學應變、主動求變，善於決策時運籌帷幄、落實時如臂使指，我們就一定能夠在抗擊大風險中創造出大機遇，始終立於不敗之地。

五是科技自立自强是促進發展大局的根本支撐。在抗擊新冠肺炎疫情、應對外部經濟環境變化、抵禦外部勢力打壓的進程中，我們高度重視科技的重大作用，用科學防治降服病魔、保障人民生命健康，用科技創新保持產業鏈供應鏈運行，用加快突破"卡脖子"的關鍵核心技術保證經濟安全、推動實現高質量發展。實踐再次證明，只要秉持科學精神、把握科學規律、大力推動自主創新，我們就一定能够把國家發展建立在更加安全、更爲可靠的基礎之上。

牢牢把住糧食安全主動權[*]

（二○二○年十二月二十八日）

“五穀者，萬民之命，國之重寶。”[1] 我反復強調，糧食多一點少一點是戰術問題，糧食安全是戰略問題。今年應對新冠肺炎疫情，糧食和重要農副產品供給充裕功不可没，充分印證了這一點。

我國糧食供求緊平衡的格局没有改變，結構性矛盾剛着手解決，總量不足問題又重新凸顯。今後一個時期糧食需求還會持續增加，供求緊平衡將越來越緊，再加上國際形勢複雜嚴峻，確保糧食安全的弦要始終綳得很緊很緊，寧可多生產、多儲備一些，多了的壓力和少了的壓力不可同日而語。糧食生產年年要抓緊，面積、產量不能掉下來，供給、市場不能出問題。

“民非穀不食，穀非地不生。”[2] 耕地是糧食生產的命根子。早在二○一三年，我就講過要像保護大熊貓那樣保護耕地，嚴防死守十八億畝耕地紅綫。這些年，我先後對清理整治大棚房、違建別墅、亂佔耕地建房和遏制耕地“非農化”、防止“非糧化”等提出要求，有關部門打了一套組合拳。但

　＊　這是習近平在中央農村工作會議上講話的一部分。

是，耕地亂象仍屢禁不止。比如，一些地方佔用基本農田大搞綠化造林、挖湖造景，一些地方在公路、鐵路、河渠兩旁佔用良田建設幾十米甚至幾百米寬的綠化帶。我們土地是不少，但同十四億人口的需求一比，又是稀缺資源！建城市、搞工業、保生態都要用地，必須精打細算，排出優先序，絕不能佔用耕地和違背自然規律去搞造林綠化。各省區市現有用於糧食生產的耕地必須保住，不能再往下降了！保耕地，不僅要保數量，還要提質量。建設高標準農田是一個重要抓手，要堅定不移抓下去，提高建設標準和質量，真正實現旱澇保收、高產穩產。這個決心一定要下，該拿的錢一定要拿！要把黑土地保護作爲一件大事來抓，把黑土地用好養好。要採取"長牙齒"的硬措施，落實最嚴格的耕地保護制度。對有令不行、有禁不止、失職瀆職的，要嚴肅追究責任。

耕地就那麼多，穩產增產根本出路在科技。以生物技術和信息技術爲特徵的新一輪農業科技革命正在孕育大的突破，各國都在搶佔制高點。作爲一個農業大國，我們絕不能落後。要堅持農業科技自立自強，加快推進農業關鍵核心技術攻關。我反復思考，感到有一條必須明確，就是農業現代化，種子是基礎。我在這次中央經濟工作會議上專門強調了這個問題。這設備那設備，這條件那條件，沒有良種難以實現農業現代化！大豆等種子講了多少年，但突破進度還是很不理想。要拿出攻破"卡脖子"技術的幹勁，明確方向和目標，加快實施農業生物育種重大科技項目，早日實現重要農產品的種源自主可控。有關部門要在嚴格監管、風險可控前提下，加快推進生物育種研發應用。要加快打通科技進村入戶的通道，促進政府公益性服務和市場社會化服務協同發力。既要用物聯網、大數據等現代信息技術發展智慧農業，也要加快補上烘乾倉儲、冷鏈保鮮、農業機械等現代農業物質裝備短板，特別是要加大農業重要裝備自主研製力度，加強動植物防疫檢疫體系、防災減災體系等建設。

調動農民種糧積極性，關鍵是讓農民種糧有錢掙。這幾年種糧成本增加、效益不高，不少地方甚至連年虧損。要穩定和加強種糧農民補貼，提升收儲調控能力，堅持完善最低收購價政策，擴大完全成本保險和收入保險範圍。現在，糧食生產一大軟肋是生產成本偏高，解決辦法還是要創新經營方式，要培育好家庭農場、農民合作社，發展適度規模經營，健全專業化社會化服務體系，把一家一戶辦不了、辦起來不划算的事交給社會化服務組織來辦。要加強農民農業生產技術和管理能力培訓，促進管理現代化。

地方各級黨委和政府要扛起糧食安全的政治責任。這些年，我國糧食生產明顯向主產區集中，這有其合理性，但集中過度也會帶來風險。如果各地都只想吃飯不想種糧、只想吃肉不想養豬，那誰來保供給！不能把糧食當成一般商品，光算經濟賬、不算政治賬，光算眼前賬、不算長遠賬。主產區、主銷區、產銷平衡區都有責任保面積、保產量，飯碗要一起端、責任要一起扛。此乃國之大者！糧食安全要實行黨政同責，"米袋子"省長要負責，書記也要負責。長期以來，產糧大省、大市、大縣為保障國家糧食安全作出了重要貢獻，值得表揚。要完善糧食主產區利益補償機制，加大獎補力度，決不能讓重農抓糧吃虧！

現在，城鄉居民食物消費結構在不斷升級，今後農產品保供，既要保數量，也要保多樣、保質量。要深入推進農業供給側結構性改革，推動品種培優、品質提升、品牌打造和標準化生產。要繼續抓好生豬生產恢復，促進產業穩定發展。像大豆、棉花、玉米、小麥等一些大宗農產品生產，要抓緊研究部署，該擴大產量的要果斷下決心，不能讓人家拿住我們！這是涉及國家安全的大事！要打好農產品貿易這張牌，但關鍵要控風險、可替代、有備手，實施農產品進口多元化戰略，支持企業走出去，提高關鍵物流節點掌控能力，增強供應鏈韌性。保糧食安全要一個品種一個品種深入研究、制定方案、落實下去。制止餐飲浪費最近有所好轉，必須長期抓下去，推動全社會形成勤儉節約的良好風尚。

註　釋

〔1〕見南北朝時期賈思勰《齊民要術·雜說第三十》引《范子計然》。
〔2〕見《管子·八觀》。

切實築牢國家生物安全屏障[*]

（二〇二一年九月二十九日）

生物安全關乎人民生命健康，關乎國家長治久安，關乎中華民族永續發展，是國家總體安全的重要組成部分，也是影響乃至重塑世界格局的重要力量。要深刻認識新形勢下加強生物安全建設的重要性和緊迫性，貫徹總體國家安全觀，貫徹落實生物安全法，統籌發展和安全，按照以人為本、風險預防、分類管理、協同配合的原則，加強國家生物安全風險防控和治理體系建設，提高國家生物安全治理能力，切實築牢國家生物安全屏障。

黨的十八大以來，黨中央把加強生物安全建設擺上更加突出的位置，納入國家安全戰略，頒佈施行生物安全法，出臺國家生物安全政策和國家生物安全戰略，健全國家生物安全工作組織領導體制機制，積極應對生物安全重大風險，加強生物資源保護利用，舉全黨全國全社會之力打好新冠肺炎疫情防控人民戰爭，我國生物安全防範意識和防護能力不斷增強，維護生物安全基礎不斷鞏固，生物安全建設取得歷史性成就。

＊ 這是習近平在主持中共十九屆中央政治局第三十三次集體學習時的講話要點。

現在，傳統生物安全問題和新型生物安全風險相互疊加，境外生物威脅和內部生物風險交織並存，生物安全風險呈現出許多新特點，我國生物安全風險防控和治理體系還存在短板弱項。必須科學分析我國生物安全形勢，把握面臨的風險挑戰，明確加強生物安全建設的思路和舉措。

要完善國家生物安全治理體系，加強戰略性、前瞻性研究謀劃，完善國家生物安全戰略。要健全黨委領導、政府負責、社會協同、公衆參與、法治保障的生物安全治理機制，強化各級生物安全工作協調機制。要從立法、執法、司法、普法、守法各環節全面發力，健全國家生物安全法律法規體系和制度保障體系，加強生物安全法律法規和生物安全知識宣傳教育，提高全社會生物安全風險防範意識。要夯實聯防聯控、羣防羣控的基層基礎，打好生物安全風險防控人民戰爭。

要強化系統治理和全鏈條防控，堅持系統思維，科學施策，統籌謀劃，抓好全鏈條治理。要織牢織密生物安全風險監測預警網絡，健全監測預警體系，重點加強基層監測站點建設，提升末端發現能力。要快速感知識別新發突發傳染病、重大動植物疫情、微生物耐藥性、生物技術環境安全等風險因素，做到早發現、早預警、早應對。要建立健全重大生物安全突發事件的應急預案，完善快速應急響應機制。要加強應急物資和能力儲備，既要儲備實物，也要儲備產能。要實行積極防禦、主動治理，堅持人病獸防、關口前移，從源頭前端阻斷人獸共患病的傳播路徑。要立足更精準更有效地防，理順基層動植物疫病防控體制機制，明確機構定位，提升專業能力，夯實基層基礎。

　　要盯牢抓緊生物安全重點風險領域，強化底綫思維和風險意識。要強化生物資源安全監管，制定完善生物資源和人類遺傳資源目錄。要加強入境檢疫，強化潛在風險分析和違規違法行爲處罰，堅決守牢國門關口。對已經傳入並造成嚴重危害的，要摸清底數，"一種一策"精準治理，有效減除。要加強對國內病原微生物實驗室生物安全的管理，嚴格執行有關標準規範，嚴格管理實驗樣本、實驗動物、實驗活動廢棄物。要加強對抗微生物藥物使用和殘留的管理。

　　要加快推進生物科技創新和產業化應用，推進生物安全領域科技自立自強，打造國家生物安全戰略科技力量，健全生物安全科研攻關機制，嚴格生物技術研發應用監管，加強生物實驗室管理，嚴格科研項目倫理審查和科學家道德教育。要促進生物技術健康發展，在尊重科學、嚴格監管、依法依規、確保安全的前提下，有序推進生物育種、生物製藥等領域產業化應用。要把優秀傳統理念同現代生物技術結合起來，中西醫結合、中西藥並用，集成推廣生物防治、綠色防控技術和模式，協同規範抗菌藥物使用，促進人與自然和諧共生。

　　要積極參與全球生物安全治理，同國際社會攜手應對日益嚴峻的生物安全挑戰，加強生物安全政策制定、風險評估、應急響應、信息共享、能力建設等方面的雙多邊合作交流。要辦好《生物多樣性公約》第十五次締約方大會，推動制定"二〇二〇年後全球生物多樣性框架"，爲世界貢獻中國智慧、提供中國方案。要倡導本着科學原則、按科學規則推動新冠病毒溯源工作。

　　加強生物安全建設是一項長期而艱巨的任務，需要持續用力、扎實推進。各級黨委（黨組）和政府要切實把思想認識和行動統一到黨中央決策部署上來，把生物安全工作責任落到實處，做到守土有責、守土盡責。要加大投入力度，完善政策措施，強化要素保障，把生物安全建設重點任務抓實抓好抓出成效，提高生物安全風險防控和治理體系現代化水平，牢牢掌握國家生物安全主動權。要持之以恆抓好新冠肺炎疫情防控，堅決克服麻痹思想、厭戰情緒、僥倖心理、鬆懈心態，從嚴從緊落實各項防控措施，守住來之不易的防控成果。

十七、堅持"一國兩制"
和推進祖國統一

始終堅持"愛國者治港"，
確保"一國兩制"行穩致遠[*]

（二〇二一年一月二十七日、十二月二十二日）

一

因爲疫情防控需要，這次採取視頻連綫方式聽取你對二〇二〇年工作的述職報告。我首先向香港特別行政區全體居民表示誠摯的慰問。新冠肺炎疫情已經持續一年多，給世界帶來嚴重衝擊。香港作爲高度開放的國際性城市，所受影響比較大。前一段時間，香港暴發第四波疫情，對市民生命安全和身體健康造成較大威脅，也給大家工作生活造成許多困擾。我很關心、很擔憂。中央政府已經並將繼續採取一切必要措施，全力支持香港特別行政區抗擊疫情。大家要堅定信心、團結抗疫。祖國永遠是香港的堅強後盾，眼前的困難一定能够戰勝。

一年來，你和特別行政區政府沉着應對"修例風波"、新冠肺炎疫情和外部環境不利變化帶來的多重嚴重衝擊，想方設法維護秩序、防控疫情、紓緩民困、恢復經濟，已取得一

---

[*] 這是習近平在聽取香港特別行政區行政長官林鄭月娥述職報告時的談話要點。

定的成效。特別要指出的是，全國人大常委會制定頒佈香港國安法後，你帶領特別行政區政府堅決執行，依法止暴制亂，努力推動香港重回正軌。在涉及國家安全等大是大非問題上，你立場堅定、敢於擔當，展現出愛國愛港的情懷和對國家、對香港高度負責的精神。中央對你和特別行政區政府履職盡責的表現是充分肯定的。

香港由亂及治的重大轉折，再次昭示了一個深刻道理，那就是要確保"一國兩制"實踐行穩致遠，必須始終堅持"愛國者治港"。這是事關國家主權、安全、發展利益，事關香港長期繁榮穩定的根本原則。只有做到"愛國者治港"，中央對特別行政區的全面管治權才能得到有效落實，憲法和基本法確立的憲制秩序才能得到有效維護，各種深層次問題才能得到有效解決，香港才能實現長治久安，並爲實現中華民族偉大復興作出應有的貢獻。

（二〇二一年一月二十七日在聽取香港特別行政區行政長官林鄭月娥二〇二〇年度述職報告時的談話要點）

二

一年來，香港由亂到治的局面不斷鞏固，局勢不斷向好發展。新冠肺炎疫情防控成效明顯，經濟逐步復蘇，社會保持安定。林鄭月娥行政長官領導特別行政區政府，依照全國人大有關決定和全國人大常委會有關立法，對香港選舉制度作出系統性修改完善；成功舉辦選舉委員會選舉和立法會選舉，推動符合香港實際的民主發展邁出堅實步伐；堅決執行香港國安法，依法止暴制亂、撥亂反正，維護法治的權威和尊嚴；採取積極措施，推動特別行政區融入國家發展大局，全面深化同內地交流合作。中央對林鄭月娥行政長官和特別行政區政府的工作是充分肯定的。

幾天前，香港舉行了第七屆立法會選舉。在新選舉制度下，香港特別行政區選舉委員會選舉和第七屆立法會選舉先後舉行，都取得了成功。廣大香港同胞當家作主的民主權利得到體現，"愛國者治港"原則得到落實，社會各階層各界別廣泛、均衡參與的政治格局得到確立。實踐證明，新選舉制度符合"一國兩制"原則，符合香港實際，為確保"一國兩制"行穩致遠、確保香港長期繁榮穩定提供了制度支撐，是一套好制度。

今年是中國共產黨成立一百周年。黨的十九屆六中全會作出關於黨的百年奮鬥重大成就和歷史經驗的決議，"一國兩制"作為重要內容寫入其中。香港回歸祖國二十多年不平凡的歷程充分證明，實行"一國兩制"，有利於維護國家根本利益，有利於維護香港根本利益，有利於維護廣大香港同胞根本利益。中央將繼續堅定不移貫徹"一國兩制"方針。我們堅信，隨着實踐不斷深入和制度體系不斷完善，"一國兩制"的優越性將進一步彰顯。廣大香港同胞一定能弘揚愛國愛港的光榮傳統，同全國各族人民攜手並肩，為實現中華民族偉大復興共同奮鬥。

（二〇二一年十二月二十二日在會見來京述職的香港特別行政區行政長官林鄭月娥時的談話要點）

把具有澳門特色的"一國兩制"成功實踐不斷推向前進[*]

（二〇二一年一月二十七日、十二月二十二日）

一

因爲疫情防控需要，這次採取視頻方式聽取你對二〇二〇年工作的述職報告。二〇二〇年是你和新一屆特別行政區政府的開局之年。面對突如其來的新冠肺炎疫情，你們快速反應、措施有力，在較短時間內控制住了疫情，迄今已連續超過三百天沒有本地新增確診病例，贏得了澳門市民和各有關方面高度讚譽。在防控疫情的同時，你們採取有力措施恢復經濟、紓解民困，取得了積極成效，促進了澳門社會和諧。對你和特別行政區政府的工作，中央是充分肯定的。

中央始終關心澳門同胞的福祉、關心澳門發展。我們將繼續全力支持澳門統籌疫情防控和經濟社會發展，支持澳門完善維護國家安全的法律制度和執行機制，支持澳門加快經

---

[*] 這是習近平在聽取澳門特別行政區行政長官賀一誠述職報告時的談話要點。

濟適度多元發展，支持澳門更好融入國家發展大局，把具有澳門特色的"一國兩制"成功實踐不斷推向前進。

（二〇二一年一月二十七日在聽取澳門特別
行政區行政長官賀一誠二〇二〇年度述職
報告時的談話要點）

二

十二月二十日，澳門特別行政區舉行了慶祝回歸祖國二十二周年的活動，借此機會，向廣大澳門同胞致以節日的問候和祝福。

一年來，澳門保持穩定發展良好態勢。有效防控新冠肺炎疫情，努力實現"動態清零"，同內地保持人員正常往來。澳門經濟逐步復蘇，困難羣體和小微企業得到扶助。維護國家安全的法律制度和執行機制不斷完善。澳門特別行政區第七屆立法會選舉順利完成，"愛國者治澳"原則得到進一步落實。中央公佈實施《橫琴粵澳深度合作區建設總體方案》，澳門融入國家發展大局邁出新步伐。中央對賀一誠行政長官和特別行政區政府的工作是充分肯定的。

新冠肺炎疫情在全球持續蔓延，對各國經濟社會產生了嚴重影響。經過這次疫情，澳門社會各界對澳門經濟結構方面存在的問題認識更加清醒，對澳門發展的路向思考更加深刻。祖國始終是澳門保持長期繁榮穩定的堅強後盾，中央將繼續堅定不移貫徹"一國兩制"方針，繼續支持澳門積極推進經濟適度多元發展，不斷書寫具有澳門特色"一國兩制"成功實踐新篇章。

（二〇二一年十二月二十二日在會見來京述職
的澳門特別行政區行政長官賀一誠時的談話
要點）

共同創造祖國完全統一、民族偉大復興的光榮偉業*

（二○二一年十月九日）

孫中山先生説過："'統一'是中國全體國民的希望。能够統一，全國人民便享福；不能統一，便要受害。"[1]臺灣問題因民族弱亂而産生，必將隨着民族復興而解決。這是中華民族歷史演進大勢所決定的，更是全體中華兒女的共同意志，正像孫中山先生所説："世界潮流，浩浩蕩蕩，順之則昌，逆之則亡"[2]。

以和平方式實現祖國統一，最符合包括臺灣同胞在内的中華民族整體利益。我們堅持"和平統一、一國兩制"的基本方針，堅持一個中國原則和"九二共識"，推動兩岸關係和平發展。兩岸同胞都要站在歷史正確的一邊，共同創造祖國完全統一、民族偉大復興的光榮偉業。

中華民族具有反對分裂、維護統一的光榮傳統。"臺獨"分裂是祖國統一的最大障礙，是民族復興的嚴重隱患。凡是數典忘祖、背叛祖國、分裂國家的人，從來沒有好下場，必

＊ 這是習近平在紀念辛亥革命一百一十周年大會上講話的一部分。

將遭到人民的唾棄和歷史的審判！臺灣問題純屬中國內政，不容任何外來干涉。任何人都不要低估中國人民捍衛國家主權和領土完整的堅強決心、堅定意志、強大能力！祖國完全統一的歷史任務一定要實現，也一定能夠實現！

註　釋

〔1〕見孫中山《與日本新聞記者的談話》（《孫中山全集》第八卷，人民出版社二〇一五年版，第 730 頁）。

〔2〕見孫中山《題詞》（《孫中山全集》第十五卷，人民出版社二〇一五年版，第 120 頁）。

二〇二〇年六月十七日，習近平在北京以視頻方式主持中非團結抗疫特別峰會並發表主旨講話。

二〇二〇年十一月二十日，習近平在北京以視頻方式出席亞太經合組織第二十七次領導人非正式會議並發表講話。

二〇二一年二月九日，習近平在北京以視頻方式主持中國—中東歐
國家領導人峰會並發表主旨講話。

二〇二一年四月二十二日，應美國總統拜登邀請，習近平在北京以視頻
方式出席領導人氣候峰會並發表講話。

二〇二一年七月六日，習近平在北京以視頻方式出席中國共産黨與世界政黨領導人峰會並發表主旨講話。

二〇二一年九月十七日，習近平在北京以視頻方式出席上海合作組織
成員國元首理事會第二十一次會議並發表講話。

二〇二一年十月二十五日，習近平在北京出席中華人民共和國恢復聯合國
合法席位五十周年紀念會議並發表講話。

二〇二一年十二月三日，習近平在北京同老撾人民革命黨中央總書記、國家主席通倫通過視頻連綫共同出席中老鐵路通車儀式。

二〇二二年一月二十五日，習近平在北京主持中國同中亞五國建交
三十周年視頻峰會並發表講話。

二〇二二年二月四日，北京第二十四屆冬季奧林匹克
運動會開幕式在國家體育場舉行。習近平出席開幕式
並宣佈本屆冬奧會開幕。

二〇二二年二月五日，習近平和夫人彭麗媛在北京人民大會堂舉行宴會，歡迎出席北京二〇二二年冬奧會開幕式的國際貴賓。這是習近平和彭麗媛同國際貴賓合影。

二〇二二年二月五日，習近平在北京人民大會堂會見來華出席北京
二〇二二年冬奧會的聯合國秘書長古特雷斯。

十八、弘揚全人類共同價值，推動構建人類命運共同體

共同佑護各國人民生命和健康*

（二〇二〇年五月十八日）

人類文明史也是一部同疾病和災難的鬥爭史。病毒沒有國界，疫病不分種族。面對來勢洶洶的新冠肺炎疫情，國際社會沒有退縮，各國人民勇敢前行，守望相助、風雨同舟，展現了人間大愛，匯聚起同疫情鬥爭的磅礴之力。

經過艱苦卓絕努力，付出巨大代價，中國有力扭轉了疫情局勢，維護了人民生命安全和身體健康。中方始終本着公開、透明、負責任的態度，及時向世衛組織及相關國家通報疫情信息，第一時間發佈病毒基因序列等信息，毫無保留同各方分享防控和救治經驗，盡己所能爲有需要的國家提供了大量支持和幫助。

現在，疫情還在蔓延，防控仍需努力。我願提出以下建議。

第一，全力搞好疫情防控。這是當務之急。我們要堅持以民爲本、生命至上，科學調配醫療力量和重要物資，在防護、隔離、檢測、救治、追蹤等重要領域採取有力舉措，儘快遏制疫情在全球蔓延態勢，盡力阻止疫情跨境傳播。要加強信息分享，交流有益經驗和做法，開展檢測方法、臨牀救

---

* 這是習近平在第七十三屆世界衛生大會視頻會議開幕式上致辭的一部分。

415

治、疫苗藥物研發國際合作，並繼續支持各國科學家們開展病毒源頭和傳播途徑的全球科學研究。

第二，發揮世衛組織領導作用。在譚德塞總幹事帶領下，世衛組織爲領導和推進國際抗疫合作作出了重大貢獻，國際社會對此高度讚賞。當前，國際抗疫正處於關鍵階段，支持世衛組織就是支持國際抗疫合作、支持挽救生命。中國呼籲國際社會加大對世衛組織政治支持和資金投入，調動全球資源，打贏疫情阻擊戰。

第三，加大對非洲國家支持。發展中國家特別是非洲國家公共衛生體系薄弱，幫助他們築牢防綫是國際抗疫鬥爭重中之重。我們應該向非洲國家提供更多物資、技術、人力支持。中國已向五十多個非洲國家和非盟交付了大量醫療援助物資，專門派出了五個醫療專家組。在過去七十年中，中國派往非洲的醫療隊爲兩億多人次非洲人民提供了醫療服務。目前，常駐非洲的四十六支中國醫療隊正在投入當地的抗疫行動。

第四，加強全球公共衛生治理。人類終將戰勝疫情，但重大公共衛生突發事件對人類來說不會是最後一次。要針對這次疫情暴露出來的短板和不足，完善公共衛生安全治理體系，提高突發公共衛生事件應急響應速度，建立全球和地區防疫物資儲備中心。中國支持在全球疫情得到控制之後，全面評估全球應對疫情工作，總結經驗，彌補不足。這項工作需要科學專業的態度，需要世衛組織主導，堅持客觀公正原則。

第五，恢復經濟社會發展。有條件的國家要在做好常態化疫情防控的前提下，遵照世衛組織專業建議，有序開展復工復產復學。要加強國際宏觀經濟政策協調，維護全球產業鏈供應鏈穩定暢通，盡力恢復世界經濟。

第六，加強國際合作。人類是命運共同體，團結合作是戰勝疫情最有力的武器。這是國際社會抗擊艾滋病、埃博拉、禽流感、甲型 H1N1 流感等重大疫情取得的重要經驗，是各國人民合作抗疫的人間正道。

中國始終秉持構建人類命運共同體理念，既對本國人民生命安全和身體健康負責，也對全球公共衛生事業盡責。爲推進全球抗疫合作，我宣佈：

——中國將在兩年內提供二十億美元國際援助，用於支持受疫情影響的國家特別是發展中國家抗疫鬥爭以及經濟社會恢復發展。

——中國將同聯合國合作，在華設立全球人道主義應急倉庫和樞紐，努力確保抗疫物資供應鏈，並建立運輸和清關綠色通道。

——中國將建立三十個中非對口醫院合作機制，加快建設非洲疾控中心總部，助力非洲提升疾病防控能力。

——中國新冠疫苗研發完成並投入使用後，將作爲全球公共產品，爲實現疫苗在發展中國家的可及性和可擔負性作出中國貢獻。

——中國將同二十國集團成員一道落實“暫緩最貧困國家債務償付倡議”，並願同國際社會一道，加大對疫情特別重、壓力特別大的國家的支持力度，幫助其克服當前困難。

我呼籲，讓我們攜起手來，共同佑護各國人民生命和健康，共同佑護人類共同的地球家園，共同構建人類衛生健康共同體！

中阿比以往任何時候都更需要加强合作、共克時艱、攜手前行[*]

（二〇二〇年七月六日）

二〇一八年，我在中阿合作論壇第八屆部長級會議開幕式上宣佈中阿雙方建立戰略夥伴關係，倡議打造中阿命運共同體，共同推動構建人類命運共同體，得到阿拉伯國家熱情響應。兩年來，中阿雙方加強戰略協調和行動對接，政治互信日益鞏固，共建“一帶一路”合作成果豐碩，人文交流豐富多彩，全面合作、共同發展、面向未來的中阿戰略夥伴關係得到深化。

新冠肺炎疫情發生以來，中國和阿拉伯國家風雨同舟、守望相助，堅定相互支持，開展密切合作，這是中阿命運與共的生動寫照。當前形勢下，中阿雙方比以往任何時候都更需要加強合作、共克時艱、攜手前行。希望雙方以此次會議召開爲契機，加強戰略溝通協調，穩步推進抗疫等各領域合作，推動中阿命運共同體建設不斷走深走實，更好造福中阿雙方人民。

＊ 這是習近平致中國—阿拉伯國家合作論壇第九屆部長級會議賀信的主要部分。

做大亞太合作蛋糕，
實現共同繁榮*

（二〇二〇年十一月二十日）

當前，世界和亞太正在經歷深刻變革，新冠肺炎疫情暴發加速了這一趨勢。世界經濟陷入低迷，經濟全球化遭遇逆風，單邊主義、保護主義擡頭，公平和效率、增長和分配、技術和就業等矛盾更加突出，貧富差距仍普遍存在，全球治理體系面臨新的挑戰。亞太地區數十年來第一次出現經濟整體負增長，保護人民健康、實現經濟復蘇任務艱巨。亞太合作未來的路怎麼走，關乎地區發展，關乎人民福祉，關乎世界未來。

今年，亞太經合組織的一項重要任務是開啟二〇二〇年後的合作願景，我們達成了共建亞太共同體的目標。我們應該以此爲新起點，開啟亞太合作新階段，延續亞太地區强勁發展勢頭，迎接亞太地區共同繁榮未來，共同構建開放包容、創新增長、互聯互通、合作共贏的亞太命運共同體。

第一，堅持開放包容。世界經濟正如我們身邊的太平洋，匯聚千流、連通四海，鑄就了浩瀚寬廣的胸懷，孕育了波濤

＊ 這是習近平在亞太經合組織第二十七次領導人非正式會議上發言的一部分。

澎湃的活力。在平等相待基礎上開展合作，在相互尊重基礎上化解分歧，是亞太經濟發展繁榮的根本。一路走來，亞太經合組織致力於推動區域經濟一體化，圍繞落實茂物目標取得了長足進展，也在引領多邊貿易體制演變上發揮了重要作用。但是，實現自由開放的貿易和投資絕非可以一蹴而就。亞太地區要繼續領風氣之先，堅決維護和平穩定，堅定捍衛多邊主義，堅持構建開放型世界經濟，毫不動搖支持以世界貿易組織為核心的多邊貿易體制，促進自由開放的貿易和投資，引導經濟全球化朝着更加開放、包容、普惠、平衡、共贏的方向發展。我們要繼續推進區域經濟一體化，早日建成亞太自由貿易區。中方歡迎區域全面經濟夥伴關係協定完成簽署，也將積極考慮加入全面與進步跨太平洋夥伴關係協定。我們在推動自由開放貿易的同時，經濟技術合作也不能放鬆。我們要繼續落實亞太經合組織高質量增長戰略和包容行動議程，照顧發展中成員關切，特別關注婦女等羣體面臨的特殊困難，支持中小微企業發展，促進包容和可持續增長。中方將舉辦包容性貿易和投資研討會，就貿易和投資政策廣泛惠及人民提出建議。我們願同各方一道把有關建議落到實處。

第二，堅持創新增長。數字經濟是全球未來的發展方向，創新是亞太經濟騰飛的翅膀。我們應該主動把握時代機遇，充分發揮本地區人力資源廣、技術底子好、市場潛力大的特點，打造競爭新優勢，為各國人民過上更好日子開闢新可能。我們要全面落實亞太經合組織互聯網和數字經濟路綫圖，促進新技術傳播和運用，加強數字基礎設施建設，消除數字鴻溝。我們要完善經濟治理，努力營造開放、公平、公正、非歧視的營商環境。中方今年開展智慧城市案例研究，將推動制定智慧城市指導原則，爲亞太創新城市發展提供樣板。中方提出倡議，推動各方分享數字技術抗疫和恢復經濟的經驗，倡導優化數字營商環境，激發市場主體活力，釋放數字經濟潛力，爲亞太經濟復蘇注入新動力。明年，中方還將舉辦數字減貧研討會，發揮數字技術優勢，助力亞太地區消除貧困事業。

第三，堅持互聯互通。互聯互通是區域經濟一體化的重要基礎，也是實現全球聯動發展的必要條件，其重要性在疫情背景下就顯得更加突出。我們要繼續推進落實亞太經合組織互聯互通藍圖，暢通人員、貨物、資金、數據安全有序流動，實現亞太地區無縫聯接。中方已經同印尼、韓國、新加坡等成員開通了疫情期間人員流動"快捷通道"，將繼續建設人員流動便利化網絡。我們要推動國際防疫健康信息互認。中方願同各方一起積極穩妥推進貨物"綠色通道"建設，提高通關效率，打通堵點、連接斷點，推動搭建國際產業鏈、供應鏈合作平臺，維護全球和地區產業鏈、供應鏈安全暢通運轉。我們要促進各方發展規劃和互聯互通倡議彼此對接，形成合力。中方願同各方攜手高質量共建"一帶一路"，爲亞太互聯互通建設搭建更廣闊平臺，爲亞太和世界經濟注入更強勁動力。

第四，堅持合作共贏。亞太各成員發展高度互補，利益深度融合。亞太經濟合作從來不是零和博弈、你輸我贏的政治遊戲，而是相互成就、互利共贏的發展平臺。馬來西亞有句諺語，"遇山一起爬，遇溝一起跨"。這正是亞太大家庭精神的精髓。疫情再度告訴我們，只有團結合作，才能戰勝挑戰。我們要深化互信、包容、合作、共贏的亞太夥伴關係，秉持共商共建共享理念，不斷提升區域合作水平，做大亞太合作蛋糕，實現共同繁榮。我們要在協商一致基礎上推進務實合作，妥善處理矛盾和分歧，維護亞太合作正確方向，讓亞太經合組織行穩致遠。

應對疫情是當前最緊迫的任務。我們要加强疫苗研發和交流，努力讓疫苗成爲全球公共產品，促進疫苗在發展中國家的可及性和可負擔性。中方已經加入"新冠肺炎疫苗實施計劃"。中方支持亞太經合組織加强公共衛生、中小微企業等領域政策交流和能力建設，提出遠程醫療倡議，讓貧困和偏遠地區人民得到及時、有效醫治，助力抗疫合作和經濟復蘇。

中方高度重視亞太經合組織作用，將繼續支持亞太經合組織發展，始終不渝扎根亞太、建設亞太、造福亞太。

加强政黨合作，共謀人民幸福*

（二〇二一年七月六日）

尊敬的各位政黨領導人，

女士們，先生們，朋友們：

很高興在中國共產黨成立一百周年之際，同來自一百六十多個國家的五百多個政黨和政治組織等領導人、逾萬名政黨和各界代表共聚"雲端"，探討"爲人民謀幸福與政黨的責任"這個重大命題。這段時間，一百七十多個國家的六百多個政黨和政治組織等就中國共產黨成立一百周年發來一千五百多封賀電賀信，表達對中國共產黨的友好情誼和美好祝願。我謹代表中國共產黨，向大家表示衷心的感謝！

幾天前，我們舉行大會，慶祝中國共產黨成立一百周年。一百年來，中國共產黨團結帶領中國人民接續奮鬥，推動中華民族迎來了從站起來、富起來到强起來的偉大飛躍。一百年來，中國共產黨堅持中國人民和世界各國人民命運與共，在世界大局和時代潮流中把握中國發展的前進方向、促進各國共同發展繁榮。

中國共產黨和中國人民取得的歷史性成就，離不開世界

---

* 這是習近平在中國共產黨與世界政黨領導人峰會上的主旨講話。

各國人民的大力支持。在這裏，我代表中國共產黨和中國人民，向關心、支持、幫助中國共產黨和中國革命、建設、改革事業的各國政黨、人民和朋友，表示誠摯的謝意！

女士們、先生們、朋友們！

當今世界正經歷百年未有之大變局，世界多極化、經濟全球化處於深刻變化之中，各國相互聯繫、相互依存、相互影響更加密切。爲了應對新冠肺炎疫情挑戰、促進經濟復蘇、維護世界穩定，國際社會作出了艱苦努力，各國政黨作出了積極探索，展現了責任擔當。同時，一些地方戰亂和衝突仍在持續，饑荒和疾病仍在流行，隔閡和對立仍在加深，各國人民追求幸福生活的呼聲更加强烈。

今天，人類社會再次面臨何去何從的歷史當口，是敵視對立還是相互尊重？是封閉脱鈎還是開放合作？是零和博弈還是互利共贏？選擇就在我們手中，責任就在我們肩上。

人類是一個整體，地球是一個家園。面對共同挑戰，任何人任何國家都無法獨善其身，人類只有和衷共濟、和合共生這一條出路。政黨作爲推動人類進步的重要力量，要錨定正確的前進方向，擔起爲人民謀幸福、爲人類謀進步的歷史責任。我認爲，政黨應該努力做到以下幾點。

第一，我們要擔負起引領方向的責任，把握和塑造人類共同未來。人民渴望富足安康，渴望公平正義。大時代需要大格局，大格局呼唤大胸懷。從“本國優先”的角度看，世界是狹小擁擠的，時時都是“激烈競争”。從命運與共的角度看，世界是寬廣博大的，處處都有合作機遇。我們要傾聽人民心聲，順應時代潮流，推動各國加强協調和合作，把本國人民利益同世界各國人民利益統一起來，朝着構建人類命運共同體的方向前行。

第二，我們要擔負起凝聚共識的責任，堅守和弘揚全人類共同價值。各國歷史、文化、制度、發展水平不盡相同，但各國人民都追求和平、發展、公平、正義、民主、自由的全人類共同價值。我們要本着對人類前途命運高度負責的態度，做全人類共同價值的倡導者，以寬廣胸懷理解不同文明對價值內涵的認識，尊重不同國家人民對價值實現路徑的探索，把全人類共同價值具體地、現實地體現到實現本國人民利益的實踐中去。

第三，我們要擔負起促進發展的責任，讓發展成果更多更公平地惠及各國人民。發展是實現人民幸福的關鍵。在人類追求幸福的道路上，一個國家、一個民族都不能少。世界上所有國家、所有民族都應該享有平等的發展機會和權利。我們要直面貧富差距、發展鴻溝等重大現實問題，關注欠發達國家和地區，關愛貧困民衆，讓每一片土地都孕育希望。中國古人說："適己而忘人者，人之所棄；克己而利人者，衆之所戴。"[1] 發展是世界各國的權利，而不是少數國家的專利。我們要推動各國加強發展合作、各國人民共享發展成果，提升全球發展的公平性、有效性、協同性，共同反對任何人搞技術封鎖、科技鴻溝、發展脫鈎。我相信，任何以阻撓他國發展、損害他國人民生活爲要挾的政治操弄都是不得人心的，也終將是徒勞的！

第四，我們要擔負起加強合作的責任，攜手應對全球性風險和挑戰。面對仍在肆虐的新冠肺炎疫情，我們要堅持科學施策，倡導團結合作，彌合"免疫鴻溝"，反對將疫情政治化、病毒標籤化，共同推動構建人類衛生健康共同體。面對恐怖主義等人類公敵，我們要以合作謀安全、謀穩定，共同紮好安全的"籬笆"。面對脆弱的生態環境，我們要堅持尊重自然、順應自然、保護自然，共建綠色家園。面對氣候變化給人類生存和發展帶來的嚴峻挑戰，我們要勇於擔當、同心協力，共謀人與自然和諧共生之道。

第五，我們要擔負起完善治理的責任，不斷增強為人民謀幸福的能力。通向幸福的道路不盡相同，各國人民有權選擇自己的發展道路和制度模式，這本身就是人民幸福的應有之義。民主同樣是各國人民的權利，而不是少數國家的專利。實現民主有多種方式，不可能千篇一律。一個國家民主不民主，要由這個國家的人民來評判，而不能由少數人説了算！我們要加強交流互鑑，完善溝通機制、把握社情民意、健全組織體系、提高治理能力，推進適合本國國情的民主政治建設，不斷提高為人民謀幸福的能力和成效。

女士們、先生們、朋友們！

為人民謀幸福，是中國共產黨始終堅守的初心。今天，中國已經實現了全面建成小康社會的奮鬥目標，開啟了全面建設社會主義現代化國家新征程，中國人民的獲得感、幸福感、安全感不斷提升。辦好中國的事，讓十四億多中國人民過上更加美好的生活，促進人類和平與發展的崇高事業，這是中國共產黨矢志不渝的奮鬥目標。中國共產黨將堅持以人民為中心的發展思想，在宏闊的時空維度中思考民族復興和人類進步的深刻命題，團結帶領中國人民上下求索、鋭意進取，創造更加美好的未來。

歷史告訴我們，擁抱世界，才能擁抱明天；攜手共進，才能行穩致遠。中國共產黨願同各國政黨一起努力，讓夢想照進現實，讓行動成就未來，始終不渝做世界和平的建設者、全球發展的貢獻者、國際秩序的維護者。

——中國共產黨將團結帶領中國人民深入推進中國式現代化，爲人類對現代化道路的探索作出新貢獻。中國共產黨堅持一切從實際出發，帶領中國人民探索出中國特色社會主義道路。歷史和實踐已經並將進一步證明，這條道路，不僅走得對、走得通，而且也一定能够走得穩、走得好。我們將堅定不移沿着這條光明大道走下去，既發展自身又造福世界。現代化道路並沒有固定模式，適合自己的才是最好的，不能削足適履。每個國家自主探索符合本國國情的現代化道路的努力都應該受到尊重。中國共產黨願同各國政黨交流互鑑現代化建設經驗，共同豐富走向現代化的路徑，更好爲本國人民和世界各國人民謀幸福。

——中國共產黨將團結帶領中國人民全面深化改革和擴大開放，爲世界各國共同發展繁榮作出新貢獻。當前，經濟全球化雖然面臨不少阻力，但存在更多動力，總體看，動力勝過阻力，各國走向開放、走向合作的大勢沒有改變、也不會改變。中國共產黨願同各國政黨加强溝通，共同引導經濟全球化朝着更加開放、包容、普惠、平衡、共贏的方向發展。我們願同國際社會加强高質量共建"一帶一路"合作，共同爲促進全球互聯互通做增量，讓更多國家、更多民衆共享發展成果。

——中國共產黨將履行大國大黨責任，爲增進人類福祉作出新貢獻。消除貧困是各國人民的共同願望，是各國政黨努力實現的重要目標。中共十八大以來，中國現行標準下九千八百九十九萬農村貧困人口全部脫貧，提前十年實現《聯合國二〇三〇年可持續發展議程》減貧目標。中國共產黨願爲人類減貧進程貢獻更多中國方案和中國力量。中國將全力支持國際抗疫合作，增强發展中國家疫苗可及性和可負擔性。中國將爲履行碳達峰、碳中和目標承諾付出極其艱巨的努力，爲全球應對氣候變化作出更大貢獻。中國將承辦《生物多樣性公約》第十五次締約方大會，同各方共商全球生物多樣性治理新戰略，共同開啓全球生物多樣性治理新進程。

——中國共產黨將積極推動完善全球治理，爲人類社會攜手應對共同挑戰作出新貢獻。現行國際體系和國際秩序的核心理念是多邊主義。多邊主義踐行得好一點，人類面臨的共同問題就會解決得好一點。國際規則應該是世界各國共同認可的規則，而不應由少數人來制定。國家間的合作應該以服務全人類爲宗旨，而不應以小集團政治謀求世界霸權。我們要共同反對以多邊主義之名行單邊主義之實的各種行爲，共同反對霸權主義和强權政治。中國將堅決維護聯合國憲章宗旨和原則，倡導國際上的事大家商量着辦，推動國際秩序和國際體系朝着更加公正合理的方向發展。我願再次重申，中國永遠是發展中國家大家庭的一員，將堅定不移致力於提高發展中國家在國際治理體系中的代表性和發言權。中國永遠不稱霸、不搞擴張、不謀求勢力範圍。中國共產黨將同各國政黨一道，通過政黨間協商合作促進國家間協調合作，在全球治理中更好發揮政黨應有的作用。

女士們、先生們、朋友們！

道阻且長，行則將至；行而不輟，未來可期。前方的路會有曲折，但也充滿希望。中國共產黨願繼續同各國政黨和政治組織一道，站在歷史正確的一邊，站在人類進步的一邊，爲推動構建人類命運共同體、建設更加美好的世界作出新的更大貢獻！

謝謝大家。

註　　釋

〔1〕見明代方孝孺《雜銘》。

上海合作組織要在人類共同發展宏大格局中推進自身發展[*]

（二〇二一年九月十七日）

過去二十年，是國際格局持續演變、全球治理體系深刻重塑的二十年，也是上海合作組織蓬勃發展、成員國互利合作碩果纍纍的二十年。二十年來，本組織始終遵循"互信、互利、平等、協商、尊重多樣文明、謀求共同發展"的"上海精神"，致力於世界和平與發展和人類進步事業，爲構建新型國際關係和人類命運共同體作出重要理論和實踐探索。

——我們共促政治互信，締結長期睦鄰友好合作條約，開創"結伴不結盟、對話不對抗"全新模式，在涉及彼此核心利益和重大關切問題上相互支持，成爲各自發展道路上可信賴的堅强後盾。

——我們共護安全穩定，率先提出打擊"三股勢力"[1]，堅決遏制毒品走私、網絡犯罪、跨國有組織犯罪蔓延勢頭，聯合舉辦反恐演習和邊防行動，積極倡導政治解決國際和地區熱點問題，構築起守護地區和平安寧的銅牆鐵壁。

---

* 這是習近平在上海合作組織成員國元首理事會第二十一次會議上講話的一部分。

——我們共謀繁榮發展，推動區域務實合作向縱深發展，打造藝術節、上合大學、傳統醫學論壇等人文品牌項目，創造成員國經濟總量和對外貿易額年均增長約百分之十二、人員往來成倍遞增的"上合速度"和"上合效益"，加快構建各國人民共享幸福的美好家園。

——我們共擔國際道義，就弘揚多邊主義和全人類共同價值發出響亮聲音，就反對霸權主義和強權政治表明公正立場，同觀察員國、對話夥伴及贊同本組織宗旨原則的國際和地區組織密切協作，奏響了國際社會同呼吸、共命運的時代樂章。

今天，上海合作組織已經站在新的歷史起點上。我們應該高舉"上海精神"旗幟，在國際關係民主化歷史潮流中把握前進方向，在人類共同發展宏大格局中推進自身發展，構建更加緊密的上海合作組織命運共同體，為世界持久和平和共同繁榮作出更大貢獻。為此，我提出以下建議。

第一，走團結合作之路。我們要充分利用各層級會晤機制和平臺，加強政策對話和溝通協調，尊重彼此合理關切，及時化解合作中出現的問題，共同把穩上合組織發展方向。我們要堅定制度自信，絕不接受"教師爺"般頤指氣使的說教，堅定支持各國探索適合本國國情的發展道路和治理模式。我們要支持各自平穩推進國內選舉等重要政治議程，絕不允許外部勢力以任何藉口干涉地區國家內政，把本國發展進步的前途命運牢牢掌握在自己手中。

應對新冠肺炎疫情仍是當前最緊迫的任務。我們要秉持人民至上、生命至上理念，弘揚科學精神，深入開展國際抗疫合作，推動疫苗公平合理分配，堅決抵制病毒溯源政治化。中方從保障各國人民生命安全和身體健康出發，迄今已向一百多個國家和國際組織提供將近十二億劑疫苗和原液，居全球首位。中方將加緊實現全年向世界提供二十億劑疫苗，深化同發展中國家抗疫合作，用好中方向“新冠疫苗實施計劃”捐贈的一億美元，為人類徹底戰勝疫情作出應有貢獻。

第二，走安危共擔之路。面對複雜多變的地區安全形勢，我們要堅持共同、綜合、合作、可持續的安全觀，嚴厲打擊“東伊運”等“三股勢力”，深化禁毒、邊防、大型活動安保合作，儘快完善本組織安全合作機制，推進落實反極端主義公約等法律文件，加強各國主管部門維穩處突能力建設。

阿富汗局勢已經發生重大變化，外國軍隊撤出後，阿富汗歷史翻開了新的一頁。同時，阿富汗仍面臨諸多艱巨任務，需要國際社會特別是地區國家支持和幫助。各成員國應該加強協作，用好“上海合作組織—阿富汗聯絡組”等平臺，推動阿富汗局勢平穩過渡，引導阿富汗搭建廣泛包容的政治架構，奉行穩健溫和的內外政策，堅決打擊一切形式的恐怖主義，同周邊國家實現友好相處，真正走上和平、穩定、發展的道路。

第三，走開放融通之路。上海合作組織各國都處在發展關鍵階段，應該發揮山水相鄰、利益交融的獨特優勢，堅持開放合作導向，相互成就發展振興的美好願景。我們要持續推進貿易和投資自由化便利化，保障人員、貨物、資金、數據安全有序流動，打造數字經濟、綠色能源、現代農業合作增長點。共建“一帶一路”是各國共同發展的大舞臺，我們要推動共建"一帶一路"倡議同各國發展戰略及歐亞經濟聯盟等區域合作倡議深入對接，維護產業鏈供應鏈穩定暢通，促進各國經濟融合、發展聯動、成果共享。

爲助力各國疫後經濟復蘇，中方願繼續分享市場機遇，力爭未來五年同本組織國家累計貿易額實現二點三萬億美元目標，優化貿易結構，改善貿易平衡。中方將設立中國—上海合作組織經貿學院，助力本組織多邊經貿合作發展。中方二〇一八年在上海合作組織框架內設立的首期三百億元人民幣等值專項貸款即將實施完畢，將啟動實施二期專項貸款用於共建"一帶一路"合作，重點支持現代化互聯互通、基礎設施建設、綠色低碳可持續發展等項目。

第四，走互學互鑑之路。上海合作組織發展最牢固的基礎在於文明互鑑，最深厚的力量在於民心相通。我們要倡導不同文明交流對話、和諧共生。要在科技、教育、文化、衛生、扶貧等領域打造更多接地氣、聚人心項目，用好青年交流營、婦女論壇、媒體論壇、民間友好論壇等平臺，發揮好上海合作組織睦鄰友好合作委員會等社會團體作用，搭建各國人民相知相親的橋梁。

未來三年，中方將向上海合作組織國家提供一千名扶貧培訓名額，建成十所魯班工坊，在"絲路一家親"行動框架內開展衛生健康、扶貧救助、文化教育等領域三十個合作項目，幫助有需要的國家加強能力建設、改善民生福祉。中方將於明年舉辦本組織青年科技創新論壇，激發各國青年創新活力。中方倡議成立本組織傳統醫藥產業聯盟，爲各國開展傳統醫學合作開闢新路徑。中方歡迎各方參加二〇二二年北京冬奧會、冬殘奧會，共同呈現一屆簡約、安全、精彩的奧運盛會。

　　第五，走公平正義之路。"一時強弱在於力，千秋勝負在於理。"[2]解決國際上的事情，不能從所謂"實力地位"出發，推行霸權、霸道、霸凌，應該以聯合國憲章宗旨和原則爲遵循，堅持共商共建共享。要踐行真正的多邊主義，反對打着所謂"規則"旗號破壞國際秩序、製造對抗和分裂的行徑。要恪守互利共贏的合作觀，拆除割裂貿易、投資、技術的高牆壁壘，營造包容普惠的發展前景。

註　釋

〔1〕"三股勢力"，指暴力恐怖勢力、民族分裂勢力、宗教極端勢力。

〔2〕參見《東周列國志》第十四回。原文是："一時之强弱在力，千古之勝負在理。"

維護地球家園，
促進人類可持續發展*

（二○二一年十月十二日）

"萬物各得其和以生，各得其養以成。"〔1〕生物多樣性使地球充滿生機，也是人類生存和發展的基礎。保護生物多樣性有助於維護地球家園，促進人類可持續發展。

昆明大會以"生態文明：共建地球生命共同體"爲主題，推動制定"二○二○年後全球生物多樣性框架"，爲未來全球生物多樣性保護設定目標、明確路徑，具有重要意義。國際社會要加強合作，心往一處想、勁往一處使，共建地球生命共同體。

人與自然應和諧共生。當人類友好保護自然時，自然的回報是慷慨的；當人類粗暴掠奪自然時，自然的懲罰也是無情的。我們要深懷對自然的敬畏之心，尊重自然、順應自然、保護自然，構建人與自然和諧共生的地球家園。

綠水青山就是金山銀山。良好生態環境既是自然財富，也是經濟財富，關係經濟社會發展潛力和後勁。我們要加快

＊ 這是習近平在《生物多樣性公約》第十五次締約方大會領導人峰會上主旨講話的主要部分。

形成綠色發展方式，促進經濟發展和環境保護雙贏，構建經濟與環境協同共進的地球家園。

新冠肺炎疫情給全球發展蒙上陰影，推進聯合國二〇三〇年可持續發展議程面臨更大挑戰。面對恢復經濟和保護環境的雙重任務，發展中國家更需要幫助和支持。我們要加強團結、共克時艱，讓發展成果、良好生態更多更公平惠及各國人民，構建世界各國共同發展的地球家園。

我們處在一個充滿挑戰，也充滿希望的時代。行而不輟，未來可期。爲了我們共同的未來，我們要攜手同行，開啟人類高質量發展新征程。

第一，以生態文明建設爲引領，協調人與自然關係。我們要解決好工業文明帶來的矛盾，把人類活動限制在生態環境能夠承受的限度內，對山水林田湖草沙進行一體化保護和系統治理。

第二，以綠色轉型爲驅動，助力全球可持續發展。我們要建立綠色低碳循環經濟體系，把生態優勢轉化爲發展優勢，使綠水青山產生巨大效益。我們要加強綠色國際合作，共享綠色發展成果。

第三，以人民福祉爲中心，促進社會公平正義。我們要心繫民衆對美好生活的嚮往，實現保護環境、發展經濟、創造就業、消除貧困等多面共贏，增強各國人民的獲得感、幸福感、安全感。

第四，以國際法爲基礎，維護公平合理的國際治理體系。我們要踐行真正的多邊主義，有效遵守和實施國際規則，不能合則用、不合則棄。設立新的環境保護目標應該兼顧雄心和務實平衡，使全球環境治理體系更加公平合理。

中國生態文明建設取得了顯著成效。前段時間，雲南大象的北上及返回之旅，讓我們看到了中國保護野生動物的成果。中國將持續推進生態文明建設，堅定不移貫徹創新、協調、綠色、開放、共享的新發展理念，建設美麗中國。

在此，我宣佈，中國將率先出資十五億元人民幣，成立昆明生物多樣性基金，支持發展中國家生物多樣性保護事業。中方呼籲並歡迎各方為基金出資。

為加強生物多樣性保護，中國正加快構建以國家公園為主體的自然保護地體系，逐步把自然生態系統最重要、自然景觀最獨特、自然遺產最精華、生物多樣性最富集的區域納入國家公園體系。中國正式設立三江源、大熊貓、東北虎豹、海南熱帶雨林、武夷山等第一批國家公園，保護面積達二十三萬平方公里，涵蓋近百分之三十的陸域國家重點保護野生動植物種類。同時，本着統籌就地保護與遷地保護相結合的原則，啟動北京、廣州等國家植物園體系建設。

為推動實現碳達峰、碳中和目標，中國將陸續發佈重點領域和行業碳達峰實施方案和一系列支撐保障措施，構建起碳達峰、碳中和“1+N”政策體系。中國將持續推進產業結構和能源結構調整，大力發展可再生能源，在沙漠、戈壁、荒漠地區加快規劃建設大型風電光伏基地項目，第一期裝機容量約一億千瓦的項目已於近期有序開工。

人不負青山，青山定不負人。生態文明是人類文明發展的歷史趨勢。讓我們攜起手來，秉持生態文明理念，站在爲子孫後代負責的高度，共同構建地球生命共同體，共同建設清潔美麗的世界！

註　釋

〔1〕見《荀子·天論》。

命運與共，共建家園[*]

（二〇二一年十一月二十二日）

尊敬的文萊蘇丹哈桑納爾陛下，

各位同事：

很高興同大家相聚"雲端"，共同慶祝中國東盟建立對話關係三十周年，回顧發展成就，總結歷史經驗，擘畫未來藍圖。

中國東盟建立對話關係三十年來，走過了不平凡的歷程。這三十年，是經濟全球化深入發展、國際格局深刻演變的三十年，是中國和東盟把握時代機遇、實現雙方關係跨越式發展的三十年。我們擺脫冷戰陰霾，共同維護地區穩定。我們引領東亞經濟一體化，促進共同發展繁榮，讓二十多億民衆過上了更好生活。我們走出一條睦鄰友好、合作共贏的光明大道，邁向日益緊密的命運共同體，爲推動人類進步事業作出了重要貢獻。

今天，我們正式宣佈建立中國東盟全面戰略夥伴關係。這是雙方關係史上新的里程碑，將爲地區和世界和平穩定、繁榮發展注入新的動力。

---

[*] 這是習近平在中國—東盟建立對話關係三十周年紀念峰會上的講話。

各位同事！

三十年來中國東盟合作的成就，得益於雙方地緣相近、人文相通得天獨厚的條件，更離不開我們積極順應時代發展潮流，作出正確歷史選擇。

一是相互尊重，堅守國際關係基本準則。東方文化講究"己所不欲，勿施於人"[1]，平等相待、和合與共是我們的共同訴求。我們率先倡導和平共處五項原則和"萬隆精神"，中國在東盟對話夥伴中最先加入《東南亞友好合作條約》。我們照顧彼此重大關切，尊重各自發展路徑，以真誠溝通增進理解和信任，以求同存異妥處分歧和問題，共同維護和弘揚亞洲價值觀。

二是合作共贏，走和平發展道路。中國和東盟國家有相似歷史遭遇，實現國家安定和人民幸福是我們的共同目標。我們堅定維護地區和平穩定，始終聚焦發展主題，率先建立自由貿易區，高質量共建"一帶一路"，共同推動簽署《區域全面經濟夥伴關係協定》，促進了地區融合發展和人民福祉。

三是守望相助，踐行親誠惠容理念。中國和東盟比鄰而居，互幫互助是我們的共同傳統。中國和文萊諺語都講"有福同享，有難同當"。我們像親戚一樣常來常往，重情義，講信義，遇到喜事共慶賀，遇到難事互幫襯。通過攜手應對亞洲金融危機、國際金融危機、新冠肺炎疫情等挑戰，強化了命運共同體意識。

四是包容互鑑，共建開放的區域主義。中國和東盟民族文化宗教多姿多彩，多元包容是我們的共同基因。我們從東亞文明中汲取智慧，以開放理念引領地區經濟一體化，以平等協商推進東盟主導的地區合作，以包容心態構建開放而非排他的朋友圈，落實了共商共建共享原則。

三十年的寶貴經驗是中國和東盟的共同財富，爲雙方發展全面戰略夥伴關係奠定了基礎、提供了遵循。我們要倍加珍惜、長久堅持，並在新的實踐中不斷豐富和發展。

各位同事！

"路遥知馬力，日久見人心。"中國過去是、現在是、將來也永遠是東盟的好鄰居、好朋友、好夥伴。我願重申，中方將堅定不移以東盟爲周邊外交優先方向，堅定不移支持東盟團結和東盟共同體建設，堅定不移支持東盟在區域架構中的中心地位，堅定不移支持東盟在地區和國際事務中發揮更大作用。

不久前，中國共產黨召開了十九屆六中全會，全面總結了中國共產黨的百年奮鬥重大成就和歷史經驗，中國人民正滿懷信心在全面建設社會主義現代化國家新征程上前行。中國發展將爲地區和世界提供更多機遇、注入强勁動力。中國願同東盟把握大勢、排除干擾、同享機遇、共創繁榮，把全面戰略夥伴關係落到實處，朝着構建更爲緊密的中國—東盟命運共同體邁出新的步伐。

對於未來的中國東盟關係，我願提出五點建議。

第一，共建和平家園。沒有和平，一切都無從談起。和平是我們最大的共同利益，也是各國人民最大的共同期盼。我們要做地區和平的建設者和守護者，堅持對話不對抗、結伴不結盟，攜手應對威脅破壞和平的各種負面因素。我們要踐行真正的多邊主義，堅持國際和地區的事大家商量着辦。

中方堅決反對霸權主義和強權政治，願同周邊鄰國長期友好相處，共同維護地區持久和平，絕不尋求霸權，更不會以大欺小。中方支持東盟建設無核武器區的努力，願儘早簽署《東南亞無核武器區條約》議定書。

第二，共建安寧家園。新冠肺炎疫情再次證明，世界上不存在絕對安全的孤島，普遍安全才是真正的安全。中方願啟動"中國東盟健康之盾"合作倡議：包括再向東盟國家提供一點五億劑新冠疫苗無償援助，助力地區國家提高接種率；再向東盟抗疫基金追加五百萬美元，加大疫苗聯合生產和技術轉讓，開展關鍵藥物研發合作，提升東盟自主保障水平；幫助東盟加強基層公共衛生體系建設和人才培養，提高應對重大突發公共衛生事件能力。本地區還面臨各類傳統安全和非傳統安全挑戰，要堅持共同、綜合、合作、可持續的安全觀，深化防務、反恐、海上聯合搜救和演練、打擊跨國犯罪、災害管理等領域合作。要共同維護南海穩定，把南海建成和平之海、友誼之海、合作之海。

第三，共建繁榮家園。我不久前提出全球發展倡議，旨在推動國際社會合力應對挑戰，促進世界經濟復蘇，加快落實聯合國二〇三〇年可持續發展議程。這一倡議契合東盟各國發展需要，可以與《東盟共同體願景二〇二五》協同增效。中方願在未來三年再向東盟提供十五億美元發展援助，用於東盟國家抗疫和恢復經濟。中方願同東盟開展國際發展合作，啟動協議談判，支持建立中國—東盟發展知識網絡，願加強減貧領域交流合作，促進均衡包容發展。

我們要全面發揮《區域全面經濟夥伴關係協定》的作用，

儘早啟動中國東盟自由貿易區 3.0 版建設，提升貿易和投資自由化便利化水平，拓展數字經濟、綠色經濟等新領域合作，共建經貿創新發展示範園區。中國擁有巨大國內市場，將始終向東盟國家開放，願進口更多東盟國家優質產品，包括在未來五年力爭從東盟進口一千五百億美元農產品。要高質量共建"一帶一路"，同東盟提出的印太展望開展合作。中方願進一步打造"一帶一路"國際產能合作高質量發展示範區，歡迎東盟國家參與共建國際陸海貿易新通道。中方將啟動科技創新提升計劃，向東盟提供一千項先進適用技術，未來五年支持三百名東盟青年科學家來華交流。倡議開展數字治理對話，深化數字技術創新應用。

第四，共建美麗家園。人與自然和諧共生是實現永續發展的基礎。中方願同東盟開展應對氣候變化對話，加強政策溝通和經驗分享，對接可持續發展規劃。要共同推動區域能源轉型，探討建立清潔能源合作中心，加強可再生能源技術分享。要加強綠色金融和綠色投資合作，爲地區低碳可持續發展提供支撐。中方願發起中國東盟農業綠色發展行動計劃，提高各國農業發展的韌性和可持續性。要增強中國—東盟國家海洋科技聯合研發中心活力，構建藍色經濟夥伴關係，促進海洋可持續發展。

第五，共建友好家園。要倡導和平、發展、公平、正義、民主、自由的全人類共同價值，深化文明交流互鑑，用好地區多元文化特色和優勢。要積極考慮疫後有序恢復人員往來，繼續推進文化、旅遊、智庫、媒體、婦女等領域交流，使雙方民衆更加相知、相親、相融。中國和東盟的未來屬於青年，中方願同東盟加强職業教育、學歷互認等合作，增加中國——東盟菁英獎學金名額，開展青年營等活動。明年，我們將相繼迎來北京冬奥會和杭州亞運會，中方願以此爲契機，深化同東盟各國的體育交流合作。

各位同事！

中國古人説："謀度於義者必得，事因於民者必成。"〔2〕讓我們把人民對美好生活的嚮往放在心頭，把維護和平、促進發展的時代使命扛在肩上，攜手前行，接續奮鬥，構建更爲緊密的中國——東盟命運共同體，共創更加繁榮美好的地區和世界！

註　釋

〔1〕見《論語·顔淵》。
〔2〕見《晏子春秋·内篇問上》。

讓中非友好合作精神
代代相傳、發揚光大*

（二〇二一年十一月二十九日）

今年是中非開啟外交關係六十五周年。六十五年來，中非雙方在反帝反殖的鬥爭中結下了牢不可破的兄弟情誼，在發展振興的征程上走出了特色鮮明的合作之路，在紛繁複雜的變局中譜寫了守望相助的精彩篇章，爲構建新型國際關係樹立了光輝典範。

中非關係爲什麼好？中非友誼爲什麼深？關鍵在於中非雙方締造了歷久彌堅的中非友好合作精神，那就是"真誠友好、平等相待，互利共贏、共同發展，主持公道、捍衛正義，順應時勢、開放包容"。這是中非雙方數十年來休戚與共、並肩奮鬥的真實寫照，是中非友好關係繼往開來的力量源泉。

今年是中國恢復在聯合國合法席位五十周年。在此，我謹向當年支持中國的廣大非洲朋友表示衷心的感謝！我願鄭重重申，中國永遠不會忘記非洲國家的深情厚誼，將繼續秉持真實親誠理念和正確義利觀，同非洲朋友一道，讓中非友

＊ 這是習近平在中非合作論壇第八屆部長級會議開幕式上主旨演講的主要部分。

好合作精神代代相傳、發揚光大。

我在二〇一八年中非合作論壇北京峰會上提出構建更加緊密的中非命運共同體，得到非方領導人一致贊同。三年多來，中非雙方並肩攜手，全力推進落實"八大行動"[1]等峰會成果，完成了一大批重點合作項目，中非貿易額和中國對非洲的投資額穩步攀升，幾乎所有論壇非方成員都加入了共建"一帶一路"合作大家庭，爲中非全面戰略合作夥伴關係注入了強勁動力。

千里之行，始於足下。站在構建新時代中非命運共同體的歷史起點上，我願提出四點主張。

第一，堅持團結抗疫。我們要堅持人民至上、生命至上，弘揚科學精神，支持疫苗知識産權豁免，切實保障疫苗在非洲的可及性和可負擔性，彌合"免疫鴻溝"。

第二，深化務實合作。我們要開創中非合作新局面，擴大貿易和投資規模，共享減貧脱貧經驗，加强數字經濟合作，促進非洲青年創業和中小企業發展。我在今年聯合國大會上提出的全球發展倡議，同非盟《二〇六三年議程》和聯合國二〇三〇年可持續發展議程高度契合，歡迎非洲國家積極支持和參與。

第三，推進綠色發展。面對氣候變化這一全人類重大挑戰，我們要倡導綠色低碳理念，積極發展太陽能、風能等可再生能源，推動應對氣候變化《巴黎協定》有效實施，不斷增强可持續發展能力。

第四，維護公平正義。世界需要真正的多邊主義。和平、發展、公平、正義、民主、自由是全人類的共同價值，是中非雙方孜孜以求的共同目標。我們都主張走符合自身國情的發展道路，都致力於維護發展中國家權益，都反對干涉內政、種族歧視、單邊制裁。我們要理直氣壯堅持發展中國家的正義主張，把我們的共同訴求和共同利益轉化爲共同行動。

本次會議前，中非雙方共同制訂了《中非合作二〇三五年願景》。作爲願景首個三年規劃，中國將同非洲國家密切配合，共同實施"九項工程"。

一是衛生健康工程。爲實現非盟確定的二〇二二年百分之六十非洲人口接種新冠疫苗的目標，我宣佈，中國將再向非方提供十億劑疫苗，其中六億劑爲無償援助，四億劑以中方企業與有關非洲國家聯合生產等方式提供。中國還將爲非洲國家援助實施十個醫療衛生項目，向非洲派遣一千五百名醫療隊員和公共衛生專家。

二是減貧惠農工程。中國將爲非洲援助實施十個減貧和農業項目，向非洲派遣五百名農業專家，在華設立一批中非現代農業技術交流示範和培訓聯合中心，鼓勵中國機構和企業在非洲建設中非農業發展與減貧示範村，支持在非中國企業社會責任聯盟發起"百企千村"活動。

三是貿易促進工程。中國將爲非洲農產品輸華建立"綠色通道"，加快推動檢疫准入程序，進一步擴大同中國建交的最不發達國家輸華零關稅待遇的產品範圍，力爭未來三年從非洲進口總額達到三千億美元。中國將提供一百億美元貿易融資額度，用於支持非洲出口，在華建設中非經貿深度合作先行區和"一帶一路"中非合作產業園。中國將爲非洲援助實施十個設施聯通項目，同非洲大陸自由貿易區秘書處成立中非經濟合作專家組，繼續支持非洲大陸自由貿易區建設。

四是投資驅動工程。中國未來三年將推動企業對非洲投資總額不少於一百億美元，設立"中非民間投資促進平臺"。中國將爲非洲援助實施十個工業化和就業促進項目，向非洲金融機構提供一百億美元授信額度，重點扶持非洲中小企業發展，設立中非跨境人民幣中心。中國將免除非洲最不發達國家截至二〇二一年年底到期未還的政府間無息貸款債務。中國願從國際貨幣基金組織增發的特別提款權中拿出一百億美元，轉借給非洲國家。

五是數字創新工程。中國將爲非洲援助實施十個數字經濟項目，建設中非衛星遙感應用合作中心，支持建設中非聯合實驗室、夥伴研究所、科技創新合作基地。中國將同非洲國家攜手拓展"絲路電商"合作，舉辦非洲好物網購節和旅遊電商推廣活動，實施非洲"百店千品上平臺"行動。

六是綠色發展工程。中國將爲非洲援助實施十個綠色環保和應對氣候變化項目，支持"非洲綠色長城"建設，在非洲建設低碳示範區和適應氣候變化示範區。

七是能力建設工程。中國將爲非洲援助新建或升級十所學校，邀請一萬名非洲高端人才參加研修研討活動。實施"未來非洲—中非職業教育合作計劃"，開展"非洲留學生就業直通車"活動。中國將繼續同非洲國家合作設立"魯班工坊"，鼓勵在非中國企業爲當地提供不少於八十萬個就業崗位。

八是人文交流工程。中國願支持所有非洲建交國成爲中國公民組團出境旅遊目的地國。在華舉辦非洲電影節，在非洲舉辦中國電影節。舉辦中非青年服務論壇和中非婦女論壇。

九是和平安全工程。中國將爲非洲援助實施十個和平安全領域項目，繼續落實對非盟軍事援助，支持非洲國家自主維護地區安全和反恐努力，開展中非維和部隊聯合訓練、現場培訓、輕小武器管控合作。

塞內加爾開國總統桑戈爾曾經寫道，"讓我們向新生的世界報到吧。"[2]我相信，在中非雙方共同努力下，這次中非合作論壇會議一定能夠取得圓滿成功，凝聚起中非二十七億人民的磅礴力量，推動構建高水平中非命運共同體。

註　釋

〔1〕"八大行動"，這裏指産業促進行動、設施聯通行動、貿易便利行動、綠色發展行動、能力建設行動、健康衛生行動、人文交流行動、和平安全行動。

〔2〕見列奧波爾德·塞達·桑戈爾《向面具祈禱》。

推動中拉關係進入新時代[*]

（二〇二一年十二月三日）

中國—拉共體論壇成立七年來，雙方本着加強團結協作、推進南南合作的初心，將論壇打造成雙方互利的主要平臺，推動中拉關係進入平等、互利、創新、開放、惠民的新時代。

當今世界進入新的動盪變革期，中拉都面臨着推動疫後復蘇、實現人民幸福的時代新課題。歡迎拉方積極參與全球發展倡議，同中方一道，共克時艱、共創機遇，共同構建全球發展命運共同體。

歷史告訴我們，和平發展、公平正義、合作共贏才是人間正道。中拉同屬發展中國家，是平等互利、共同發展的全面合作夥伴，獨立自主、發展振興的共同夢想把我們緊緊團結在一起。讓我們共同謀劃中拉關係藍圖，增添中拉合作動力，爲增進中拉人民福祉和人類進步事業作出新貢獻。

***

* 這是習近平向中國—拉共體論壇第三屆部長會議發表的視頻致辭要點。

共同維護世界和平安寧*

（二〇二二年四月二十一日）

"治國常富，而亂國常貧。"[1]安全是發展的前提，人類是不可分割的安全共同體。事實再次證明，冷戰思維只會破壞全球和平框架，霸權主義和強權政治只會危害世界和平，集團對抗只會加劇二十一世紀安全挑戰。爲了促進世界安危與共，中方願在此提出全球安全倡議：我們要堅持共同、綜合、合作、可持續的安全觀，共同維護世界和平和安全；堅持尊重各國主權、領土完整，不干涉別國內政，尊重各國人民自主選擇的發展道路和社會制度；堅持遵守聯合國憲章宗旨和原則，摒棄冷戰思維，反對單邊主義，不搞集團政治和陣營對抗；堅持重視各國合理安全關切，秉持安全不可分割原則，構建均衡、有效、可持續的安全架構，反對把本國安全建立在他國不安全的基礎之上；堅持通過對話協商以和平方式解決國家間的分歧和爭端，支持一切有利於和平解決危機的努力，不能搞雙重標準，反對濫用單邊制裁和"長臂管轄"；堅持統籌維護傳統領域和非傳統領域安全，共同應對

---

* 這是習近平在博鰲亞洲論壇二〇二二年年會開幕式上主旨演講的一部分。

地區爭端和恐怖主義、氣候變化、網絡安全、生物安全等全球性問題。

註　釋

〔1〕見《管子·治國》。

十九、完善全球治理，踐行真正的多邊主義

高舉多邊主義旗幟，
爲建設美好世界作出應有貢獻[*]

（二〇二〇年十一月十七日）

　　環顧全球，疫情使各國人民生命安全和身體健康遭受巨大威脅，全球公共衛生體系面臨嚴峻考驗，人類社會正在經歷百年來最嚴重的傳染病大流行。國際貿易和投資急劇萎縮，人員、貨物流動嚴重受阻，不穩定不確定因素層出不窮，世界經濟正在經歷上世紀三十年代大蕭條以來最嚴重的衰退。單邊主義、保護主義、霸凌行徑愈演愈烈，治理赤字、信任赤字、發展赤字、和平赤字有增無減。

　　同時，我們堅信，和平與發展的時代主題沒有改變，世界多極化和經濟全球化的時代潮流也不可能逆轉。我們要爲人民福祉着想，秉持人類命運共同體理念，用實際行動爲建設美好世界作出應有貢獻。

　　——我們要堅持多邊主義，維護世界和平穩定。歷史昭示我們，恪守多邊主義，追求公平正義，戰亂衝突可以避免；搞單邊主義、強權政治，紛爭對抗將愈演愈烈。如果無視規

＊　這是習近平在金磚國家領導人第十二次會晤上講話的一部分。

455

則和法治，繼續大搞單邊霸凌、"退羣毀約"，不僅違背世界人民普遍願望，也是對各國正當權利和尊嚴的踐踏。

面對多邊和單邊、公道和霸道之爭，金磚國家要堅定維護國際公平正義，高舉多邊主義旗幟，捍衛聯合國憲章宗旨和原則，維護以聯合國爲核心的國際體系，維護以國際法爲基礎的國際秩序。各國應該超越意識形態，尊重彼此根據自身國情選擇的社會制度、經濟模式、發展道路。要倡導共同、綜合、合作、可持續的安全觀，通過協商和談判化解分歧，反對干涉内政，反對單邊制裁和"長臂管轄"，共同營造和平穩定的發展環境。

——我們要堅持團結協作，合力克服疫情挑戰。當前，病毒仍在全球肆虐，疫情還在不斷反復，奪取全球抗疫勝利仍需付出艱苦努力。經過近一年的抗疫鬥爭，許多國家在疫情防控方面積累了寶貴經驗，在藥物和疫苗研發上取得了顯著進展。近一年的抗疫實踐證明，只要團結一心、科學防治，病毒傳播可以控制，疫情影響能够克服。

我們要堅持人民至上、生命至上，調集一切資源、盡一切努力保護人民生命安全和身體健康。要加强國際聯防聯控，分享疫情信息，交流抗疫經驗，遏制病毒傳播。要支持世界衛生組織發揮關鍵領導作用。中國企業正在同俄羅斯、巴西夥伴合作開展疫苗三期臨牀試驗，我們也願同南非、印度開展有關合作。中方已經加入"新冠肺炎疫苗實施計劃"，將在這個平臺上同各國特别是其他發展中國家分享疫苗。我們願積極考慮向有需要的金磚國家提供疫苗。爲推動金磚國家疫苗研發中心建設，中方已經設立疫苗研發中國中心，願通過綫上綫下相結合方式，推進五國疫苗聯合研發和試驗、合作建廠、授權生產、標準互認等工作。我倡議五國召開傳統醫藥研討會，探索傳統醫藥在新冠肺炎防治方面的作用，爲全球疫情防控增添有力武器。

事實證明，將疫情政治化、污名化，搞"甩鍋"、推責，干擾的是全球合作抗疫大局。我們要推動以團結取代分歧，以理性消除偏見，掃除"政治病毒"，凝聚起各國攜手抗疫的最大合力。

——我們要堅持開放創新，促進世界經濟復蘇。根據國際貨幣基金組織預測，今年世界經濟將萎縮百分之四點四，新興市場國家和發展中國家將經歷六十年來首次負增長。一手防疫情，一手穩經濟，是各國刻不容緩的任務。我們要在確保安全前提下，積極推進經濟復蘇，在疫情防控常態化中實現經濟社會活動有序開展。要加強宏觀經濟政策協調，推動落實"人員與貨物跨境流動便利化倡議"，保障產業鏈、供應鏈安全暢通，助力各國復工復產、恢復經濟。

利用疫情搞"去全球化"，鼓吹所謂"經濟脫鈎"、"平行體系"，最終只會損害本國和各國共同利益。當前形勢下，我們要堅定不移構建開放型世界經濟，維護以世界貿易組織爲核心的多邊貿易體制，反對濫用國家安全之名行保護主義之實。要利用好疫情催生的新業態新模式，加強科技創新合作，營造開放、公平、公正、非歧視的營商環境，共同實現更高質量、更具韌性的發展。

中方願同各方一道加快建設金磚國家新工業革命夥伴關係。我們將在福建省廈門市建立金磚國家新工業革命夥伴關係創新基地，開展政策協調、人才培養、項目開發等領域合作，歡迎金磚國家積極參與。近期，中方發起了《全球數據安全倡議》，推動共建和平、安全、開放、合作、有序的網絡空間，促進數字經濟健康發展，希望得到金磚國家支持。

　　——我們要堅持民生優先，推進全球可持續發展。發展是解決一切問題的總鑰匙。無論是消除疫情影響、重回生活正軌，還是平息衝突動亂、解決人道主義危機，根本上都要靠以人民為中心的發展。世界銀行預測，二○二○年全球人均收入將下降百分之三點六，八千八百萬至一點一五億人將因疫情陷入極端貧困。

　　我們要直面疫情挑戰，推動國際社會將落實《聯合國二○三○年可持續發展議程》置於國際發展合作核心，將消除貧困作為首要目標，讓資源更多向減貧、教育、衛生、基礎設施建設等領域傾斜。要支持聯合國發揮統籌協調作用，推動構建更加平等均衡的全球發展夥伴關係，讓發展成果更多惠及發展中國家，更好滿足弱勢群體需求。

　　——我們要堅持綠色低碳，促進人與自然和諧共生。全球變暖不會因疫情停下腳步，應對氣候變化一刻也不能鬆懈。我們要落實好應對氣候變化《巴黎協定》，恪守共同但有區別的責任原則，為發展中國家特別是小島嶼國家提供更多幫助。中國願承擔與自身發展水平相稱的國際責任，繼續為應對氣候變化付出艱苦努力。我不久前在聯合國宣佈，中國將提高國家自主貢獻力度，採取更有力的政策和舉措，二氧化碳排放力爭於二○三○年前達到峰值，努力爭取二○六○年前實現碳中和。我們將說到做到！

讓多邊主義的火炬
照亮人類前行之路[*]

（二○二一年一月二十五日）

尊敬的施瓦布主席，

女士們，先生們，朋友們：

　　過去一年，突如其來的新冠肺炎疫情肆虐全球，全球公共衛生面臨嚴重威脅，世界經濟陷入深度衰退，人類經歷了史上罕見的多重危機。

　　這一年，各國人民以巨大的決心和勇氣，同病魔展開殊死搏鬥，依靠科學理性的力量，弘揚人道主義精神，全球抗疫取得初步成效。現在，疫情還遠未結束，近期又出現反彈，抗疫仍在繼續，但我們堅信，寒冬阻擋不了春天的腳步，黑夜遮蔽不住黎明的曙光。人類一定能夠戰勝疫情，在同災難的鬥爭中成長進步、浴火重生。

　　女士們、先生們、朋友們！

　　歷史總在不斷前進，世界回不到從前。我們今天所作的每一個抉擇、採取的每一項行動，都將決定世界的未來。我

---

　　* 這是習近平在世界經濟論壇"達沃斯議程"對話會上的特別致辭。

們要解決好這個時代面臨的四大課題。

第一，加強宏觀經濟政策協調，共同推動世界經濟強勁、可持續、平衡、包容增長。人類正在遭受第二次世界大戰結束以來最嚴重的經濟衰退，各大經濟板塊歷史上首次同時遭受重創，全球產業鏈供應鏈運行受阻，貿易和投資活動持續低迷。各國出臺數萬億美元經濟救助措施，但世界經濟復蘇勢頭仍然很不穩定，前景存在很大不確定性。我們既要把握當下，統籌疫情防控和經濟發展，加強宏觀經濟政策支持，推動世界經濟早日走出危機陰影，更要放眼未來，下決心推動世界經濟動力轉換、方式轉變、結構調整，使世界經濟走上長期健康穩定發展的軌道。

第二，摒棄意識形態偏見，共同走和平共處、互利共贏之路。世界上沒有兩片完全相同的樹葉，也沒有完全相同的歷史文化和社會制度。各國歷史文化和社會制度各有千秋，沒有高低優劣之分，關鍵在於是否符合本國國情，能否獲得人民擁護和支持，能否帶來政治穩定、社會進步、民生改善，能否爲人類進步事業作出貢獻。各國歷史文化和社會制度差異自古就存在，是人類文明的內在屬性。沒有多樣性，就沒有人類文明。多樣性是客觀現實，將長期存在。差異並不可怕，可怕的是傲慢、偏見、仇視，可怕的是想把人類文明分爲三六九等，可怕的是把自己的歷史文化和社會制度強加給他人。各國應該在相互尊重、求同存異基礎上實現和平共處，促進各國交流互鑑，爲人類文明發展進步注入動力。

第三，克服發達國家和發展中國家發展鴻溝，共同推動各國發展繁榮。當前，公平問題日益突出，南北差距有待彌合，可持續發展事業面臨嚴峻挑戰。疫情之下，各國經濟復蘇表現分化，南北發展差距面臨擴大甚至固化風險。廣大發展中國家普遍期望獲得更多發展資源和空間，要求在全球經濟治理中享有更多代表性和發言權。應該看到，發展中國家發展起來了，整個世界繁榮穩定就會有更加堅實的基礎，發達國家也將從中受益。國際社會應該着眼長遠、落實承諾，爲發展中國家發展提供必要支持，保障發展中國家正當發展權益，促進權利平等、機會平等、規則平等，讓各國人民共享發展機遇和成果。

第四，攜手應對全球性挑戰，共同締造人類美好未來。在經濟全球化時代，類似新冠肺炎疫情的突發公共衛生事件絕不會是最後一次，全球公共衛生治理亟待加強。地球是人類賴以生存的唯一家園，加大應對氣候變化力度，推動可持續發展，關係人類前途和未來。人類面臨的所有全球性問題，任何一國想單打獨鬥都無法解決，必須開展全球行動、全球應對、全球合作。

女士們、先生們、朋友們！

世界上的問題錯綜複雜，解決問題的出路是維護和踐行多邊主義，推動構建人類命運共同體。

——我們要堅持開放包容，不搞封閉排他。多邊主義的要義是國際上的事由大家共同商量着辦，世界前途命運由各國共同掌握。在國際上搞"小圈子"、"新冷戰"，排斥、威脅、恐嚇他人，動不動就搞脫鈎、斷供、制裁，人爲造成相互隔離甚至隔絕，只能把世界推向分裂甚至對抗。一個分裂的世界無法應對人類面臨的共同挑戰，對抗將把人類引入死胡同。在這個問題上，人類付出過慘痛代價。殷鑑不遠，我們決不能再走那條老路。

我們要秉持人類命運共同體理念，堅守和平、發展、公平、正義、民主、自由的全人類共同價值，擺脫意識形態偏見，最大程度增强合作機制、理念、政策的開放性和包容性，共同維護世界和平穩定。要建設開放型世界經濟，堅定維護多邊貿易體制，不搞歧視性、排他性標準、規則、體系，不搞割裂貿易、投資、技術的高牆壁壘。要鞏固二十國集團作爲全球經濟治理主要平臺的地位，密切宏觀經濟政策協調，維護全球產業鏈供應鏈穩定順暢，維護全球金融體系穩健運行，推進結構性改革，擴大全球總需求，推動世界經濟實現更高質量、更有韌性的發展。

——我們要堅持以國際法則爲基礎，不搞唯我獨尊。中國古人講："法者，治之端也。"［1］國際社會應該按照各國共同達成的規則和共識來治理，而不能由一個或幾個國家來發號施令。聯合國憲章是公認的國與國關係的基本準則。没有這些國際社會共同制定、普遍公認的國際法則，世界最終將滑向弱肉强食的叢林法則，給人類帶來災難性後果。

我們要厲行國際法治，毫不動搖維護以聯合國爲核心的國際體系、以國際法爲基礎的國際秩序。多邊機構是踐行多邊主義的平臺，也是維護多邊主義的基本框架，其權威性和有效性理應得到維護。要堅持通過制度和規則來協調規範各國關係，反對恃强凌弱，不能誰胳膊粗、拳頭大誰說了算，也不能以多邊主義之名、行單邊主義之實。要堅持原則，規則一旦確定，大家都要有效遵循。"有選擇的多邊主義"不應成爲我們的選擇。

——我們要堅持協商合作，不搞衝突對抗。各國歷史文化和社會制度差異不是對立對抗的理由，而是合作的動力。要尊重和包容差異，不干涉別國內政，通過協商對話解決分歧。歷史和現實一再告訴我們，當今世界，如果走對立對抗的歧路，無論是搞冷戰、熱戰，還是貿易戰、科技戰，最終將損害各國利益、犧牲人民福祉。

我們要摒棄冷戰思維、零和博弈的舊理念，堅持互尊互諒，通過戰略溝通增進政治互信。要恪守互利共贏的合作觀，拒絕以鄰爲壑、自私自利的狹隘政策，拋棄壟斷發展優勢的片面做法，保障各國平等發展權利，促進共同發展繁榮。要提倡公平公正基礎上的競爭，開展你追我趕、共同提高的田徑賽，而不是搞相互攻擊、你死我活的角鬥賽。

——我們要堅持與時俱進，不搞故步自封。世界正在經歷百年未有之大變局，既是大發展的時代，也是大變革的時代。二十一世紀的多邊主義要守正出新、面向未來，既要堅持多邊主義的核心價值和基本原則，也要立足世界格局變化，着眼應對全球性挑戰需要，在廣泛協商、凝聚共識基礎上改革和完善全球治理體系。

我們要發揮世界衛生組織作用，構建人類衛生健康共同體。要推進世界貿易組織和國際金融貨幣體系改革，促進世界經濟增長，保障發展中國家發展權益和空間。要秉持以人爲中心、基於事實的政策導向，探討制定全球數字治理規則。要落實應對氣候變化《巴黎協定》，促進綠色發展。要堅持發展優先，落實聯合國二○三○年可持續發展議程，確保各國特別是發展中國家分享全球發展帶來的好處。

女士們、先生們、朋友們！

中國人民經過長期艱苦奮鬥，全面建成小康社會勝利在望，脫貧攻堅取得歷史性成果，開啟了全面建設社會主義現代化國家新征程。我們將立足新發展階段，貫徹新發展理念，積極構建以國內大循環爲主體、國內國際雙循環相互促進的新發展格局，同各國一道，共建持久和平、普遍安全、共同繁榮、開放包容、清潔美麗的世界。

——中國將繼續積極參與國際抗疫合作。抗擊疫情是國際社會面臨的最緊迫任務。這既是堅持人民至上、生命至上的基本要求，也是穩定恢復經濟的基本前提。我們要深化團結合作，加強信息共享和聯防聯控，堅決打贏全球疫情阻擊戰。特別是要加強疫苗研發、生產、分配合作，讓疫苗真正成爲各國人民用得上、用得起的公共產品。中國迄今已向一百五十多個國家和十三個國際組織提供抗疫援助，爲有需要的國家派出三十六個醫療專家組，積極支持並參與疫苗國際合作。中國將繼續同各國分享疫情防控有益經驗，向應對疫情能力薄弱的國家和地區提供力所能及的幫助，促進疫苗在發展中國家的可及性和可負擔性，助力世界早日徹底戰勝疫情。

——中國將繼續實施互利共贏的開放戰略。經濟全球化是社會生產力發展的客觀要求和科技進步的必然結果，利用疫情搞"去全球化"、搞封閉脫鈎，不符合任何一方利益。中國始終支持經濟全球化，堅定實施對外開放基本國策。中國將繼續促進貿易和投資自由化便利化，維護全球產業鏈供應鏈順暢穩定，推進高質量共建"一帶一路"。中國將着力推動規則、規制、管理、標準等制度型開放，持續打造市場化、法治化、國際化營商環境，發揮超大市場優勢和內需潛力，爲各國合作提供更多機遇，爲世界經濟復蘇和增長注入更多動力。

——中國將繼續促進可持續發展。中國將全面落實聯合國二〇三〇年可持續發展議程。中國將加强生態文明建設，加快調整優化產業結構、能源結構，倡導綠色低碳的生產生活方式。我已經宣佈，中國力爭於二〇三〇年前二氧化碳排放達到峰值、二〇六〇年前實現碳中和。實現這個目標，中國需要付出極其艱巨的努力。我們認爲，只要是對全人類有益的事情，中國就應該義不容辭地做，並且做好。中國正在制定行動方案並已開始採取具體措施，確保實現既定目標。中國這麼做，是在用實際行動踐行多邊主義，爲保護我們的共同家園、實現人類可持續發展作出貢獻。

——中國將繼續推進科技創新。科技創新是人類社會發展的重要引擎，是應對許多全球性挑戰的有力武器，也是中國構建新發展格局、實現高質量發展的必由之路。中國將加大科技投入，狠抓創新體系建設，加速科技成果向現實生產力轉化，加强知識產權保護，推動實現依靠創新驅動的內涵型增長。科技成果應該造福全人類，而不應該成爲限制、遏制其他國家發展的手段。中國將以更加開放的思維和舉措推進國際科技交流合作，同各國攜手打造開放、公平、公正、非歧視的科技發展環境，促進互惠共享。

——中國將繼續推動構建新型國際關係。你輸我贏、贏者通吃不是中國人的處世哲學。中國堅定奉行獨立自主的和平外交政策，努力以對話彌合分歧、以談判化解爭端，在相互尊重、平等互利基礎上，積極發展同各國友好合作關係。作爲發展中國家的堅定一員，中國將不斷深化南南合作，爲發展中國家消除貧困、緩解債務壓力、實現經濟增長作出貢獻。中國將更加積極地參與全球經濟治理，推動經濟全球化朝着更加開放、包容、普惠、平衡、共贏的方向發展。

女士們、先生們、朋友們！

人類只有一個地球，人類也只有一個共同的未來。無論是應對眼下的危機，還是共創美好的未來，人類都需要同舟共濟、團結合作。實踐一再證明，任何以鄰爲壑的做法，任何單打獨鬥的思路，任何孤芳自賞的傲慢，最終都必然歸於失敗！讓我們攜起手來，讓多邊主義火炬照亮人類前行之路，向着構建人類命運共同體不斷邁進！

謝謝大家。

註　　釋

〔1〕見《荀子·君道》。

堅定信心，共克時艱，
共建更加美好的世界[*]

（二〇二一年九月二十一日）

主席先生：

二〇二一年對中國人民是一個極其特殊的年份。今年是中國共產黨成立一百周年。今年也是中華人民共和國恢復在聯合國合法席位五十周年，中國將隆重紀念這一歷史性事件。我們將繼續積極推動中國同聯合國合作邁向新臺階，爲聯合國崇高事業不斷作出新的更大貢獻。

主席先生！

一年前，各國領導人共同出席了聯合國成立七十五周年系列峰會，發表了政治宣言，承諾合作抗擊疫情，攜手應對挑戰，堅持多邊主義，加强聯合國作用，構建今世後代的共同未來。

一年來，世界百年未有之大變局和新冠肺炎疫情全球大流行交織影響。各國人民對和平發展的期盼更加殷切，對公平正義的呼聲更加强烈，對合作共贏的追求更加堅定。

＊ 這是習近平在第七十六屆聯合國大會一般性辯論上的講話。

當前，疫情仍在全球肆虐，人類社會已被深刻改變。世界進入新的動盪變革期。每一個負責任的政治家都必須以信心、勇氣、擔當，回答時代課題，作出歷史抉擇。

第一，我們必須戰勝疫情，贏得這場事關人類前途命運的重大鬥爭。一部世界文明史也是同瘟疫鬥爭的歷史，人類總是在不斷戰勝挑戰中實現更大發展和進步。這次疫情雖然來勢兇猛，我們終將戰而勝之。

我們要堅持人民至上、生命至上，呵護每個人的生命、價值、尊嚴。要弘揚科學精神、秉持科學態度、遵循科學規律，統籌常態化精準防控和應急處置，統籌疫情防控和經濟社會發展。要加強國際聯防聯控，最大限度降低疫情跨境傳播風險。

疫苗是戰勝疫情的利器。我多次強調，要把疫苗作為全球公共產品，確保發展中國家的可及性和可負擔性，當務之急是要在全球範圍內公平合理分配疫苗。中國將努力全年對外提供二十億劑疫苗，在向"新冠疫苗實施計劃"捐贈一億美元基礎上，年內再向發展中國家無償捐贈一億劑疫苗。中國將繼續支持和參與全球科學溯源，堅決反對任何形式的政治操弄。

第二，我們必須復蘇經濟，推動實現更加強勁、綠色、健康的全球發展。發展是實現人民幸福的關鍵。面對疫情帶來的嚴重衝擊，我們要共同推動全球發展邁向平衡協調包容新階段。在此，我願提出全球發展倡議：

——堅持發展優先。將發展置於全球宏觀政策框架的突出位置，加強主要經濟體政策協調，保持連續性、穩定性、可持續性，構建更加平等均衡的全球發展夥伴關係，推動多邊發展合作進程協同增效，加快落實聯合國二〇三〇年可持續發展議程。

——堅持以人民爲中心。在發展中保障和改善民生，保護和促進人權，做到發展爲了人民、發展依靠人民、發展成果由人民共享，不斷增強民衆的幸福感、獲得感、安全感，實現人的全面發展。

——堅持普惠包容。關注發展中國家特殊需求，通過緩債、發展援助等方式支持發展中國家尤其是困難特別大的脆弱國家，着力解決國家間和各國內部發展不平衡、不充分問題。

——堅持創新驅動。抓住新一輪科技革命和產業變革的歷史性機遇，加速科技成果向現實生產力轉化，打造開放、公平、公正、非歧視的科技發展環境，挖掘疫後經濟增長新動能，攜手實現跨越發展。

——堅持人與自然和諧共生。完善全球環境治理，積極應對氣候變化，構建人與自然生命共同體。加快綠色低碳轉型，實現綠色復蘇發展。中國將力爭二〇三〇年前實現碳達峰、二〇六〇年前實現碳中和，這需要付出艱苦努力，但我們會全力以赴。中國將大力支持發展中國家能源綠色低碳發展，不再新建境外煤電項目。

——堅持行動導向。加大發展資源投入，重點推進減貧、糧食安全、抗疫和疫苗、發展籌資、氣候變化和綠色發展、工業化、數字經濟、互聯互通等領域合作，加快落實聯合國二〇三〇年可持續發展議程，構建全球發展命運共同體。中國已宣佈未來三年內再提供三十億美元國際援助，用於支持發展中國家抗疫和恢復經濟社會發展。

第三，我們必須加強團結，踐行相互尊重、合作共贏的國際關係理念。一個和平發展的世界應該承載不同形態的文明，必須兼容走向現代化的多樣道路。民主不是哪個國家的專利，而是各國人民的權利。近期國際形勢的發展再次證明，外部軍事干涉和所謂的民主改造貽害無窮。我們要大力弘揚和平、發展、公平、正義、民主、自由的全人類共同價值，摒棄小圈子和零和博弈。

國與國難免存在分歧和矛盾，但要在平等和相互尊重基礎上開展對話合作。一國的成功並不意味着另一國必然失敗，這個世界完全容得下各國共同成長和進步。我們要堅持對話而不對抗、包容而不排他，構建相互尊重、公平正義、合作共贏的新型國際關係，擴大利益匯合點，畫出最大同心圓。

中華民族傳承和追求的是和平和睦和諧理念。我們過去沒有，今後也不會侵略、欺負他人，不會稱王稱霸。中國始終是世界和平的建設者、全球發展的貢獻者、國際秩序的維護者、公共產品的提供者，將繼續以中國的新發展為世界提供新機遇。

第四，我們必須完善全球治理，踐行真正的多邊主義。世界只有一個體系，就是以聯合國為核心的國際體系。只有一個秩序，就是以國際法為基礎的國際秩序。只有一套規則，就是以聯合國憲章宗旨和原則為基礎的國際關係基本準則。

聯合國應該高舉真正的多邊主義旗幟，成為各國共同維護普遍安全、共同分享發展成果、共同掌握世界命運的核心平臺。要致力於穩定國際秩序，提升廣大發展中國家在國際事務中的代表性和發言權，在推動國際關係民主化和法治化方面走在前列。要平衡推進安全、發展、人權三大領域工作，制定共同議程，聚焦突出問題，重在採取行動，把各方對多邊主義的承諾落到實處。

主席先生！

世界又站在歷史的十字路口。我堅信，人類和平發展進步的潮流不可阻擋。讓我們堅定信心，攜手應對全球性威脅和挑戰，推動構建人類命運共同體，共同建設更加美好的世界！

在中華人民共和國恢復聯合國合法席位五十周年紀念會議上的講話

（二〇二一年十月二十五日）

尊敬的古特雷斯秘書長，

各位駐華使節和國際組織駐華代表，

女士們，先生們，

朋友們，同志們：

五十年前的今天，第二十六屆聯合國大會以壓倒性多數通過第二七五八號決議，決定恢復中華人民共和國在聯合國的一切權利，承認中華人民共和國政府代表是中國在聯合國的唯一合法代表。這是中國人民的勝利，也是世界各國人民的勝利！

今天，在這個特殊的日子裏，我們匯聚一堂，回顧歷史，展望未來，很有意義。

新中國恢復在聯合國合法席位，是世界上的一個大事件，也是聯合國的一個大事件。這是世界上一切愛好和平和主持正義的國家共同努力的結果。這標誌着佔世界人口四分之一的中國人民從此重新走上聯合國舞臺。這對中國、對世界都具有重大而深遠的意義。

在這裏，我謹代表中國政府和中國人民，向聯合國大會第二七五八號決議所有提案國和支持國，表示衷心的感謝！向一切主持正義的國家和人民，致以崇高的敬意！

女士們、先生們，朋友們、同志們！

新中國恢復在聯合國合法席位以來的五十年，是中國和平發展、造福人類的五十年。

——這五十年，中國人民始終發揚自強不息精神，在風雲變幻中把握中國前進方向，書寫了中國以及人類發展的壯闊史詩。在新中國成立以來國家建設和發展的基礎上，中國人民開啟了改革開放歷史新時期，成功開創和發展中國特色社會主義，不斷解放和發展社會生產力，不斷提高生活水平，實現了從生產力相對落後的狀況到經濟總量躍居世界第二的歷史性突破。經過艱苦奮鬥，中國人民用自己的雙手在中華大地上實現了全面建成小康社會的目標，打贏了脫貧攻堅戰，歷史性地解決了絕對貧困問題，開啟了全面建設社會主義現代化國家新征程，迎來了中華民族偉大復興的光明前景。

——這五十年，中國人民始終同世界各國人民團結合作，維護國際公平正義，爲世界和平與發展作出了重大貢獻。中國人民熱愛和平，深知和平安寧的珍貴，始終奉行獨立自主的和平外交政策，主持公道，伸張正義，堅決反對霸權主義和強權政治。中國人民堅定支持廣大發展中國家維護自身主權、安全、發展利益的正義鬥爭。中國人民致力於推動共同發展，從"坦贊鐵路"到"一帶一路"，向發展中國家提供力所能及的幫助，不斷以中國發展爲世界提供新機遇。在新冠肺炎疫情席捲全球的危難之際，中國積極同世界分享防控經驗，向各國輸送了大批抗疫物資、疫苗藥品，深入開展病毒溯源科學合作，真誠爲人類徹底戰勝疫情而積極努力。

——這五十年，中國人民始終維護聯合國權威和地位，踐行多邊主義，中國同聯合國合作日益深化。中國忠實履行聯合國安理會常任理事國職責和使命，維護聯合國憲章宗旨和原則，維護聯合國在國際事務中的核心作用。中國積極倡導以和平方式政治解決爭端，派出五萬多人次參加聯合國維和行動，已經成爲第二大聯合國會費國、第二大維和攤款國。中國率先實現聯合國千年發展目標，帶頭落實二〇三〇年可持續發展議程，對世界減貧貢獻超過百分之七十。中國始終遵循聯合國憲章和《世界人權宣言》精神，堅持把人權普遍性同中國實際結合起來，走出了一條符合時代潮流、具有中國特色的人權發展道路，爲中國人權進步和國際人權事業作出了重大貢獻。

女士們、先生們，朋友們、同志們！

世界潮流，浩浩蕩蕩，順之則昌，逆之則亡。過去五十年，儘管國際形勢跌宕起伏，但在世界各國人民共同努力下，世界總體保持穩定，世界經濟快速發展，科技創新日新月異，一大批發展中國家成長壯大，十幾億人口擺脫貧困，幾十億人口不斷走向現代化。

當前，世界百年未有之大變局加速演進，和平發展進步力量不斷增長。我們應該順應歷史大勢，堅持合作、不搞對抗，堅持開放、不搞封閉，堅持互利共贏、不搞零和博弈，堅決反對一切形式的霸權主義和強權政治，堅決反對一切形式的單邊主義和保護主義。

——我們應該大力弘揚和平、發展、公平、正義、民主、自由的全人類共同價值，共同爲建設一個更加美好的世界提供正確理念指引。和平與發展是我們的共同事業，公平正義是我們的共同理想，民主自由是我們的共同追求。世界是豐富多彩的，多樣性是人類文明的魅力所在，更是世界發展的活力和動力之源。"非盡百家之美，不能成一人之奇。"〔1〕文明沒有高下、優劣之分，只有特色、地域之別，只有在交流中才能融合，在融合中才能進步。一個國家走的道路行不行，關鍵要看是否符合本國國情，是否順應時代發展潮流，能否帶來經濟發展、社會進步、民生改善、社會穩定，能否得到人民支持和擁護，能否爲人類進步事業作出貢獻。

——我們應該攜手推動構建人類命運共同體，共同建設持久和平、普遍安全、共同繁榮、開放包容、清潔美麗的世界。人類是一個整體，地球是一個家園。任何人、任何國家都無法獨善其身。人類應該和衷共濟、和合共生，朝着構建人類命運共同體方向不斷邁進，共同創造更加美好未來。推動構建人類命運共同體，不是以一種制度代替另一種制度，不是以一種文明代替另一種文明，而是不同社會制度、不同意識形態、不同歷史文化、不同發展水平的國家在國際事務中利益共生、權利共享、責任共擔，形成共建美好世界的最大公約數。

——我們應該堅持互利共贏，共同推動經濟社會發展更好造福人民。中國古人說："爲治之本，務在於安民；安民之本，在於足用。"〔2〕推動發展、安居樂業是各國人民共同願望。爲了人民而發展，發展才有意義；依靠人民而發展，發展才有動力。世界各國應該堅持以人民爲中心，努力實現更高質量、更有效率、更加公平、更可持續、更爲安全的發展。要破解發展不平衡不充分問題，提高發展的平衡性、協調性、包容性。要增強人民發展能力，形成人人參與、人人享有的發展環境，創造發展成果更多更公平惠及每一個國家每一個人的發展局面。不久前，我在第七十六屆聯合國大會上提出全球發展倡議，希望各國共同努力，克服新冠肺炎疫情對全球發展的衝擊，加快落實二〇三〇年可持續發展議程，構建全球發展共同體。

——我們應該加強合作，共同應對人類面臨的各種挑戰和全球性問題。地區爭端和恐怖主義、氣候變化、網絡安全、生物安全等全球性問題正擺在國際社會面前，只有形成更加包容的全球治理、更加有效的多邊機制、更加積極的區域合作，才能有效加以應對。氣候變化是大自然對人類敲響的警鐘。世界各國應該採取實際行動爲自然守住安全邊界，鼓勵綠色復蘇、綠色生產、綠色消費，推動形成文明健康生活方式，形成人與自然和諧共生的格局，讓良好生態環境成爲可持續發展的不竭源頭。

——我們應該堅決維護聯合國權威和地位，共同踐行真正的多邊主義。推動構建人類命運共同體，需要一個强有力的聯合國，需要改革和建設全球治理體系。世界各國應該維護以聯合國爲核心的國際體系、以國際法爲基礎的國際秩序、以聯合國憲章宗旨和原則爲基礎的國際關係基本準則。國際規則只能由聯合國一百九十三個會員國共同制定，不能由個別國家和國家集團來決定。國際規則應該由聯合國一百九十三個會員國共同遵守，沒有也不應該有例外。對聯合國，世界各國都應該秉持尊重的態度，愛護好、守護好這個大家庭，決不能合則利用、不合則棄之，讓聯合國在促進人類和平與發展的崇高事業中發揮更爲積極的作用。中國願同各國秉持共商共建共享理念，探索合作思路，創新合作模式，不斷豐富新形勢下多邊主義實踐。

女士們、先生們，朋友們、同志們！

追昔撫今，鑑往知來。站在新的歷史起點，中國將堅持走和平發展之路，始終做世界和平的建設者；堅持走改革開放之路，始終做全球發展的貢獻者；堅持走多邊主義之路，始終做國際秩序的維護者。

“青山一道同雲雨，明月何曾是兩鄉。”[3] 讓我們攜起手來，站在歷史正確的一邊，站在人類進步的一邊，爲實現世界永續和平發展，爲推動構建人類命運共同體而不懈奮鬥！

謝謝大家。

註　　釋

〔1〕見清代劉開《與阮雲臺宮保論文書》。

〔2〕見《淮南子·詮言訓》。

〔3〕見唐代王昌齡《送柴侍御》。

堅持開放包容、合作共贏，
踐行真正的多邊主義*

（二〇二一年十月三十日）

面對世界百年未有之大變局和世紀疫情，二十國集團作爲國際經濟合作主要論壇，要負起應有責任，爲了人類未來、人民福祉，堅持開放包容、合作共贏，踐行真正的多邊主義，推動構建人類命運共同體。我願提出五點建議。

第一，團結合作，攜手抗疫。面對在全球肆虐的新冠肺炎病毒，誰都無法獨善其身，團結合作是最有力武器。國際社會應該齊心協力，以科學態度應對並戰勝疫情，搞病毒污名化、溯源政治化同團結抗疫的精神背道而馳。我們要加強防控、診療手段合作，提高應對重大突發公共衛生事件能力。二十國集團包含了世界主要經濟體，應該在凝聚共識、動員資源、推動合作上發揮引領作用。

早在疫情暴發初期，我就提出新冠疫苗應該成爲全球公共產品。在此，我願進一步提出全球疫苗合作行動倡議：（一）加强疫苗科研合作，支持疫苗企業同發展中國家聯合研發生

＊ 這是習近平在二十國集團領導人第十六次峰會第一階段會議上講話的一部分。

產。（二）堅持公平公正，加大向發展中國家提供疫苗力度，落實世界衛生組織提出的二〇二二年全球接種目標。（三）支持世界貿易組織就疫苗知識產權豁免早日作出決定，鼓勵疫苗企業向發展中國家轉讓技術。（四）加強跨境貿易合作，保障疫苗及原輔料貿易暢通。（五）公平對待各種疫苗，以世界衛生組織疫苗緊急使用清單爲依據推進疫苗互認。（六）爲全球疫苗合作特別是發展中國家獲取疫苗提供金融支持。

目前，中國已向一百多個國家和國際組織提供超過十六億劑疫苗，今年全年將對外提供超過二十億劑。中國正同十六個國家開展疫苗聯合生產，初步形成七億劑的年產能。我在今年五月的全球健康峰會上倡議舉辦新冠疫苗國際合作論壇，已於八月成功舉辦，與會各國達成全年超過十五億劑的合作意向。中國還同三十個國家一道發起"一帶一路"疫苗合作夥伴關係倡議，呼籲國際社會共同促進疫苗全球公平分配。中方願同各方攜手努力，提高疫苗在發展中國家的可及性和可負擔性，爲構築全球疫苗防綫作出積極貢獻。

第二，加强協調，促進復蘇。疫情給世界經濟帶來的影響複雜深遠，應該對症下藥、標本兼治。我們應該加强宏觀經濟政策協調，保持政策的連續性、穩定性、可持續性。主要經濟體應該採取負責任的宏觀經濟政策，防止自身舉措導致通脹攀升、匯率波動、債務高企，避免對發展中國家的負面外溢影響，維護國際經濟金融體系穩健運行。

同時，我們應該着眼長遠，完善全球經濟治理體系和規則，彌補相關治理赤字。要繼續推動按期完成國際貨幣基金組織第十六輪份額檢查，築牢國際金融安全網。中國支持國際開發協會提前啓動第二十輪增資談判，有關投票權改革方案應該切實反映國際經濟格局變化，提升發展中國家話語權。中國歡迎國際貨幣基金組織增發六千五百億美元特別提款權，願轉借給受疫情影響嚴重的低收入國家。

我們應該維護以世界貿易組織爲核心的多邊貿易體制，建設開放型世界經濟。二十國集團應該繼續爲世界貿易組織改革提供政治指引，堅持其核心價值和基本原則，保障發展中國家權益和發展空間。要儘快恢復爭端解決機制正常運轉，推動世貿組織第十二屆部長級會議取得積極成果。要維護產業鏈供應鏈安全穩定，暢通世界經濟運行脈絡。中方倡議舉辦產業鏈供應鏈韌性與穩定國際論壇，歡迎二十國集團成員和相關國際組織積極參與。

基礎設施建設在帶動經濟增長上發揮着重要作用。中國通過共建"一帶一路"等倡議爲此作出了不懈努力。中國願同各方一道，秉持共商共建共享原則，堅持開放、綠色、廉潔理念，努力實現高標準、惠民生、可持續目標，推動高質量共建"一帶一路"取得更多豐碩成果。

第三，普惠包容，共同發展。疫情給全球特別是發展中國家帶來多重危機，飢餓人口總數已達八億左右，落實二〇三〇年可持續發展議程面臨前所未有的挑戰。我們應該堅持以人民爲中心，提升全球發展的公平性、有效性、包容性，努力不讓任何一個國家掉隊。

二十國集團應該將發展置於宏觀政策協調的突出位置，落實好二〇三〇年可持續發展行動計劃，落實支持非洲和最不發達國家實現工業化倡議，促進現有發展合作機制協同增效。發達經濟體要履行官方發展援助承諾，爲發展中國家提供更多資源。

不久前，我在聯合國發起全球發展倡議，呼籲國際社會加强在減貧、糧食安全、抗疫和疫苗、發展籌資、氣候變化和綠色發展、工業化、數字經濟、互聯互通領域合作，以加快落實二〇三〇年可持續發展議程，實現更加强勁、綠色、健康的全球發展。這同二十國集團推動全球發展宗旨和重點方向高度契合，歡迎各國積極參與。

第四，創新驅動，挖掘動力。創新是推動經濟社會發展、應對人類共同挑戰的決定性因素。二十國集團應該合力挖掘創新增長潛力，在充分參與、廣泛共識基礎上制定規則，爲創新驅動發展營造良好生態。人爲搞小圈子，甚至以意識形態劃綫，只會製造隔閡、增加障礙，對科技創新有百害而無一益。

數字經濟是科技創新的重要前沿。二十國集團要共擔數字時代的責任，加快新型數字基礎設施建設，促進數字技術同實體經濟深度融合，幫助發展中國家消除"數字鴻溝"。中國已經提出《全球數據安全倡議》，我們可以共同探討制定反映各方意願、尊重各方利益的數字治理國際規則，積極營造開放、公平、公正、非歧視的數字發展環境。中國高度重視數字經濟國際合作，已經決定申請加入《數字經濟夥伴關係協定》，願同各方合力推動數字經濟健康有序發展。

第五，和諧共生，綠色永續。二十國集團應該秉持共同但有區別的責任原則，推動全面落實應對氣候變化《巴黎協定》，支持《聯合國氣候變化框架公約》第二十六次締約方大會和《生物多樣性公約》第十五次締約方大會取得成功。發達國家應該在減排問題上作出表率，充分照顧發展中國家的特殊困難和關切，落實氣候融資承諾，並在技術、能力建設等方面為發展中國家提供支持。這是即將召開的第二十六次締約方大會取得成功的關鍵。

中國一直主動承擔與國情相符合的國際責任，積極推進經濟綠色轉型，不斷自主提高應對氣候變化行動力度，過去十年淘汰一點二億千瓦煤電落後裝機，第一批裝機約一億千瓦的大型風電光伏基地項目已於近期有序開工。中國將力爭二〇三〇年前實現碳達峰、二〇六〇年前實現碳中和。我們將踐信守諾，攜手各國走綠色、低碳、可持續發展之路。

共創後疫情時代美好世界[*]

（二〇二二年一月十七日）

　　當今世界正在經歷百年未有之大變局。這場變局不限於一時一事、一國一域，而是深刻而宏闊的時代之變。時代之變和世紀疫情相互疊加，世界進入新的動盪變革期。如何戰勝疫情？如何建設疫後世界？這是世界各國人民共同關心的重大問題，也是我們必須回答的緊迫的重大課題。

　　"天下之勢不盛則衰，天下之治不進則退。"〔1〕世界總是在矛盾運動中發展的，沒有矛盾就沒有世界。縱觀歷史，人類正是在戰勝一次次考驗中成長、在克服一場場危機中發展。我們要在歷史前進的邏輯中前進、在時代發展的潮流中發展。

　　不論風吹雨打，人類總是要向前走的。我們要善於從歷史長周期比較分析中進行思考，又要善於從細微處洞察事物的變化，在危機中育新機、於變局中開新局，凝聚起戰勝困難和挑戰的強大力量。

　　第一，攜手合作，聚力戰勝疫情。面對這場事關人類前途命運的世紀疫情，國際社會打響了一場頑強的阻擊戰。事實再次表明，在全球性危機的驚濤駭浪裏，各國不是乘坐在

* 這是習近平在二〇二二年世界經濟論壇視頻會議上演講的一部分。

一百九十多條小船上，而是乘坐在一條命運與共的大船上。小船經不起風浪，巨艦才能頂住驚濤駭浪。在國際社會共同努力下，全球抗疫已經取得重要進展，但疫情反復延宕，病毒變異增多，傳播速度加快，給人民生命安全和身體健康帶來嚴重威脅，給世界經濟發展帶來深刻影響。

堅定信心、同舟共濟，是戰勝疫情的唯一正確道路。任何相互掣肘，任何無端"甩鍋"，都會貽誤戰機、干擾大局。世界各國要加強國際抗疫合作，積極開展藥物研發合作，共築多重抗疫防綫，加快建設人類衛生健康共同體。特別是要用好疫苗這個有力武器，確保疫苗公平分配，加快推進接種速度，彌合國際"免疫鴻溝"，把生命健康守護好、把人民生活保障好。

中國言必信、行必果，已向一百二十多個國家和國際組織提供超過二十億劑疫苗。中國將再向非洲國家提供十億劑疫苗，其中六億劑爲無償援助，還將無償向東盟國家提供一點五億劑疫苗。

第二，化解各類風險，促進世界經濟穩定復蘇。世界經濟正在走出低谷，但也面臨諸多制約因素。全球產業鏈供應鏈紊亂、大宗商品價格持續上漲、能源供應緊張等風險相互交織，加劇了經濟復蘇進程的不確定性。全球低通脹環境發生明顯變化，複合型通脹風險正在顯現。如果主要經濟體貨幣政策"急刹車"或"急轉彎"，將產生嚴重負面外溢效應，給世界經濟和金融穩定帶來挑戰，廣大發展中國家將首當其衝。我們要探索常態化疫情防控條件下的經濟增長新動能、社會生活新模式、人員往來新路徑，推進跨境貿易便利化，保障產業鏈供應鏈安全暢通，推動世界經濟復蘇進程走穩走實。

經濟全球化是時代潮流。大江奔騰向海，總會遇到逆流，但任何逆流都阻擋不了大江東去。動力助其前行，阻力促其強大。儘管出現了很多逆流、險灘，但經濟全球化方向從未改變、也不會改變。世界各國要堅持真正的多邊主義，堅持拆牆而不築牆、開放而不隔絕、融合而不脫鈎，推動構建開放型世界經濟。要以公平正義爲理念引領全球治理體系變革，維護以世界貿易組織爲核心的多邊貿易體制，在充分協商基礎上，爲人工智能、數字經濟等打造各方普遍接受、行之有效的規則，爲科技創新營造開放、公正、非歧視的有利環境，推動經濟全球化朝着更加開放、包容、普惠、平衡、共贏的方向發展，讓世界經濟活力充分迸發出來。

現在，大家有一種共識，就是推動世界經濟走出危機、實現復蘇，必須加強宏觀政策協調。主要經濟體要樹立共同體意識，強化系統觀念，加強政策信息透明和共享，協調好財政、貨幣政策目標、力度、節奏，防止世界經濟再次探底。主要發達國家要採取負責任的經濟政策，把控好政策外溢效應，避免給發展中國家造成嚴重衝擊。國際經濟金融機構要發揮建設性作用，凝聚國際共識，增強政策協同，防範系統性風險。

第三，跨越發展鴻溝，重振全球發展事業。全球發展進程正在遭受嚴重衝擊，南北差距、復蘇分化、發展斷層、技術鴻溝等問題更加突出。人類發展指數三十年來首次下降，世界新增一億多貧困人口，近八億人生活在飢餓之中，糧食安全、教育、就業、醫藥衛生等民生領域面臨更多困難。一些發展中國家因疫返貧、因疫生亂，發達國家也有很多人陷入生活困境。

不論遇到什麼困難，我們都要堅持以人民爲中心的發展思想，把促進發展、保障民生置於全球宏觀政策的突出位置，落實聯合國二〇三〇年可持續發展議程，促進現有發展合作機制協同增效，促進全球均衡發展。我們要堅持共同但有區別的責任原則，在發展框架內推進應對氣候變化國際合作，落實《聯合國氣候變化框架公約》第二十六次締約方大會成果。發達經濟體要率先履行減排責任，落實資金、技術支持承諾，爲發展中國家應對氣候變化、實現可持續發展創造必要條件。

去年，我在聯合國大會上提出全球發展倡議，呼籲國際社會關注發展中國家面臨的緊迫問題。這個倡議是向全世界開放的公共產品，旨在對接聯合國二〇三〇年可持續發展議程，推動全球共同發展。中國願同各方攜手合作，共同推進倡議落地，努力不讓任何一個國家掉隊。

第四，摒棄冷戰思維，實現和平共處、互利共贏。當今世界並不太平，煽動仇恨、偏見的言論不絕於耳，由此產生的種種圍堵、打壓甚至對抗對世界和平安全有百害而無一利。歷史反復證明，對抗不僅於事無補，而且會帶來災難性後果。搞保護主義、單邊主義，誰也保護不了，最終只會損人害己。搞霸權霸凌，更是逆歷史潮流而動。國家之間難免存在矛盾和分歧，但搞你輸我贏的零和博弈是無濟於事的。任何執意打造"小院高牆"、"平行體系"的行徑，任何熱衷於搞排他性"小圈子"、"小集團"、分裂世界的行徑，任何泛化國家安全概念、對其他國家經濟科技發展進行遏制的行徑，任何煽動意識形態對立、把經濟科技問題政治化、武器化的行徑，都嚴重削弱國際社會應對共同挑戰的努力。和平發展、合作共贏才是人間正道。不同國家、不同文明要在彼此尊重中共同發展、在求同存異中合作共贏。

我們要順應歷史大勢，致力於穩定國際秩序，弘揚全人類共同價值，推動構建人類命運共同體。要堅持對話而不對抗、包容而不排他，反對一切形式的單邊主義、保護主義，反對一切形式的霸權主義和強權政治。

註　　釋

〔1〕見南宋呂祖謙《東萊博議·葵丘之會》。

二十、推動"一帶一路"
建設高質量發展

把"一帶一路"打造成合作之路、健康之路、復蘇之路、增長之路[*]

（二〇二〇年六月十八日）

這次突如其來的疫情給各國人民生命安全和身體健康帶來嚴重威脅，對世界經濟造成嚴重衝擊，一些國家特別是發展中國家經濟社會面臨嚴重困難。爲應對疫情，各國立足自身國情，採取有力防控措施，取得了積極成效。很多國家在做好疫情防控的同時，正努力恢復經濟社會發展。中國堅持人民至上、生命至上，願努力爲全球儘早戰勝疫情、促進世界經濟恢復作出貢獻。

疫情給我們帶來一系列深刻啟示。各國命運緊密相連，人類是同舟共濟的命運共同體。無論是應對疫情，還是恢復經濟，都要走團結合作之路，都應堅持多邊主義。促進互聯互通、堅持開放包容，是應對全球性危機和實現長遠發展的必由之路，共建"一帶一路"國際合作可以發揮重要作用。

中國始終堅持和平發展、堅持互利共贏。我們願同合作夥伴一道，把"一帶一路"打造成團結應對挑戰的合作之路、

---

* 這是習近平向"一帶一路"國際合作高級別視頻會議發表的書面致辭要點。

維護人民健康安全的健康之路、促進經濟社會恢復的復蘇之路、釋放發展潛力的增長之路。通過高質量共建"一帶一路"，攜手推動構建人類命運共同體。

建設更緊密的
"一帶一路" 夥伴關係*

（二○二一年四月二十日）

我多次説過，"一帶一路"是大家攜手前進的陽光大道，不是某一方的私家小路。所有感興趣的國家都可以加入進來，共同參與、共同合作、共同受益。共建"一帶一路"追求的是發展，崇尚的是共贏，傳遞的是希望。

面向未來，我們將同各方繼續高質量共建"一帶一路"，踐行共商共建共享原則，弘揚開放、綠色、廉潔理念，努力實現高標準、惠民生、可持續目標。

——我們將建設更緊密的衛生合作夥伴關係。中國企業已經在印度尼西亞、巴西、阿聯酋、馬來西亞、巴基斯坦、土耳其等共建"一帶一路"夥伴國開展疫苗聯合生產。我們將在傳染病防控、公共衛生、傳統醫藥等領域同各方拓展合作，共同護佑各國人民生命安全和身體健康。

——我們將建設更緊密的互聯互通夥伴關係。中方將同各方攜手，加强基礎設施"硬聯通"以及規則標準"軟聯

＊ 這是習近平在博鰲亞洲論壇二○二一年年會開幕式上視頻主旨演講的一部分。

通”，暢通貿易和投資合作渠道，積極發展絲路電商，共同開關融合發展的光明前景。

——我們將建設更緊密的綠色發展夥伴關係。加強綠色基建、綠色能源、綠色金融等領域合作，完善“一帶一路”綠色發展國際聯盟、“一帶一路”綠色投資原則等多邊合作平臺，讓綠色切實成爲共建“一帶一路”的底色。

——我們將建設更緊密的開放包容夥伴關係。世界銀行有關報告認爲，到二〇三〇年，共建“一帶一路”有望幫助全球七百六十萬人擺脫極端貧困、三千二百萬人擺脫中度貧困。我們將本着開放包容精神，同願意參與的各相關方共同努力，把“一帶一路”建成“減貧之路”、“增長之路”，爲人類走向共同繁榮作出積極貢獻。

推動共建“一帶一路”高質量發展不斷取得新成效*

（二〇二一年十一月十九日）

完整、準確、全面貫徹新發展理念，以高標準、可持續、惠民生爲目標，鞏固互聯互通合作基礎，拓展國際合作新空間，紮牢風險防控網絡，努力實現更高合作水平、更高投入效益、更高供給質量、更高發展韌性，推動共建“一帶一路”高質量發展不斷取得新成效。

八年來，在黨中央堅強領導下，我們統籌謀劃推動高質量發展、構建新發展格局和共建“一帶一路”，堅持共商共建共享原則，把基礎設施“硬聯通”作爲重要方向，把規則標準“軟聯通”作爲重要支撐，把同共建國家人民“心聯通”作爲重要基礎，推動共建“一帶一路”高質量發展，取得實打實、沉甸甸的成就。通過共建“一帶一路”，提高了國內各區域開放水平，拓展了對外開放領域，推動了制度型開放，構建了廣泛的朋友圈，探索了促進共同發展的新路子，實現了同共建國家互利共贏。

---

* 這是習近平在第三次“一帶一路”建設座談會上的講話要點。

要正確認識和把握共建"一帶一路"面臨的新形勢。總體上看，和平與發展的時代主題沒有改變，經濟全球化大方向沒有變，國際格局發展戰略態勢對我有利，共建"一帶一路"仍面臨重要機遇。同時，世界百年未有之大變局正加速演變，新一輪科技革命和產業變革帶來的激烈競爭前所未有，氣候變化、疫情防控等全球性問題對人類社會帶來的影響前所未有，共建"一帶一路"國際環境日趨複雜。我們要保持戰略定力，抓住戰略機遇，統籌發展和安全、統籌國內和國際、統籌合作和鬥爭、統籌存量和增量、統籌整體和重點，積極應對挑戰，趨利避害，奮勇前進。

要夯實發展根基。要深化政治互信，發揮政策溝通的引領和催化作用，探索建立更多合作對接機制，推動把政治共識轉化爲具體行動、把理念認同轉化爲務實成果。要深化互聯互通，完善陸、海、天、網"四位一體"互聯互通佈局，深化傳統基礎設施項目合作，推進新型基礎設施項目合作，提升規則標準等"軟聯通"水平，爲促進全球互聯互通做增量。要深化貿易暢通，擴大同周邊國家貿易規模，鼓勵進口更多優質商品，提高貿易和投資自由化便利化水平，促進貿易均衡共贏發展。要繼續擴大三方或多方市場合作，開展國際產能合作。要深化資金融通，吸引多邊開發機構、發達國家金融機構參與，健全多元化投融資體系。要深化人文交流，形成多元互動的人文交流大格局。

要穩步拓展合作新領域。要穩妥開展健康、綠色、數字、創新等新領域合作，培育合作新增長點。要加強抗疫國際合作，繼續向共建國家提供力所能及的幫助。要支持發展中國家能源綠色低碳發展，推進綠色低碳發展信息共享和能力建設，深化生態環境和氣候治理合作。要深化數字領域合作，發展"絲路電商"，構建數字合作格局。要實施好科技創新行動計劃，加强知識産權保護國際合作，打造開放、公平、公正、非歧視的科技發展環境。

要更好服務構建新發展格局。要統籌考慮和謀劃構建新發展格局和共建"一帶一路"，聚焦新發力點，塑造新結合點。要加快完善各具特色、互爲補充、暢通安全的陸上通道，優化海上佈局，爲暢通國内國際雙循環提供有力支撑。要加强産業鏈供應鏈暢通銜接，推動來源多元化。要優質打造標誌性工程。民生工程是快速提升共建國家民衆獲得感的重要途徑，要加强統籌謀劃，形成更多接地氣、聚人心的合作成果。

要全面强化風險防控。要落實風險防控制度，壓緊壓實企業主體責任和主管部門管理責任。要探索建立境外項目風險的全天候預警評估綜合服務平臺，及時預警、定期評估。要加强海外利益保護、國際反恐、安全保障等機制的協同協作。要統籌推進疫情防控和共建"一帶一路"合作，全力保障境外人員生命安全和身心健康，突出防控措施的精準性，着力保障用工需求、人員倒班回國、物資供應、資金支持等。要教育引導我國在海外企業和公民自覺遵守當地法律，尊重當地風俗習慣。要加快形成系統完備的反腐敗涉外法律法規體系，加大跨境腐敗治理力度。各類企業要規範經營行爲，決不允許損害國家聲譽。對違紀違法問題，發現一起就嚴肅處理一起。

要强化統籌協調。要堅持黨的集中統一領導，領導小組要抓好重大規劃、重大政策、重大項目、重大問題和年度重點工作等協調把關。有關部門要把共建"一帶一路"工作納入重要議事日程，統籌落實好境外項目建設和風險防控責任。地方要找準參與共建"一帶一路"定位。要營造良好輿論氛圍，深入闡釋共建"一帶一路"的理念、原則、方式等，共同講好共建"一帶一路"故事。

二十一、以偉大自我革命
引領偉大社會革命

貫徹落實好新時代黨的組織路綫[*]

（二〇二〇年六月二十九日）

貫徹落實好新時代黨的組織路綫，需要全黨共同努力。我們要正確理解新時代黨的組織路綫的科學内涵和實踐要求，堅持目標導向、問題導向、結果導向相統一，準確把握好貫徹落實的基本要求。

第一，抓好堅持和完善黨的領導、堅持和發展中國特色社會主義。黨的組織路綫是爲黨的政治路綫服務的。正確政治路綫決定正確組織路綫，正確組織路綫服務保證正確政治路綫。黨政軍民學，東西南北中，黨是領導一切的，這是黨領導人民進行革命、建設、改革最可寶貴的經驗。加强黨的組織建設，根本目的是堅持和加强黨的全面領導，爲推進中國特色社會主義事業提供堅强保證。解放戰爭時期，黨中央提出要爲奪取全國政權做好幹部準備工作，各級組織部門不到三個月時間就徵調五點三萬名幹部到新解放區工作；一九五二年至一九五四年三年中，爲開展大規模經濟建設，全國抽調到工業部門的幹部有十六萬多名，其中爲蘇聯援助的重

---

* 這是習近平在主持中共十九屆中央政治局第二十一次集體學習時講話的一部分。

點廠礦選調領導幹部三千多名；一九五六年，黨中央提出充分發揮知識分子在社會主義建設中的作用，到一九五七年六月底，在全國十一萬名高級知識分子中，發展黨員一萬七千五百多名，李四光[1]、錢學森[2]等都是上世紀五十年代入黨的。現在，第一個百年奮鬥目標即將勝利實現，我們即將開啟全面建設社會主義現代化國家、實現第二個百年奮鬥目標的新征程。當前，國際局勢正在發生深刻複雜的變化，我們面臨着許多可以預料和難以預料的風險挑戰。面對複雜形勢和艱巨任務，我們要全面把握世界百年未有之大變局和中華民族偉大復興戰略全局，有力應對重大挑戰、抵禦重大風險、克服重大阻力、化解重大矛盾，進行具有許多新的歷史特點的偉大鬥爭，實現中華民族偉大復興，最根本的保證還是黨的領導。堅持黨的領導，最根本的是堅持黨中央權威和集中統一領導。要教育引導全黨自覺在思想上政治上行動上同黨中央保持高度一致，保持堅強政治定力和正確前進方向，充分發揮各級黨委（黨組）、各領域基層黨組織的政治功能和組織功能，把廣大黨員、幹部和各方面人才有效組織起來，把廣大人民羣衆廣泛凝聚起來，形成爲奪取新時代中國特色社會主義新勝利而團結奮鬥的强大力量。

　　第二，抓好用黨的科學理論武裝全黨。組織是“形”，思想是“魂”。加强黨的組織建設，既要“造形”，更要“鑄魂”。我們黨之所以能夠完成近代以來各種政治力量不可能完成的艱巨任務，帶領人民取得革命、建設、改革的輝煌成就，就在於始終把馬克思主義作爲行動指南，始終堅持用馬克思主義中國化最新成果武裝全黨，使全黨始終保持統一的思想、堅定的意志、協調的行動、强大的戰鬥力。我們黨作爲世界上最大的政黨，大就要有大的樣子，大也有大的難處，如何確保全黨在共同思想理論基礎上的高度集中統一尤其不易。要加强馬克思主義特別是新時代中國特色社會主義思想的理論武裝，使各級黨組織和廣大黨員、幹部特別是領導幹部掌握馬克思主義理論武器，提高馬克思主義理論水平和運用能力，共同把黨的創新理論轉化爲推進新時代中國特色社會主義偉大事業的實踐力量。各級黨委及其組織部門要自覺用黨的科學理論指導黨的組織建設，結合新的實際推進改革創新，使各項工作更好體現時代性、把握規律性、富於創造性，爲實現新時代黨的歷史使命提供堅强組織保證。

第三，抓好黨的組織體系建設。嚴密的組織體系，是馬克思主義政黨的優勢所在、力量所在。列寧說過，無產階級"所以能够成爲而且必然會成爲不可戰勝的力量，就是因爲它根據馬克思主義原則形成的思想一致是用組織的物質統一來鞏固的"〔3〕。我們黨建立了包括黨的中央組織、地方組織、基層組織在內的嚴密組織體系，其中地方黨委三千二百多個，黨組、工委十四點五萬個，基層黨組織四百六十八點一萬個。這是世界上任何其他政黨都不具有的强大優勢。黨的中央組織、地方組織、基層組織都堅强有力、充分發揮作用，黨的組織體系的優勢和威力才能充分體現出來。只有黨的各級組織都健全、都過硬，形成上下貫通、執行有力的嚴密組織體系，黨的領導才能"如身使臂，如臂使指"〔4〕。這就是新時代黨的組織路綫强調"以組織體系建設爲重點"的道理所在。黨的十八大以來，我們抓黨的建設，首先就抓中央委員會、中央政治局及其常委會的建設，制定的各項黨內法規都對中央領導同志提出更高標準，要求中央領導同志在守紀律講規矩、履行管黨治黨政治責任等方面爲全黨同志立標杆、作表率。中央和國家機關是貫徹落實黨中央決策部署的"最初一公里"，不能出現"攔路虎"，要認真貫徹執行黨組工作條例和黨的工作機關條例，把中央和國家機關建設成爲講政治、守紀律、負責任、有效率的模範機關。地方黨委是貫徹落實黨中央決策部署的"中間段"，不能出現"中梗阻"，要認真貫徹執行地方黨委工作條例，把地方黨委建設成爲堅決聽從黨中央指揮、管理嚴格、監督有力、班子團結、風氣純正的堅強組織。基層黨組織是貫徹落實黨中央決策部署的"最後一公里"，不能出現"斷頭路"，要堅持大抓基層的鮮明導向，持續整頓軟弱渙散基層黨組織，有效實現黨的組織和黨的工作全覆蓋，抓緊補齊基層黨組織領導基層治理的各種短板，把各領域基層黨組織建設成爲實現黨的領導的堅強戰鬥堡壘。同時，要提高黨員發展質量，加強黨員教育管理，使廣大黨員在改革發展穩定中充分發揮先鋒模範作用。各級黨組織要提高政治領導力、思想引領力、羣衆組織力、社會號召力，把廣大人民羣衆緊緊團結在黨的周圍。

第四，抓好執政骨幹隊伍和人才隊伍建設。古人說："賢良之士衆，則國家之治厚；賢良之士寡，則國家之治薄。"[5]幹部工作也好，人才工作也好，本質上都是用人問題。我們要應變局、育新機、開新局、謀復興，關鍵是要把黨的各級領導班子和幹部隊伍建設好、建設強。我說過，光有思路和部署，沒有優秀的人來幹，那也難以成事。新時代黨的組織路綫提出堅持德才兼備、以德爲先、任人唯賢的方針，就是強調選幹部、用人才既要重品德，也不能忽視才幹。有才無德會壞事，有德無才會誤事，有德有才方能幹成事。黨的十九屆四中全會強調，要把提高治理能力作爲新時代幹部隊伍建設的重大任務。要通過加強思想淬煉、政治歷練、實踐鍛鍊、專業訓練，推動廣大幹部嚴格按照制度履行職責、行使權力、開展工作。各級黨組織要嚴格把好政治關、廉潔關，決不能讓政治上、廉潔上有問題的人蒙混過關、投機得逞。要嚴把素質能力關，圍繞事業發展需要配班子用幹部，及時把那些願幹事、真幹事、幹成事的幹部發現出來、任用起來。培養選拔年輕幹部要優中選優、講求質量，不能拔苗助長，更不能降格以求。好幹部是選拔出來的，也是培育和管理出來的。要加強幹部教育培訓，使廣大幹部政治素養、理論水平、專業能力、實踐本領跟上時代發展步伐。要深化幹部制度改革，完善管思想、管工作、管作風、管紀律的從嚴管理機制，推動幹部能上能下、能進能出，推動形成能者上、優者獎、庸者下、劣者汰的正確導向。要建立健全幹部擔當作爲的激勵和保護機制，切實爲勇於負責的幹部負責、爲勇於擔當的幹部擔當、爲敢抓敢管的幹部撐腰。要深化人才發展體制機制改革，破除人才引進、培養、使用、評價、流動、激勵等方面的體制機制障礙，實行更加積極、更加開放、更加有效的人才政策，形成具有吸引力和國際競爭力的人才制度體系，努力聚天下英才而用之。

第五，抓好黨的組織制度建設。民主集中制是我們黨的根本組織制度和領導制度。黨的十八大以來，黨中央先後制定和修訂了新形勢下黨內政治生活若干準則、黨組工作條例、地方黨委工作條例、黨的工作機關條例、支部工作條例以及農村、國企、機關基層黨組織工作條例等一系列組織建設方面的黨內法規。黨的十九屆四中全會把健全維護黨的集中統一的組織制度作爲堅持和完善黨的領導制度體系的重要內容，納入國家制度和國家治理體系之中。中央相關部門、各級黨委（黨組）要結合實際，把黨的組織法規和黨中央提出的要求具體化，建立健全包括組織設置、組織生活、組織運行、組織管理、組織監督等在內的完整組織制度體系，完善黨委（黨組）落實全面從嚴治黨主體責任的制度並嚴格抓好執行，不斷提高黨的組織建設的制度化、規範化、科學化水平。

註　釋

〔1〕李四光（一八八九——一九七一），湖北黃岡人。中國地質學家，中國地質事業的奠基人之一。

〔2〕錢學森（一九一一——二〇〇九），浙江杭州人。中國力學家，工程控制論和物理力學的開創者，中國空間技術、系統科學和系統工程的奠基人。

〔3〕見列寧《進一步，退兩步》（《列寧全集》第八卷，人民出版社二〇一七年版，第415頁）。

〔4〕見南宋呂中《類編皇朝大事記講義·太祖皇帝》。

〔5〕見《墨子·尚賢上》。

反腐敗鬥爭首先要從政治上看[*]

（二〇二一年一月二十二日）

一

　　黨的十八大以來，我反復強調開展反腐敗鬥爭首先要從政治上看，主要有五個方面的要求。一是腐敗問題對黨的執政基礎破壞力最大、殺傷力也最大，是最容易顛覆政權的問題，是黨面臨的最大威脅，反腐敗鬥爭是一場輸不起也決不能輸的重大政治鬥爭，必須決戰決勝。二是反對腐敗、建設廉潔政治，是我們黨一貫堅持的鮮明政治立場，是堅持黨的性質和宗旨的必然要求，是黨自我革命必須長期抓好的重大政治任務，必須亮明黨堅決反對腐敗的旗幟，讓腐敗分子在黨內沒有藏身之地。三是政治腐敗是最大的腐敗，必須消除黨內政治隱患，堅決防止黨內形成利益集團，如果黨的權力被他們攫取、黨的領導幹部成了他們的代理人甚至自己就搞利益集團，紅色江山就會改變顏色。四是民心是最大的政治，人民群衆最痛恨腐敗，不得罪成百上千的腐敗分子，就要得罪十四億人民，這是一筆再明白不過的政治賬、人心向背賬，

---

　　* 這是習近平在中共十九屆中央紀委五次全會上講話的節錄。

必須堅持以正風肅紀反腐凝聚黨心軍心民心，厚植黨執政的政治基礎。五是黨風廉政建設和反腐敗鬥爭永遠在路上，必須以抓鐵有痕、踏石留印的堅韌和執着，打好這場攻堅戰、持久戰，使黨永葆清正廉潔的政治本色。

二

從黨風廉政建設和反腐敗鬥爭上看，提高政治判斷力，就是要以國家政治安全爲大、以人民爲重、以堅持和發展中國特色社會主義爲本，深刻認識各類腐敗問題的政治本質和政治危害，清醒辨別行爲是非，有效抵禦風險挑戰，保證紅色江山永不變色；提高政治領悟力，就是要從政治上領會好、領會透黨中央關於黨風廉政建設和反腐敗鬥爭的精神，牢牢把握黨中央關於全面從嚴治黨的重大方針、重大原則、重點任務的政治內涵，自覺同黨中央保持高度一致；提高政治執行力，就是要按照黨中央指明的政治方向、確定的前進路綫開展黨風廉政建設和反腐敗鬥爭，經常對表對標，及時校準偏差，強化責任意識，確保落實到位。

開展黨史學習教育要突出重點[*]

（二〇二一年二月二十日）

黨中央印發的《通知》[1]，對這次學習教育工作提出了明確要求，總的來說就是要做到學史明理、學史增信、學史崇德、學史力行，教育引導全黨同志學黨史、悟思想、辦實事、開新局。

第一，進一步感悟思想偉力，增強用黨的創新理論武裝全黨的政治自覺。思想就是力量。一個民族要走在時代前列，就一刻不能沒有理論思維，一刻不能沒有思想指引。在近代中國最危急的時刻，中國共產黨人找到了馬克思列寧主義，並堅持把馬克思列寧主義同中國實際相結合，用馬克思主義真理的力量激活了中華民族歷經幾千年創造的偉大文明，使中華文明再次迸發出強大精神力量。實踐證明，馬克思主義是我們認識世界、把握規律、追求真理、改造世界的強大思想武器，是我們黨和國家必須始終遵循的指導思想。

理論的生命力在於創新。馬克思主義深刻改變了中國，中國也極大豐富了馬克思主義。一百年來，我們黨堅持解放思想和實事求是相統一、培元固本和守正創新相統一，不斷

---

[*] 這是習近平在黨史學習教育動員大會上講話的一部分。

509

開闢馬克思主義新境界，產生了毛澤東思想、鄧小平理論、
"三個代表"重要思想、科學發展觀，產生了新時代中國特色
社會主義思想，為黨和人民事業發展提供了科學理論指導。
我們黨的歷史，就是一部不斷推進馬克思主義中國化的歷史，
就是一部不斷推進理論創新、進行理論創造的歷史。

要教育引導全黨從黨的非凡歷程中領會馬克思主義是如
何深刻改變中國、改變世界的，感悟馬克思主義的真理力量
和實踐力量，深化對中國化馬克思主義既一脈相承又與時俱
進的理論品質的認識，特別是要結合黨的十八大以來黨和國
家事業取得歷史性成就、發生歷史性變革的進程，深刻學習
領會新時代黨的創新理論，堅持不懈用黨的創新理論最新成
果武裝頭腦、指導實踐、推動工作。

第二，進一步把握歷史發展規律和大勢，始終掌握黨和
國家事業發展的歷史主動。歷史發展有其規律，但人在其中
不是完全消極被動的。只要把握住歷史發展規律和大勢，抓
住歷史變革時機，順勢而為，奮發有為，我們就能夠更好前
進。馬克思、恩格斯早在一百七十多年前就科學揭示了社會
主義必然代替資本主義的歷史規律。這是人類社會發展不可
逆轉的總趨勢，但需要經歷一個很長的歷史過程。在這個過
程中，我們要立足現實，把握好每個階段的歷史大勢，做好
當下的事情。

在一百年的奮鬥中，我們黨始終以馬克思主義基本原理
分析把握歷史大勢，正確處理中國和世界的關係，善於抓住
和用好各種歷史機遇。我們黨的誕生就是順應世界發展大勢
的結果。十月革命的勝利，社會主義的興起，就是當時的世

界大勢。我們黨從這個世界大勢中產生，走在了時代前列。抗日戰爭時期，我們黨從世界反法西斯戰爭和中國人民抗日救亡強烈願望的大勢出發，促成了抗日民族統一戰綫，並最終團結帶領人民贏得了抗日戰爭偉大勝利。中華人民共和國的成立和鞏固，也是順應時代大潮的產物。那時，社會主義發展壯大，亞非拉民族解放運動風起雲湧，出現了"東風壓倒西風"的氣象，新中國就是沐浴着這個東風誕生並站住了腳的。作出改革開放的重大決策，也是基於我們黨對時代潮流的深刻洞察。當時，世界經濟科技快速發展，我國發展同國際先進水平的差距明顯拉大，鄧小平同志説："我們要趕上時代，這是改革要達到的目的。"[2]我們黨對世界大勢作出了科學判斷，下決心實現黨和國家工作中心的轉移，一往無前拉開了改革開放的歷史大幕。

"雖有智慧，不如乘勢。"[3]了解歷史才能看得遠，理解歷史才能走得遠。要教育引導全黨胸懷中華民族偉大復興戰略全局和世界百年未有之大變局，樹立大歷史觀，從歷史長河、時代大潮、全球風雲中分析演變機理、探究歷史規律，提出因應的戰略策略，增強工作的系統性、預見性、創造性。

第三，進一步深化對黨的性質宗旨的認識，始終保持馬克思主義政黨的鮮明本色。我們黨來自於人民，黨的根基和血脈在人民。為人民而生，因人民而興，始終同人民在一起，爲人民利益而奮鬥，是我們黨立黨興黨強黨的根本出發點和落腳點。

我們黨的百年歷史，就是一部踐行黨的初心使命的歷史，就是一部黨與人民心連心、同呼吸、共命運的歷史。大革命失敗後，三十多萬犧牲的革命者中大部分是跟隨我們黨鬧革命的人民羣衆；紅軍時期，人民羣衆就是黨和人民軍隊的銅牆鐵壁；抗日戰爭時期，我們黨廣泛發動羣衆，使日本侵略者陷入了人民戰爭的汪洋大海；淮海戰役勝利是靠老百姓用小車推出來的，渡江戰役勝利是靠老百姓用小船劃出來的；社會主義革命和建設的成就是人民羣衆幹出來的；改革開放的歷史偉劇是億萬人民羣衆主演的。歷史充分證明，江山就是人民，人民就是江山，人心向背關係黨的生死存亡。贏得人民信任，得到人民支持，黨就能夠克服任何困難，就能夠無往而不勝。反之，我們將一事無成，甚至走向衰敗。

我們黨的章程開宗明義明確，中國共產黨是中國工人階級的先鋒隊，同時是中國人民和中華民族的先鋒隊。黨章也明確規定，黨堅持全心全意爲人民服務，在任何時候都把羣衆利益放在第一位，同羣衆同甘共苦，保持最密切的聯繫。這就要求我們必須堅持尊重社會發展規律和尊重人民歷史主體地位的一致性、爲崇高理想奮鬥和爲最廣大人民謀利益的一致性、完成黨的各項工作和實現人民利益的一致性，永不脫離羣衆，與羣衆有福同享、有難同當，有鹽同鹹、無鹽同淡。要教育引導全黨深刻認識黨的性質宗旨，堅持一切爲了人民、一切依靠人民，始終把人民放在心中最高位置、把人民對美好生活的嚮往作爲奮鬥目標，推動改革發展成果更多更公平惠及全體人民，推動共同富裕取得更爲明顯的實質性進展，把十四億中國人民凝聚成推動中華民族偉大復興的磅礴力量。

第四，進一步總結黨的歷史經驗，不斷提高應對風險挑戰的能力水平。我們黨一步步走過來，很重要的一條就是不斷總結經驗、提高本領，不斷提高應對風險、迎接挑戰、化險爲夷的能力水平。黨的經驗不是從天上掉下來的，也不是從書本上抄來的，而是我們黨在歷經艱辛、飽經風雨的長期摸索中積累下來的，飽含着成敗和得失，凝結着鮮血和汗水，充滿着智慧和勇毅。

當前，我國發展面臨着前所未有的風險挑戰，既有國內的也有國際的，既有政治、經濟、文化、社會等領域的也有來自自然界的，既有傳統的也有非傳統的，"黑天鵝"、"灰犀牛"還會不期而至。要更好應對前進道路上各種可以預見和難以預見的風險挑戰，我們必須從歷史中獲得啟迪，從歷史經驗中提煉出克敵制勝的法寶。當年，毛澤東同志總結革命鬥爭經驗，把統一戰綫、武裝鬥爭、黨的建設概括爲克敵制勝的"三大法寶"，爲我們黨取得新民主主義革命勝利發揮了重要作用，至今依然發揮着重要作用。我在慶祝建黨九十五周年、改革開放四十周年、新中國成立七十周年等重要場合，從不同角度對黨的歷史經驗作了總結概括。我們要抓住建黨一百年這個重要節點，從具有許多新的歷史特點的偉大鬥爭出發，總結運用黨在不同歷史時期成功應對風險挑戰的豐富經驗，做好較長時間應對外部環境變化的思想準備和工作準備，不斷增強鬥爭意識、豐富鬥爭經驗、提升鬥爭本領，不斷提高治國理政能力和水平，從最壞處着眼，做最充分的準備，朝好的方向努力，爭取最好的結果。

堡壘最容易從內部被攻破。從某種意義上説，自從黨成立以來，我們黨面臨的最大風險是內部變質、變色、變味，喪失馬克思主義政黨的政治本色，背離黨的宗旨而失去最廣

大人民支持和擁護。黨的百年歷史，也是我們黨不斷保持黨
的先進性和純潔性，不斷防範被瓦解、被腐化的危險的歷史。
要教育引導全黨通過總結歷史經驗教訓，着眼於解決黨的建
設的現實問題，不斷提高黨的領導水平和執政水平、增強拒
腐防變和抵禦風險能力，確保我們黨在世界形勢深刻變化的
歷史進程中始終走在時代前列，在應對國內外各種風險挑戰
的歷史進程中始終成爲全國人民的主心骨，在堅持和發展中
國特色社會主義的歷史進程中始終成爲堅強領導核心。

　　第五，進一步發揚革命精神，始終保持艱苦奮鬥的昂揚
精神。"人生天地間，長路有險夷。"[4]世界上沒有哪個黨像我
們這樣，遭遇過如此多的艱難險阻，經歷過如此多的生死考
驗，付出過如此多的慘烈犧牲。一百年來，在應對各種困難挑
戰中，我們黨錘鍊了不畏強敵、不懼風險、敢於鬥爭、勇於勝
利的風骨和品質。這是我們黨最鮮明的特質和特點。在一百
年的非凡奮鬥歷程中，一代又一代中國共產黨人頑強拼搏、不
懈奮鬥，湧現了一大批視死如歸的革命烈士、一大批頑強奮鬥
的英雄人物、一大批忘我奉獻的先進模範，形成了井岡山精
神、長征精神、遵義會議精神、延安精神、西柏坡精神、紅岩
精神、抗美援朝精神、"兩彈一星"精神、特區精神、抗洪精
神、抗震救災精神、抗疫精神等偉大精神，構築起了中國共產
黨人的精神譜系。我們黨之所以歷經百年而風華正茂、飽經
磨難而生生不息，就是憑着那麼一股革命加拼命的強大精神。

　　這些寶貴精神財富跨越時空、歷久彌新，集中體現了黨
的堅定信念、根本宗旨、優良作風，凝聚着中國共產黨人艱
苦奮鬥、犧牲奉獻、開拓進取的偉大品格，深深融入我們黨、

國家、民族、人民的血脈之中，爲我們立黨興黨强黨提供了豐厚滋養。

同時，我們要清醒看到，我們黨長期執政，黨員幹部中容易出現承平日久、精神懈怠的心態。有的覺得現在已經可以好好喘口氣、歇歇腳，做做安穩官、太平官了；有的覺得“船到碼頭車到站”，不思進取、庸政懶政混日子；有的爲個人打算多了，患得患失、不敢擔當卻貪圖名利、享受；有的習慣當“傳聲筒”、“中轉站”，遇到困難繞着走、碰到難題往上交，缺乏攻堅克難的鋭氣和鬥志。我反復强調要發揚將革命進行到底的精神，强調要發揚老一輩革命家“宜將剩勇追窮寇，不可沽名學霸王”〔5〕的革命精神，發揚共産黨人“爲有犧牲多壯志，敢教日月换新天”〔6〕的奮鬥精神，這是有很深考慮的。大家想一想，在我國這樣一個十四億人口的國家實現社會主義現代化，這是多麽偉大、多麽不易！要教育引導全黨大力發揚紅色傳統、傳承紅色基因，賡續共産黨人精神血脈，始終保持革命者的大無畏奮鬥精神，鼓起邁進新征程、奮進新時代的精氣神。

第六，進一步增强黨的團結和集中統一，確保全黨步調一致向前進。旗幟鮮明講政治、保證黨的團結和集中統一是黨的生命，也是我們黨能成爲百年大黨、創造世紀偉業的關鍵所在。實踐證明，只要全黨團結成“一塊堅硬的鋼鐵”，就能够把全國各族人民團結起來，形成萬衆一心、無堅不摧的磅礴力量，戰勝一切强大敵人、一切艱難險阻。

保證全黨服從中央，維護黨中央權威和集中統一領導，是黨的政治建設的首要任務，必須常抓不懈。在黨的歷史上，遵義會議是一次具有偉大轉折意義的重要會議。這次會議在紅軍第五次反"圍剿"失敗和長征初期嚴重受挫的歷史關頭召開，確立了毛澤東同志在黨中央和紅軍的領導地位，開始確立了以毛澤東同志爲主要代表的馬克思主義正確路綫在黨中央的領導地位，開始形成以毛澤東同志爲核心的黨的第一代中央領導集體，開啓了我們黨獨立自主解決中國革命實際問題的新階段，在最危急關頭挽救了黨、挽救了紅軍、挽救了中國革命。但是，遵義會議後，全黨真正深刻認識到維護黨中央權威和集中統一領導的重大意義並成爲自覺行動還經歷了一個過程。長征途中，在我們黨最需要團結的時候，張國燾挾兵自重、另立中央，公然走上分裂黨和紅軍的道路。抗戰初期，王明在黨內拉幫結派、我行我素，不聽黨中央指揮，再次從反面教育了全黨。延安時期，爲了解決黨內存在的思想分歧、宗派主義等問題，我們黨開展了大規模的整風運動，使全黨達到了空前的團結和統一，爲奪取抗戰勝利和全國解放奠定了強大思想政治基礎。

　　"壹引其綱，萬目皆張。"[7]黨的十八大以來，我們全力推進黨的政治建設，健全維護黨中央權威和集中統一領導的各項制度，黨的團結統一更加鞏固。同時，我們也要看到，現在仍有一些黨員、幹部政治意識不強、政治敏銳性不高，不善於從政治上觀察和處理問題，對"國之大者"不關心，對政治要求、政治規矩、政治紀律不上心，對各種問題的政治危害性不走心，對貫徹落實黨中央的大政方針不用心，講政治還沒有從外部要求轉化爲內在主動。維護黨中央權威和集中統一領導不能停留在口頭上，而是要體現在行動上。要教育引導全黨從黨史中汲取正反兩方面歷史經驗，堅定不移向黨中央看齊，不斷提高政治判斷力、政治領悟力、政治執行力，切實增强"四個意識"、堅定"四個自信"、做到"兩個維護"，自覺在思想上政治上行動上同黨中央保持高度一致，確保全黨上下擰成一股繩，心往一處想、勁往一處使。

註　釋

〔1〕《通知》，這裏指《關於在全黨開展黨史學習教育的通知》。

〔2〕見鄧小平《改革的步子要加快》（《鄧小平文選》第三卷，人民出版社一九九三年版，第 242 頁）。

〔3〕見《孟子·公孫丑上》。

〔4〕見金代元好問《臨汾李氏任運堂》。

〔5〕見毛澤東《七律·人民解放軍佔領南京》（《毛澤東詩詞集》，中央文獻出版社一九九六年版，第 74 頁）。

〔6〕見本卷《在慶祝中國共產黨成立一百周年大會上的講話》註〔3〕。

〔7〕見《呂氏春秋·用民》。

做到學史明理、學史增信、
學史崇德、學史力行*

（二〇二一年三月二十二日—七月二十三日）

一

　　福建是革命老區，黨史事件多、紅色資源多、革命先輩多，開展黨史學習教育具有獨特優勢。要在黨史學習教育中做到學史明理，明理是增信、崇德、力行的前提。要從黨的輝煌成就、艱辛歷程、歷史經驗、優良傳統中深刻領悟中國共產黨爲什麼能、馬克思主義爲什麼行、中國特色社會主義爲什麼好等道理，弄清楚其中的歷史邏輯、理論邏輯、實踐邏輯。要深刻領悟堅持中國共產黨領導的歷史必然性，堅定對黨的領導的自信。要深刻領悟馬克思主義及其中國化創新理論的真理性，增強自覺貫徹落實黨的創新理論的堅定性。要深刻領悟中國特色社會主義道路的正確性，堅定不移走中國特色社會主義這條唯一正確的道路。要把各領域基層黨組織建設成爲堅强戰鬥堡壘。要不斷提高不敢腐、不能腐、不

---

　　* 這是習近平二〇二一年三月二十二日至七月二十三日期間有關做到學史明理、學史增信、學史崇德、學史力行論述的節錄。

想腐的綜合功效，持續鞏固發展良好的政治生態。

（二〇二一年三月二十二日—二十五日在福建
考察時的講話要點）

二

廣西紅色資源豐富，在黨史學習教育中要用好這些紅色
資源，做到學史增信。學史增信，就是要增強信仰、信念、
信心，這是我們戰勝一切強敵、克服一切困難、奪取一切勝
利的強大精神力量。要增強對馬克思主義、共產主義的信仰，
教育引導廣大黨員、幹部從黨百年奮鬥中感悟信仰的力量，
始終保持頑強意志，勇敢戰勝各種重大困難和嚴峻挑戰。要
增強對中國特色社會主義的信念，教育引導廣大黨員、幹部
深刻認識到，中國特色社會主義是歷史發展的必然結果，是
發展中國的必由之路，是經過實踐檢驗的科學真理，始終堅
定道路自信、理論自信、制度自信、文化自信。要增強對實
現中華民族偉大復興的信心，教育引導廣大黨員、幹部牢記
初心使命、增強必勝信心，堅信我們黨一定能夠團結帶領人
民在中國特色社會主義道路上實現中華民族偉大復興，努力
創造屬於我們這一代人、無愧新時代的歷史功績。信仰、信
念、信心是最好的防腐劑。要始終抓好黨風廉政建設，使不
敢腐、不能腐、不想腐一體化推進有更多的制度性成果和更
大的治理成效。

（二〇二一年四月二十五日—二十七日在廣西
考察時的講話要點）

三

我們黨在百年奮鬥中，培育形成了一系列各有特點的革命精神，集中體現了黨的堅定信念、根本宗旨、優良作風，是激勵我們不懈奮鬥的寶貴精神財富。在黨史學習教育中做到學史崇德，就是要引導廣大黨員、幹部傳承紅色基因，涵養高尚的道德品質。一要崇尚對黨忠誠的大德，廣大黨員、幹部永遠不能忘記入黨時所作的對黨忠誠、永不叛黨的誓言，做到始終忠於黨、忠於黨的事業，做到鐵心跟黨走、九死而不悔。二要崇尚造福人民的公德，廣大黨員、幹部要站穩人民立場，始終同人民風雨同舟、生死與共、勇於擔當、積極作爲，切實把造福人民作爲最根本的職責。三要崇尚嚴於律己的品德，廣大黨員、幹部要慎微慎獨，清清白白做人、乾乾淨淨做事，努力做一個高尚的人、一個純粹的人、一個有道德的人、一個脫離了低級趣味的人、一個有益於人民的人。

（二〇二一年六月七日—九日在青海考察時
的講話要點）

四

學史力行是黨史學習教育的落腳點，要把學史明理、學史增信、學史崇德的成果轉化爲改造主觀世界和客觀世界的實際行動。要在錘鍊黨性上力行，教育引導廣大黨員、幹部發揚黨的光榮傳統、賡續紅色血脈，用偉大建黨精神滋養黨性修養，堅定理想信念，不斷提高政治判斷力、政治領悟力、政治執行力，胸懷"國之大者"，始終用黨性原則修身律己，切實以堅强黨性取信於民、引領羣衆。要在爲民服務上力行，教育引導廣大黨員、幹部始終把人民放在心中最高位置，當好人民羣衆的知心人、貼心人、領路人，用心用情用力解決好羣衆急難愁盼問題，努力推動全體人民共同富裕取得更加明顯的實質性進展。要在推動發展上力行，教育引導黨員、幹部把學習黨史同推動工作結合起來，堅持求真務實、擔當作爲，創造性落實黨中央決策部署，着力破解發展難題、厚植發展優勢，努力做出無愧於黨和人民、無愧於歷史和時代的新業績。

（二○二一年七月二十一日—二十三日在西藏考察時的講話要點）

努力成爲可堪大用
能擔重任的棟梁之才[*]

（二〇二一年九月一日）

今年是我們黨成立一百周年，全黨正在開展黨史學習教育，安排大家到中央黨校學習，接受比較系統的黨性教育和理論培訓，很有必要。中青班每期開班式，我都來講一講，主要是同大家談談心，對大家提點要求。

第一，信念堅定、對黨忠誠。黨的十八大以來，我反復強調，黨員、幹部必須堅定理想信念。我之所以反復強調這個問題，是因爲一段時間裏，受各種錯誤思想和糊塗觀念影響，有相當數量的黨員、幹部丟掉了共產黨人的理想信念，只講功利不講理想、只講私慾不講信仰了。

中國共產黨成立一百年來，始終是有崇高理想和堅定信念的黨。這個理想信念，就是馬克思主義信仰、共產主義遠大理想、中國特色社會主義共同理想。理想信念是中國共產黨人的精神支柱和政治靈魂，也是保持黨的團結統一的思想基礎。我一直強調，對我們黨的理想信念，不要語焉不詳，

---

[*] 這是習近平在二〇二一年秋季學期中央黨校（國家行政學院）中青年幹部培訓班開班式上講話的主要部分。

不要吞吞吐吐，而是要旗幟鮮明、理直氣壯講。共産黨一旦丟了自己的理想信念，那就同其他政黨没什麼本質區別了，就會失去精神動力和精神紐帶，就會成爲烏合之衆，難逃失敗的命運。所以，我反復强調，理想信念是共産黨人精神上的"鈣"，共産黨人如果没有理想信念，精神上就會"缺鈣"，就會得"軟骨病"，必然導致政治上變質、經濟上貪婪、道德上墮落、生活上腐化。

對黨員幹部來講，是有堅定理想信念，還是滿腦子功利私慾，決定着一個人的思想境界和行爲舉止。黨員幹部有了堅定理想信念，才能經得住各種考驗，走得穩、走得遠；没有理想信念，或者理想信念不堅定，就經不起風吹浪打，關鍵時刻就會私心雜念叢生，甚至臨陣脱逃。現實生活中，一些黨員、幹部精神空虛、意志消沉、心爲物役，信奉金錢至上、名利至上、享樂至上，少數人更是把黨和人民賦予的權力作爲謀取私利的手段，墮入腐敗深淵，説到底都是理想信念動搖所致。

我常説要修煉共産黨人的"心學"，堅持學思用貫通、知信行統一，其中一個重要目的就是要求黨員幹部堅定理想信念、增强黨性。形成堅定理想信念，既不是一蹴而就的，也不是一勞永逸的，也不是自己認爲堅定就堅定的，而是要在鬥爭實踐中不斷砥礪、經受考驗，而且這種考驗是長期的，很多時候也是嚴酷的，是要終其一生的。無數革命先烈走上革命道路，首先是他們爲了救國救民不斷探尋真理，最終選擇了馬克思主義、共産主義。最近播放的電視連續劇《覺醒年代》，生動展示了我們黨早期領導人，面對風雨如磐的鬥爭形勢，面對各式各樣的主義，最終堅定選擇了馬克思主義、共產主義，大家可能都看了。李大釗說："人生的目的，在發展自己的生命，可是也有爲發展生命必須犧牲生命的時候……高尚的生活，常在壯烈的犧牲中。"[1]李大釗面對劊子手的屠刀，大義凜然，慷慨就義，以行動證明他的理想信念是無比堅定的。從黨的百年歷史看，千千萬萬黨員經過血與火、生與死的考驗走到了最後，無數黨員爲了理想信仰獻出了寶貴生命，也有不少人在艱苦條件和殘酷鬥爭中動搖甚至背叛了自己的理想信仰。參加黨的一大的十三人中，王盡美、李漢俊、鄧恩銘、何叔衡、陳潭秋五人犧牲，有人脫黨，也有陳公博、周佛海、張國燾三人變節叛黨。大浪淘沙乃歷史規律。正如魯迅[2]所說："因爲終極目的的不同，在行進時，也時時有人退伍，有人落荒，有人頹唐，有人叛變，然而只要無礙於進行，則愈到後來，這隊伍也就愈成爲純粹，精銳的隊伍了。"[3]年輕幹部要牢記，堅定理想信念是終身課題，需要常修常煉，要信一輩子、守一輩子，三心二意、半途而廢甚至背叛初衷肯定會出大問題。

理想信念堅定和對黨忠誠是緊密聯繫的。理想信念堅定才能對黨忠誠，對黨忠誠是對理想信念堅定的最好詮釋。小説《紅岩》中劉思揚的原型劉國鋕，出生於四川一個富裕家庭，因叛徒出賣被捕入獄。特務勸他，只要交出組織、登報脫黨，馬上可以釋放。面對勸誘，他斬釘截鐵回答，我死了有黨，等於沒死；我如出賣組織，活着又有什麼意義。陳毅同志把"革命重堅定"作爲一生的座右銘。南昌起義時他没有趕上，後來衝破重重難關找到了起義隊伍，到天心圩時隊伍只剩下八百人，他協助朱德同志收攏了部隊，並對大家説：“在勝利發展的情況下，做英雄是容易的；在失敗退卻的局面下，做英雄就困難得多了。只有經過失敗的英雄，才是真正的英雄。我們要做失敗時的英雄。”對黨忠誠就是要這樣，無論順境逆境，都鐵心跟黨走、九死而不悔。

檢驗黨員幹部是不是對黨忠誠，在革命年代就要看能不能爲黨和人民事業衝鋒陷陣、捨生忘死，在和平時期也有明確的檢驗標準。比如，能不能堅持黨的領導，堅決維護黨中央權威和集中統一領導，自覺在思想上政治上行動上同黨中央保持高度一致；能不能堅決貫徹執行黨的理論和路綫方針政策，不折不扣把黨中央決策部署落到實處；能不能嚴守黨的政治紀律和政治規矩，做政治上的明白人、老實人；能不能堅持黨和人民事業高於一切，自覺執行組織決定，服從組織安排，等等，都是對黨忠誠的直接檢驗。長期以來，我們黨有一個光榮傳統和優良作風，就是黨叫幹啥就幹啥、黨讓去哪就去哪，哪裏有事業哪裏就是家，沒有二話、毫無怨言。今天，我們依然要大力發揚這種光榮傳統和優良作風。現在，有的幹部只願意待在“北上廣”，不願意到“新西蘭”。這種態度就不能説是理想信念堅定、對黨忠誠了。組織上安排年輕幹部去艱苦邊遠地區工作，是信任更是培養，年輕幹部應該以此爲榮、爭先恐後，而不是拈輕怕重、挑肥揀瘦、患得患失、討價還價。在黨組織安排的工作面前猶猶豫豫、想這想那，這樣的幹部是不能重用的！到了關鍵時候是要出問題的！艱難困苦、玉汝於成，刀要在石上磨、人要在事上練，不經風雨、不見世面是難以成大器的。

　　第二，注重實際、實事求是。堅持一切從實際出發，是我們想問題、作決策、辦事情的出發點和落腳點。毛澤東同志早就指出："按照實際情況決定工作方針，這是一切共產黨員所必須牢牢記住的最基本的工作方法。我們所犯的錯誤，研究其發生的原因，都是由於我們離開了當時當地的實際情況，主觀地決定自己的工作方針。"〔4〕毛澤東同志講得很有針對性。黨的十八大之後，我明確提出"嚴以修身、嚴以用權、嚴以律己，謀事要實、創業要實、做人要實"，並在全黨開展了專題教育，其目的也在於此。黨中央提了很多要求，都要持之以恆貫徹落實好。

　　堅持從實際出發，前提是深入實際、了解實際，只有這樣才能做到實事求是。同樣，只有有實事求是的態度才能重視深入實際、了解實際。要了解實際，就要掌握調查研究這個基本功。現在，各方面對調查研究是重視的，但還要下更大功夫，關鍵是把調查研究做深做實，避免浮在表面、流於形式。要眼睛向下、腳步向下，經常撲下身子、沉到一綫，近的遠的都要去，好的差的都要看，幹部羣衆表揚和批評都要聽，真正把情況摸實摸透。現在通信很發達，通過打打電話、發發微信、看看材料也能了解很多情況，但畢竟隔了一層，沒有現場看、當面聽、直接問和"七嘴八舌式"的討論來得真實鮮活。過去常用的"蹲點調研"、"解剖麻雀"的調研方式依然是管用的。我們現在搞的各種試點，成功了再逐步推廣，這就是"解剖麻雀"的方法。既要"身入"基層，更要"心到"基層，聽真話、察真情，真研究問題、研究真問題，不能搞作秀式調研、盆景式調研、蜻蜓點水式調研，

"無實事求是之意，有嘩衆取寵之心"〔5〕是不行的！這就是嚴重的形式主義、官僚主義！要在深入分析思考上下功夫，去粗取精、去僞存真，由此及彼、由表及裏，找到事物的本質和規律，找到解決問題的辦法。要用好交換、比較、反復的方法，重視聽取各方面意見包括少數人的意見、反對的意見，立體式地進行分析、三思而後行，防止自以爲是、一得自矜。兼聽則明、偏聽則暗，能聽到不同聲音不是壞事，經過多次"否定之否定"的過程，進行的思考、作出的決策才能符合實際。

我提出精準扶貧戰略，就是在深入調查研究的基礎上提出來的。脱貧是貧困羣衆的殷切希望，也是老一輩革命家的長期願望。如果不能做好脱貧工作，我們就對不起貧困地區的老百姓，也對不起老一輩革命家。黨的十八大閉幕不久，我就到河北阜平縣考察脱貧工作。黨的十八大以來，我走遍十四個集中連片特困地區，而且年年去、常常去，直接到貧困户看真貧、扶真貧，直接聽取貧困地區幹部羣衆意見，不斷完善扶貧思路和扶貧舉措，不斷推進工作，帶着感情去抓，帶着踐行宗旨的承諾去抓，最終在全黨全國共同努力下打贏了脱貧攻堅戰，貧困地區廣大羣衆高興了，老一輩革命家在九泉之下也會感到安慰。

堅持從實際出發、實事求是，不只是思想方法問題，也是黨性强不强問題。從當前幹部隊伍實際看，堅持實事求是最需要解決的是黨性問題。我父親講過，"我們黨講黨性，我看實事求是就是最大的黨性"。一九四三年，延安開始審查幹部運動，在當時國民黨反動勢力對革命根據地大肆進行滲透破壞的情況下，對幹部隊伍進行認真審查是完全必要的，但在實際工作中由於過分嚴重地估計了敵情，特別是具體負責這項工作的康生推行極左方式、大搞"逼供信"，使審幹工作發生了嚴重偏差，造成了大批冤假錯案。我父親當時是綏德地委書記，了解到綏德師範學校出現了不少學生迫於體罰逼供壓力"假坦白"的事，感到非常痛心。他經過深入調查研究，慎重提出要把思想認識問題和政治立場問題區分開來，避免審幹工作中的"擴大化"錯誤，並向黨中央和西北局如實反映了有關情況，建議黨中央及時制止"逼供信"、糾正"左"傾錯誤。在當時情況下，這樣做是冒着很大政治風險的，而我父親甘冒這個風險，就是因爲他認爲對黨忠誠就不要説假話。縣委書記的好榜樣谷文昌也是實事求是的典範。東山縣是一九五〇年五月解放的，國民黨在敗退臺灣前從東山瘋狂抓壯丁、充兵源，僅有一萬多户人家的東山就被抓走了四千七百多名青壯年，解放時這些壯丁家屬被定爲"敵僞家屬"。時任東山縣第一區工委書記的谷文昌則認爲，壯丁們是被國民黨綁走的，他們的家屬是受害人，建議把"敵僞家屬"改成"兵災家屬"，後來上級採納了這個建議，並決定對這些家屬政治上不歧視、經濟上平等對待、生活困難給予救濟，孤寡老人由鄉村照顧。一九五三年七月，國民黨部隊一萬多人突襲東山，而我們守島部隊不過千人，兵力懸殊，但東山軍民衆志成城，最終取得了保衛戰勝利。兵災家屬説："國民黨抓走我們的親人，共產黨把我們當成親人養。哪怕做鬼，我也願爲共產黨守島！"得民心者，靠實事求是。

幹部是不是實事求是可以從很多方面來看，最根本的要看是不是講真話、講實話，是不是幹實事、求實效。那些見風使舵、處事圓滑的人，那些掩蓋矛盾、粉飾太平的人，那些花拳繡腿、不幹實事的人，那些好大喜功、急功近利的人，都不是真正的唯物主義者，都有私心雜念在作祟。年輕幹部要堅持以黨性立身做事，把説老實話、辦老實事、做老實人作爲黨性修養和鍛鍊的重要内容，敢於堅持真理，善於獨立思考，堅持求真務實。這對黨和人民事業有益，對個人健康成長也有益。做人老實不是愚鈍，做事踏實不會吃虧。對黨不忠誠，做人不老實，就會生出取巧之心，就會去搞拉關係、走門路、權錢交易等投機鑽營那一套，最終會聰明反被聰明誤。

第三，勇於擔當、善於作爲。幹事擔事，是幹部的職責所在，也是價值所在。黨把幹部放在各個崗位上是要大家擔當幹事，而不是做官享福。改革發展穩定工作那麼多，要做好工作都要擔當作爲。如果不擔當、不作爲，没有執行力、戰鬥力，那是要打敗仗的。

擔當作爲就要真抓實幹、埋頭苦幹，決不能坐而論道、光説不練。我多次講過兩晉學士虛談廢務的故事，王衍就是其中一個代表人物，可謂舌辯滔滔、無人能及。西晉末年，羯族首領石勒起兵進犯洛陽，王衍作爲太尉隨軍前去討伐，結果兵敗被俘。石勒問他西晉潰敗的原因，他百般爲自己開脱，説自己從年少時就不參與政事。石勒斥責他：你名蓋四海，身居重任，少壯登朝，至於白首，怎麼能説没參與朝廷政務，“破壞天下，正是君罪”[6]。後來，王衍被石勒派人殺死，王衍臨死前哀嘆，如果自己平時不是追求虛浮、而是努力做事，也不至於到這個地步。現實中，此類誇誇其談、不幹實事的人也很多。比如，有的唱功好、做功差，工作落實在口號上，決心停留在嘴巴上；有的擺花架子、做表面文章，應景造勢、敷衍應付；有的消極懈怠、得過且過，上面推一推才動一動，不推就不作爲；更有的有令不行、有禁不止，甚至欺上瞞下、弄虛作假。今年以來，一些地方在疫情防控、抗擊自然災害、生態環境保護、安全生產等方面出現這樣那樣的問題，核查下來，其中一個重要原因就是一些幹部作風不務實、工作不扎實、責任不落實。

擔當和作爲是一體的，不作爲就是不擔當，有作爲就要有擔當。做事總是有風險的，天底下哪有那麼多四平八穩、順風順水的事。正因爲有風險，才需要擔當。如果工作都那麼好幹，誰上去都能幹，那還要什麼擔當呢？事物往往就是這樣，越怕事越容易出事，越想繞道走矛盾就越堵着道。相反，只有豁得出去、敢闖敢幹，下定"明知山有虎，偏向虎山行"的決心，真刀真槍幹，矛盾和困難才可能得到解決。我在福建工作時，針對福建是林業大省、廣大林農卻守着"金山銀山"過窮日子的狀況，爲解決產權歸屬不清等體制機制問題，推動實施了林權制度改革。當時，這項改革是有風險的，主要是上世紀八十年代有些地方出現了亂砍濫伐的情況，中央暫停了分山到戶工作。二十多年過去了，還能不能分山到戶，大家都拿不準。經過反復思考，我認爲，林權改革關係老百姓切身利益，這個問題不解決，矛盾總有一天會爆發，還是越早解決越好，況且經濟發展了、農民生活水平提高了，亂砍濫伐因素減少了，只要政策制定得好、方法對頭，風險是可控的。決心下定後，我們抓住"山要怎麼分"、"樹要怎麼砍"、"錢從哪裏來"、"單家獨户怎麽辦"這四個難題深入調研、反復論證，推出了有針對性的改革舉措，形成了全國第一個省級林改文件。二〇〇八年中央十號文件全面吸收了福建林改經驗。做事要有魄力，爲官要有擔當。凡是有利於黨和人民的事，我們就要事不避難、義不逃責，大膽地幹、堅決地幹，正所謂"苟利國家生死以，豈因禍福避趨之"[7]。

幹事業、抓改革，必然觸動現有利益格局，動一些人的奶酪，以致引發一些爭議。要幹事，要改革，要解決矛盾，有些爭議乃至責難是難免的，把石頭扔進水裏都會激起漣漪，更何況是想做成一番事業？因爲怕爭議而縮手縮腳，該幹的也不幹，這不是共產黨人應有的態度。對來自各方面的爭議，應該冷靜對待、理性分析，如果認準了做的事是對的，實踐也證明是對的，就不要打退堂鼓，哪怕揹黑鍋、遭罵名也義無反顧，同時要做好解疑釋惑、凝聚共識的工作，最大程度爭取理解和支持。如果別人的批評有合理之處，就要虛心接受、積極改進，使工作方案和政策措施更科學更完善。做事情，意志力、堅忍力、自制力很重要，膽略謀略很重要。很多事情堅持下來了、做成了，爭議自然就煙消雲散了。

第四，堅持原則、敢於鬥爭。堅持原則是共產黨人的重要品格，是衡量一個幹部是否稱職的重要標準。現在，一些幹部錯誤理解"和爲貴"，一味講"寬容"、講"和氣"，當老好人，對政治原則問題含含糊糊，對大是大非問題做"開明紳士"，對不良現象聽之任之，還有的八面玲瓏、左右逢源，説話辦事看來頭、看風向，隨波漂，隨風倒，這同黨性原則是背道而馳的，必須堅決糾正。

對共產黨人來說，"好好先生"並不是真正的好人。奉行好人主義的人，沒有公心、只有私心，沒有正氣、只有俗氣，以爲"堅持原則是非多、碰到硬茬麻煩多、平平穩穩好處多、拉拉扯扯朋友多"。自古以來，人們就對這種人嗤之以鼻。孔子[8]說："鄉願，德之賊也。"[9]就是說那些不分是非、不得罪鄉里的"好好先生"，其實是破壞道德的人。孟子[10]認爲這種人"同乎流俗，合乎污世"[11]。《紅樓夢》裏則以一句"又要自己便宜，又要不得罪了人"，把這種人刻畫得入木三分。奉行好人主義，出發點就有問題，因爲好的是自己，壞的是風氣、是事業。大量事實表明，一些地方和單位正氣不彰、邪氣蔓延，工作局面長期打不開，矛盾問題積累一大堆，同好人主義的盛行有密不可分的關係。

我們黨歷來提倡團結，但團結是通過積極健康的思想鬥爭達成的，不是無原則的一團和氣。共產黨人講黨性、講原則，就要講鬥爭。在原則問題上決不能含糊、決不能退讓，否則就是對黨和人民不負責任，甚至是犯罪。

大是大非面前要講原則，小事小節中也有講原則的問題。中國是個人情社會，大家生活在社會上，都有親戚、朋友、熟人、同事、上級、下屬等，推進工作、解決問題時時都會面對原則和人情的選擇。原則跟人情能够統一當然最好，但二者不能統一時我們要毫不猶豫堅持原則，決不能遷就人情。黃克誠同志擔任中央紀委常務書記時提出抓黨風要"不怕撕破臉皮"。跟隨他轉戰多年的老部下，在京西賓館用公款宴請，他照樣硬起手腕處理。當時的商業部部長到豐澤園飯莊請客吃飯而少付錢，他派人查實情况後，不但通報全黨，還在《人民日報》上公開披露。黨的幹部都要有秉公辦事、鐵面無私的精神，講原則不講面子、講黨性不徇私情。

鬥爭無時不在、無處不有。當前，世界百年未有之大變局加速演進，中華民族偉大復興進入關鍵時期，我們面臨的風險挑戰明顯增多，總想過太平日子、不想鬥爭是不切實際的。共產黨人任何時候都要有不信邪、不怕鬼、不當軟骨頭的風骨、氣節、膽魄。

第五，嚴守規矩、不逾底線。這個問題，我是"婆婆嘴"反復講，今天還是要敲敲木魚、念念緊箍咒。我們黨培養一名幹部不容易，如果幹部把不住自己，走上違紀違法的邪路，那就辜負了黨的培養和信任了。我看到一些領導幹部腐敗墮落的材料，是感到很痛心的，恨鐵不成鋼啊！前段時間，我看了一個材料，反映一些年輕幹部"前腳剛踏上仕途，後腳就走入歧途"，剛成爲單位骨幹或走上領導崗位就陷入貪腐，不是晚節不保，而是早節就沒保住。大家要引以爲戒，時刻綳緊紀律規矩這根弦。

講規矩、守底綫，首先要有敬畏心。心有所畏，方能言有所戒、行有所止。黨的十八大以來，黨中央對腐敗現象堅持無禁區、全覆蓋、零容忍，重拳出擊、整治到底、震懾到位，但仍有一些幹部我行我素、頂風違紀。他們不是不知道紀律規矩，而是根本沒有敬畏之心。他們所犯的哪一項不是黨紀國法所明令禁止的？所作所爲的哪一件沒有前車之鑑？古人講："畏則不敢肆而德以成，無畏則從其所欲而及於禍。"[12] 沒有敬畏之心，就什麽亂七八糟的事都幹得出來。有的人幹了那麽多駭人聽聞的事，一個重要原因就是不知敬畏！幹部一定要知敬畏、存戒懼、守底綫，敬畏黨、敬畏人民、敬畏法紀，不能在"月黑風高無人見"的自欺欺人中亂了心智，不能在"你知我知天知地知"的花言巧語中迷了方向，不能在"富貴險中求"的僥倖心理中鋌而走險，不能在"法不責衆"的錯誤認識中恣意妄爲。

嚴以修身，才能嚴以律己。一個幹部只有把世界觀、人生觀、價值觀的總開關擰緊了，把思想覺悟、精神境界提高了，才能從不敢腐到不想腐。明代理學家薛瑄認爲清廉自守有三種境界：見理明而不妄取者，上也；尚名節而不苟取者，其次也；畏法律、保禄位而不敢取者，爲下也。我們共産黨人爲的是大公、守的是大義、求的是大我，更要正心明道、懷德自重，始終把黨和人民放在心中最高位置，做一個一心爲公、一身正氣、一塵不染的人。優秀地委書記楊善洲就是這樣的楷模，一輩子爲民造福，一輩子克己奉公。上世紀七八十年代，農村許多人家建起了土木結構的瓦房，但他家仍住在茅草房裏，面對老屋漏雨，他跟家裏人説："我没有錢，你們要暫時克服困難，漏雨就買幾個盆接一下。"一九九二年，他在大亮山林場蓋起了第一間磚瓦房，卻讓給了新來的技術員，自己仍住在油毛氈棚裏。有一次他下村住在一戶農家，這家人覺得伙食差，對不起他，偷偷退回兩角飯錢，他硬是趕了一百里夜路還了回去。在一些人眼裏，他就是個不講究吃穿住行的"傻子"。他卻説，"有人説我是自討苦吃，其實你們不知道我有多快樂"，"如果説共産黨人有職業病，這個病就是自討苦吃"。這種艱苦奮鬥、以苦爲樂的精神永不過時，永遠需要發揚。當共産黨的幹部，對個人的名譽、地位、利益要看得淡、放得下，不能搞"千里來當官，只爲吃和穿"那一套，那是不會有什麽出息的！

第六，勤學苦練、增强本領。"褚小者不可以懷大，綆短者不可以汲深。"[13]我們處在前所未有的變革時代，幹着前無古人的偉大事業，如果知識不够、眼界不寬、能力不强，就會耽誤事。年輕幹部精力充沛、思維活躍、接受能力强，正處在長本事、長才幹的大好時期，一定要珍惜光陰、不負韶華，如飢似渴學習，一刻不停提高。

向書本學習，是豐富知識、增長才幹的重要途徑。毛澤東同志說："飯可以一日不吃，覺可以一日不睡，書不可以一日不讀。"他日理萬機，但仍見縫插針讀書，理髮時也讀，還幽默地對理髮師說："你辦你的公，我辦我的公，咱們互不干擾。"我們要發揚這種"擠"和"鑽"的精神，多讀書、讀好書，從書本中汲取智慧和營養，不能自我感覺良好、不屑學習，不能藉口工作太忙、放鬆學習，不能爲了裝點門面、應付學習。抓好學習，有一個學什麽、怎麽學的問題。一個人的精力有限，不可能什麽都去學，幹部要結合工作需要學習，做到幹什麽學什麽、缺什麽補什麽。要學習馬克思主義理論特別是新時代黨的創新理論，學習黨史、新中國史、改革開放史、社會主義發展史，學習經濟、政治、法律、文化、社會、管理、生態、國際等各方面基礎性知識，學習同做好本職工作相關的新知識新技能，不斷完善履職盡責必備的知識體系。

實踐出真知，實踐長真才。黨和國家事業涉及面很廣，領導幹部也不是總在一個崗位上工作，都要學過了、學好了再來幹是不現實的。堅持在幹中學、學中幹是領導幹部成長成才的必由之路。新中國成立之初組建海軍，黨中央決定肖勁光同志擔任海軍司令員。肖勁光同志從没接觸過海軍，自己還是個"旱鴨子"，但他邊幹邊學，使我國海軍從無到有、迅速壯大，出色完成了黨中央交給的任務。許多從戰争年代走來的老一輩革命家也都是在實踐中成長爲經濟、科技、外交等領域的行家裏手的。"學所以益才也，礪所以致刃也。"〔14〕有同志經過一番實踐歷練後説了一句話，越幹越會幹、越幹越能幹、越幹越想幹。當然，同樣是實踐，是不是真正上心用心，是不是善於總結思考，收穫大小、提高快慢是不一樣的。如果忙忙碌碌，只是機械做事，陷入事務主義，是很難提高認識和工作水平的。

以上我强調的幾點，都是年輕幹部健康成長要解決好的課題。大家生逢偉大時代，是黨和國家事業發展的生力軍，希望大家練好内功、提升修養、增强本領，不要走偏、不要落伍、不要掉隊，努力成爲可堪大用、能擔重任的棟梁之才，爲實現第二個百年奮鬥目標而努力工作，不辜負黨和人民期望和重託！

註　釋

〔1〕見李大釗《犧牲》(《李大釗全集》第三卷，人民出版社二〇一三年版，第 107 頁)。

〔2〕魯迅（一八八一——一九三六），浙江紹興人。中國文學家、思想家、革命家，中國現代文學的奠基人。

〔3〕見魯迅《非革命的急進革命論者》(《魯迅全集》第四卷,人民文學出版社二○○五年版,第231頁)。

〔4〕見毛澤東《在晉綏幹部會議上的講話》(《毛澤東選集》第四卷,人民出版社一九九一年版,第1308頁)。

〔5〕見毛澤東《改造我們的學習》(《毛澤東選集》第三卷,人民出版社一九九一年版,第800頁)。

〔6〕見唐代房玄齡等《晉書·王戎傳附王衍傳》。

〔7〕見清代林則徐《赴戍登程口占示家人》。

〔8〕孔子(前五五一—前四七九),名丘,字仲尼,魯國陬邑(今山東曲阜)人。春秋時期思想家、教育家、政治家,儒家創始人。

〔9〕見《論語·陽貨》。

〔10〕孟子(約前三七二—前二八九),名軻,字子輿,鄒(今山東鄒城東南)人。戰國時期哲學家、思想家、教育家。

〔11〕見《孟子·盡心下》。

〔12〕見明代呂坤《呻吟語·修身》。

〔13〕見《莊子·至樂》。

〔14〕見西漢劉向《説苑·建本》。

全面貫徹新時代人才工作
新理念新戰略新舉措[*]

（二〇二一年九月二十七日）

黨的十八大以來，黨中央深刻回答了爲什麼建設人才強國、什麼是人才強國、怎樣建設人才強國的重大理論和實踐問題，提出了一系列新理念新戰略新舉措。

一是堅持黨對人才工作的全面領導。這是做好人才工作的根本保證。千秋基業，人才爲本。黨管人才就是黨要領導實施人才強國戰略、推進高水平科技自立自强，加强對人才工作的政治引領，全方位支持人才、幫助人才，千方百計造就人才、成就人才，以識才的慧眼、愛才的誠意、用才的膽識、容才的雅量、聚才的良方，着力把黨內和黨外、國內和國外各方面優秀人才集聚到黨和人民的偉大奮鬥中來，努力建設一支規模宏大、結構合理、素質優良的人才隊伍。

二是堅持人才引領發展的戰略地位。這是做好人才工作的重大戰略。人才是創新的第一資源，人才資源是我國在激烈的國際競爭中的重要力量和顯著優勢。創新驅動本質上是人才驅動，立足新發展階段、貫徹新發展理念、構建新發展

---

* 這是習近平在中央人才工作會議上講話的一部分。

格局、推動高質量發展，必須把人才資源開發放在最優先位置，大力建設戰略人才力量，着力夯實創新發展人才基礎。

三是堅持面向世界科技前沿、面向經濟主戰場、面向國家重大需求、面向人民生命健康。這是做好人才工作的目標方向。必須支持和鼓勵廣大科學家和科技工作者緊跟世界科技發展大勢，對標一流水平，根據國家發展急迫需要和長遠需求，敢於提出新理論、開闢新領域、探索新路徑，多出戰略性、關鍵性重大科技成果，不斷攻克"卡脖子"關鍵核心技術，不斷向科學技術廣度和深度進軍，把論文寫在祖國大地上，把科技成果應用在實現社會主義現代化的偉大事業中。

四是堅持全方位培養用好人才。這是做好人才工作的重點任務。必須堅定人才培養自信，造就一流科技領軍人才和創新團隊，培養具有國際競爭力的青年科技人才後備軍，用好用活人才，大膽使用青年人才，激發創新活力，放開視野選人才、不拘一格用人才。

五是堅持深化人才發展體制機制改革。這是做好人才工作的重要保障。必須破除人才培養、使用、評價、服務、支持、激勵等方面的體制機制障礙，破除"四唯"現象，向用人主體授權，爲人才鬆綁，把我國制度優勢轉化爲人才優勢、科技競爭優勢，加快形成有利於人才成長的培養機制、有利於人盡其才的使用機制、有利於人才各展其能的激勵機制、有利於人才脫穎而出的競爭機制，把人才從科研管理的各種形式主義、官僚主義的束縛中解放出來。

六是堅持聚天下英才而用之。這是做好人才工作的基本要求。中國發展需要世界人才的參與，中國發展也爲世界人才提供機遇。必須實行更加積極、更加開放、更加有效的人才引進政策，用好全球創新資源，精準引進急需緊缺人才，形成具有吸引力和國際競爭力的人才制度體系，加快建設世界重要人才中心和創新高地。

七是堅持營造識才愛才敬才用才的環境。這是做好人才工作的社會條件。必須積極營造尊重人才、求賢若渴的社會環境，公正平等、競爭擇優的制度環境，待遇適當、保障有力的生活環境，為人才心無旁騖鑽研業務創造良好條件，在全社會營造鼓勵大膽創新、勇於創新、包容創新的良好氛圍。

八是堅持弘揚科學家精神。這是做好人才工作的精神引領和思想保證。必須弘揚胸懷祖國、服務人民的愛國精神，勇攀高峰、敢為人先的創新精神，追求真理、嚴謹治學的求實精神，淡泊名利、潛心研究的奉獻精神，集智攻關、團結協作的協同精神，甘為人梯、獎掖後學的育人精神，教育引導各類人才矢志愛國奮鬥、銳意開拓創新。

以上八條，是我們對我國人才事業發展規律性認識的深化，要始終堅持並不斷豐富發展。

自我革命是我們黨跳出
歷史周期率的第二個答案*

（二○二一年十一月十一日）

堅持自我革命，確保黨不變質、不變色、不變味。我在慶祝中國共產黨成立一百周年大會上講到，中國共產黨從來不代表任何利益集團、任何權勢團體、任何特權階層的利益。這次全會《決議》再次重申了這句話。這既是回擊一些別有用心的人想把我們黨同人民分割開來、對立起來的企圖，也是提醒全黨，在爲誰執政、爲誰用權、爲誰謀利這個根本問題上頭腦要特別清醒、立場要特別堅定。

我們黨歷史這麼長、規模這麼大、執政這麼久，如何跳出治亂興衰的歷史周期率？毛澤東同志在延安的窰洞裏給出了第一個答案，這就是"只有讓人民來監督政府，政府才不敢鬆懈"[1]。經過百年奮鬥特別是黨的十八大以來新的實踐，我們黨又給出了第二個答案，這就是自我革命。

勇於自我革命是我們黨區別於其他政黨的顯著標誌。毛澤東同志講："有無認真的自我批評，也是我們和其他政黨互相區別的顯著的標誌之一。"[2]正是因爲具備這種獨有的政

---

* 這是習近平在中共十九屆六中全會第二次全體會議上講話的一部分。

治品格，我們黨才能穿越百年風風雨雨，多次在危難之際重新奮起、失誤之後撥亂反正，成爲打不倒、壓不垮的馬克思主義政黨。一個政黨最難的就是歷經滄桑而初心不改、飽經風霜而本色依舊。

"不私，而天下自公。"[3] 我們黨没有任何自己特殊的利益，這是我們黨敢於自我革命的勇氣之源、底氣所在。正因爲無私，才能本着徹底的唯物主義精神經常檢視自身、常思己過，才能擺脱一切利益集團、權勢團體、特權階層的"圍獵"腐蝕，並向黨内被這些集團、團體、階層所裹挾的人開刀。

我們黨之所以偉大，不在於不犯錯誤，而在於從不諱疾忌醫，敢於直面問題，勇於自我革命。比如，在指導思想上堅持真理、修正錯誤，包括大革命失敗後糾正陳獨秀右傾機會主義錯誤，土地革命戰爭時期糾正"左"傾盲動錯誤和"左"傾冒險錯誤，延安時期徹底糾正王明"左"傾教條主義錯誤，黨的十一届三中全會後徹底否定"文化大革命"，等等。比如，我們黨勇於解決黨内存在的思想不純、政治不純、組織不純、作風不純等突出問題，包括延安整風，建國初期的整風整黨和"三反"運動，改革開放以後的全面整黨和開展的一系列集中性教育活動，等等。再比如，我們黨堅决懲治腐敗，包括新中國建立初期處理劉青山、張子善等人的案件，改革開放後始終把黨風廉政建設和反腐敗鬥爭放在突出位置，提出不斷增强拒腐防變能力、建立健全懲治和預防腐敗體系，等等。

黨的十八大以來，我們黨以前所未有的勇氣和定力全面從嚴治黨，打了一套自我革命的"組合拳"，形成了一整套黨自我淨化、自我完善、自我革新、自我提高的制度規範體系。針對"七個有之"[4]等嚴重影響黨的形象和威信、嚴重損害黨羣幹羣關係的突出問題，我們堅持嚴的主基調，強化監督執紀問責，抓住"關鍵少數"，黨在革命性鍛造中更加堅強。特別是我們黨以猛藥去疴、重典治亂的決心，以刮骨療毒、壯士斷腕的勇氣，堅定不移"打虎"、"拍蠅"、"獵狐"，清除了黨、國家、軍隊內部存在的嚴重隱患。世界上那麼多執政黨，有幾個敢像我們黨這樣大規模、大力度、堅持不懈反腐敗？有些人吹捧西方多黨輪流執政、"三權鼎立"那一套，不相信我們黨能够刀刃向内、自剜腐肉。中國共產黨勇於自我革命的實踐給了他們響亮有力的回答。

我們黨歷經百年、成就輝煌，黨内黨外、國内國外讚揚聲很多。越是這樣越要發揚自我革命精神，千萬不能在一片喝彩聲中迷失自我。正所謂"不誘於譽，不恐於誹"[5]。全黨同志要永葆自我革命精神，增強全面從嚴治黨永遠在路上的政治自覺，決不能滋生已經嚴到位、嚴到底的情緒！從最近連續查處的大案要案看，黨風廉政建設和反腐敗鬥爭必須一刻也不放鬆抓、持之以恆抓！中央委員會的同志們、黨的各級領導幹部要保持頭腦清醒，對全黨的思想、組織、作風、廉潔等情況要有客觀正確的認識和把握，以正視問題的勇氣和刀刃向内的自覺推進黨的自我革命。生了病就要及時醫，該吃藥就吃藥，該開刀就開刀。不論什麼問題，不論誰出問題，該出手時就出手，對腐敗問題尤其要堅決查處，不斷清除損害黨的先進性和純潔性的因素，不斷清除侵蝕黨的健康肌體的病毒。特別是對那些攫取國家和人民利益、侵蝕黨的執政根基、動搖社會主義國家政權的人，對那些在黨內搞政治團夥、小圈子、利益集團的人，要毫不手軟、堅決查處！

總之，在建黨百年之際，我們要居安思危，時刻警惕我們這個百年大黨會不會變得老態龍鍾、疾病纏身。對黨的歷史上走過的彎路、經歷的曲折不能健忘失憶，對中外政治史上那些安於現狀、死於安樂的深刻教訓不能健忘失憶；對自身存在的問題不能反應遲鈍，處理動作慢騰騰、軟綿綿，最終人亡政息！要以偉大自我革命引領偉大社會革命，以偉大社會革命促進偉大自我革命，確保黨在新時代堅持和發展中國特色社會主義的歷史進程中始終成爲堅强領導核心。

註　釋

〔1〕這句話出自一九四五年七月毛澤東同黃炎培的談話（《毛澤東年譜（一八九三——一九四九）》中卷，中央文獻出版社二〇一三年版，第611頁）。

〔2〕見毛澤東《論聯合政府》（《毛澤東選集》第三卷，人民出版社一九九一年版，第1096頁）。

〔3〕見《忠經·廣至理章》。

〔4〕二〇一四年十月，習近平在中共十八屆四中全會第二次全體會議上提出：一些人無視黨的政治紀律和政治規矩，爲了自己的所謂仕途，爲了自己的所謂影響力，搞任人唯親、排斥異己的有之，搞團團夥夥、拉幫結派的有之，搞匿名誣告、製造謠言的有之，搞收買人心、拉動選票的有之，搞封官許願、彈冠相慶的有之，搞自行其是、陽奉陰違的有之，搞尾大不掉、妄議中央的也有之，如此等等。

〔5〕見《荀子·非十二子》。

增加歷史自信、增進團結統一、增强鬥爭精神[*]

（二〇二一年十二月二十七日—二十八日）

　　這次專題民主生活會開得很好、很有成效，交流了思想，檢視了問題，明確了方向，是中央政治局的同志開展黨史學習教育的成果檢驗，對迎接黨的二十大勝利召開具有重要意義。大家的意見和建議對改進中央政治局的工作很有幫助。

　　我們黨走過了一百年的光輝歷程，團結帶領人民取得了舉世矚目的重大成就，積累了極其寶貴的歷史經驗。黨的歷史是最生動、最有說服力的教科書。我們黨歷來重視黨史學習教育。對歷史進程的認識越全面，對歷史規律的把握越深刻，黨的歷史智慧越豐富，對前途的掌握就越主動。今年，黨中央決定在全黨全社會開展黨史總結、學習、教育、宣傳，强調全黨要學史明理、學史增信、學史崇德、學史力行，就是爲了增加歷史自信、增進團結統一、增强鬥爭精神。

　　在新的趕考之路上，我們能否繼續交出優異答卷，關鍵在於有没有堅定的歷史自信。一百年來，我們黨致力於爲中

＊　這是習近平在主持中共中央政治局黨史學習教育專題民主生活會時的講話要點。

國人民謀幸福、爲中華民族謀復興，致力於爲人類謀進步、爲世界謀大同，天下爲公，人間正道，這是我們黨具有歷史自信的最大底氣，是我們黨在中國執政並長期執政的歷史自信，也是我們黨團結帶領人民繼續前進的歷史自信。今天，我們完全可以説，中國共産黨没有辜負歷史和人民的選擇。

歷史認知是歷史自信的重要基礎。黨的十八大以來，我們堅持唯物史觀、正確黨史觀，在黨和國家歷史問題上正本清源，取得了顯著成效。同時，我們必須清醒認識到，要真正解決好這個問題，仍然需要黨鄭重、全面、權威地對黨的歷史作出科學總結，並在此基礎上持之以恆推進黨史總結、學習、教育、宣傳，讓正確黨史觀更深入、更廣泛地樹立起來，讓正史成爲全黨全社會的共識，教育廣大黨員、幹部和全體人民特別是廣大青年堅定歷史自信、築牢歷史記憶，滿懷信心地向前進。

黨的團結統一是黨的生命，善於在總結歷史中統一思想、統一行動，是我們黨的成功經驗。黨的團結統一首先是政治上的團結統一。黨的十八大以來，經過全黨共同努力，黨的團結統一達到了新的高度。黨中央決定，黨的十九屆六中全會決議突出中國特色社會主義新時代這個重點。這對全黨在重大理論和實踐問題上統一思想、統一行動，團結帶領全國各族人民奪取新時代中國特色社會主義新的偉大勝利具有重大意義。

我們黨來自人民、植根人民、服務人民。黨的十九屆六中全會作出黨的第三個歷史決議，就是要告誡全黨在新時代前進的征程上不忘初心、牢記使命，回答好"從哪裏來、往哪裏去"這個基本命題，始終保持黨同人民羣衆的血肉聯繫，讓廣大人民羣衆從百年黨史中深刻認識中國共産黨是一個什麼樣的黨，從而堅定不移聽黨話、跟黨走。

馬克思主義產生和發展、社會主義國家誕生和發展的歷程充滿着鬥爭的艱辛。新民主主義革命時期，革命鬥爭之艱難、流血犧牲之慘烈世所罕見。新中國成立後特別是黨的十八大以來，我們經歷了一系列重大風險挑戰，我們都毫不畏懼、奮勇向前，以堅忍不拔的鬥爭贏得了勝利。新的時代條件下，我們要總結運用好黨積累的偉大鬥爭經驗，堅持底綫思維，增強憂患意識，發揚鬥爭精神，掌握鬥爭策略，練就鬥爭本領，保持越是艱險越向前的大無畏氣概，有效應對前進道路上各種可以預料和難以預料的風險挑戰，推動中國特色社會主義事業航船劈波斬浪、一往無前。

要從黨的百年奮鬥史中汲取智慧和力量，加強中央政治局自身建設。中央政治局的同志要自覺踐行初心使命，有大格局、大情懷，站得高、看得遠、謀得深、想得實，看淡個人得失、看開功名利祿，時刻以黨和人民事業爲重，始終同人民羣衆心心相印、生死相依、命運與共。要帶頭堅定理想信念，從理想信念中獲得察大勢、應變局、觀未來的指路明燈，獲得奮鬥不止、精進不怠的動力源泉，獲得辨別是非、廓清迷霧的政治慧眼，獲得抵禦侵蝕、防止蛻變的強大抗體。要帶頭維護黨中央權威和集中統一領導，不僅自己要堅定清醒，而且要在推動全黨做到維護黨中央權威和集中統一領導上自覺用力，特別是要防止和克服不良傾向。要具有很強的戰略眼光、前瞻眼光，聚焦新的實踐提出的新課題，發揚民主、集思廣益，提出符合實際、符合規律的決策建議。要帶頭貫徹執行黨中央決策部署，在不折不扣執行上下功夫，推動分管領域、分管部門全面深入學習領會黨中央的決策和工作部署，對"國之大者"領悟到位，確保執行不偏向、不變通、不走樣。

召開中國共產黨第二十次全國代表大會，是中央政治局明年工作的首要政治任務。中央政治局的同志要以強烈的政治責任感和歷史使命感，認真履行職責，做好各方面工作。今明兩年正值換屆。領導同志要嚴格遵守政治紀律和政治規矩，嚴格遵守組織紀律、換屆紀律。要教育引導領導幹部正確看待組織、正確看待自己，服從大局、服從組織、服從安排，振奮起共產黨人應有的精氣神，把全部精力用到幹事創業上。

在這次民主生活會上，中央政治局的同志就做好工作提了許多很好的意見和建議，有的涉及中央工作，有的涉及部門工作，有的涉及地方工作，會後要抓緊研究、拿出舉措、改進工作，務求取得實效。

堅持不懈把全面從嚴治黨
向縱深推進[*]

（二〇二二年一月十八日）

　　二〇二一年是中國共產黨成立一百周年。黨中央堅定不移推進全面從嚴治黨，爲全面建設社會主義現代化國家開好局、起好步提供了有力政治保障。今年是黨的十八大以來第十個年頭，十年磨一劍，黨中央把全面從嚴治黨納入"四個全面"戰略佈局，以前所未有的勇氣和定力推進黨風廉政建設和反腐敗鬥爭，刹住了一些多年未刹住的歪風邪氣，解決了許多長期沒有解決的頑瘴痼疾，清除了黨、國家、軍隊內部存在的嚴重隱患，管黨治黨寬鬆軟狀況得到根本扭轉，探索出依靠黨的自我革命跳出歷史周期率的成功路徑。黨的十八大以來，全面從嚴治黨取得了歷史性、開創性成就，產生了全方位、深層次影響，必須長期堅持、不斷前進。

　　一百年來，黨外靠發展人民民主、接受人民監督，內靠全面從嚴治黨、推進自我革命，勇於堅持真理、修正錯誤，勇於刀刃向內、刮骨療毒，保證了黨長盛不衰、不斷發展壯

---

　　* 這是習近平在中共十九屆中央紀委六次全會上的講話要點。

大。全面從嚴治黨是新時代黨的自我革命的偉大實踐，開闢了百年大黨自我革命的新境界。必須堅持以黨的政治建設爲統領，堅守自我革命根本政治方向；必須堅持把思想建設作爲黨的基礎性建設，淬煉自我革命銳利思想武器；必須堅決落實中央八項規定〔1〕精神、以嚴明紀律整飭作風，豐富自我革命有效途徑；必須堅持以雷霆之勢反腐懲惡，打好自我革命攻堅戰、持久戰；必須堅持增強黨組織政治功能和組織力凝聚力，鍛造敢於善於鬥爭、勇於自我革命的幹部隊伍；必須堅持構建自我淨化、自我完善、自我革新、自我提高的制度規範體系，爲推進偉大自我革命提供制度保障。

　　黨的十八大以來，我們繼承和發展馬克思主義建黨學說，總結運用黨的百年奮鬥歷史經驗，深入推進管黨治黨實踐創新、理論創新、制度創新，對建設什麼樣的長期執政的馬克思主義政黨、怎樣建設長期執政的馬克思主義政黨的規律性認識達到新的高度。這就是堅持黨中央集中統一領導，堅持黨要管黨、全面從嚴治黨，堅持以黨的政治建設爲統領，堅持嚴的主基調不動搖，堅持發揚釘釘子精神加强作風建設，堅持以零容忍態度懲治腐敗，堅持糾正一切損害羣衆利益的腐敗和不正之風，堅持抓住"關鍵少數"以上率下，堅持完善黨和國家監督制度，形成全面覆蓋、常態長效的監督合力。

　　要鞏固拓展黨史學習教育成果，更加堅定自覺地牢記初心使命、開創發展新局。要深入學習貫徹黨的十九屆六中全會精神，持之以恆推進黨史學習、教育、宣傳，引導全黨堅定歷史自信，讓初心使命在内心深處真正扎根，把忠誠於黨和人民落到行動上，繼承弘揚黨的光榮傳統和優良作風，爲黨和人民事業赤誠奉獻，在新的趕考之路上考出好成績。

要強化政治監督，確保完整、準確、全面貫徹新發展理念。要把握新發展階段、貫徹新發展理念、構建新發展格局、推動高質量發展，引導督促黨員、幹部真正悟透黨中央大政方針，時時處處向黨中央看齊，扎扎實實貫徹黨中央決策部署，不打折扣、不做表面文章，糾正自由主義、本位主義、保護主義，不因一時一地利益而打小算盤、耍小聰明，確保執行不偏向、不變通、不走樣。

要保持反腐敗政治定力，不斷實現不敢腐、不能腐、不想腐一體推進的戰略目標。我們必須清醒認識到，腐敗和反腐敗較量還在激烈進行，並呈現出一些新的階段性特徵，防範形形色色的利益集團成夥作勢、"圍獵"腐蝕還任重道遠，有效應對腐敗手段隱形變異、翻新升級還任重道遠，徹底鏟除腐敗滋生土壤、實現海晏河清還任重道遠，清理系統性腐敗、化解風險隱患還任重道遠。我們要保持清醒頭腦，永遠吹衝鋒號，牢記反腐敗永遠在路上。只要存在腐敗問題產生的土壤和條件，腐敗現象就不會根除，我們的反腐敗鬥爭也就不可能停歇。領導幹部特別是高級幹部要帶頭落實關於加強新時代廉潔文化建設的意見，從思想上固本培元，提高黨性覺悟，增強拒腐防變能力。領導幹部要增強政治敏銳性和政治鑑別力。領導幹部特別是高級幹部一定要重視家教家風，以身作則管好配偶、子女，本分做人、乾淨做事。

要加固中央八項規定的堤壩，鍥而不捨糾"四風"樹新風。形式主義、官僚主義是黨和國家事業發展的大敵。要從領導幹部特別是主要領導幹部抓起，樹立正確政績觀，尊重客觀實際和羣衆需求，強化系統思維和科學謀劃，多做爲民造福的實事好事，杜絕裝樣子、搞花架子、盲目鋪攤子。要落實幹部考核、工作檢查相關制度，科學評價幹部政績，促進幹部更好擔當作爲。要加強對黨中央惠民利民、安民富民各項政策落實情況的監督，集中糾治教育醫療、養老社保、生態環保、安全生產、食品藥品安全等領域羣衆反映强烈的突出問題，鞏固深化掃黑除惡專項鬥爭、政法隊伍教育整頓成果，讓羣衆從一個個具體問題的解決中切實感受到公平正義。

要加強年輕幹部教育管理監督，教育引導年輕幹部成爲黨和人民忠誠可靠的幹部。要從嚴從實加強教育管理監督，引導年輕幹部對黨忠誠老實，堅定理想信念，牢記初心使命，正確對待權力，時刻自重自省，嚴守紀法規矩，扣好廉潔從政的“第一粒扣子”。年輕幹部一定要有清醒的認識，經常對照黨的理論和路綫方針政策、對照黨章黨規黨紀、對照初心使命，看清一些事情該不該做、能不能幹，守住拒腐防變的防綫。

要完善權力監督制度和執紀執法體系，使各項監督更加規範、更加有力、更加有效。各級黨委（黨組）要履行黨內監督的主體責任，突出加強對“關鍵少數”特別是“一把手”和領導班子的監督。紀檢監察機關要發揮監督專責機關作用，協助黨委全面從嚴治黨，推動黨內監督和其他各類監督貫通協同，探索深化貫通協同的有效路徑。要加強對換屆紀律風氣的監督，堅持黨管幹部原則，強化黨組織領導和把關作用，特別是要嚴把政治關、廉潔關。

　　紀檢監察機關和紀檢監察幹部要始終忠誠於黨、忠誠於人民、忠誠於紀檢監察事業，準確把握在黨的自我革命中的職責任務，弘揚黨百年奮鬥形成的寶貴經驗和優良作風，緊緊圍繞黨和國家工作大局發揮監督保障執行作用，更加有力有效推動黨和國家戰略部署目標任務落實。紀檢監察隊伍必須以更高的標準、更嚴的紀律要求自己，錘鍊過硬的思想作風、能力素質，以黨性立身做事，剛正不阿、秉公執紀、謹慎用權，不斷提高自身免疫力，主動接受黨內和社會各方面的監督，始終做黨和人民的忠誠衛士。

註　　釋

　　〔1〕中央八項規定，指中共十八屆中央政治局關於改進工作作風、密切聯繫羣眾的八項規定。主要內容是：改進調查研究、精簡會議活動、精簡文件簡報、規範出訪活動、改進警衛工作、改進新聞報道、嚴格文稿發表、厲行勤儉節約。

團結就是力量，奮鬥開創未來*

（二〇二二年一月三十日）

　　過去一百年，中國共產黨向人民、向歷史交出了一份優異的答卷。現在，黨團結帶領全國各族人民踏上了實現第二個百年奮鬥目標新的趕考之路。

　　一百年來，黨和人民取得的一切成就都是團結奮鬥的結果，團結奮鬥是中國共產黨和中國人民最顯著的精神標識。百年奮鬥歷史告訴我們，團結就是力量，奮鬥開創未來；能團結奮鬥的民族才有前途，能團結奮鬥的政黨才能立於不敗之地。百年奮鬥歷史還告訴我們，圍繞明確奮鬥目標形成的團結才是最牢固的團結，依靠緊密團結進行的奮鬥才是最有力的奮鬥。我們靠團結奮鬥創造了輝煌歷史，還要靠團結奮鬥開闢美好未來。只要十四億多中國人民始終手拉着手一起向未來，只要九千五百多萬中國共產黨人始終與人民心連着心一起向未來，我們就一定能在新的趕考之路上繼續創造令人刮目相看的奇迹！

　　世界上最大的幸福莫過於為人民幸福而奮鬥。心中裝着百姓，手中握有真理，腳踏人間正道，我們信心十足、力量

---

　　* 這是習近平在二〇二二年春節團拜會上講話的一部分。

十足。無論風雲如何變幻，無論挑戰如何嚴峻，我們都要弘揚偉大建黨精神，銘記生於憂患、死於安樂的古訓，常懷遠慮、居安思危，緊密團結、艱苦奮鬥，繼續把中華民族偉大復興的歷史偉業推向前進！

　　對百年奮鬥歷史最好的致敬，是書寫新的奮鬥歷史。今年下半年，中國共產黨將召開第二十次全國代表大會，總結過去五年的工作，謀劃未來一個時期的發展藍圖。我們要統籌國內國際兩個大局，統籌推進"五位一體"總體佈局、協調推進"四個全面"戰略佈局，統籌發展和安全，統籌疫情防控和經濟社會發展，堅持穩中求進工作總基調，完整、準確、全面貫徹新發展理念，加快構建新發展格局，全面深化改革開放，推動高質量發展，持續保障和改善民生，着力保持平穩健康的經濟環境、國泰民安的社會環境、風清氣正的政治環境，以實際行動迎接黨的二十大勝利召開。

索　引

图书在版编目 (CIP) 数据

习近平谈治国理政. 第四卷 / 习近平著. – 北京：
外文出版社, 2023.3

ISBN 978-7-119-13560-1

I. ①习… II. ①习… III. ①习近平 – 讲话 – 学习参考资料
②习近平新时代中国特色社会主义思想 – 学习参考资料
IV. ① D2-0 ② D610.4

中国国家版本馆 CIP 数据核字 (2023) 第 049116 号

习近平谈治国理政
第 四 卷

© 外文出版社有限责任公司

外文出版社有限责任公司出版发行

（中国北京百万庄大街 24 号）

邮政编码：100037

http://www.flp.com.cn

鸿博昊天科技有限公司印刷

2023 年 3 月（小 16 开）第 1 版

2023 年 3 月第 1 版第 1 次印刷

（汉繁）

ISBN 978-7-119-13560-1

08000 （平）